게임으로 즐기는 소프트웨어 이야기

요구사항을 중심으로

김자희 • 정소라 지음

KYOWOOSA 교우사

책을 시작하며

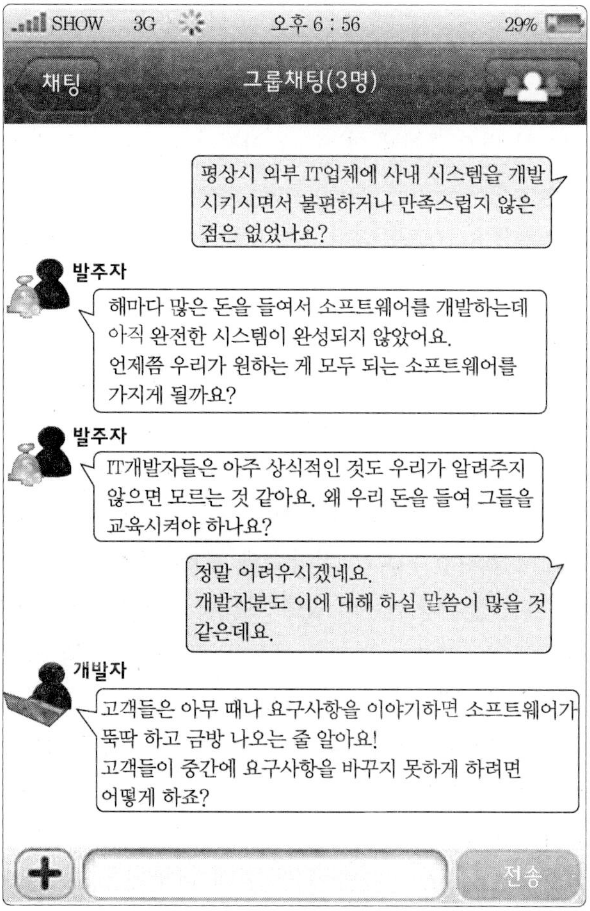

서울과학기술대학교의 IT 정책전문대학원에는 시스템 통합(SI: System Integration) 프로젝트에 발주자로서 경험이 있는 일명 갑인 학생들과 을인 현직 소프트웨어 엔지니어들이 함께 수학하고 있습니다. 그런데 학생들에게 소프트웨어 공학에 대하여 강의하고 관련 내용을 토론하다 보면 이와 같은 서로의 불만을 토로하기 시작하고, 결국은 강의 후 술자리까지 난상토론이 벌어지곤 합니다.

왜 IT 산업에서는 다른 산업 분야보다 고객들의 요구를 파악하는 것이 어려울까요? 이렇게 고객들의 요구사항을 정확하게 파악하기 어려우므로 프로젝트가 진행되면서 요구사항이 변경되는 경우가 빈번합니다. 그리고 이런 잦은 요구사항 변경 때문에 야근이 많아져서 학생들이 IT 분야로의 진출을 회피하죠. 실제로 아마존에서 요구공학(Requirement Engineering)에 관한 책을 검색하면 대부분 책이 소프트웨어 개발과정에서의 요구사항 분석을 다루고 있습니다.

그럼 왜 소프트웨어 개발에서 요구사항을 파악하는 것이 특히 중요할까요? 아마도 소프트웨어 개발은 개발 도중 어떻게 개발되고 있는지, 혹은 어느 정도 완성되었는지를 눈으로 확인하기 어렵기 때문일 것 같습니다. 우리나라의 경우 서류상 대부분의 소프트웨어 프로젝트가 성공하지만 1990년대 중반에 미국에서 조사한 바로는 상당수의 프로젝트가 정해진 시간과 예산을 넘겼으며, 이런 실패의 원인의 절반 이상이 요구사항과 관련한 실패였습니다. (Standish Group, 1995) 그리고 성공한 프로젝트의 성공원인을 파악한 이 조사에 따르면 성공원인 절반 이상이 요구사항을 잘 추출했기 때문이고 요구사항을 잘 추출하기 위해서는 사용자의 참여와 요구사항을 명확하게 하는 것이라는 것도 파악되었습니다. 물론 20여 년 전의 미국을 대상으로 한 조사이기 때문에 우리나라의 현실과는 괴리가 있을 수도 있지만, 소프트웨어 개발자들과 이야기를 나눠보면 20여 년 전의 미국의 상황과 우리나라의 현실은 그리 다르지 않은 듯합니다.

요구공학에 게임을 접목하면 어떤 면이 좋을까요? 사실 소프트웨어공학에서는 이런 모호한 요구사항의 문제를 해결하기 위하여 많은 노력을 쏟았고, 저도 수년 동안 대학원생들을 대상으로 그 결과물인 요구공학을 강의해 왔습니다. 처음에는 객체지향 방법론이나 정보공학 방법론 등 전산학에서 요구사항을 도출하기 위해 전통적으로 사용하던 방법에 대해 강의를 했습니다. 그러나 요구사항 도출이라는 것이 전산학을 전공한 IT 개발자들뿐만 아니라 비전공자인 발주자들이 같이 의사소통해야 하는 작업이므로 고객의 요구사항을 추출하는 방법에 대하여 **비전문가들도 쉽게 이해할 수 있는 방법**과 이 방법론을 평이하게 설명한 서적이 필요하다고 생각하게 되었습니다. 실제로 발주 쪽 경험이 있는 학생들과 수주 쪽 경험이 있는 학생 모두 요구사항을 정확하게 추출하는 방법에 대하여 관심이 많았습니다. 다양한 요구사항에 관한 책들을 취합하여 강의를 진행했지만, 대부분 학생들이 현직에 있는 관계로 교과서에 나온 이론들보다는 현실적으로 당장 사용할 수 있는 방법이 필요했습니다. 그래서 고객의 요구사항을 파악하기 위한 다른 방식들에 대해 알아보았고, 비즈니스 분야에서는 고객의 필요를 파악하기 위하여 다양한 **게임을 활용한 브레인스토밍 기법**들을 사용한다는 것을 알게 되었습니다. 저는 경영분야에서 사용되는 이런 기법들이 요구사항 도출 및 분석에 도움이 될거라고 생각하여 수년간 대학원생들을 대상으로 게임을 이용한 요구공학을 강의하였습니다. 특히 고용계약형 석사과정인 소프트웨어 분석·설계학과에서 요구공학을 강의하면서 지금까지 강의한 내용에 대해 책으로 정리할 필요가 있다고 느꼈기 때문에 이 책을 집필하게 되었습니다.

이 책은 **게임을 소프트웨어 개발과정에서 어떻게 적용**할 것인가를 주로 다루지만, **전통적인 요구공학에 대한 기법**도 간략하게 다루고 있으므로 요구공학에 대한 개념이 전혀 없는 분들도 쉽게 이해할 수 있을 것으로 기대됩니다. 또한, 여기서 소개하고 있는 게임들은 원래 고객들의 요구를 파악하여 비즈니스 기회를 잡기 위한 목적으로 설계되어 있으므로 소프트웨어 개발과 관계없는 분들도 읽으시면 **비전 설계나 신제품 개발**에 활용할 수 있을 것으로 기대됩니다.

지금까지 제 소프트웨어 공학 수업을 듣고, 게임의 사례를 함께한 많은 서울과학기술대학교 IT 정책전문대학원 학생들과 소프트웨어 분석·설계학과 학생들에게 깊은 감사를 표합니다. 특히 IT 정책전문대학원 학생들은 대부분 십 년 이상의 현장 경험이 있는 전문가로 제게 실무적인 문제점과 현장 사례를 많이 제공해 주었기 때문에 이 책의 완성도가 더 높아졌다고 생각합니다. 그리고 이 책에 대해서 저와 많은 토론을 하고, 게임의 진행을 돕고, 관련 부분을 조사하여 책을 만들어 준 이 책의 또 다른 저자 정소라 조교와 독자의 입자에서 꼼꼼하게 의견을 준 윤미현 학생에게 감사합니다.

하지만 우리들의 노력만으로는 이 책이 결코 완성되지 못했을 겁니다. 무엇보다 출판사인 교우사에 감사를 전하고 싶습니다.

마지막으로 이 책을 만드느라 힘든 제 곁에서 힘을 나눠 준 제 아들과 아들을 돌보느라 고생한 제 남편에게 이 책을 바칩니다.

2014년 여름

공릉동 연구실에서 김자희

SHO W 3G 오후 6 : 56 29%

채팅 그룹채팅(5명)

개발자

IT회사에 근무하고 있는 개발자입니다. 고객들이 자꾸 요구사항을 변경해서 프로젝트 마감 때는 야근을 하는 것이 당연해지고 있습니다. 고객의 요구사항을 도출하는 데 이 책이 도움이 될까요?

이 책은 고객의 요구사항을 도출하는 다양한 이론과 브레인 스토밍 게임을 제안하고 있습니다. 이 책을 읽고 적절히 활용하신다면 도움이 될 수 있습니다. 이론을 공부하시려면 1, 3, 7, 11, 15장을 순서대로 읽으시면 됩니다. 해당하는 게임부분만 사전식으로 찾아서 이용하시려면 2장을 읽으시고, 거기서 적합한 게임을 선택한 후에 그 게임 부분만 읽으신 후 활용하시면 됩니다.

교수님

소프트웨어 공학 중 요구공학에 대해 강의를 하고 싶은데 이 책을 활용할 수 있을까요?

사용 가능합니다. 이론부분은 1, 3, 7, 11, 15장을 순서대로 강의하고, 실습은 같은 파트에서 게임을 선택하여 진행하시면 됩니다. 강의 자료는 교우사 홈페이지에서 제공됩니다.

IT프로젝트를 발주해야 하는 책임자

전산학을 전공하지 않았는데, 이 책이 제게 도움이 될까요?

이 책은 전산학을 전공하지 않은 분들도 읽을 수 있도록 가능한 쉽게 작성하였습니다. 특히 최근에 공공 분야 IT프로젝트는 발주하는 쪽에서 신 RFP문서를 작성해야 하므로 이 책이 더욱 필요하실 것으로 예상됩니다.

시장조사 및 신제품 개발

소프트웨어 분야가 아니어도 이 책이 도움이 될까요?

이 책에서 소개된 게임들은 원래 소프트웨어 산업이 아니라 마케팅 및 시장조사를 위해 설계되었습니다. 그러므로 2장에서 관련 게임을 찾아 활용하세요.

전송

차 례

PART 1 들어가는 길

PART 2 비전관리하기

PART 3 이해관계자 관리

PART 4 요구사항 도출

PART 5 우선순위결정

PART 01

들어가는 길

01 요구공학은 왜 필요할까?

어릴 때 한 번쯤은 이런 상상을 해 보지 않았나요? 어느 날 요술램프를 우연히 주워 램프를 문질렀더니 요정이 나타나 당신에게 이렇게 묻는 상상 말이죠.

> "소원을 들어드리겠습니다. 당신의 소원은 무엇입니까?"

당신이라면 어떤 소원을 이야기하실 건가요? 아직 애인이 없다면 애인이 생기게 해 달라고 빌 수도 있고, 이번 주 로또에 당첨되게 해달라고 할 수도 있겠죠. 자신들의 가족이 건강하고 행복하게 되는 것과 같은 개인적인 소원을 비는 사람도 많겠지만, 김구 선생님처럼 "내 인생 소원은 통일!"이라고 국가적 과제를 빌 수도 있고, 어떤 이는 세계평화와 깨끗한 지구와 같은 범세계적인 소원을 빌 수도 있을 겁니다. 이런 다양한 소원만큼이나 '소원을 들어주는 마법의 아이템'에 대한 이야기도 다양합니다. 애니메이션 중 하나인 '알라딘[1]'과 같이 **소원의 개수가 정해져 있는 경우도** 있고, 원숭이 손[2]처럼 **소원을 들어주기는 하지만 원하는 방식이 아닌 경우도** 있습니다. 어떤 이야기에선 원숭이 소원과는 반대로 **진정으로 원하는 소원만을 들어주기** 때문에 자신이 진정으로 바라는 소원이 무엇인지를 찾아서 여행을 떠나는 이야기들도 존재합니다.

---

1) 월트 디즈니 애니메이션 스튜디오에서 1992년에 만든 디즈니의 31번째 클래식 애니메이션 장편영화. 원작인 천일야화에서는 소원의 개수가 제한되어 있지 않았습니다.

2) 영국의 작가 윌리엄 위마크 제이콥스(W.W.Jacobs)가 1902년에 발표한 공포 단편 소설. 영문 제목은 The Monkey's Paw이며 지금까지 다양한 패러디에 응용되기도 하고 영화 및 TV프로그램으로도 만들어졌습니다.

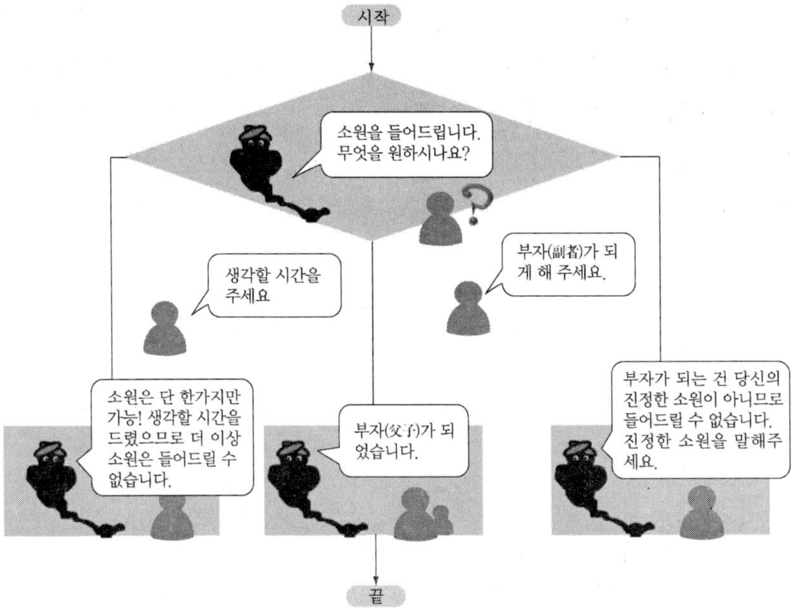

1 요술램프와 소프트웨어 개발

소프트웨어를 개발하는 중간에 요구사항이 추가되거나 변경되는 문제를 살펴보면 소원을 들어주는 마법의 아이템 이야기와 유사한 부분이 많습니다.

1) 소프트웨어 개발은 비용과 기간에 제약을 받습니다.

많은 사람이 소프트웨어라는 것이 이름처럼 소프트하고 유연하리라 생각을 합니다. 그래서 언제든지 자신들이 요구하기만 하면 그 요구를 만족시켜 주는 소프트웨어가 마법처럼 단번에 만들어지기를 원하죠. 하지만 제한된 개수의 소원을 들어주는 알라딘의 마술 램프처럼 소프트웨어도 변경하는 데에는 제약이 있습니다. 소프트웨어 대부분은 주어진 예산과 시간 내에서 완성되어야 하므로 요구할 수 있는 요구사항의 범위가 한정되어 있고 완성 시점에 가까워질수록 요구사항을 추가하거나 변경, 혹은 상세하게 하는 것에 더 큰 비용과 시간이 추가될 수 있습니다. 아래 그림은 구현이 끝난 이후에 요구사항을 변경하려면 비용이 급격히 증가한다는 것을 보여줍니다.(Boehm, 1987)

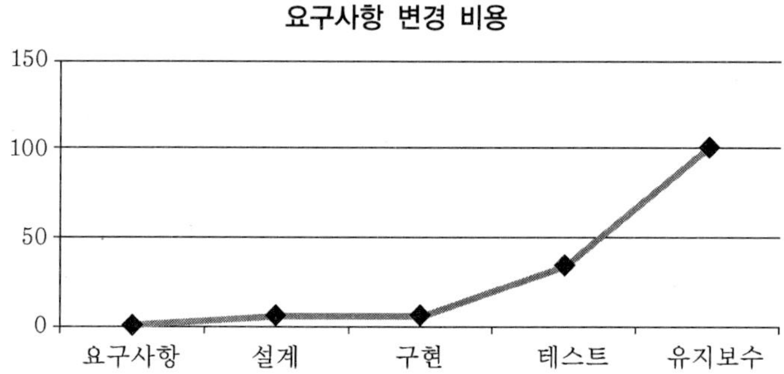

실제로 소프트웨어 프로젝트는 예산과 기한을 초과하는 것으로 악명이 높습니다. 2004년에 미국 프로젝트 관리 센터에서 발표한 자료에 의하면 약 77%의 프로젝트가 예산을 초과하였고 평균적으로 원래 예산의 169%을 필요로 했다고 합니다.(Brandal, 2004) 그 센터장인 Gopal Kapur는 나머지 23%의 프로젝트도 성공적으로 완료했다기보다는 프로젝트 관리자가 "단순히 거짓말을 한 것"이라고 일갈했습니다. 우리나라의 수많은 '성공적으로 완료한 소프트웨어 개발 프로젝트'의 실상을 고려하면 Gopal Kapur의 말에 신뢰가 갑니다. 심지어 맥도널드 같이 소프트웨어 개발에 수십억불을 투자하고도 도입을 포기한 사례도 있습니다.(Charette, 2005) 미국의 경우 소프트웨어 개발 프로젝트의 5~15%가 시스템 도입 전에 비즈니스 목적에 적합하지 않다는 이유로 취소된다고 합니다. 많은 보고서가 소프트웨어 개발 프로젝트 실패의 주요 원인 중 하나로 잘못된 비즈니스/소프트웨어 요구사항을 꼽고 있습니다. 이와 관련하여 오래되기는 했지만 자주 인용되는 보고서는 1995년에 스탠디쉬 그룹에서 발표한 혼돈(Chaos)이라는 보고서일 겁니다.(Standish Group, 1995) 이 보고서는 1995년에 미국에서 진행된 약 175,000개의 IT 프로젝트를 조사하여 31.1%가 종료 전에 취소되고, 절반 정도의 프로젝트가 예산을 초과했다는 사실을 알고 프로젝트가 성공하기 위한 조건과 실패하게 된 원인을 조사했습니다. 실제 조사한 프로젝트의 수는 약 8,380개로 365명을 인터뷰하여 프로젝트의 실패 원인을 찾아냈습니다.

프로젝트 실패 요인

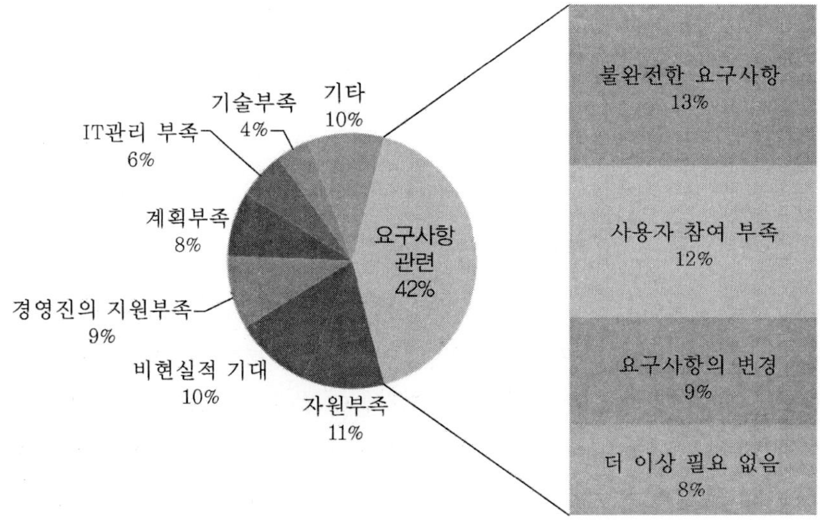

앞에서 설명한 2004년에 발표된 보고서와 최근 실패율을 비교하면 미국도 IT 프로젝트 성공률이 별로 개선되지 않았다는 것을 알 수 있습니다. 그리고 프로젝트의 성공과 실패 원인도 여전히 요구사항의 정확한 도출과 관련되어 있죠. 요구분석에 들이는 노력과 시간이 크다고 해도 요구사항 분석이 매우 중요하다고 생각하는 것을 알 수 있습니다. 다음 막대그래프는 allofsoftware.net에서 소프트웨어 개발 중 가장 중요하다고 생각하는 단계를 조사한 결과입니다. 이를 보면 많은 사람이 소프트웨어 개발에서 요구분석 단계가 가장 중요하다고 대답한 것을 알 수 있습니다.

질문 : 소프트웨어에서 가장 중요한 개발 단계는?

답변	투표 수	%	
요구분석	38	38.38%	
설계	24	24.24%	
테스트	12	12.12%	
기획	11	11.11%	
구현(코딩)	7	7.07%	
유지보수	7	7.07%	
총계	99	100%	

2) 고객들도 본인이 원하는 게 뭔지 모를 때가 많죠.

앞에서 언급하였듯이, 고객들이 진정으로 원하는 요구사항을 도출하는 것은 매우 중요하지만, 자신의 진정한 소원을 찾아 평생 여행하는 이야기처럼 소프트웨어를 발주한 고객들조차 자신들이 발주한 소프트웨어가 무엇을 어떻게 하길 원하는지를 정확하게 알지 못하는 경향이 있습니다. 그래서 소프트웨어 개발 쪽에는 다음 그림과 같은 오래되고 유명한 농담이 존재하는지도 모르죠. 이 그림은 워낙 오래된 유머라 누가 시작했는지는 확실하지 않지만 아마도 1970년대에 퍼지기 시작한 것으로 보입니다. 제가 찾은 것 중 가장 오래된 그림은 1989년 John Oakland의 책에서 발견되었습니다.(Oakland, 1989) 이 그림에서 나무의 그림은 많지 않았지만, 아래 그림과 같이 점차 많은 변형이 추가되었고, 지금도 자신만의 나무 그네 그림을 추가하는 사람이 있습니다.

이 그림은 소프트웨어 개발뿐만 아니라 건축과 같이 프로젝트 방식으로 진행하는 다른 분야의 전문가들도 공감하며 인용하는 그림입니다. 이 그림에서 마지막에 나오는 '나무에 타이어 묶어 그네로 이용하기' 정도가 고객들이 진정으로 원하는 것이지만 고객들도 그것을 원한다는 것을 인식하지 못하고 중구난방, 중언부언 요구사항을 설명하게 됩니다.

그래서 첫 번째 그림처럼 쓸데없이 그네를 위한 판자가 두 개가 겹쳐있는 식으로 요구사항이 도출됩니다. 결국, 고객이 원하는 핵심을 이해하지 못한 프로젝트 개발자들은 고객들의 만족도를 높일 수 있는 중요 기능 및 품질을 이해하지 못해서 비슷하기는 하지만 가장 중요한 '그네타기'라는 기능을 수

행하지 못하는 두 번째 그림 같은 시스템을 설계할 수도 있죠. 분석가들은 그런 문제를 지적할 수도 있지만, 그 문제를 해결하기 위해 쓸데없는 기능을 추가할 수도 있습니다. 보안 전문가는 아예 사용할 수 없고 보안만 철저한 시스템을 제안할 수도 있습니다. 이런 복잡한 시스템 설계도를 보면 프로그래머는 예산과 시간에 쫓겨 모양만 갖춘 시스템을 마감일에 출시할 수밖에 없을 겁니다. 부가적인 부분에 많은 시간과 노력을 소모하여 최종적으로는 고객들의 진정한 요구를 만족시키지 못하고 고객들은 필요 이상의 비용을 지급해야 하는 거죠. 여러분이라면 어떤 종류의 나무 그네를 추가하시고 싶으신가요?

이런 요구사항 도출의 어려움을 고려하여 초기에 사용되었던 요구사항을 수집(Collection) 한다는 표현 대신 최근에는 요구사항을 추출(Elicit) 한다는 표현을 사용합니다.(Robertson&Robertson, 2012) 즉, 소프트웨어에 대한 요구사항을 도출하기 위해서는 고객들도 미처 파악하지 못한 본인들의 진정한 요구사항을 다양한 기법을 통해 이끌어 내야 한다는 뜻입니다. 이노베이션 게임에서는 이러한 현상을 설명하기 위하여 지식을 세 가지 범주로 나눕니다.(Hohma, 2006)

- **아는 지식**: 내가 안다는 것을 아는 지식을 의미합니다. 이 글을 읽는 여러분들은 "한국어를 안다는 것을 안다"라고 말씀하실 수 있으실 텐데 이 경우 '한국어'는 아는 지식에 속합니다.
- **모르는 지식**: 내가 모르는 것을 아는 지식을 의미합니다. 예를 들어 제 경우는 아라비아어를 모릅니다. 이 경우 저는 제가 "아라비아어를 모르는 것을 안다"라고 이야기할 수 있고, "아라비아어"는 제가 모른다는 사실을 아는 지식에 해당합니다.
- **모르는지 모르는 지식**: 내가 모른다는 사실도 모르고 있는 지식을 의미합니다. 예전에 스와힐리어[3]를 전공한 사람을 만난 적이 있었는데, 그 전까지 저는 스와힐리어라는 것이 존재하는지도 모르는, 완전히 무지

3) Kiswahili, 아프리카 동부에서 널리 쓰이는 언어. 언어는 있지만 문자는 없어서 주로 영어의 알파벳 등을 이용하여 표기.
출처: http://kamusi.org/languages/kinyarwanda

의 상태였습니다. 즉, 모르는 것조차 몰랐기 때문에 그때까지는 '스와힐리어'는 제게 모른다는 사실을 모르는 지식이었습니다.

이노베이션 게임이라는 책에서는 언급되지 않았지만, 소프트웨어 요구사항을 추출하다 보면 본인이 안다는 것을 모르는 지식도 흔히 만나게 됩니다. 즉, 어떤 기능이나 화면 구성을 원하는지 고객에게 질문하면 "저는 잘 모르니 여러 프로젝트의 경험이 있는 전문가이신 요구사항 분석가가 알아서 잘 해주십시오."라는 식으로 이야기합니다. 그런 경우라도 요구사항을 실체화한 프로토타입을 보여주면 "그것이 바로 제가 원하는 것입니다."라고 이야기하는 경우는 드물고 매우 높은 확률로 "그것은 절대로 제가 원하는 것이 아닙니다. 어떻게 상식적으로 그렇게 만들 수 있죠?"라고 이야기를 합니다. 즉, 고객들은 마치 동화책에 나오는 '진실한 소원을 모르는 주인공'처럼 본인들이 원하는 것을 알고는 있지만, 그것이 무엇인지를 몰랐던 거죠. 이러한 지식은 다음 그림과 같이 인지나 학습에 의하여 아는 지식이나 모른다는 것을 아는 지식으로 변하게 됩니다.

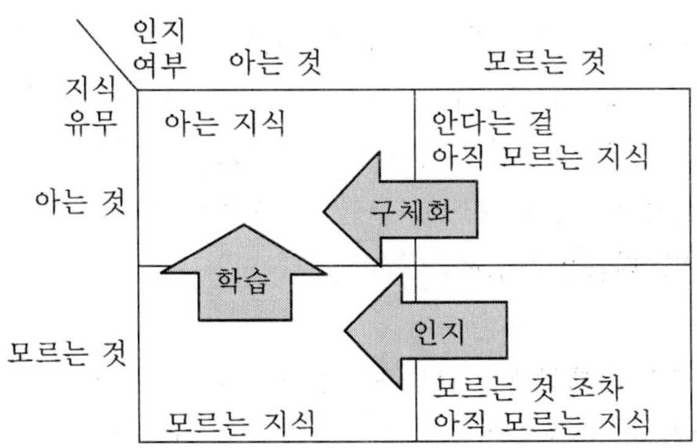

즉, 저는 아직 아라비아어를 모르니까 아라비아어는 제게 모르는 지식이지만 책이나 인터넷 강의 등을 통해 학습하게 되면 그 이후에는 아라비아어가 아는 지식에 속하게 됩니다. 그리고 예전에는 스와힐리어를 모른다는 것조차 무지한 지식이었지만 전공한 사람을 만난 이후로 저는 제가 스와힐리

어를 모른다는 것을 인지했으므로 스와힐리어는 모르는 지식에 속합니다. 만일 스와힐리어를 공부한다면 다시 스와힐리어는 아는 지식이 되겠죠. 소프트웨어의 요구사항 같은 경우에는 고객이 원하는 것을 알고는 있지만, 상세화나 가시화를 통하지 않고서는 본인이 안다는 것을 모르는 경우가 많습니다. 그러므로 상세화나 가시화 과정을 생략한다면 고객이 진정으로 원하는 소프트웨어를 개발할 수 없습니다. **요구사항은 모호할지라도 제품은 명확**하니까요. 이 책에서는 전산이나 방법론에 비전문가인 사람들도 쉽게 아이디어를 구체화할 수 있도록 게임 형식의 다양한 브레인스토밍 방법을 소개합니다.

3) 제가 하는 말을 당신이 이해했다는 걸 어떻게 알죠?

고객들이 본인의 진정한 요구사항을 이해하면 요구사항과 관련된 문제는 없을까요? 소원을 곡해하는 원숭이 손이 아니더라도 언어의 모호함 때문에 고객의 요구사항이 요구사항분석가를 거쳐 개발자 측에 전달되는 도중에 의미가 왜곡될 수 있습니다. 말 전달하기 게임을 해 보신 분은 간단한 문장도 정확하게 전달하기가 어렵다는 것을 아실 겁니다. 제가 강의하는 요구공학 수업의 첫시간에는 상대에게 정확하게 **의사를 전달하기가 얼마나 어려운지**에 대해 설명하기 위해 간단한 게임을 합니다. 먼저, 학생들에게 괴물의 그림을 보여주고 그 괴물을 설명하는 글을 10분 동안 쓰게 합니다. 그리고 괴물을 설명하는 글만을 다른 학생에게 보여 주고 다시 원래의 괴물을 그리도록 합니다. 실제로 게임을 해 보면 글만으로 원래의 괴물을 그대로 그리는 것은 어렵습니다. 다음은 수업시간에 학생들과 게임을 한 후 얻은 사례 중에 하나입니다.

이 그림 그리기 게임에서 발생하는 문제들은 소프트웨어 개발 과정에서 발생할 수 있는 의사소통의 오류와 닮은 점이 많습니다. 보통 소프트웨어 개발과정에서 고객의 요구를 요구사항 분석가가 추출하여 문서로 작성하면 그 문서를 기반으로 프로그램 개발자가 시스템을 개발합니다. 이때 고객의 요구를 문서로 작성하는 작업은 그림을 글로 묘사하는 작업과 유사하고, 글을 해석하며 그림으로 그리는 작업은 프로그램 구현작업을 연상하게 합니다. 먼저 문서로 작성하지 않은 내용은 그림으로 표현되지 않습니다.

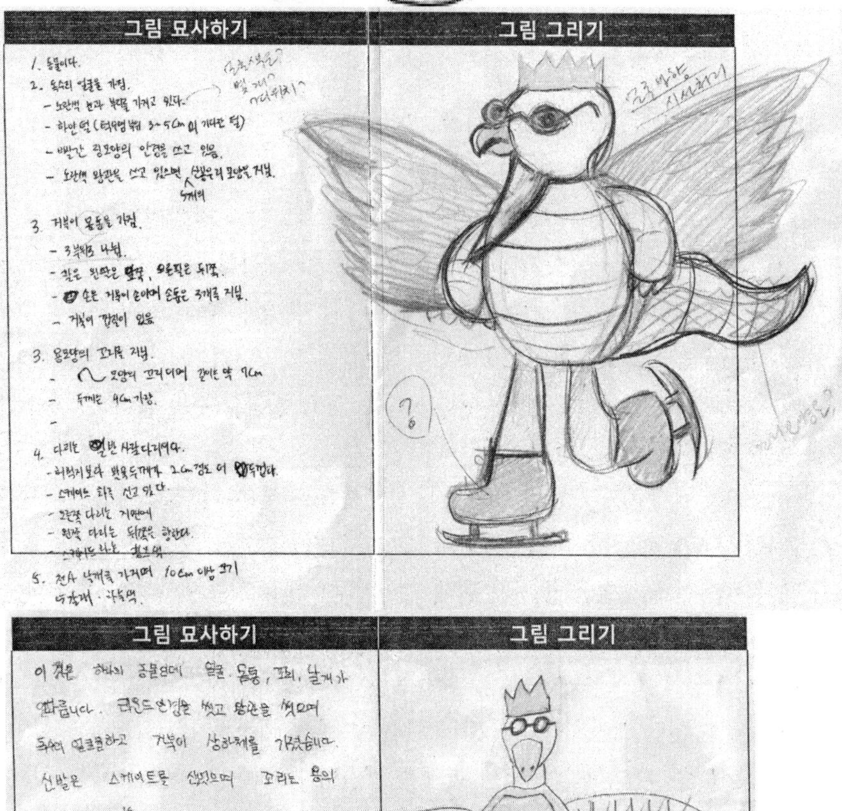
그림 묘사하기
그림 그리기

그림 묘사하기
그림 그리기

그림을 묘사한 첫 번째 글을 읽어보면 팔에 대한 언급이 있지만 다음 그림에서는 팔에 대한 언급이 없습니다. 그래서 아래 그림을 그린 사람은 새와 같이 당연히 날개가 팔을 대신할 것으로 기대하여 팔을 그리지 않습니다. 이처럼 요구사항 분석가가 언급하지 않은 항목은 프로그램으로 구현되지 않을 가능성이 매우 높습니다. 한 사람의 상식이 다른 사람에게는 상식이 아닐 수 있기 때문이죠. 또한, 부정확한 묘사는 그대로 프로그램 구현에 적용됩니다. 첫번째 설명의 경우 털을 '하얀 털(턱수염 부위 3~5cm의 기다란 털)'이라고 묘사합니다. 그러므로 그림을 그리는 사람은 기다란 수염을 가질 것으로 예상했지만 원래 그림은 하얀 털이 갈기처럼 넓게 퍼져있었죠. 또한, 팔의 방향을 반대로 묘사하고 있기 때문에 원래 그림과 반대 방향을 바라보는 괴물을 그리게 합니다. 마지막으로 원래 그림의 꼬리는 동양용의 꼬리를 가지고 있지만, 단순히 '용의 꼬리'라고 묘사되어 있기 때문에 두 개의 그림 모두 서양용의 꼬리를 그렸습니다. 이 그림의 예를 보면 의사소통 과정에서 얼마나 많은 종류의 오류가 발생할 수 있는지와 요구사항 분석가의 의사소통 역량이 얼마나 중요한지를 알 수 있습니다. 또한, "**개발되는 최종 소프트웨어는 문자화된 요구사항보다는 결코 좋아질 수는 없다**"는 요구공학 분야의 격언을 실감하게 됩니다.

이 게임에서 알 수 있듯이 우리가 일상적으로 사용하는 글과 말로는 의사를 정확하게 전달하기 어렵습니다. 그래서 지금까지 소프트웨어 개발분야에서는 이런 모호함을 줄이기 위해 영어나 한국어 같은 자연어가 아닌 다른 형태의 표현방법론을 개발했습니다. UML(Unified Modeling Language)의 여러 다이어그램이 대표적인데요, 불행히도 이 다이어그램을 읽고 작성하기 위해서는 많은 훈련이 필요하므로 소프트웨어 분야에 비전문가인 고객들과 이 다이어그램으로 대화하는 것에는 한계가 있습니다. 얼마나 다양하고 복잡한지 UML 2.0 표준문서에서는 이 세상에는 UML 2.0의 모든 것을 아는 사람은 없다라는 말도 나옵니다.

본 책에서는 소프트웨어 개발 시에 비전문가인 고객들이 직관적으로 자신의 의사를 생각하고 표현할 수 있는 다양한 컨설팅 방법론을 게임형식으로 이야기합니다.

2 요구사항을 고민할 시기

살아있는 생명은 **생명주기(Life Cycle)**를 갖고 있습니다. 사람은 태아부터 무덤까지가 하나의 생명주기가 될 테고 개구리는 알, 올챙이, 개구리의 단계를 거치며, 나비는 알, 애벌레, 번데기, 나비의 단계를 거쳐 죽게 됩니다. 소프트웨어도 생물처럼 생명주기를 갖습니다. 소프트웨어의 생명주기는 SDLS (Software Development Life Cycle)라고도 하는데 소프트웨어를 어떻게 개발할 것인가에 대한 추상적 표현으로 **소프트웨어를 개발하게 되는 원인이 발생할 때부터 소프트웨어가 다시는 사용되지 않을 때까지의 기간을 시간에 따라 정의**한 것입니다. 소프트웨어 생명주기는 소프트웨어 개발 모형 혹은 소프트웨어 공학 패러다임이라고도 합니다.

사람이 태어나 아이가 되고 어른을 거쳐 노인이 되는 단계마다 각 나이별 하면 좋은 일들이 사회적으로 정해져 있습니다. 예를 들어 우리나라 사람들은 여덟 살이 되면 초등학교에 입학하고 나이를 먹으면 취업을 해서 자신의 생계를 책임져야 하는 것처럼 말이죠. 소프트웨어 생명주기에서도 개발 단계별로 해야 할 일과 산출물 (Output)이 지정되어 있습니다. 이렇게 개발 단계별로 어떤 일을 해야 하는지를 정해 전체 프로젝트의 비용을 산정하고 개발 계획을 수립할 수 있는 기본 골격을 제시하는 거죠. 또한, 단계별로 작성해야 하는 문서를 지정해서 충실한 프로젝트 관리가 가능하고, 의사소통의 기준과 표준화를 가능하게 합니다. 이 책에서는 대표적인 소프트웨어 생명주기 모형 중에서 대표적인 주먹구구식 개발 모형(Build-Fix Model), 폭포수 모형(Waterfall Model), 프로토타이핑 모형(Prototyping Model), 나선형 모형(Spiral Model)을 소개하려고 합니다.

1) 주먹구구식: 그냥 하는 거지, 뭐

첫 번째로 소개하는 주먹구구식 모형은 개발 모형이라고 부르기에 민망할 정도로 원시적인 모형입니다. 이 모형은 요구사항 분석이나 설계 등의 단계 없이 일단 개발에 들어간 후에 만족할 때까지 수정작업을 수행하는 것을 말합니다. 전산학과를 졸업한 학생들은 본인의 최초 프로그래밍 기억을 떠올리면 됩니다. 왠지 대학교 일 학년 때에 프로그래밍 숙제가 나오면 #include 〈stdio.h〉를 기계적으로 타자하던 때가 생각나는군요. 크기가 매우 작은 규모의 소프트웨어 개발에 사용되며 정해진 순서가 없으므로 계획이 부정확하고, 관리자도 프로젝트 진행 상황을 파악하기 어렵습니다. 그리고 개발 문서가 없기 때문에 개발 및 유지보수가 어렵죠. 우리들의 선배 개발자들도 이런 어려움을 겪어왔고 그래서 체계적인 소프트웨어 생명주기 모형이 필요하다고 생각했습니다.

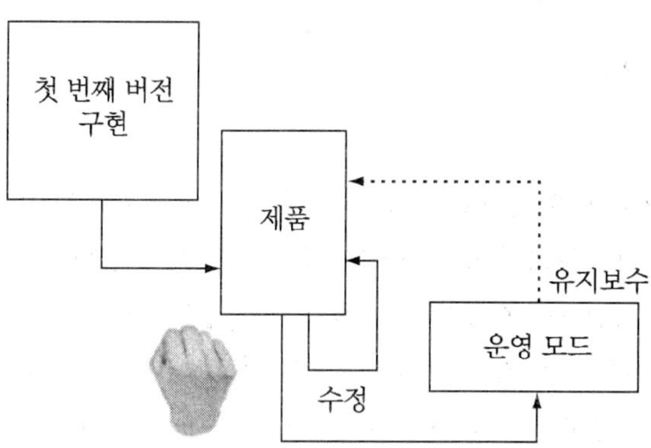

2) 폭포수 모형: 물은 거꾸로 흐르지 않는다.

1970년대 B.W. Boehm이 순차적으로 소프트웨어를 개발하는 전형적인 개발 모형인 폭포수 모형을 소개합니다. 폭포수 모형은 소프트웨어 개발의 전 과정을 관리 가능한 단계로 나누어 단계가 끝날 때마다 정의된 산출물을 확인하는 방식입니다.

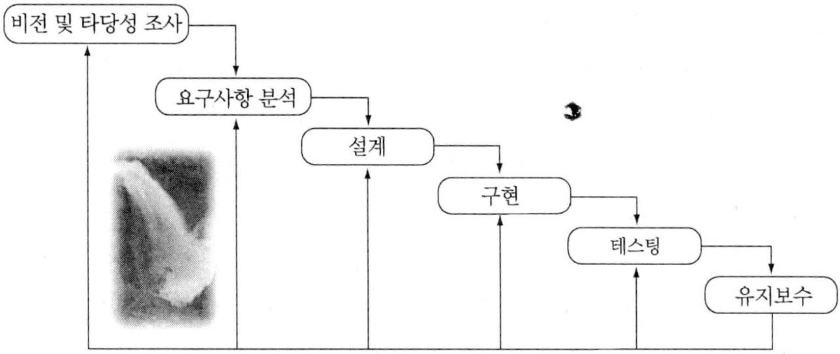

폭포수 모형의 각 단계를 어떻게 나눌 것인지는 프로젝트마다 조금씩 다를 수 있지만 본 책에서는 비전 및 타당성 조사, 요구사항 분석, 설계, 구현, 테스팅, 유지보수의 여섯 단계로 나누어 설명하도록 하겠습니다. <u>비전 및 타당성 조사 단계</u>에서는 비전 문서를 산출하는 것을 목표로, 소프트웨어 개발이 조직의 비즈니스 목표와 부합하는지를 확인하고 소프트웨어 프로젝트와 관련된 이해관계자를 식별하며, 범위를 한정합니다. <u>요구사항 분석 단계</u>에서는 요구사항 명세서 (Requirement Specification)를 작성하기 위하여 개발하는 소프트웨어에 대한 요구사항 수집, 분석을 수행합니다. 주로 소프트웨어 엔지니어 또는 분석가가 고객의 요구사항을 기능, 성능, 인터페이스 등으로 파악하고 문서화합니다. <u>설계 단계</u>에서는 설계 명세서를 작성하기 위하여 프로그램의 데이터 구조, 소프트웨어 구조, 인터페이스 구조, 알고리즘 등 모든 시스템의 구조 결정합니다. 그리고 <u>구현 단계</u>에서는 설계 명세서를 기반으로 소스 코드 및 프로그램을 완성합니다. <u>테스트 단계</u>에서는 내부적 이상 여부 및 오류를 발견하기 위한 테스트 계획을 문서로 작성합니다. 마지막으로 <u>유지보수 단계</u>에서는 개발된 소프트웨어의 변경사항을 수정합니다.

유지보수의 종류로는 수정 유지보수, 적응 유지보수, 기능 추가 유지보수 등이 있습니다.

폭포수 모형의 가장 큰 장점은 소프트웨어 생명주기를 설계하기 위해 부가적 노력이 거의 들지 않고 프로젝트 관리가 용이하다는 점입니다. 또한, 단계별로 접근 방법과 보고서가 체계적이어서 프로젝트가 제대로 진행되고 있는지 확인하기 쉽습니다. 즉, 관리가 쉬워 비교적 경험이 부족한 개발자들이 많을 때 적합합니다. 그러나 단계 간에 융통성이 적어 앞 단계가 완료될 때까지 다음 단계들은 대기하므로 한 작업이 늦어지면 전체 프로젝트 일정이 지연될 수 있습니다. 그리고 실제 시스템이 어떻게 동작하는가는 개발 후반부에야 겨우 확인할 수 있으므로 고객의 요구사항이 부정확했더라도 오류가 발견될 때까지 많은 시간이 걸려 요구사항 수정에 큰 비용이 필요할 수 있습니다. 또한, 단계별로 많은 산출물 문서가 작성되어야 하므로 다른 방법론에 비해 문서 작업 시간이 많이 필요한 것도 문제입니다.

3) 프로토타입 모형: 백번 듣는 것보다 한 번 보는 게 낫다.

초기에 요구사항 검증이 어려운 폭포수 모형의 단점을 보완하기 위해 개발된 생명주기 모형이 프로토타입 모형입니다. 프로토타입 모형은 소프트웨어 개발 초기에 고객이 본인이 원하는 게 무엇인지 명확하게 파악하기 어려울 때 적용 가능한 소프트웨어 생명주기 모형입니다. 실제로 실행되지는 않지만, 시스템이 어떻게 동작하는지를 보여주는 프로토타입을 보고 고객이 요구사항을 눈으로 검증하는 방식이죠. 프로토타입을 활용한 요구사항 도출 방법 및 순서는 다음 그림과 같습니다.

프로토타입(Prototype)은 개발한 프로토타입을 폐기하는지에 따라 일회용과 진화용으로 분류됩니다.(Sefelin et. al, 2003) 일회용 프로토타입은 고객의 피드백(feedback) 후 폐기되지만, 진화용 프로토타입의 경우 시스템 기능 중 중요한 부분만 구현하여 피드백을 얻은 후 지속해서 발전시켜 완제품 일부가 됩니다. 일회용 프로토타입의 경우 가능한 한 빠르고 저렴하게 생성하여야 하며 이것의 어설픈 코드가 최종 시스템에 사용되지 않도록 조심해야 합니다.

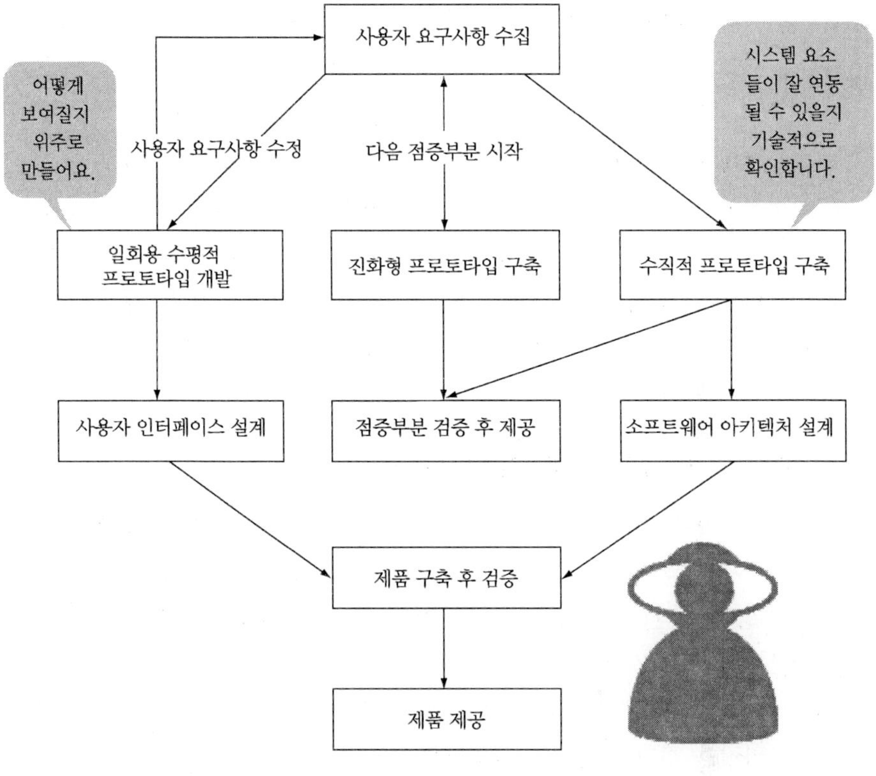

이런 문제를 해결하기 위하여 일회용 프로토타입의 경우에는 아예 손으로 그리는 문서기반의 프로토타입을 사용하기도 합니다. 물론 손으로 그리는 대신 베이직 등의 프로그램 언어나, 펄, 파이썬 등의 스크립트 언어 등의 저작 도구를 사용하기도 하지만 프로그램 언어로 개발한 일회용 저품질 프로토타입(Low Fidelity Prototype)은 고객들이 제품이 거의 완성되었다고 생각하거나 시스템 사용 방법에만 고착된 요구사항을 제시할 가능성이 있습니다. 게다가 프로토타입만 보고 최종 제품의 성능이 나쁠 거라는 선입견이 생길 수도 있고요.

그럼 프로토타입은 어떤 식으로 사용하는지 보여 드리죠. 먼저 프로토타입 방식으로 소프트웨어를 개발할 때에는 먼저 고객의 일부 요구사항 또는 불완전한 요구 사항으로부터 제품의 윤곽을 잡은 후에 어떤 형식의 프로토타입을 사용할 것인지 결정합니다. 그리고 주어진 요구사항을 기반으로 설계한 후 설계된 프로토타입을 RAD(Rapid Application Development) 도구 등을 사용하여 구현합니다. 이때는 신뢰도나 품질보다는 고객이 요구하는 기능을 구현하고 필요한 요소를 빠르게 파악하는 데 중점을 두어야 합니다. 마지막으로 고객과 개발자가 함께하는 고객 요구사항을 명확하게 하려면 프로토타입을 사용하고 평가하는 시간을 충분히 가져야 합니다. 이 평가 기간이 프로토타입 모형을 도입했을 때에 개발될 소프트웨어의 요구사항 정보를 얻는 중요한 단계입니다.

4) 나선형 모형: 조금씩 성장하는 소프트웨어

나선형 모형은 폭포수 모형을 제안한 B.W. Boehm이 제안한 모형으로 폭포수 모형과 프로토타이핑 모형의 장점을 수용하고 프로젝트 수행 시 발생하는 위험을 최소가 되도록 관리하기 위한 목적으로 개발한 점증적 개발 모형의 일종입니다.(Boehm, 1986) 나선형 모형도 여러 변형이 있을 수 있지만, 소프트웨어 개발 단계를 여러 개의 작업 영역으로 구분하고 그 영역을 달팽이집이 커지는 것처럼 나선을 그린다는 점은 공통적입니다.

그림에서 나선상의 각 원은 소프트웨어 개발이 여러 개발 단계를 반복적으로 거치며 점증적으로 완료된다는 것을 보여줍니다. 일반적으로 개발 단계는 그림과 같이 계획 및 정의 단계, 위험 분석 단계, 개발 단계, 고객 평가 단계를 거칩니다. 계획 및 정의 단계에서는 개발자가 고객으로부터 요구사항을 수집하고 시스템의 성능, 기능을 비롯한 시스템의 목표를 규명하며, 제약 조건을 파악합니다. 또한, 목표와 제약 조건에 대한 여러 대안을 고려하고 평가함으로써 프로젝트 위험의 원인을 미리 규명합니다. 다음 위험 분석 단계에서는 초기의 요구사항을 토대로 위험을 규명하는데, 위험에 대한 평가가 이루어지면 프로젝트를 계속 진행할 것인지 아니면 중단할 것인지를 결정합니다. 다음 개발 단계에서는 시스템에 대한 생명주기 모델을 선택하거나 프로토타입 혹은 최종적인 제품을 개발하고 다음 단계 작업을 위한 산출물을 검증합니다. 고객 평가 단계에서는 개발 단계에서 구현된 프로토타입 혹은 최종 제품을 고객이나 사용자가 평가하여 피드백을 얻고 다음 주기의 계획 및 정의 단계에 사용할 수 있도록 합니다. 가장 안쪽 타원부터 개념적 개발 프로젝트, 실제 제품 개발 프로젝트, 제품 향상 프로젝트, 유지보수 프로젝트를 반복해서 수행하는데, 이 단계가 명확히 구분되지 않아서 프로젝트 관리자가 프로젝트 성격이나 진행 상황에 따라 단계를 구분할 수 있습니다. 그러므로 폭포수 모형이나 프로토타입 모형보다 상대적으로 복잡하고 경험이 많은 프로젝트 관리자가 필요합니다. 또한, 여러 단계를 반복적으로 수행하기 때문에 시스템 개발에 큰 비용이 소모되고 개발자가 정확하지 않은 위험 분석을 했을 경우 심각한 위험을 최소화하려는 모형의 목적을 달성할 수 없습니다. 그럼에도 불구하고 프로젝트의 모든 단계에서 기술적인 위험을 직접 고려할 수 있어 사전에 위험을 감소시킬 수 있고 테스트 비용이나 제품 개발 지연 등의 문제를 해결할 수 있으므로 시간이 많이 소요되는 큰 시스템 구축 시 유용합니다.

5) 소프트웨어 생명 주기별 요구사항 개발

소프트웨어 생명주기별로 차이가 있기는 하지만 대부분의 소프트웨어 생명주기에서 요구사항 분석은 생명주기의 앞부분에 위치하고 있으므로 그림과 같이 주기의 앞부분에 요구사항을 도출하고 분석하기 위해 노력을 많이 투입합니다. 순환식이나 점증식의 경우 요구사항 개발에 지속적인 노력이 필요한 반면에 폭포수 모형은 초반에만 많은 노력이 요구됨을 알 수 있습니다. 요구사항 개발을 지속적으로 유지하지 않는 폭포수 모형은 일반적으로 그 생명주기가 완성되기 전에 요구사항의 25%가 완성되기 전에 변경된다고 합니다. 특히 프로젝트의 규모가 커질수록 요구사항의 변경 비율이 증가하여 대형 프로젝트의 경우 약 35~50%의 요구사항이 변경된다고 합니다.(Jones, 1997)

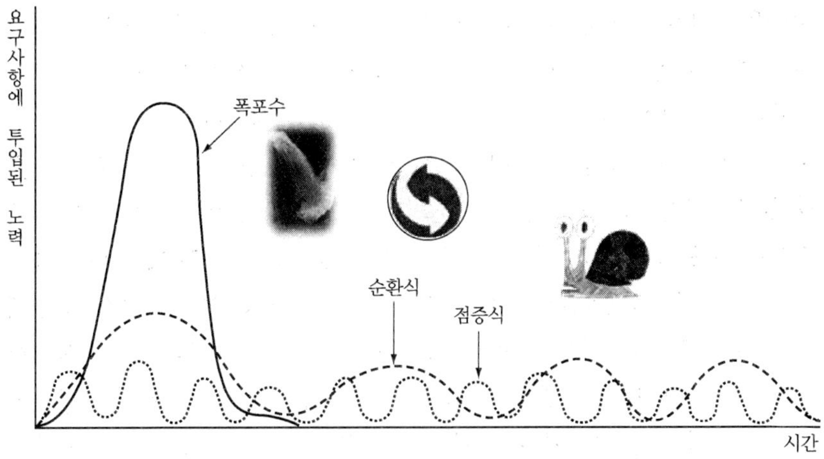

3 요구사항 개발 프로세스

그럼 요구사항은 어떻게 개발되어야 할까요? 실제로는 요구사항은 소프트웨어 개발 주기 중 앞부분에 집중적으로 개발되지만, 다음 그림과 같이 피드백을 받아 앞 단계로 돌아가기도 합니다.(칼 위거스, 2003) 요구사항을 도출하기 위해 제일 먼저 할 일은 비즈니스 요구사항을 분석하여 현재 조직이 가진 문제를 어떻게 해결할지 비전을 세우는 겁니다. 그리고 문제를 해결하는 데 도움을 줄 수 있거나 문제에 영향을 미치는 사람, 그리고 문제가 해결될 때 영향을 받는 사람들을 찾습니다. 이 사람들을 이해관계자라고 하는데 이들 중의 일부를 대상으로 요구사항을 추출하고, 요구사항의 우선순위를 결정하는 등의 분석을 수행합니다. 이번에 개발하고자 하는 작업이 정해지면 명세라는 단계를 통해 각 작업에 대한 세부 요구사항을 구체화한 문서를 만들고 그 문서가 이해관계자들의 의도에 맞는지 검증합니다. 이 단계들은 흐르는 물처럼 한 번 지나면 끝이 아니라 이해관계자들의 피드백을 받아 앞 단계를 수정할 수 있습니다.

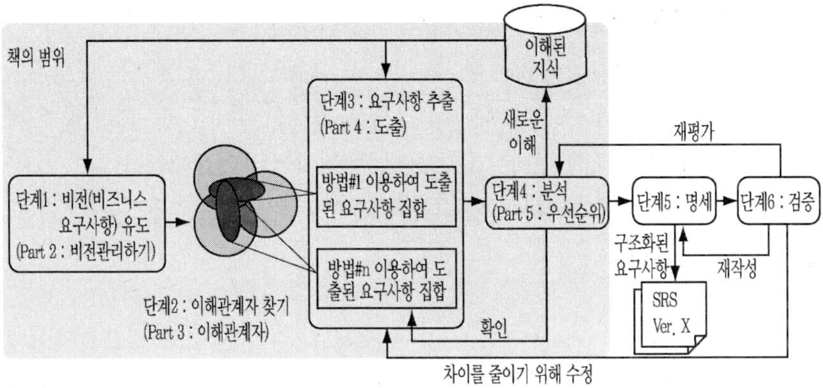

이 책에서는 브레인스토밍이 필요한 요구사항의 앞 단계인 요구사항 분석까지를 주로 다룹니다. 위 그림의 단계 1에서는 프로젝트를 시작하게 된 목적과 개발될 시스템의 범위를 결정하고 이 소프트웨어 프로젝트를 통해서 어떤 비즈니스 가치를 얻을 것인지에 대한 비전을 확립합니다. 다음은 이 소프트웨어 프로젝트와 관련된 이해관계자들을 식별하고 그들의 특성을 파악하여 개발에 적극적으로 참여할 사용자 대표를 선택합니다. 그리고 그들을 관찰하고, 인터뷰와 워크숍을 통하여 요구사항들을 도출합니다.

본 책의 게임들은 요구사항 관련 작업 중에서도 주로 요구사항 유도단계에 필요한 작업들 위주로 소개합니다. 요구사항 개발의 다음 단계는 요구사항 분석 단계로 새로운 시스템에 대한 개요를 파악하고, 사용자 인터페이스와 기술 프로토타입을 개발합니다. 그리고 요구사항이 타당한지를 검증하고 여러 요구사항 간의 우선순위를 결정하여 어떤 요구사항을 먼저 개발할 것인지를 결정합니다. 그리고 도출된 요구사항을 표준 요구사항 명세 템플릿에 맞게 문서로 작성합니다. 많은 기업이 IEEE 표준 830-1998(IEEE 1998b)을 기본으론 한 수정 서식을 사용하고 있습니다. 마지막으로 요구사항 설명이 적절한지를 검증하는 단계를 거치는데 이해관계자들에게 세 번째 단계에서 작성한 요구사항 명세서를 회람하고 어떤 상황에서 검수할 것인지를 결정합니다.

1) 또 다른 요구사항 프로세스: Volere Process

최근에 인기 있는 Robertson 부부의 Volere 요구사항 프로세스는 단발적인 소프트웨어 개발보다 시간에 따라 성장하는 소프트웨어의 프로젝트를 위한 요구사항 개발에 적합합니다. Volere는 이탈리아어로 볼레레라고 읽으며, 우리말로는 '의지'나 '의도'라는 뜻입니다. Volere 요구사항 프로세스의 중요 작업은 아래와 같습니다.

- 프로젝트 발사(Project Blastoff): 프로젝트 준비 단계로 소프트웨어의 전략적 계획에 대해 고민하는 단계입니다. 이 책에서는 이 단계에 대한 전통적인 소프트웨어 공학 기법과 게임들을 Part 2에서 다루게 됩니다. 이 시기에 킥오프 미팅(Kick-off Meeting)을 열어 이해관계자들 간의 주요 원칙을 수립하고 프로젝트의 비전과 범위를 정의합니다.
- 저인망식 요구사항 낚기(Trawl for Requirements): 소프트웨어 개발을 위한 업무들을 분석하여 요구사항을 추출하는 단계입니다. 전통적으로는 요구사항 수집이나 추출이라는 용어를 사용하지만, Robertson 부부는 요구사항을 저인망 어선으로 물고기를 낚시하는 것처럼 이해관계자의 의식 밑바닥에 있는 요구사항을 낚아내야 한다는 의미로 Trawl 이라는 용어를 사용합니다. 이 책에서는 Part 4에서 주로 이 내용을 다룹니다.
- 프로토타입과 시나리오(Prototype the Requirements and Scenario): 앞에서도 다루었지만, 프로토타입은 이해관계자들이 아직 알고 있다는 것을 인식하지 못한 요구사항을 구체화하는 데 매우 유용한 요구사항 기법입니다. 잠재적인 요구사항을 빠르게 도출시켜 주며, 최종 산출물을 시뮬레이션하는 효과를 기대할 수 있습니다. 시나리오는 비즈니스 프로세스를 이해하기 위해 요구사항 분석가와 이해관계자가 함께 진행하는 일종의 스토리보드입니다. 시나리오 기법을 활용한 요구사항 도출 게임은 Part 4의 14장에서 다룰 겁니다.

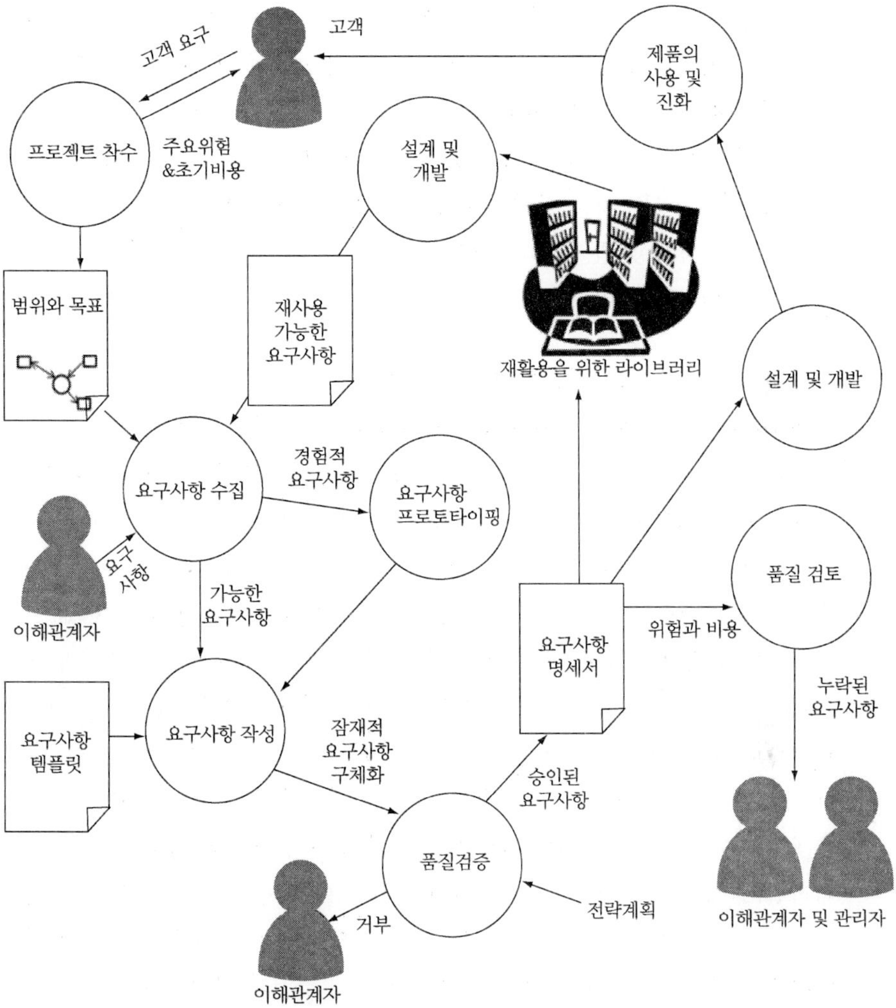

- **요구사항 문서화**(Write the Requirements): 요구사항 명세화 단계로 모든 이해관계자가 이해할 수 있도록 문서로 작성하는 단계입니다.
- **품질 검증**(Quality Gateway): 앞에서 요구사항 분석가가 문서로 만든 요구사항 항목들을 이해관계자들과 같이 검증하여 공식적인 요구사항 명세서를 작성하고 인수기준에 승인(Sign off)하는 단계입니다. Sign-off는 편지나 방송을 끝맺는 것을 의미하며 어떤 것을 Sign off했다는 것은

서명하여 승인했다는 의미입니다. 그러나 승인을 했다고 해서 요구사항을 변경할 수 없다는 것을 의미하지는 않습니다. 시간이 지남에 따라 프로젝트가 구체화되면서 이해관계자들은 자신이 무엇을 원하는지 좀 더 잘 이해하게 되면서 **요구사항은 변하기 마련**입니다. 그러므로 승인 사인을 한다는 것은 요구사항을 다시는 변경하지 않겠다는 다짐이 아니라 요구사항 **변경에 대비하여 참조할 수 있는 기준점**을 만든다는 의미로 해석하는 편이 낫습니다.

요구사항 명세서를 검증할 때에는 기본적으로 4C(Completeness: 완전성, Clear: 분명함, Correct: 정확함, Consistent: 일관성)가 만족되었는지 검토합니다. 추가적으로 타당성(Relevance), 시험가능성(Testability), 추적가능성(Traceability) 관점에서 검토합니다. 완전성(Completeness)이 있는 요구사항이라는 것은 기능, 성능, 디자인 제약 특성 또는 외부 인터페이스에 관한 여부, 중요 요구 사항을 모두 포함하고 있으며 어떤 부분도 '추후결정(TBD: To Be Determined)'으로 표시 되어 있지 않다는 의미입니다. 분명하다(Clear)는 것은 자연어가 본질적으로 갖고 있는 모호함을 줄였다는 의미입니다. 이를 위해서 요구사항 문서는 가능한 간편하고 명시적으로 적혀있어야 합니다. 정확한(Correct) 요구사항은 각 요구사항 문장이 개발될 요구되는 기능을 표현해야 한다는 것을 의미합니다. 일관성(Consistent)이 있는 문서는 각 용어의 정의와 형식, 논리적인 면에서 일관성이 있다는 의미입니다. 예를 들어 "학생들의 학번은 십진수로 구성되어 있다"라는 요구사항이 있으면 문서의 다른 부분에서 학번의 예로 영문 등이 포함되지 말아야 합니다. 추적이 가능하다는 것은 다른 문서에서 각 요구사항이 언급 될 수 있도록 요구사항별로 자기 ID를 가져야 하며, 모든 요구사항이 존재하는 이유를 추적할 수 있도록 역방향 추적성과 설계 및 개발이 어떤 요구사항에서부터 나왔는지를 추적할 수 있는 순방향 추적성을 가지고 있다는 말입니다.

2) 시스템 통합 프로젝트에서의 요구사항 프로세스

시스템 통합(SI: System Integration) 프로젝트의 요구사항 도출은 다음 그림과 같이 수주자와 계약하기 전에 발주자 내부에서 실행하는 프로젝트 요구사항과 계약 후에 수주자가 주도하여 진행하는 시스템 및 소프트웨어 요구사항으로 나뉘어 진행됩니다. 이와 같은 관점에서 요구사항 관리의 범위는 아래 그림과 같이 요구사항이 정의되고, 분석, 설계, 구현, 테스트, 전개되는 단계뿐만 아니라 그 이전의 고객 요청부터라고 볼 수 있죠. 이 책에서도 발주자 내부에서 진행하는 프로젝트 요구사항에 도움이 되는 비전관리와 계약 후에 사용할 시스템 요구사항, 소프트웨어 요구사항에 관한 게임을 제안하고 있습니다.

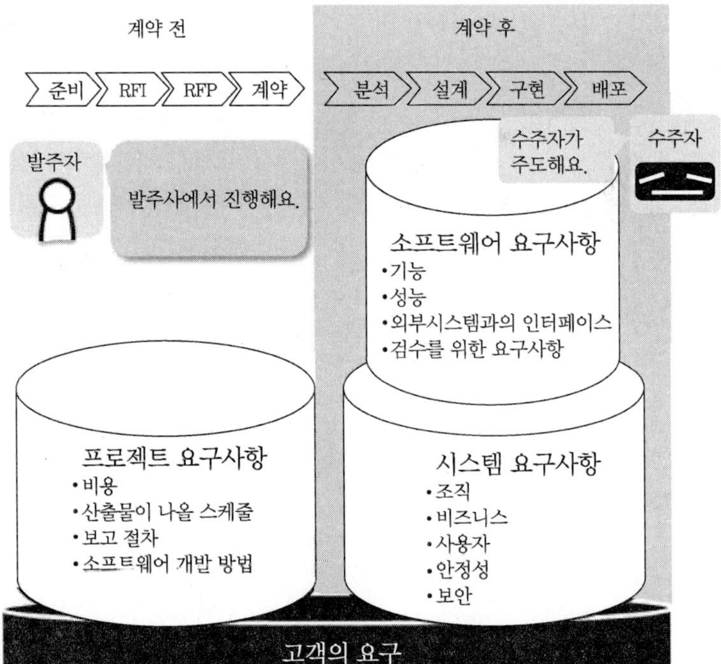

최근에 공공분야에서 신 RFP 체계를 도입하면서 발주자 내부에서 기능 요구사항 등과 같은 소프트웨어 요구사항을 도출한 후에 계약하는 방향으로 가고 있지만, 발주자 측은 요구사항 도출에 대한 경험이 충분하지 않아 어려움을 겪고 있습니다. 그러므로 비전문가들이 재미있게 요구사항 도출을 할 수 있는 게임을 제시하고 있는 본 책이 발주담당자에게도 도움이 될 수 있을 겁니다.

어쨌거나 시스템 통합 프로젝트와 같이 발주자와 수주자가 확실한 소프트웨어 요구사항 도출의 경우 중간에 요구사항 변경이 일어날 수 있다는 것을 양쪽 모두가 인정하는 것이 중요합니다. 그리고 주요 시점마다 발주자와 수주자가 동의한 내용을 문서로 만들어 놓아야 시스템이 인도되는 시점에 분쟁의 소지를 없앨 수 있습니다. 공공 프로젝트의 경우 분쟁의 소지를 없애기 위하여 제안서를 작성할 때 RFP와 제안서 내용과의 조견표를 만들어 누락된 요구사항이 없도록 관리하기도 합니다. 이와 같이 요구사항 변경이 일어날 때마다 서로 동의를 구하는 절차를 거쳐도 프로젝트 범위에 대한 분쟁은 언제든지 일어날 수 있으므로 계약서에 '구축 범위는 최종 승인된 문서의 내용에 따른다'는 식의 문구를 삽입하여 분쟁의 소지를 줄이도록 합니다. 요구사항 변경과 관리도 매우 중요한 요소이기는 하지만 이 책에서는 주로 다룰 게임과는 관계가 적으므로 요구사항 관리에 관심이 있는 분은 요구공학에 대한 다른 책들을 참조하시기 바랍니다.

요약

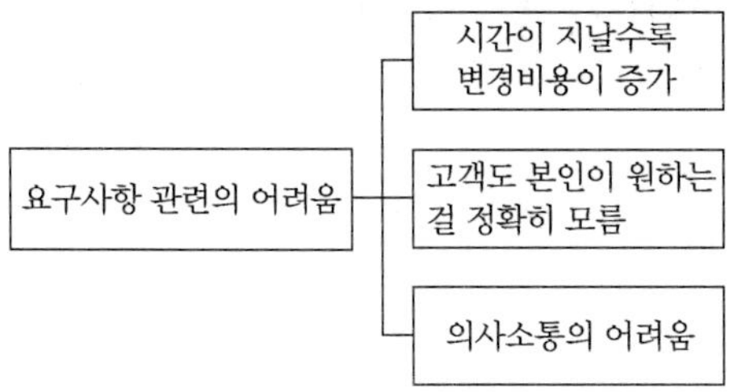

요구사항 프로세스

기본	비전 → 이해관계자식별 → 요구사항 도출 → 분석 → 명세 → 검증
Volere 프로세스	점진적 소프트웨어 개발에 적합
SI 프로젝트	계약전 : 준비 → RFI → RFP → 계약
	계약후 : 분석 → 설계 → 구현 → 배포

02 게임하는 방법

본 책에서는 고객의 요구를 잘 이해하기 위해 고객, 발주자, 수주자가 협력하여 같이 즐길 수 있는 다양한 게임을 제안하고 있습니다. 다음 표는 요구사항 단계별로 사용할 수 있는 게임을 간략하게 소개합니다.

요구사항 단계	게임	그림	설명
비전확인하기	감정이입 지도	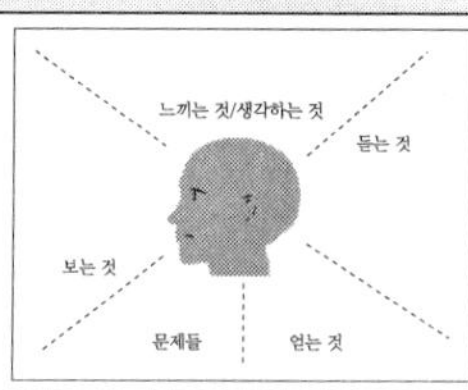	이해관계자가 보고, 듣고, 느끼고, 생각하는 것들에 이입하여 이해관계자의 요구사항을 도출합니다.
	자랑하기		사람은 누구나 인정받고 싶어하는 심리가 있죠. 그 심리를 이용합니다.
	플러스와 델타	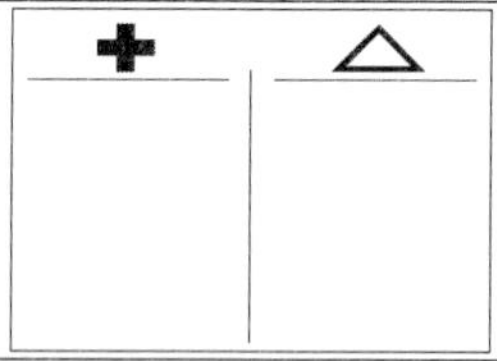	건설적인 비판을 통해 개선점을 찾습니다.
	스왓 분석		제품 및 프로젝트와 관련된 내·외부의 강점 및 약점을 전체적으로 파악하여 전략을 수립합니다.

비전 확인하기	스피드 보트		프로젝트라는 보트를 빨리 달리게 하기 위해서는 무엇이 필요할까요?
	시스템 문맥도	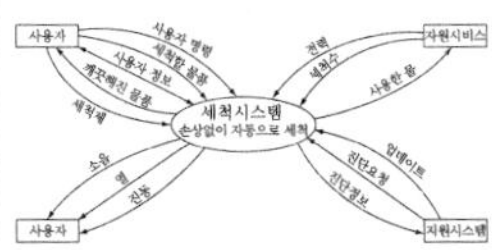	고객이 요구하는 시스템의 범위를 정의합니다.
	생선뼈	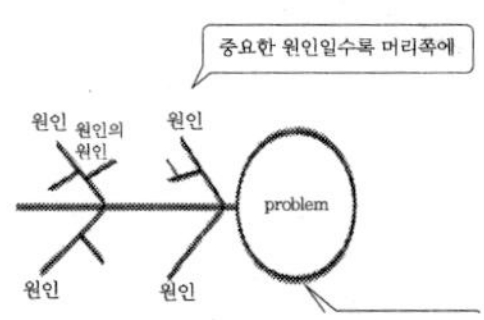	문제의 원인을 찾아 해결할 수 있도록 합니다.
	커버스토리		제품이 성공해서 잡지에 소개된 상황을 가정하여, 기사를 만들어 봅니다.
	전체 모습 알아내기	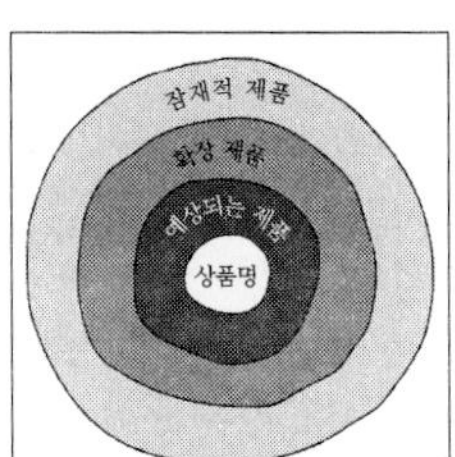	제품을 다양한 관점에서 해석해서 차별화할 부분을 찾습니다.

	거미줄	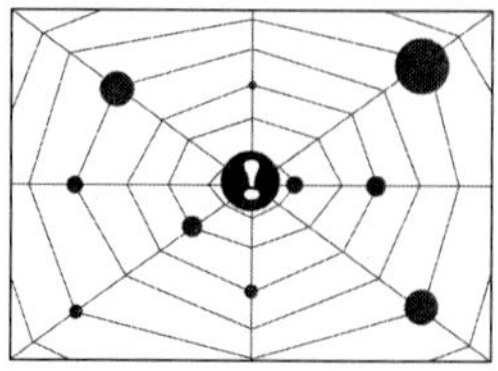	제품 관계를 이해함으로써 제품에 대한 고객의 인식을 확인합니다.
이해관계자 식별하기	영향도의 원	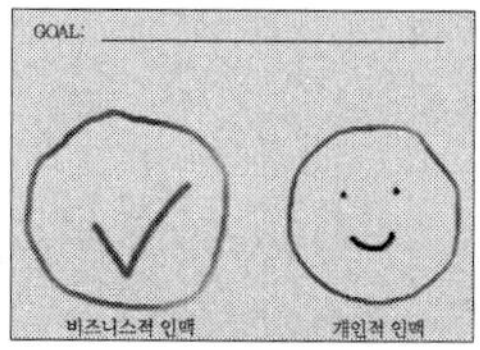	제품 개발 및 프로젝트를 진행하는 데 있어서 도움을 줄 수 있는 모든 사람을 찾습니다.
	이해관계자 양파 도표	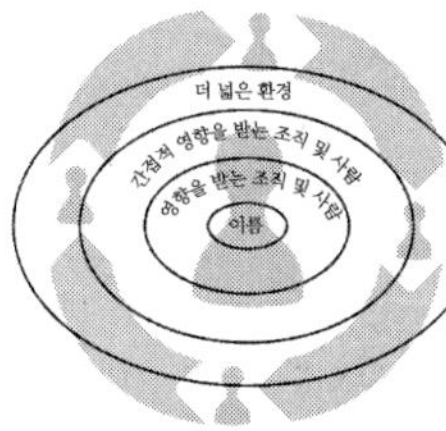	제품과 관련된 영향에 따라 최대한 많은 이해관계자를 식별합니다.
	RACI 매트릭스	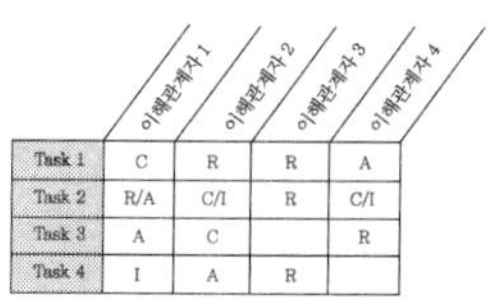	업무별 이해관계자를 찾으면 숨은 이해관계자를 찾을 수 있어요.
	영향과 관심 도표	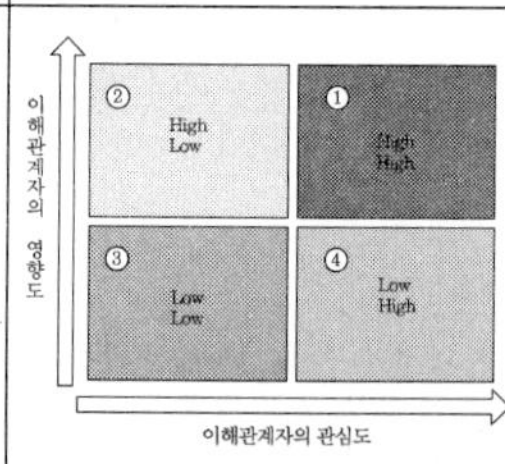	이해관계자를 영향과 관심의 정도에 따라 구분하고 고객별 대응방법을 결정합니다.
	돌출 모델	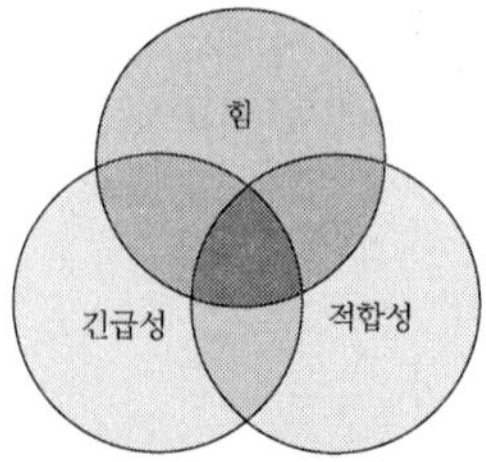	이해관계자가 가지는 요소들에 따라 좀 더 세밀하게 이해관계자 계층을 나눕니다.

<table>
<tr><td></td><td>페르소나
만들기</td><td></td><td>사용자 계층을 대표하는 챔피언에 대한 프로필을 작성해요.</td></tr>
<tr><td rowspan="6">요구사항도출하기</td><td>나의 하루</td><td></td><td>고객이 제품을 사용하는 정황을 살피고 시간별 · 기간별로 변화하는 고객의 요구사항에 대응합니다.</td></tr>
<tr><td>뜨거운 맛
보이기</td><td></td><td>말도 안 되는 기능 목록을 보여주고 그 반응을 통해 요구사항을 찾아냅니다.</td></tr>
<tr><td>최고의
악몽</td><td>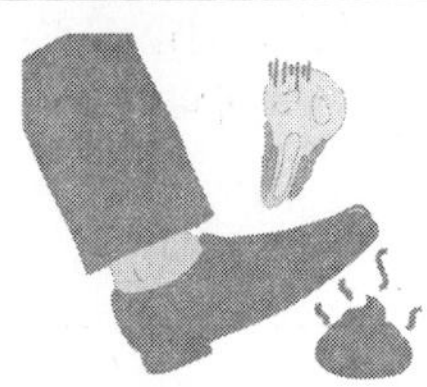</td><td>제품과 관련한 이해관계자들의 최고의 악몽을 찾아내고 예방책 및 해결책을 찾아봅니다.</td></tr>
<tr><td>혁신
생성기</td><td>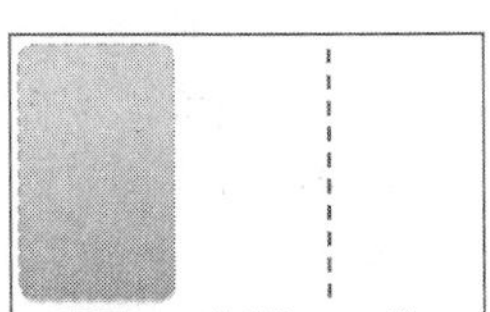</td><td>고객의 문제를 도출해 해결해줄 방법을 모색함으로써 요구사항을 찾습니다.</td></tr>
<tr><td>양파 수프</td><td></td><td>지난 버전을 향상시키기 위한 요구사항을 찾습니다.</td></tr>
</table>

우선순위결정	그림자 놀이		고객이나 사용자를 직접 관찰하고 요구사항을 도출합니다.
	견습공		만든 제품을 직접 사용 및 체험해봄으로써 문제점 및 개선점을 찾습니다.
	시나리오 기반 스토리 보드	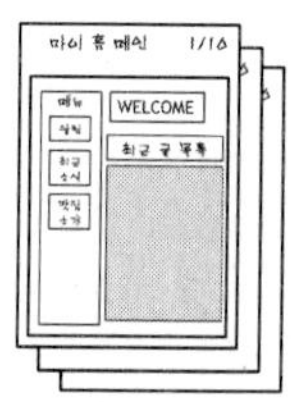	직접 화면을 그려나가면서 요구사항을 구체화합니다.
	제품 가지치기		나무의 가지를 치듯이 제품의 필요 없는 부분을 잘라내고 필요한 것을 추가합니다.
	시력 2.0	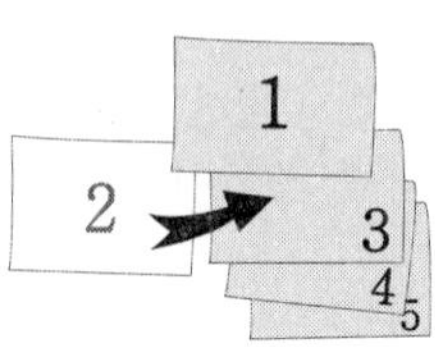	안경 도수를 결정하는 것처럼 요구사항을 줄 세워서 우선 순위화합니다.

<table>
<tr><td rowspan="2">우선순위결정</td><td>기능 구매</td><td></td><td>주어진 예산 내에서 필요한 기능만 골라담게 해 보아요.</td></tr>
<tr><td>짝 비교</td><td><table><tr><td></td><td>요구사항1</td><td>요구사항2</td><td>요구사항3</td><td>요구사항4</td></tr><tr><td>요구사항1</td><td></td><td>7</td><td>1</td><td>3</td></tr><tr><td>요구사항2</td><td></td><td></td><td>5</td><td>9</td></tr><tr><td>요구사항3</td><td></td><td></td><td></td><td>5</td></tr><tr><td>요구사항4</td><td></td><td></td><td></td><td></td></tr></table></td><td>모든 요구사항을 둘씩 비교하면 뭐가 중요한지 알 수 있어요.</td></tr>
</table>

그러면 이 게임들이 어떻게 고객의 요구를 이해하는 데 도움을 줄까요? 뉴욕 주립대의 국제 창의 연구센터(International Center for Studies in Creativity)에서 소개하는 혁신을 위한 프로세스인 CPS 모델(창의적 문제 해결 모델, Creative Problem Solving Model)이 그 답을 줄 수 있을 것 같습니다. 문제점과 해결방안을 모색하기 위한 창의적 문제 해결 모델은 '**확산적 사고**(Divergent Thinking)'와 '**수렴적 사고**(Convergent Thinking)'를 계속해서 반복합니다. 확산적 사고란 모든 생각과 가능성을 찾아보고 최대한 많은 아이디어를 찾아내는 과정으로 팀 활동중에 흔히 사용되는 브레인스토밍의 바탕이 됩니다. 제대로 된 확산적 사고를 위해서는 다음 사항을 유의해야 합시다.

- 확산적 사고 중에는 판단을 하지 않습니다.
- 아이디어의 양에 집중하도록 합니다.
- 가감 없고 일반적이지 않은 아이디어를 생각하도록 합니다.
- 다른 아이디어를 활용하도록 합니다.

수렴적 사고는 확산적 사고를 통해 나온 생각과 가능성을 걸러내고, 고르고, 평가하여 가장 중요해 보이는 가능성을 찾는 과정입니다. 수렴적 사고는 다음을 유의하도록 합니다.

- 아이디어에 대해 긍정적인 판단을 내립니다.(이점을 찾습니다.)
- 신중히 숙고합니다.
- 참신함을 고려합니다.
- 아이디어에 대해 더 나은 대안을 찾습니다.

요구사항을 도출하기 위해서 우리는 확산적 사고와 수렴적 사고 모두를 이용합니다. '비전 확인하기', '이해관계자 식별하기', '요구사항 도출하기' 과정 동안 진행하는 게임은 게임 참가자들이 확산적 사고를 하게 될 것이며 '우선순위 결정'을 위해서는 수렴적 사고를 하게 될 겁니다. 확산적 사고와 수렴적 사고를 통해 고객들이 미처 인지하지 못했던 요구사항들을 끌어내고 아이디어에 현실성을 부여하게 됩니다. 또한, 팀 활동을 통해 더욱 참신하고 다양한 아이디어를 모을 수 있으며 한 방향에 치우치지 않는 판단 기준을 세울 수 있도록 해줍니다.

1 게임 진행하기

그럼 실제로 게임을 진행하는 방법에 대하여 이야기해보죠. 게임을 어떻게 진행해야 하는지 세세한 부분은 게임별로 다르지만 여기서는 대부분의 게임을 진행할 때 공통적으로 고려해야 할 점에 대하여 다룹니다. 모든 게임은 한 달 이상의 준비과정을 거쳐 진행합니다. 그리고 게임이 끝난 후에는 1주 이상의 분석시간이 필요한데 실제로 게임의 성과는 얼마나 분석을 효과적으로 했느냐에 따라 달라질 수 있습니다.

1) 게임 준비하기

1. 게임 계획

게임을 계획할 때는 기사를 작성할 때처럼 육하원칙(六何原則)을 고려합니다. 육하원칙은 누가(Who), 언제(When), 어디서(Where), 무엇(What), 어떻게(How), 왜(Why)를 의미하며 영어로는 머리글자를 따서 5W1H라고도 합니다. 그럼 게임의 육하원칙은 어떻게 정할까요?

- 누가(Who): 게임 참가자를 선정합니다. 게임의 종류에 따라 고객, 발주자, 수주자 중 누가 참여할 것인지가 달라질 수 있습니다. 누구를 초대할 것인지 결정할 때에는 PART 3의 이해관계자 식별하기 부분이 도움될 수 있습니다. 게임 참가자들의 구성 및 성향이 게임결과의 질을 좌우하므로 좋은 게임 참여자를 선정하도록 노력해야 합니다. 게임의 참가자는 일반적인 워크숍의 참가자와 마찬가지로 12~36명 정도가 적당하다고 합니다.
- 언제(When): 게임을 언제 얼마나 오랫동안 진행할 것인지에 대하여 결정합니다. 게임진행당 2시간 정도 소요되므로 준비시간과 정리시간을 고려하여 시간을 결정합니다.
- 어디서(Where): 게임을 진행할 장소를 결정합니다. 게임의 수나 특징에 따라 게임 참여자들의 접근성이 좋은 곳을 선택할 것인지, 게임에 집중할 수 있는 외딴 휴양지를 선택할지가 달라집니다. 장소에 관한 사항은 7장의 워크숍 부분을 참조하십시오.
- 왜(Why): 게임의 목표를 설정합니다. 이 게임을 통해 무엇을 알고 싶은지 게임 결과물을 예상해 봅니다.
- 무엇(What): 게임의 목적에 부합하는 게임을 선정합니다. 게

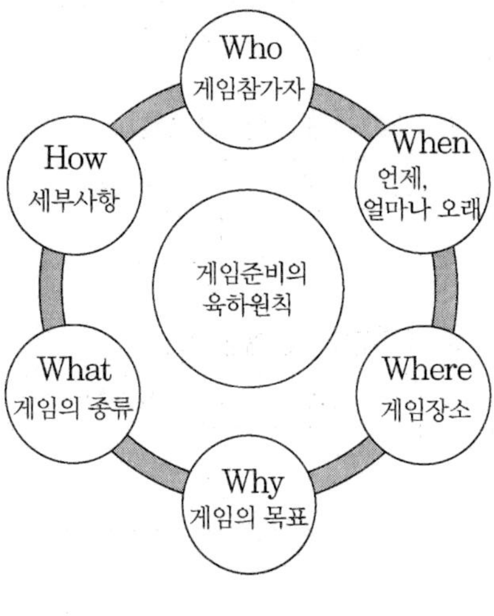

임선정 방법은 본 장의 뒷부분을 참조하십시오. 또한, 게임이 끝난 후에 어떻게 분석을 할 것인지와 게임 참여자들에게 결과 요약물을 보낼 것인지도 결정합니다.

- 어떻게(How): 게임의 세부사항을 결정합니다. 치밀한 준비가 만족스러운 결과를 만들 수 있습니다.

2. 공지하기

게임 참가자들에게 전자우편이나 문자, 공문 등을 이용해서 공지합니다. 공지내용에는 활동 목적과 일정, 장소, 참가자에 대한 내용 등을 포함해야 하며 게임 참가자들이 사전에 준비해야 하는 것이 있다면 같이 쓰십시오. 다음은 게임을 위한 안내문의 한 예시입니다.

게임 실시계획

1. 게임목적

프로젝트 <<프로젝트>>의 요구사항을 도출하고 이해관계자들에게 프로젝트의 필요성을 인식시켜 프로젝트를 성공적으로 〈〈시작/마무리〉〉하기 위함.

2. 게임개요

- 일　　시 : 201X. X. XX(X요일) – X. XX(X요일)
- 장　　소 : XX도 XX군 XX호텔
- 대　　상 : 프로젝트 이해관계자
- 게임 내용 : 실시안 별첨참조

3. 게임 내용 : 일정표 별첨

내용	진행	시간	장소	비고

4. 교육집결 및 출발시간

구분	출발지	집결 및 출발시간	비고

5. 교육참석복장 및 준비사항

- 간편복차림
- 게임에 추가적으로 필요한 사항 추가

6. 기타 행정조치

- 대상자중 토요일 휴무자에 대하여는 토요 근무 인정 조치

3. 준비물 확인하기

게임을 선정한 후에 게임에 필요한 준비물 목록을 작성하고 게임을 시작하기 직전에 목록에 있는 준비물이 빠짐없이 준비되어 있는지 점검하도록 합니다. 각 게임에 대한 준비물은 게임을 설명하는 부분에 함께 적혀 있으니 참고하도록 합니다. 게임을 진행하면서 참가자들에게 게임 방법을 설명해 주어야 합니다. 준비물을 준비하면서 게임을 설명하기 위한 적절한 자료를 함께 준비하도록 합니다.

2) 게임하기

1. 브레인스토밍 원칙

자세한 게임 방법은 게임마다 설명되어 있지만, 기본적으로 이 책에서 소개되고 있는 게임들은 브레인스토밍 형태로 이루어집니다. 그러므로 게임 참가자들이 브레인스토밍 4원칙을 지킬 수 있도록 해야합니다. 게임 방법을 설명하면서 브레인스토밍 원칙을 말해주거나 회의장 앞에 큰 포스터로 붙여 놓는 것도 하나의 방법이 될 수 있습니다.

위에서 설명한 확산적 사고의 가이드와 같이 브레인스토밍에도 간단하게 4S로 불리는 원칙이 있습니다.

- 비판 금지(Support)
- 자유분방(Silly)
- 양산(Speed)
- 결합과 개선(Synergy)

'일반적으로 아이디어는 비판이 가해지지 않으면 많아진다.'는 브레인스토밍의 원리 중 하나입니다. 비판 금지라는 원칙은 쉬운 것 같지만, 활동하는 중에 이 원칙을 깨는 경우를 생각보다 쉽게 볼 수 있습니다. 활동 초반에는 지켜지는 듯하다가 시간이 지날수록 깨지기 쉽습니다. "그건 아닌 것 같아."라던가 "진짜?", "불가능할 거 같지 않아?" 이러한 말을 하지 않도록 조심해야 하는 것뿐만 아니라 판단 자체를 보류하는 것이 좋습니다. 일단은 많은 양의 아이디어를 내는 것이 중요하기 때문입니다. 판단하게 되면 아이디어를 내는 행위 자체가 위축됩니다. 비판뿐만 아니라 "좋아", "멋진 생각이다." 등의 긍정적인 의견도 좋은 의견을 내야 한다는 부담을 주게 되기 때문에 지양하는 것이 좋습니다. 또한, 비판 금지라는 이 원칙에 대해서 말뿐만 아니라 표정, 몸짓까지도 주의해야 합니다. 의견을 듣고 자기도 모르게 표정을 찡그리거나 고개를 젓는다거나 하는 경우가 있습니다. 말하지 않는다고 하더라도 아이디어를 내는 사람은 그러한 분위기에 민감하게 반응하고 더는 아이디어를 내려고 하지 않을 수 있습니다.

어이없고 실현 불가능할 것 같은 아이디어라도 가감없이 아이디어를 낼 수 있도록 분위기를 장려해야 합니다. 어차피 실현 불가능한 아이디어가 왜 필요하냐고요? '아이디어 수가 많을수록 질적으로 우수한 아이디어가 나올 가능성이 많다'는 브레인스토밍의 원리에 따라 최대한 많은 아이디어를 고려하는 것이 목적이기 때문입니다. 국제 창의 연구센터에서 진행되는 창의적 문제 해결 모델을 배우는 중에 확산적 사고를 연습하는 과정이 있었습니다. 비행기 좌석이 너무나 불편하다는 문제점을 해결하기 위한 아이디어를 찾는 과정이었는데 '좌석 수를 줄여서 좌석 하나의 크기를 크게 만든다.'는 등의 다양한 아이디어가 있었습니다. 그 와중에 팀원 중의 한 명이 '비행기를 무중력 공간으로 만든다'는 아이디어를 제시하였습니다. 정말이지 불가능하고 어이없는 아이디어였지만, 그 교육 과정에 참가한 우리는 모두 그 아이디어를 좋아했습니다. 그 아이디어는 마지막에는 수렴되지 않았겠지만, 활동 분위기를 좀 더 자유롭게 만드는 데 일조하여 더 많은 아이디어가 나올 수 있도록 하였습니다. '현실적으로 불가능할지라도 일단 말하고 보자!' 실현 불가능하다고 할지라도 이후에 수렴적 사고 과정(우선 순위화 하기)을 진행하면서 걸러지고 가능한 대안을 찾음으로 현실성을 찾게 될 것이니, 걱정하지 마세요.

브레인스토밍 중에는 하나의 아이디어를 조금 개선해서 아이디어를 낼 수도 있습니다. 거의 차이가 없다고 하여도 "이거랑 같은 거잖아."라고 하지 마세요. 그 또한 하나의 아이디어로 인정해야 합니다. 또한, 하나의 아이디어와 하나의 아이디어를 결합하여 새로운 아이디어를 만들어 보도록 합니다.

2. 기본적인 게임 방법

게임의 진행은 일반적인 소프트웨어 개발 워크숍과 유사하게 진행하시면 됩니다. 즉, 주제 결정 및 참여자 초대 등의 준비를 거쳐 약 2시간에 걸친 게임 후에 분석을 통해 원하는 요구사항을 도출 및 검토하게 됩니다. 전통적으로는 진행을 위해 게임에 참여하는 고객 수의 1/3에서 1/2 정도의 도우미들이 필수적이라고 이야기를 하고 있습니다. 즉, 행사를 관리하는 기획자와 게임의 안내를 도울 수 있고 행사에서 잡일을 도와주는 조력자가 필요하며, 게임의 설명하고 진행하기 위한 진행자가 필요합니다. 또한, 게임이 진행되는 동안 참가자를 관찰하는 관찰자와 사진을 찍는 사진사가 추가로 필요하다고 설명하고 있습니다.

그러나 실제로는 게임에서 제공하는 여러 가지 도구들이 요구사항 도출을 위한 소규모 브레인스토밍 회의에서도 많은 도움을 주었다는 것은 수업을 진행하면서 확인할 수 있었습니다. 제 수업시간에는 최대 40여 명의 학생을 대상으로 게임을 진행하였는데, 제가 생각하기에 가장 필수적인 진행요원은 진행자(Facilitator)와 충분한 수의 관찰자(Observer)였습니다. 관찰자의 수는 팀 수 정도는 되어야 합니다. 먼저 진행자가 참가자들을 묶어서 팀을 정하고 팀별로 게임에 필요한 준비물이 놓여 있는 자리에 앉게 합니다. 그리고 게임을 시작하기 전에 게임의 목적과 게임을 진행하는 방법, 주의사항에 대하여 설명을 합니다.

게임을 진행해 본 경험에 따르면 관찰자의 역량이 게임의 결과 영향을 미치는 중요한 요소였습니다. 관찰자는 접착 노트에 누가 어떤 내용을 발언했는지, 그리고 그 발언에 대해 다른 사람들이 어떤 반응을 보였는지를 관찰하여 적습니다. 나중에 분석을 쉽게 하려면 접착 노트 하나당 하나의 관찰만을 적는 것이 좋습니다. 그리고 적어도 한 관찰자당 25개 이상의 관찰 내용을 적어야 합니다. 관찰 후에 실제로 도움이 되었던 관찰 내용은 제품이나 서비스에 대한 의견을 표명하거나 예상치 못한 발견, 의견이 대립하는 주제 등이었습니다. 원래 관찰자는 게임 진행 도중 게임에 참여하지 않고 관찰내용만 적는 것이 원칙이나 진행자가 팀별로 진행을 도와주지 않기 때문에 게임에 소외되는 참여자를 게임에 참여하도록 독려하거나 게임을 독단적으로 진행하려는 사람을 제지하는 역할을 병행해야만 했습니다. 또한, 게임 도중 다른 사람의 의견에 비판하려는 경우가 발생할 수 있는데, 이런 비판적인 의견이 자유롭고 창의적인 아이디어가 제시되는 것을 방해합니다. 그러므로 서로의 의견을 비판하지 않도록 관찰자가 중간에서 중재하는 경우도 발생했습니다. 즉, 소규모로 게임을 진행할 경우에는 관찰자가 팀별 진행을 병행하여야 하는 경우가 발생했습니다. 사진사는 이 책을 만드는 데 많은 도움을 주기는 했지만, 대부분의 경우 게임 도중에 찍은 사진보다는 게임을 종료한 후에 결과물 사진만이 분석에 필요했던 경우가 대부분이었습니다. 그러므로 게임 종료 후에 정리하며 결과물을 찍을 시간이 주어진다면 사진사를 따로 유지할 필요는 없을 것 같습니다. 사진사가 필수는 아니지만, 결과물의 글씨가 선명하게 찍힐 정도의 카메라는 분석을 위해 필수적이었습니다.

게임과 직접 관계는 없지만 창의적이고 자유로운 분위기를 조성하기 위해서 음식과 음악을 준비하는 것이 효과적이었습니다. 즉 참가자들의 수에 맞게 적당한 간식거리와 음료수를 제공하고, 대화를 방해하지 않은 정도의 흥겨운 분위기의 음악을 행사장 내에 틀어줄 때에 게임진행이 더 순조로웠습니다. 또한, 게임에 따라서는 상품을 걸 경우 게임 참가자들의 참여도가 증가하였습니다.

관찰로 이루어지는 '견습공', '그림자 놀이'와 고객이 준비해오는 '자랑하기'를 제외하면 대부분의 게임은 다음과 같이 진행이 됩니다.

① 한 팀에 각 한 장의 전지를 벽에 붙입니다.

② 게임을 위한 도표를 그립니다.
③ 아이디어가 생각나면 거침없이 말하고
④ 접착 노트에 적고
⑤ 도표 위에 붙입니다.
⑥ 충분한 아이디어들이 나왔다면 결과를 정리하기 위해 토론하는 시간을 10분 정도 가집니다.
⑦ 정리된 결과를 팀별로 발표하고 공유하는 시간을 가집니다.

도표를 책상에 놓고 할 수도 있지만, 팀원 모두가 보기 불편할 수 있습니다. 또한, 아이디어를 말하는 것은 팀원 모두 아이디어를 듣고 공유할 수 있으므로 가끔은 접착 노트에 적혀 있는 것만으로는 이해가 가지 않을 때는 아이디어를 적기 전에 팀원 모두가 들을 수 있도록 말하는 것이 좋습니다. 또 아이디어를 말하는 과정 자체가 새로운 아이디어를 생각할 수 있도록 영감을 주는 활동이 될 수도 있습니다.

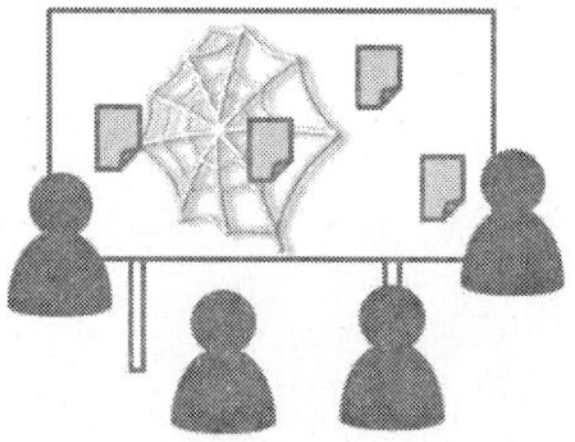

3) 게임정리

게임 후의 관찰자들이 적은 관찰자 기록 카드 및 고객이 작업한 결과물의 분석은 친화도(Affinity Diagram)라고도 불리는 KJ(가와키타 지로) 기법을 통해서 정리하는 것이 가장 유용했습니다. 친화도는 다음 그림과 같이 유사한 의미를 가지는 단어들을 브레인스토밍을 통해 하나의 그룹으로 묶은 도표를 의미하는 것으로, KJ 기법의 결과물이기도 합니다.

KJ 기법은 어려운 문제를 창의적으로 해결하는 좋은 도구로 서로 다른 경험을 가진 새로운 팀이 조직되어 아직 문제를 이해하지 못한 상태에서 문제를 푸는 데 효과적입니다. 특히 브레인스토밍을 통해 도출된 거대한 분량의 정보를 분류하여 체계화하는 데 많은 도움이 되기 때문에 게임에서 도출된 정보들을 체계화하여 문서로 만들 때 도움이 됩니다. KJ 기법은 생각의 새로운 패턴을 촉진하는 것을 목표로 하므로 깊이 심사숙고하여 진행하기보다는 직관적으로 반응하는 것이 더 적합합니다. 자료의 개수가 15개 이하로 너무 적을 경우에는 KJ 기법이 아닌 다른 의사결정 기법을 사용하는 것이 일반적으로 더 좋지만, 게임에서 관찰된 내용은 최소 수십 항목이기 때문에 KJ 기법을 사용하셔도 무방합니다. KJ 기법의 진행 순서는 다음과 같습니다.

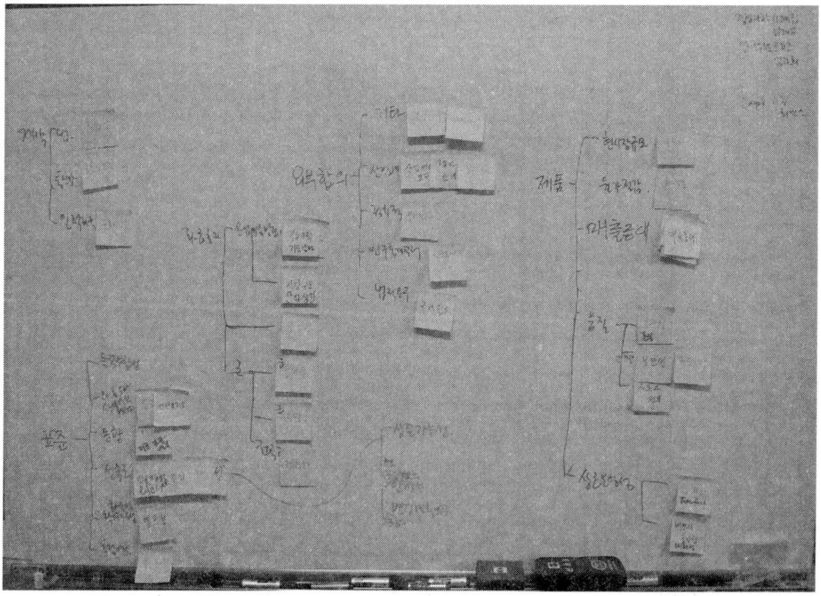

- 준비물: 게임에서 관찰한 내용이 적힌 접착 노트.
- **1단계 – 관찰한 내용 펼쳐 보여주기**: 아이디어들을 한눈에 볼 수 있도록 넓은 칠판이나 벽, 책상 등에 펼쳐 놓습니다.
- **2단계 – 관찰한 내용을 그룹별로 묶기**: 참가자들이 대화 없이 물리적으로 접착 노트를 그룹별로 묶습니다. 가장 이상적인 것은 모든 관찰결과가 관련된 그룹에 묶여 있어야 합니다. 그러나 만일 어떤 그룹에도 속할 수 없는 관찰내용이 생긴다면 억지로 그룹에 넣으려고 노력할 필요는 없습니다. 특정 관찰 결과가 그 그룹의 제목이 될 수도 있는데, 이럴 경우 그 결과를 그룹의 맨 위에 올려놓습니다.

- **3단계 - 그룹 제목 붙이기**: 2단계의 그룹 중에서 대표할 관찰 결과가 없는 경우에는 제목을 위해 새로운 접착 노트를 만들어 그룹의 맨 위에 배치합니다. 제목은 그룹 내의 관찰결과를 연결하는 가장 근본이 되는 아이디어로 KJ 기법에 참여하지 않은 사람이라도 의미를 쉽게 파악할 수 있어야 합니다.
- **4단계 - 그룹의 그룹을 만들기**: 여러 그룹 간에 상관관계가 있는 경우 그 그룹들을 물리적으로 옆에 위치시키고 그 여러 개의 그룹을 대표할 제목을 접착 노트에 적어 맨 위에 올려놓습니다. 이런 과정을 통해 친화도는 다단계의 트리 구조를 갖게 됩니다.
- **5단계 - 문제 적기**: 친화도의 맨 위에 문제를 적습니다.
- **6단계 - 문서화**: KJ 기법의 결과물은 친화도입니다. 그러므로 접착 노트를 붙여 놓은 사진을 찍어 도표로 만들고 검토합니다.

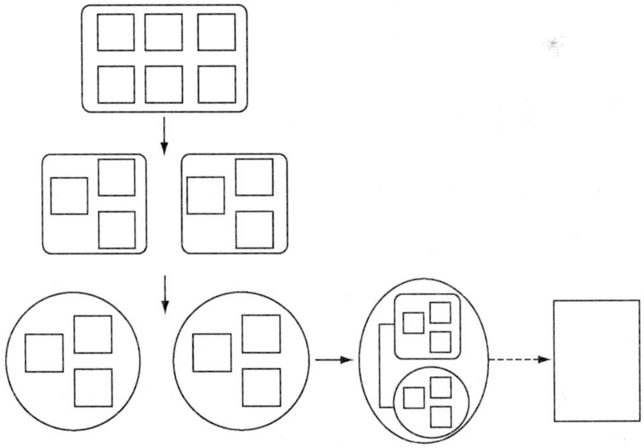

KJ 기법을 성공적으로 진행하기 위해서는 직관적으로 반응하며, 진행 중 이야기를 하지 않고, 참가자들끼리의 의견 불일치는 단순하게 처리해야 합니다. 즉, 개별 참가자들은 너무 깊게 생각하지 말고 보는 즉시 관찰결과의 위치를 옮겨야 합니다. KJ 기법에서는 '장고 끝에 악수'라는 말이 잘 맞는 것 같습니다. 시간을 끄는 것보다는 가능한 한 빨리 작업을 끝내는 것이 더 좋은 결과를 내었습니다. 가장 효율적인 진행은 진행 도중에 참가자들이 전혀 상의하지 않고 조용히 본인들의 생각대로 접착 노트를 이동하여 보여주는 것입니다. 실제로 진행을 하다 보면 말을 하지 않고 움직이는 것이 어색하고 특이한 느낌일 수 있지만, 이렇게 말을 하지 않는 것에는 두 가지 장점이 있습니다. 먼저 서로 다른 아이디어를 가진 사람들끼리 다투는 것을 자제시키고 창의적인 생각들을 촉진할 수 있습니다. 그리고 다른 사람들의 결과를 훔쳐보는 것도 방지하는 효과가 있습니다. 그러면 말을 하지 않고 어떻게 서로 다른 의견을 가진 사람들을 조율하느냐의 문제가 남는데, 여기서는 다른 사람이 배치해 놓은 것이 마음에 안 들면 그냥 옮기면 됩니다. 이것이 바로 KJ 기법에서 서로 다른 의견을 가진 사항들에 대해 합의를 하거나 거부하는 간단한 방법입니다. 하지만 이런 식으로 진행할 경우 어떤 관찰결과는 여러 그룹에 포함될 수 있어 끊임없이 자리를 옮기게 되는데, 이 경우 복사본을 만들어 각 그룹에 놔두는 식으로 해결합니다.

2 게임 선택하기

일반적으로 시스템을 구축하기 위한 요구사항 분석 프로세스는 기본적으로 이해관계자를 식별하고 요구사항을 수집하고 점검 및 검토 후에 명세화하는 과정으로 끝이 납니다. 이 책에서 소개하고 있는 게임들은 기본적으로 아래의 프로세스에 맞추어서 활용할 수 있는 활동들로 구성되어 있습니다. 표의 프로세스와 다르게 비전 확인하기 활동은 이해관계자 식별하기 활동 전에 수행될 수 있습니다. 물론, 시스템의 특성이나 각 팀 내 개발 사정에 맞추어서 이해관계자 식별하기 이후에 비전 확인하기가 진행되는 경우가 있을 수도 있습니다.

- 시스템을 구축한다.
  - 요구사항을 작성한다.
    - 이해관계자를 식별한다.
      - 이해관계자 목록작성
      - 워크샵 개최(관계자들간에 기본적인 업무교류에 대해 파악)
      - 다이어그램 작성
    - 요구사항을 수집한다.
      - 요구 사항 출처
        - 인터뷰
        - 워크샵
          - → 방법론과 목표에 대해서 합의
          - → 일련의 요구사항 초안을 보여줌
          - → 건설적인 비판을 장려
          - → 즉각적으로 수정 사항을 반영
        - 사용자로서 체험해보기
        - 기존 문서에 대해서 조사하기
    - 요구사항 구조를 만든다.
    - 요구사항을 점검한다.
    - 요구사항을 검토하고 기준선을 설정한다.
  - 시스템을 명세화한다.
  - 시스템을 설계한다.
  - 시스템을 검증한다.
  - 시스템을 인수한다.

게임들은 제품이 어떤 IT시장을 위한 것인지에 따라 분류될 수도 있습니다. IT 시장은 여러 가지 형태로 있을 수 있습니다. 한글이나 마이크로소프트 오피스와 같이 솔루션(패키지) 제품을 개발하고 출시하는 형태도 있고 공공기관이나 기업을 고객으로 각각의 고객이 원하는 시스템을 만들고 고객이 원하는 형태로 서비스를 제공해주는 SI 형태의 시장도 있습니다. 이때,

유의할 점은 시장에 따라 시스템의 최종 사용자와 고객이 달라지고 요구사항 분석의 대상이 되는 이해관계자가 달라지기 때문에 시장별로 다른 요구사항 기법을 사용해야 합니다.

SW개발 프로젝트의 성격도 여러 가지가 있을 수 있습니다. 새로이 개발하는 프로젝트일 수 있고, 또는 이미 한번 개발·출시후 차후 버전을 개발하거나 기존에 설치된 시스템의 개선을 원하는 프로젝트일 수도 있습니다. 혹은 전혀 새로운 제품군을 처음부터 새로이 개발하는 프로젝트가 될 수도 있습니다. 각 시장 및 프로젝트 형태에 따라 활용할 수 있는 게임을 다음과 같이 구분하였습니다.

누가 게임에 참여하냐에 따라 전혀 다른 결과가 나오기도 합니다. 때로는 게임에 참가하는 이해관계자에 따라서 생각만큼 충분한 결과를 얻지 못할 때도 있고 좀 더 좋은 결과를 얻어낼 때도 있습니다. 게임을 누구와 진행할 것인지, 어떠한 게임을 진행해야 하는데 어떤 참가자를 고려해야 할 것인지에 대한 고민에 가이드를 주기 위해 아래와 같이 게임을 분류하였습니다.

■ **시장에 따른 분류**

시장에 따른 프로젝트 분류	과정	활용기능 게임
SI(SM) 시장에서의 신규 시스템	비전 확인	감정이입 지도, 스왓 분석, 스피드 보트, 시스템 문맥도, 커버 스토리, 전체 모습 알아내기, 거미줄
	이해관계자 식별	이해관계자 양파 도표, 영향도의 원, RACI 매트릭스, 영향과 관심도표, 돌출 모델, 페르소나 만들기
	요구사항 도출	나의 하루, 뜨거운 맛 보이기, 최고의 악몽, 혁신 생성기, 그림자 놀이, 시나리오 기반 스토리 보드
	우선 순위화	시력2.0, 기능 구매, 짝 비교

SI(SM) 시장에서의 시스템 개선	비전 확인	스왓 분석, 스피드 보트, 플러스와 델타, 시스템 문맥도, 생선뼈, 커버 스토리, 전체 모습 알아내기, 거미줄
	이해관계자 식별	이해관계자 양파 도표, 영향도의 원, RACI 매트릭스, 영향과 관심도표, 돌출 모델, 페르소나 만들기
	요구사항 도출	나의 하루, 최고의 악몽, 양파 수프, 그림자 놀이, 견습공, 시나리오 기반 스토리 보드
	우선 순위화	제품 가지치기, 시력 2.0, 기능 구매, 짝 비교
패키지(솔루션) 시장에서의 신규 제품	비전 확인	감정이입 지도, 자랑하기, 스왓 분석, 스피드 보트, 시스템 문맥도, 커버 스토리, 전체 모습 알아내기, 거미줄,
	이해관계자 식별	이해관계자 양파 도표, 영향도의 원, RACI 매트릭스, 영향과 관심도표, 돌출 모델, 페르소나 만들기
	요구사항 도출	나의 하루, 뜨거운 맛 보이기, 최고의 악몽, 혁신 생성기, 그림자 놀이, 시나리오 기반 스토리 보드
	우선 순위화	시력 2.0, 기능 구매, 짝 비교
패키지(솔루션) 시장에서의 제품 버전 업	비전 확인	자랑하기, 스왓 분석, 스피드 보트, 플러스와 델타, 시스템 문맥도, 생선뼈, 커버 스토리, 전체 모습 알아내기, 거미줄,
	이해관계자 식별	이해관계자 양파 도표, 영향도의 원, RACI 매트릭스, 영향과 관심도표, 돌출 모델, 페르소나 만들기
	요구사항 도출	나의 하루, 최고의 악몽, 양파 수프, 그림자 놀이, 견습공, 시나리오 기반 스토리 보드
	우선 순위화	제품 가지치기, 시력 2.0, 기능 구매, 짝 비교

크게 패키지 시장과 SI(SM) 시장으로 나누었고, SI 시장 내에서도 각각 시스템 개발을 의뢰하는 공공기관이나 특정 기업이 되는 **발주회사 관계자**, 해당 발주회사의 서비스를 받는 **발주회사의 고객**, 발주회사가 내는 개발 의뢰를 받아서 직접 시스템을 개발하게 되는 **수주 회사 관계자**로 나누었습니다. 예를 들어 ×× 택배 회사에서 자신들의 택배 관련 업무를 전사적으로 관리해줄 수 있는 시스템을 개발해줄 것을 ○○ SI 회사에 의뢰한다면 ×× 택배는 발주회사가 될 것이고 ○○ SI 회사가 수주 회사가 될 것입니다. 또한, 이 ○○ SI 회사 관계자가 바로 개발팀이 될 수 있고, 일반적으로 게임을 준비하고 진행하는 주최 측이 될 것입니다. 만약 택배를 이용하는 고객을 위한 홈페이지를 개발하게 된다면 택배를 보거나 택배의 위치 추적을 위해 홈페이지를 이용하는 모든 사람이 발주 회사의 고객이 될 것입니다.

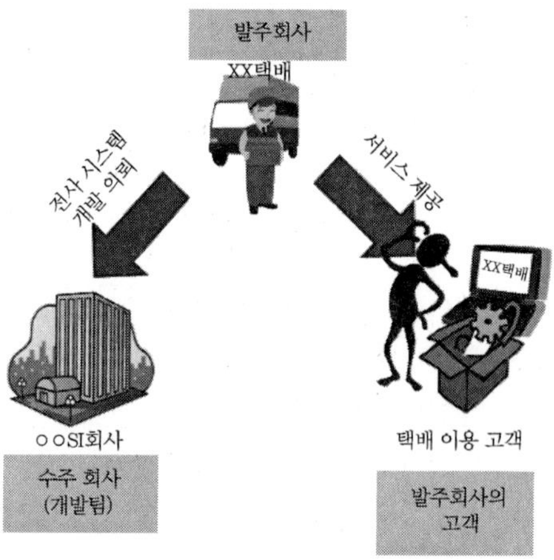

패키지 시장 같은 경우에는 제품을 기획하고 개발하여 출시하는 **개발사 관계자**와 해당 제품을 직접 사용하는 **솔루션 사용 고객**, 그리고 그 **솔루션 사용 고객의 고객**으로 나누었는데, 이 사용 고객의 고객은 솔루션의 종류에 따라 있을 수도 있고 없을 수도 있습니다. 예를 들어 △△ 컴퍼니에서 쉽고 편하게 진행할 할 수 있는 설문조사용 SW를 개발했고 ●● 리서치에서 그 SW를 구매하여서 사용하였다면 △△ 컴퍼니는 개발사 관계자가 되는 것이고

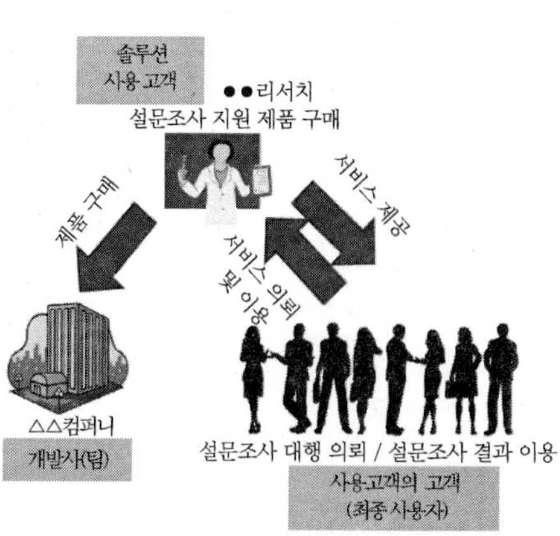

●● 리서치는 솔루션 사용 고객이 될 것입니다. 만약 이 ●● 리서치에 연구를 위해 설문조사 대행을 맡기는 업체가 있다면 그 업체가 사용 고객의 고객이 될 것이고, 일반인을 상대로 ●● 리서치가 직접 설문조사를 하고 결과를 공개하는 일을 한다면 불특정 다수의 사람이 사용 고객의 고객이 될 것입니다.

■ 게임 참가자에 따른 분류

시장	참가자	과정	활용가능 게임
SI(SM)	발주회사의 고객	비전 확인	스피드 보트, 플러스와 델타, 거미줄
		이해관계자 식별	이해관계자 양파 도표, 페르소나 만들기
		요구사항 도출	나의 하루, 뜨거운 맛 보이기, 최고의 악몽, 그림자 놀이, 시나리오 기반 스토리 보드
		우선 순위화	제품 가지치기, 시력2.0, 기능 구매, 짝 비교
	발주 회사 관계자	비전 확인	감정이입 지도, 자랑하기, 스왓 분석, 스피드 보트, 플러스와 델타, 생선뼈, 전체 모습 알아내기, 거미줄
		이해관계자 식별	이해관계자 양파 도표, 영향도의 원, RACI 매트릭스, 페르소나 만들기, 혁신 생성기, 그림자 놀이, 견습공, 시나리오 기반 스토리 보드
		요구사항 도출	나의 하루, 뜨거운 맛 보이기, 최고의 악몽,
		우선 순위화	제품 가지치기, 시력2.0, 기능 구매, 짝 비교
	수주 회사 관계자 (개발팀)	비전 확인	감정이입 지도, 스왓 분석, 스피드 보트, 플러스와 델타, 시스템 문맥도, 생선뼈, 커버 스토리, 전체 모습 알아내기, 거미줄,
		이해관계자 식별	이해관계자 양파 도표, 영향도의 원, RACI 매트릭스, 페르소나 만들기
		요구사항 도출	나의 하루, 뜨거운 맛 보이기, 혁신 생성기, 양파 수프, 그림자 놀이, 견습공, 시나리오 기반 스토리 보드,
		우선 순위화	제품 가지치기, 시력2.0, 기능 구매, 짝 비교

시장	참가자	과정	활용가능 게임
솔루션(패키지)	사용고객의 고객	비전 확인	스피드 보트, 플러스와 델타, 거미줄
		이해관계자 식별	이해관계자 양파 도표, 페르소나 만들기
		요구사항 도출	나의 하루, 최고의 악몽, 그림자 놀이
		우선 순위화	제품 가지치기, 시력2.0, 기능 구매, 짝 비교
	솔루션 사용 고객	비전 확인	감정이입 지도, 자랑하기, 스왓 분석, 스피드 보트, 플러스와 델타, 생선뼈, 전체 모습 알아내기, 거미줄,
		이해관계자 식별	이해관계자 양파 도표, 영향도의 원, RACI 매트릭스, 페르소나 만들기
		요구사항 도출	나의 하루, 뜨거운 맛 보이기, 최고의 악몽, 혁신 생성기, 그림자 놀이, 견습공, 시나리오 기반 스토리 보드
		우선 순위화	제품 가지치기, 시력2.0, 기능 구매, 짝 비교
	개발사 관계자	비전 확인	감정이입 지도, 스왓 분석, 스피드 보트, 플러스와 델타, 시스템 문맥도, 생선뼈, 커버스토리, 전체 모습 알아내기, 거미줄,
		이해관계자 식별	이해관계자 양파 도표, 영향도의 원, RACI 매트릭스, 페르소나 만들기
		요구사항 도출	나의 하루, 뜨거운 맛 보이기, 혁신 생성기, 양파 수프, 그림자 놀이, 견습공, 시나리오 기반 스토리 보드
		우선 순위화	제품 가지치기, 시력2.0, 기능 구매, 짝 비교

3 예시 활동에 대하여

이 책에 Part 2부터 Part 5까지에서 소개하고 있는 게임들은 '학교 애플리케이션 개발을 위한 요구사항 분석'이라는 주제로 적용을 해보고 그에 대한 결과를 예시 자료로 작성하였습니다. 사례를 얻기 위해 2013년부터 2014년까지 서울과학기술대학교에서 요구공학을 배우고 있는 학생들과 함께 진행하였고, 비전 확인하기, 이해관계자 식별하기, 요구사항 도출하기, 우선 순위화하기 순서로 게임을 진행하였습니다.

이 절에서는 그 게임들에서 참조한 서울과학기술대학교 사례에 대해 설명합니다.

서울과학기술대학교 홈페이지 메인 화면(2014년)

원활한 요구사항 도출 활동을 위해서는 '기존에 이미 존재하는 시스템'이나 비슷한 시스템을 분석하고 참고할 수 있도록 하는 활동이 필요한데, 게임을 진행하는 학생들이 가장 쉽게 접할 수 있는 것이 학교 홈페이지였습니다. 학교 홈페이지를 통해서 학생들이 필요로 하는 정보나 학교에서 제공해야 하는 정보가 무엇인지에 대한 의견을 얻을 수 있었습니다. 하지만 스마트폰은 넓은 디스플레이와 익숙하고 편안한 입출력 장치를 가지고 있는 PC와는 환경이 다르므로 스마트 폰에서 사용하게 될 애플리케이션은 홈페이지와는 매우 다른 요구사항을 가집니다. 그래서 기존에 이미 사용 중인 학교 애플리케이션을 사용해보고 분석하는 활동을 하도록 장려하였는데, 2013년에는 학교의 공식 애플리케이션이 아직 만들어지지 않았습니다. 다만 학생

중 한 명이 개인적으로 만들어 구글 플레이에 등록한 비공식 학교 애플리케이션이 있었고 많은 학교 학생들이 이 애플리케이션을 사용하고 있었습니다. 그래서 2013년에 진행하였던 요구사항 도출 게임은 이 비공식 애플리케이션을 '기존에 존재하는 시스템'으로 활용하여 직접 사용해보고 문제점 및 개선점을 분석하여 요구사항을 도출하도록 하였습니다. 이 애플리케이션의 경우에는 개인이 만든 애플리케이션이었기 때문에 제대로 된 홍보나 관리가 이루어지지 않았고, 대부분 이러한 부분에서 문제점이 도출되었습니다.

그 이후에 학교에서 공식적으로 학교 애플리케이션을 만들어 배포하였고 2014년에 진행하였던 요구사항 도출 게임은 이 공식 애플리케이션을 기존 시스템으로 활용하여 진행하였습니다.

분석 대상으로 삼았던 서울과학기술대학교 공식 애플리케이션은 인트로 화면 이후에 상위 메뉴를 포함하는 메인 화면을 보여줍니다. 상위 메뉴는 **'서울과기대 소개, 대학/대학원, 교내 연락처, 입학안내, 과기대 광장, 종합정보시스템, 도서관, 대학생활 안내, 정보서비스 안내, 학사일정, 웹메일, 대학신문보기'**로 이루어져 있습니다.

메인 화면

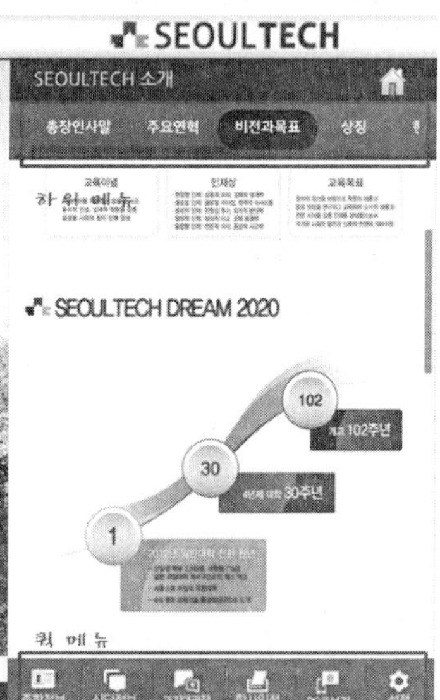

'서울과기대 소개' 화면

메인 메뉴를 통해서 하나의 항목을 선택해서 들어갔을 때의 화면은 기본적으로 상위에 선택된 메뉴 이름과 메인 화면으로 돌아가는 버튼을 보여주고, 그 아래에 하위 메뉴를 보여주고 다시 선택하여 들어갈 수 있게 되어 있습니다. 다시 그 아래로 해당 컨텐츠를 표시해주고 그 아래에 퀵 메뉴를 배치하여서 자주 사용하는 메뉴들에 쉽게 접근할 수 있도록 구성이 되어 있습니다.

'과기대 광장' 화면

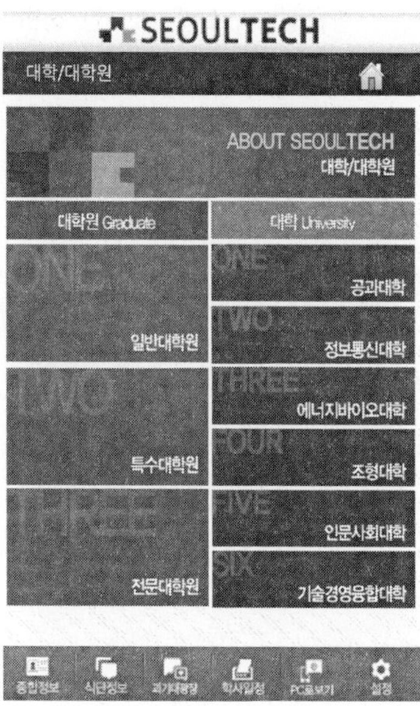

'대학/대학원' 화면

퀵 메뉴의 '설정' 화면

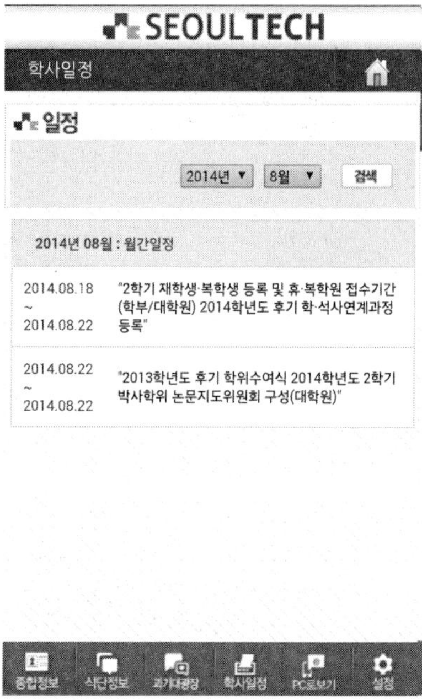

퀵 메뉴의 '학사 일정' 화면

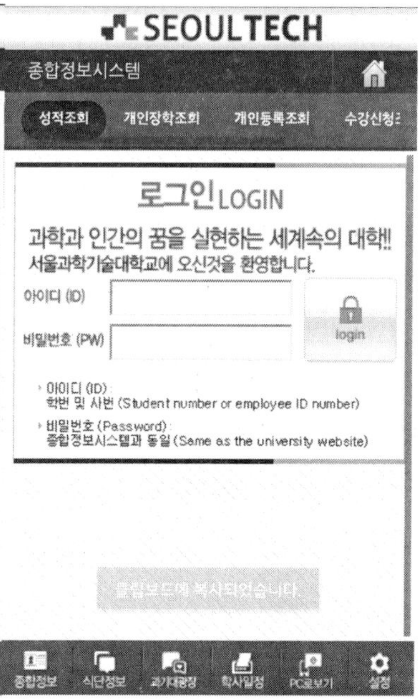

'종합정보시스템' 로그인 화면

PART 02

비전관리하기

03 만약 어디로 가고 있는지를 모른다면 목적지에 영원히 도달하지 못할 것이다

1968년에 개봉된 혹성탈출(Planet of the Apes)이라는 영화를 아시나요? 테일러 선장과 승무원들은 우주선을 타고 지구로 귀환하던 중 정체 모를 행성에 불시착합니다. 그들은 지구로 돌아가려고 애를 쓰지만 불시착한 행성의 인간들은 원시인과 비슷할 정도로 아직 문명화가 되지 않았기 때문에 그들을 도울 수 없었습니다. 문명화된 종족은 인간이 아니라 침팬지, 고릴라와 같은 유인원들이었죠. 그렇지만 유인원들은 테일러 선장 일행이 지구로 돌아갈 수 있도록 도와주질 않고, "말을 할 줄 아는 신기한 인간"이라며 테일러 선장 일행을 연구용으로 실험실에 가둡니다. 다행히 실험실의 지라와 자이어스 박사는 주인공 일행들에게 호감을 느끼고 연구소를 탈출하여 지구로 귀환할 수 있도록 도와줍니다. 결국, 주인공은 갖은 고생 끝에 그토록 원하던 지구로 귀환하려 하지만, 마지막에는 땅속에 파묻힌 자유의 여신상을 발견하고 그들이 불시착한 곳이 지구였다는 사실을 알게 되어 좌절하는 것으로 영화가 끝나게 됩니다.

이 영화에서 주인공은 자신의 목적이 '물리적 지구에 가기'라고 생각합니다. 하지만 진정으로 원하는 것은 자신에게 친근한 문화와 사람들이 있는

장소로 가는 것이 목적이었고 '물리적 지구로 가기'는 그 목적을 위한 해결책 중 하나였던 거죠. 이렇게 주인공은 자신들이 원하는 것을 제대로 알지 못했고, 그 목적지가 어디인지도 정확하게 몰랐기 때문에 그곳에 가기 위해 얼마나 피나는 노력을 했던지 와는 무관하게 목적지에 도착했음에도 좌절하게 되는 겁니다.

소프트웨어 프로젝트를 수행할 때에도 우리는 비슷한 실수를 하곤 합니다. 혹성탈출에서 주인공의 진짜 목표가 '지구에 귀환'이 아니었던 것처럼 회사에서도 소프트웨어 시스템을 구축하는 것 자체가 목적이 아니라 어떤 비즈니스 문제를 해결하기 위한 해결책 중 하나로 고려되어야 하는 거죠. 그러므로 소프트웨어 프로젝트를 시작하기 전에 어떤 소프트웨어를 만들 것인지 보다는 어떤 비즈니스 문제를 해결하려는 건지, 그리고 그 문제를 푸는 것이 얼마나 중요한지를 파악하는 것이 우선되어야 할 겁니다. 영화 포레스트 검프에서 나오는 주인공의 대사 중 "만약 어디로 가고 있는지를 모른다면 목적지에 영원히 도달하지 못할 것이다.(If you don't know where you are going, you will probably not wind up there.)"라는 말처럼 우리가 프로젝트에 성공하기 위해서는 목적지에 해당하는 '어떤 문제를 해결할 것'인지를 아는 것이 매우 중요합니다. 소프트웨어 개발에서 프로젝트를 통해 해결하려고 하는 문제를 비즈니스 요구(Business Needs)라고 하는데, 이 비즈니스 요구를 확실히 정의하지 않고 시작하면 목적지를 모르고 목적지와 다른 방향을 향해 달리는 마부처럼 프로젝트 성공이라는 목적지에 결코 도달하지 못할 겁니다. 비즈니스 요구란 우리가 해결하고자 하는 근본적 문제로 어떤 대안들이 고려되어야 하며, 어떤 이해관계자가 이 프로젝트와 관련되어 있고, 어떤 접근방법이 평가되어야 하는지 결정하는 겁니다.

1 프로젝트 비전 결정

1) 그러면 언제 어떻게 비즈니스 요구사항이 정의될까요?

먼저 외부의 자극으로 비즈니스 요구가 있다는 사실을 알 수가 있습니다.

예를 들어 고객이나 소프트웨어 사용자가 제품에 불만을 표출하거나 관련 이익이 줄거나 새로운 시장에 기회가 생길 때 외부의 자극으로 새로운 비즈니스 요구가 발생했다고 볼 수 있습니다.(From External Drivers) 때로는 조직 내부에서 새로운 비즈니스 요구가 발생할 수 있습니다. 즉, 전략적 목적을 성취하기 위하여 경영층에서 결정하여 아래로 내려올 수도 있고(From the Top Down), 프로세스, 기능 또는 시스템의 현재 상태에 문제가 발생해서 실무진 측에서부터 회사 고위층으로 요청(From the Bottom Up)을 할 수도 있습니다. 아니면 경영층이나 실무진의 요구를 만족시키기 위하여 추가적인 보완이 필요하다면 중간 관리층에서 건의(From Middle Managements)해서 비즈니스 요구가 발생할 수도 있죠.(이재진 외, 2013)

누가 어떻게 시작하던 소프트웨어 개발이 성공하기 위해서는 회사의 최고 경영층이 회사 전반에 대한 비전을 갖고 그 비전에 맞게 소프트웨어 개발을 강하게 드라이브하는 것이 절대적으로 필요합니다.(이건창, 2003)

2) 그러면 소프트웨어 프로젝트에서 비전이라는 것은 무엇일까요?

비전이란 회사나 조직에서 특정 프로젝트를 수행하려고 하는 이유와, 이 프로젝트가 완료되면 무엇을 얻을 수 있는지에 대한 공감대라고 할 수 있습니다. 그러므로 프로젝트가 시작되기 전에 비전에 대하여 문서를 작성함으로써 비전을 공고히 하고 공유하는 것이 필요하며 어떤 소프트웨어를 개발하는 프로젝트인지에 따라 문서의 구성요소가 달라질 수 있습니다. 완성품을 만들어 판매를 하는 경우라면 왜 우리 회사에서 이 제품을 만드는 프로젝트를 시작해야 하는지 그 배경을 살펴보고 개발된 제품과 경쟁할 제품 시장과 비즈니스 기회가 포함됩니다. 고객이 정해진 시스템 통합 프로젝트는 고객사에서 해결해야 하는 비즈니스 문제 또는 이 소프트웨어를 통해서 개선될 비즈니스 프로세스, 그리고 시스템이 사용될 환경에 대하여 분석합니다. 이 단계에서 이미 어느 외주업체가 개발할 것인지 정해질 때도 있겠지만, 주로 고객사 자체적으로 분석합니다. 이 책에서 다뤄질 예시인 대학교를 위한 앱(App) 개발은 시스템 통합 프로젝트에 가깝죠. 그러므로 학생들을 위한 앱을 개발할 때에 학교에서 얻을 수 있는 이익이 무엇인지를 학교 정보처리 센터 등에서 분석하여 학교에 이익이 될 때 총장님이나 학교 구성원 분들에게 프로젝트 시작을 건의할 수 있을 겁니다. 이런 비전은 제품의 버전과 무관하게 공유되지만, 시간이 지나면서 비즈니스 요구가 진화된다면 변경될 수 있습니다.

비전이 정해지면 버전별로 무엇이 포함되고 제외될 것인지에 대한 범위와 경계(Scope and Boundary)를 정하게 됩니다. 범위는 비전뿐만 아니라 일정, 예산, 자원, 품질 등 다양한 제약 조건에 영향을 받을 수 있습니다. 즉, 제품의 비전은 비즈니스 요구에 기초하여 작성되며 계획된 여러 버전에 대한 범위를 포함하고 있습니다. 또한, 비전을 작성할 때에는 소프트웨어가 개발되었을 때에 얻게 될 이익을 계량적으로 표현해야 합니다. 그리고 만일 개발되거나 개발되지 않을 경우에 발생할 수 있는 위험들도 병행해서 조사해야 합니다. 즉, 비전에 포함되어야 하는 프로젝트의 목적은 다음과 같은 SMART 조건을 만족할 수 있게 작성합니다.(이재진 외, 2013)

- S(Specific): 결과물은 가시적으로 관찰할 수 있어야 합니다. 프로젝트 결과로 어떤 결과물을 얻을 수 있을 것인지, 최종결과로 고객이 어떤 프로그램과 서비스, 문서 등을 제공받을 수 있는지 서술해야 합니다.
- M(Measurable): 결과물은 추적하고 측정할 수 있어야 합니다. 프로젝트 완료 후 얻을 수 있는 이익은 정량적, 혹은 정성적으로 측정할 수

있는 형태로 제시되어야 합니다.

- A(Achievable): 노력을 한다면 실현 가능해야 합니다. 개발될 소프트웨어는 무한동력 기계같이 이 세상에서 불가능해서는 안 되고 현실적으로 구현 가능하다는 것을 보여야 합니다.
- R(Relevant): 제시된 프로젝트의 비전이 조직의 핵심 비전과 목적에 부합되어야 합니다. 이를 위해서는 프로젝트의 비전을 작성하기 전에 조직의 장단기 비전을 이해해야 하며 완성된 시스템이 조직의 핵심 비전 및 목적을 달성하는 데 어떻게 도움을 줄 수 있는지도 확인해야 합니다.
- T(Time-bounded): 비즈니스의 요구와 시간적인 관점에서 일치하는지도 확인을 해 봐야 합니다. 즉, 조직의 비즈니스에서 요구하는 시점까지 소프트웨어가 완성될 수 있는지도 확인해야 합니다. 만일 소프트웨어의 예상 완성 시점이 비즈니스의 요구보다 늦을 것 같다면 그만큼 비즈니스 기회를 상실하므로 개발이 아닌 유사 소프트웨어 구매를 하는 것에 대하여 고려해 보세요.(Moore, 1991)

2 비전을 문서로 작성

이 문서가 만들어지면 소프트웨어 개발 단계의 요구사항 분석 중 '기업분석에 따른 비전 도출' 단계가 완료됩니다. 다음 비전문서는 IBM의 CLM (Collaborative Lifecycle Management)을 간소화한 겁니다.(IBM CLM)

1. 개요

1.1 비전의 선언

1.2 범위

2. 비즈니스 요구사항

2.1 비즈니스 기회

2.2 고객 또는 시장의 요구

2.3 성공기준

3. 비즈니스 환경

3.1 이해관계자

3.2 프로젝트의 우선순위

3.3 운영 환경

[부록1] 사전

[부록2] 참조

1. 개요

1.1 비전의 선언

위의 비전 선언 서식을 참고하여 비전 문서를 작성합니다. 만일 익숙하지 않다면 기존의 비전 선언에 대한 서식을 사용하세요. 다음은 서식 (Template)을 채우기 전에 결정해야 하는 항목입니다.

① 대상고객
② 소프트웨어 개발이 필요한 이유. 예를 들어 비즈니스 요구나 기회.
③ 소프트웨어의 종류
④ 소프트웨어 이름
⑤ 소프트웨어를 개발해야 하는 이유, 소프트웨어를 개발한 후 얻을 수 있는 주 혜택
⑥ 현재의 시스템 (AS-IS) 혹은 소프트웨어 개발 후에 경쟁해야 하는 기존 제품
⑦ ⑥과 비교되는 차별성. ⑥을 사용하지 않고 소프트웨어를 개발해야 하는 이유

위 항목이 모두 정해지면 하나의 문장으로 비전 선언문을 만들 수 있습니다. 다음은 비전 선언문 서식을 이용하여 작성한 학생들을 위한 학교 앱의 비전 선언문 예입니다.

서식

본 프로젝트의 목적은 ①이 ②할 수 있도록 하는 ③인 ④을 개발하는 것이다. ⑤하는 ⑥과는 달리 새로운 소프트웨어는 ⑦을 제공한다.

예제: 학교 앱(앱이름: 우리학교짱)

본 프로젝트의 목적은 ① 본교 학생들이 ② 언제 어디서나 학교정보를 확인할 수 있도록 하는 ③ 스마트폰용 APP인 ④ 우리학교짱을 개발하는 것이다. ⑤ 웹페이지에서 학교정보를 보여주는 ⑥ 기존의 웹 기반의 학교 홈페이지와는 달리 새로운 소프트웨어는 ⑦ 스마트폰에 최적화된 사용자 환경과 GPS 기능 등의 스마트폰의 센서 등을 활용하여 모바일 환경에 좀 더 적합한 기능들을 제공한다.

1.2 범위

본 프로젝트에 포함될 내용(프로그램, 프로젝트, 소프트웨어 및 비즈니스 프로세스)과 포함되지 않을 내용을 기술합니다. 비전을 결정하는 초기 단계에서 포함할 내용에 대하여 정확하게 합의하지 않으면 프로젝트 도중 이해관계자가 제기하는 요구사항이 프로젝트 범위 내에 있는지 혹은 밖에 있는지에 대해서 혼란스러운 경우가 많습니다. 이럴 경우 사용자는 기간 내에 충족시키기 불가능하거나 너무 비싼 요구사항을 합법적으로 요구할 수도 있습니다. 초반에 프로젝트의 범위를 확실히 함으로써 추후에 범위에 벗어난 요구사항을 요구하면 그 요구사항이 예산과 일정, 자원을 변경할 가치가 있는지를 평가하여 충분한 가치가 없으면 거부하거나 다음 버전에 포함해야 합니다. 그리고 거부된 요구사항들이 다시 반복되지 않도록 거부된 이유도 기록하세요.

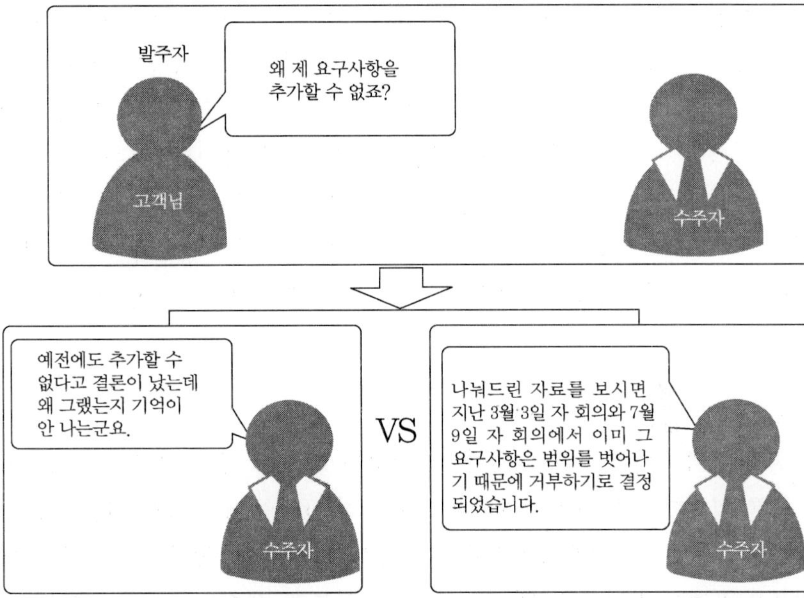

전체 범위에 대한 내용뿐만 아니라 초기 버전과 후속 버전의 범위도 미리 정의합니다. 초기 버전에서는 합리적인 비용으로 가장 많은 고객에게 긴급하게 제공할 기능들에 집중합니다. 예쁘거나 빠르거나 사용하기 편한 것과 같은 품질보다는 안정적으로 기본 기능을 충실히 수행하도록 하는 편이 좋으며 잠재 고객이 앞으로 원할 수도 있는 기능은 포함되면 안 됩니다. 후속 버전에서는 제품의 단계적 진화를 고려하여 어느 기능을 어느 시기에 출시할지를 고려해야 합니다. 짧은 버전 주기는 고객의 피드백에 따라 더 많은 내용을 학습할 수 있습니다. 일반적으로 프로젝트의 범위를 파악하기 위하여 시스템 문맥도(Context Diagram)를 활용합니다. 시스템 문맥도를 그리는 방법은 다음 장의 게임을 참조하세요.

2. 비즈니스 요구사항

2.1 비즈니스 기회

이 절은 "왜 이 소프트웨어를 개발하려고 할까?"에 대한 답변을 서술합니다. 즉, 프로젝트를 시작하는 이유와 비즈니스 환경을 설명하고 이 프로젝트의 성공을 통해 얻을 수 있는 비즈니스 기회에 대하여 간략하게 기술합니다. 혹은 이 프로젝트를 하지 않는다면 어떤 손해나 문제가 발생할 수 있는지를 적습니다. 패키지 제품이라면 제품이 경쟁할 시장과 시장 기회를 설명하고 시스템 통합 프로젝트라면 해결될 비즈니스 문제, 개선될 비즈니스 프로세스, 그리고 시스템이 사용될 환경을 설명합니다. 또한, 시장의 추세나 기술적인 변화, 이 소프트웨어가 기업의 전략을 어떻게 지원할지를 보여줍니다. 만일 추가적인 기술, 프로세스 자원이 필요할 경우 그 설명도 포함합니다.

2.2 고객 또는 시장의 요구

현재의 제품이나 소프트웨어가 만족하지 못하고 있는 고객이나 시장의 요구를 열거합니다. 프로젝트를 시작하게 된 동기를 설명하기 위한 부분으로 기능과 성능 인터페이스를 추상적으로 설명하고 구체적인 설계나 구현 내용은 포함하지 않는 편이 좋습니다. 시장 통계 정보가 필요할 경우 통계 자료를 요약하여 추가하세요.

2.3 성공기준

만일 성공기준을 측정할 수 없다면 프로젝트가 성공했는지를 어떻게 판단하나요? 요구사항을 만족했을 때일까요, 프로젝트가 예산과 기간 내에 완료되었을 때일까요, 아니면 비즈니스 목표를 달성할 수 있는 소프트웨어가 개발되었을 때일까요? 비전 문서에서는 어떤 목표를 달성했을 때 프로젝트가 성공했다고 할 수 있는지를 측정할 수 있게 정의합니다. 즉, 제품이 무엇이어야 하며 무엇을 할 수 있는지를 기능에 관한 내용, 예산과 같은 재무적인 부분, 상호운용성과 같은 운영적인 내용을 포함하여 성공기준을 세웁니다. 다음은 성공기준의 예입니다.(Wiegers, 2002)

재무적인 성공기준

- Y 개월 안에 X의 시장 점유율(%)을 달성
- Z 달 동안 국가 내 시장 점유율 X를 Y까지 올림

- Z개월 이내에 단일 품목 X의 판매량을 달성 혹은 Y원의 수익에 도달
- Y개월 이내에 X%의 이익 또는 투자 수익
- Y개월 이내에 이 제품에 대한 긍정적인 현금 흐름을 얻는다.
- 높은 유지 보수비용을 차지하는 구형 전산 시스템을 교체하여 연당 X원을 절감
- 제품의 기대 수명 Y년 동안 자재비용은 제품당 X원 이하로 유지
- Y개월 이내에 지원 비용을 X%까지 감소
- 배송 후 Z개월 이내에 하나의 제품 당 서비스 호출 X번 이하, 보증서비스 호출 Y번 이하

전략적인 성공기준

- Y개월 동안의 제품 출시기간 고객 만족도는 적어도 X이상
- 적어도 Y%의 정확도로 하루에 최소 X번의 매매거래
- 명확한 비즈니스 이점을 제공하는 특정 시장에 출시 시점
- 관련된 제품군을 위한 탄탄한 플랫폼을 개발
- 조직의 특정 핵심기술 역량을 개발
- 지정된 날짜 이전에 제품에 대한 긍정적인 평가 X건
- 지정된 날짜까지 발매된 제품의 신뢰성이 최고 제품으로 평가

프로젝트 성공기준

- 총 프로젝트 비용은 초기 예산의 X%를 초과하지 않음
- 실제 배송 일정은 초기 계획된 기한의 X% 이내
- 요구사항 명세에 높은 우선순위로 정의된 기능들은 첫 번째 출시 시 제공
- 잔여 결함 추정 수는 기능 점수당 X를 초과하지 않음
- 부하 검사는 56K 이상의 전화접속 연결할 때 페이지 다운로드 시간은 Y초 이상을 넘지 않음
- 동시 접속자 X명 이상
- 권한이 없는 모든 네트워크 침입을 차단, 방지하며 기록
- 지정된 부하 조건에서 실패에 대한 평균 시간은 X시간 이상
- 제품의 평균 설치 시간은 X분 이하
- 지원 호출과 오류 없이 설치되는 성공률은 Y% 이상
- X% 이상의 소프트웨어 구성 요소가 이전 버전에서 재사용
- 시험판 개발 재작업은 전체 개발 과정의 10%를 초과하지 않음

3. 비즈니스 환경

3.1 이해관계자: 개발될 소프트웨어를 사용할 사용자와 직접 소프트웨어를 사용하지는 않지만 관련된 사람, 조직, 직책 등에 대해 나열합니다. 이해관계자를 도출하고 분석하는 자세한 방법은 Part 3에서 설명합니다.

3.2 프로젝트의 우선순위: 당신에게 가장 소중한 것은 무엇입니까? 하나의 소프트웨어를 놓고 서로 다른 이해관계자들은 서로 다른 생각을 하고 있을 수 있습니다. 학교 시스템만 생각해도 학생들은 학생과 관련된 기능이 가장 중요하다고 생각하고 전산부서에서는 유지관리가 쉬운 것이 가장 중요하다고 생각할 수 있습니다. 이처럼 이해관계자들 사이에 어떤 문제가 중요한지에 대하여 의견이 충돌할 때에 해결하는 방법을 이 과정에서 정의합니다. 이 우선순위가 결정되면 추가되는 요구사항에 따라 특정 요구사항을 다음 버전으로 연기할 것인지, 야간 근무를 시킬 것인지, 추가 인원을 보강할 것인지의 결정을 내릴 수 있게 됩니다. 일반적으로 문제별로 등급을 주거나 투표 등의 방법을 사용할 수 있습니다.

성공기준을 정의할 때 2.2의 성공기준, 3.1의 이해관계자, 3.2의 우선순위를 모두 고려한 성공기준을 정의할 수 있습니다. 다음은 이해관계자와 우선순위를 고려한 성공기준의 예입니다.

비즈니스 목적	이해관계자	프로젝트 성공기준	측정	우선순위
출시 후 4개월 안에 고객만족도 5점 기준으로 4점을 달성한다.	마케팅	인간 공학 부서에서는 유용성 검토를 통해 UI 디자인을 승인한다.	치명적인 UI 디자인 결함은 모두 수정된다.	30
		UI 프로토타입은 포커스 그룹을 이용한 측정에서 적어도 4.2/5.0의 등급이 되어야 하고 수행될 유스 케이스 중 우선순위 90%를 사용할 수 있어야 한다.	포커스 그룹 멤버 설문조사 : 정의된 높은 우선순위 유스 케이스의 수를 계산한다.	30
		베타 사이트 평가자의 80%에 의해 정의된 허용 기준을 통과한다.	베타 사이트에 의한 통과/실패가 결정된다.	40

3.3 운영 환경

이 프로젝트와 관련된 조직 내 다른 소프트웨어나 비즈니스 프로세스를 설명합니다. 구동될 플랫폼과 운영 환경은 시스템의 아키텍처를 선택하는 데 매우 중요하므로 소프트웨어 개발 전에 파악되어야 합니다. 다음은 운영 환경을 파악하기에 좋은 질문의 예입니다.(위거스, 1995)

- 공간에 대한 질문
  - 사용자들이 모두 한 장소에 있습니까? 아니면 지리적으로 분산되어 있습니까?
- 시간에 대한 질문
  - 24시간 사용할 수 있어야 합니까?
  - 집중적으로 이용되는 시간이 있습니까?
- 분산 시스템 여부
  - 데이터가 발생하고 저장되는 곳은 어딘가요? 데이터는 한 군데 저장되어야 합니까?
  - 자체 데이터 센터를 사용하십니까? 클라우드 환경 및 외부 서비스를 사용하십니까?
- 품질 및 성능
  - 원격 시스템의 경우 최대 응답시간이 정해져 있나요?
  - 서비스 장애가 발생하는 것에 얼마나 중요한 문제가 발생합니까?
  - 지속적 접속이 비즈니스에서 얼마나 중요한 요소입니까?
  - 데이터 보안이나 보호에 관한 요구사항이 있습니까?

[부록1] 사전

COLD가 무슨 뜻일까요? 중학교 영어 시간에는 '추운, 차가운'이라는 의미의 형용사라고 배웁니다만 소아청소년과 등에서는 일반 감기(Common Cold)라는 의미로 사용되기도 합니다. 의학용어로는 만성폐쇄폐질환(Chronic Obstructive Lung Disease)의 약자입니다. 그러므로 만일 비전 문서에서 COLD라는 단어가 사용되었다면 이 중에서 어떤 의미로 사용되는지 모를 수도 있습니다. 이 부록 부분에서는 비전을 제대로 해석하는 데 필요한 모든 용어나 약어를 가나다순으로 정리합니다.

[부록2] 참조: 비전 문서에서 참조하는 외부 문서를 나열합니다.

요약

프로젝트 시작 전에 프로젝트를 왜 해야 하는지 비전을 세움

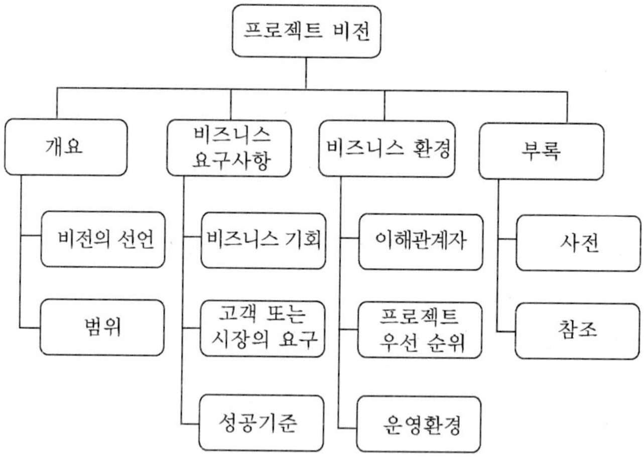

04 게임1: 현재시스템 파악하기

1 감정이입 지도

1) 어떤 게임일까요?

주최측의 준비가 필요한 정도	참가자의 준비가 필요한 정도	활용할 수 있는 게임 단계
		☐ 우선순위 및 정제
☐ 많은 준비가 필요	☐ 많은 준비가 필요	☐ 요구사항 도출
☐ 약간의 준비가 필요	☐ 약간의 준비가 필요	☐ 이해관계자 식별
☑ 거의 필요 없음	☑ 거의 필요 없음	☑ 비전 확인하기

적합한 대상	참가자(SI)	참가자(솔루션)
☑ 솔루션-신규 시장		
☐ 솔루션-버전 업	☐ 발주회사의 고객	☐ 사용고객의 고객
☑ SI-신규 사업	☑ 발주회사(팀원)	☑ 솔루션 사용고객
☐ SI-유지보수	☑ 수주회사(팀원)	☑ 개발사(팀)

2) 이해관계자의 입장이 되어 보자.

소프트웨어 개발을 위해서, 이상적으로는 이해관계자들이 회사나 제품으로부터 무엇을 얻기를 원하는지를 완벽하게 이해해야 합니다. 하지만 현실은 고객이 무엇을 원하는지 고객들 자신도 잘 모르는 경우가 많고, 그것을 타인이 이해하는 일은 매우 어려운 일입니다. '비즈니스 모델의 탄생에서'에서 소개하고 있는 XPLANE(http://www.xplane.com)의 감정이입 지도(Emphathy Map)를 참조한 이 게임은, 프로젝트에서 중요한 요구들을 전략적으로 분석하기 위해 이해관계자들이나 내부 팀과 함께 작업하며 제품이나 서비스를 향상할 방법을 알아냅니다.(알렉산더 오스테왈더외 1명, 2001, 페르소나 만들기)

이후에 소개되는 '이해관계자 식별하기' 게임 중에 '페르소나'라는 게임이 있습니다. 이 게임은 이해관계자 계층을 나누고 각 계층에 해당하는 가상의 인물을 정해서 상세한 프로필을 작성함으로써 이해관계자에 대한 이해도를 높이고자 한다는 점에서 이 감정이입 지도와 비슷합니다. 하지만 페르소나 게임은 인물에 대해서 겉으로 보이는 이름이나 나이, 관련 기술 사항 등의 프로필에 대해서 작성하는 반면 감정이입 지도는 그들의 프로필과는 상관없이 겉으로 드러나지 않는 그들의 감정들을 이해함으로써 좀 더 깊이 이해관계자를 통찰하게 됩니다.

SW개발 분야뿐만 아니라 어느 분야에서든지 활용할 수 있는 이 게임은 이해관계자들의 입장이 되어서 그들의 시각으로 바라봄으로써 그들이 보고, 듣고, 생각하고, 얻는 것 그리고 그들의 문제점들을 찾아서 그것을 해결하는 방법을 찾습니다. 게임 참가자들은 고객 또는 사용자들이 자신의 제품으로부터 진정으로 원하는 것에 대한 더 깊은 이해를 형성하게 됩니다.

3) 게임하기

뭐가 필요할까?	
주최측	**참가자**
커다란 종이나 화이트 보드, 차트를 그릴 색연필이나 사인펜(여러가지 색), 접착 노트, 참가자 수 만큼의 한가지 색 사인펜	대상 인물에 대한 간단한 프로필

■ 게임 준비

게임을 시작하기 전에 대상이 되는 인물을 결정해야 하는데 이때, 대상이 되는 이해관계자 계층에 따라 결과가 판이해질 수 있습니다. 따라서 제품의 성공에 큰 영향을 끼칠 수 있는 사람을 선택하도록 합니다. 대상 인물은 이해관계자 계층의 가상의 인물일 수도 있고 실제로 존재하는 특정 인물일 수도 있습니다. 게임 참가자와 인물에 대해서 공유하기 위해서 상세한 프로필이 있다면 도움이 되는데 만들고자 하는 시스템과의 관계에 대해서 명확히 알 수 있도록 합니다. 대상을 정하기 위해서 이 게임을 하기 전에 '이해관계자 식별하기' 파트의 페르소나 만들기 게임을 진행한다면 도움이 됩니다.

■ 게임 진행

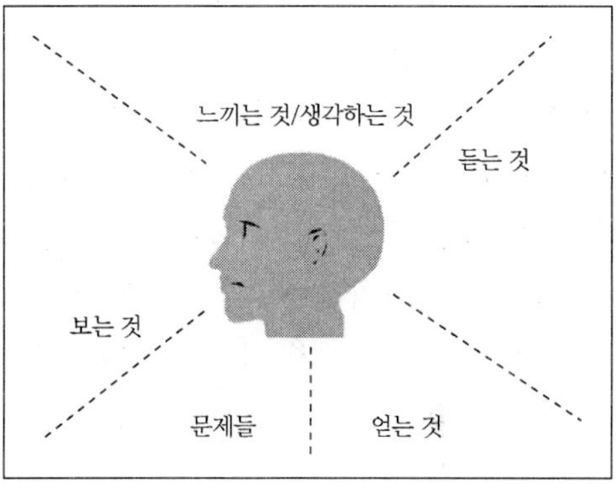

게임을 시작하기 위해 커다란 화이트보드나 종이에 감정이입 지도 프레임을 그립니다. 사람의 옆얼굴과 눈, 귀, 입 그리고 코와 같은 신체적 요소들을 그리는 것인데, 자유롭고 재미있게 그리면 됩니다. 이러한 시각적 요소는 참가자들의 자유로운 발상을 도와주고 팀 내 아이디어를 원활하게 공유할 수 있도록 도와줍니다. 그리고 그려진 사람의 옆 얼굴을 기준으로 머리 부분, 눈 부분, 귀 부분, 얼굴 아래로 나누고 얼굴 아래는 다시 두 부분으로 나눕니다. 각 부분에는 다음과 같은 이름을 적습니다.

- 눈 : **보는 것(Seeing)** : 만들게 될 시스템이나 사업 분야 관련해서 대상 인물이 보게 되는 것. (시스템 자체에 대한 것일 수도 있고 관련 환경에 대한 것일 수도 있습니다.)
- 머리 : **생각하거나 느끼는 것(Thinking & Feeling)** : 만들게 될 시스템이나 사업 분야 관련해서 대상 인물이 생각하는 것 혹은 자연스럽게 느끼게 되는 것.

- 귀 : 듣는 것(Hearing) : 관련해서 듣게 되는 것 혹은 들리는 것.
- 목 아래 : 얻는 것(Gains) : 관련 분야로부터 대상 인물이 얻는 것.(시스템이 개발된 이후에 대상 인물이 얻게 되는 것과 혼동되지 않도록 합니다.)
- 목 아래 : 문제(pains)들 : 현재 상황에서 대상 인물이 가지는 문제점들.

대상 인물의 감각적인 경험을 상상하면서 각 부분에 맞는 아이디어들을 적어 붙입니다. 예를 들어, 예술의 전당과 관련된 앱을 만들게 되었을 때 대상을 예술의 전당에 공연을 보러 온 관객을 대상인물로 정했다고 합시다. 그는 예술의 전당에 처음 왔습니다. 그가 보게 되는 것은 무엇일까요? 무엇을 느낄까요? 무엇을 들을까요? 근처 역에서 내려서 예술의 전당까지 가는데 생각보다 많이 걷습니다. '여긴 셔틀버스는 없을까? 있다면 몇 시에 운행이 될까? 공연이 기대 이상으로 재미있어, 다음에도 이런 공연이 있을까? 음악 분수대가 있구나. 예쁘다. 또 보고 싶은데 다음 음악 분수대 공연 시간은 언제지? 지금 나오는 이 노래는 뭘까? 갑자기 목이 마른데 근처에 편의점이 있을까?' 등의 생각을 할 수 있을 것입니다. 이러한 상황에서 각 감정(생각)들이 어디에 붙게 될지 나누어 보았습니다.

예술의 전당은

- 보는 것 : 음악 분수대가 있다.
- 생각하거나 느끼는 것 : 셔틀버스가 있을까? 음악 분수대 공연 시간을 알 수 있을까? 근처에 편의점이 있을까?
- 듣는 것 : 음악 분수대 노래가 좋다.
- 얻는 것 : 공연이 좋아. 비슷한 공연이 있다면 또 오고 싶다.
- 문제들 : 지하철역에서 내려서 한참 걸어야 해.

게임이 감정에 대한 부분을 다루므로 모든 아이디어가 생각하거나 느끼는 것에 붙어야 할 것처럼 혼동될 수 있습니다. 일단 보는 것, 듣는 것, 얻는 것, 문제 중 하나에 붙을 수 있는지 고려하고 그 이후에 생각하거나 느끼는 것에 붙이도록 한다면 좀더 쉽게 게임을 진행할 수 있을 것입니다.

■ '요구사항 도출하기'를 위한 감정이입 지도

만들게 될 제품이나 시스템의 종류에 따라서는 시간에 따라서 사용자들의 요구가 달라지는 경우가 있습니다. 따라서 시간에 따라 사용자들이 느끼게 되는 감정 또한 변하게 될 것입니다. 후에 소개되는 게임 중 고객이 제품을 사용하는 시간대별 정황을 확인하게 도와주는 '나의 하루' 게임과 이 '감정이입 지도 게임'을 조합하여 사용한다면 좀 더 상세화된 레벨의 감정이입 지도를 그리고 시간에 따라 변화하는 사용자들의 요구를 충족시킬 수 있을 것입니다. 간단히 게임 방법을 설명한다면 다음과 같습니다. 나의 하루 게임을 진행하면서 고객 및 사용자가 제품과 관련된 활동을 하는 패턴을 분석하고 시간대별로 크게 나눕니다. 나뉘는 시간대가 세 개 이상을 넘어가지 않는 게 좋습니다. 예를 들어 학교 앱인 경우엔 '등교하는 시간대 / 강의 듣는 시간대 / 집으로 돌아가는 시간대'로 나눌 수 있을 것입니다. 물론 모든 학생이 같은 시간에 등하교하는 것이 아니고 강의를 듣는 시간도 다르지만, 일반적인 시간을 잡도록 합니다. 그리고 시간대별로 감정이입 지도를 그려봅니다.

■ 결과 정리

완성된 감정이입 지도 자체만으로는 결과가 나질 않습니다. 게임의 막바지에 마무리 단계나 이후 개발팀 내 회의를 통해서 만들어진 감정이입 지도를 제품에 어떻게 적용 시킬 수 있을지 토론합니다. 위에서 예를 든 예술의 전당을 생각해보면 예술의 전당을 처음 찾는 관객이 원하는 것은 대부분 정보에 관련된 것들이라는 것을 알 수 있습니다. 결과적으로 방문객이 쉽고 편하게 정보를 찾을 수 있는 애플리케이션을 만들자는 목적을 확인할 수 있을 것입니다. 또 그 애플리케이션이 포함해야 하는 기능들이 무엇이 있는지도 확인할 수 있을 것입니다.

학생 입장이 되어 학교 앱에 대한 이해 찾기

게임에 대한 설명을 5분 정도 진행한 후 팀을 이루어 게임을 진행하였습니다. 그림을 그리는 시간 동안 게임의 주제와 활동 목적에 대해서 가볍게 토론을 할 수 있는 시간이 되도록 합니다. 이 게임이 좋은 결과를 내기 위해서는 무엇보다 어떠한 이해관계자를 선택하느냐가 중요할 수 있습니다. 주제가 학교 애플리케이션 개발에 대한 것이므로 애플리케이션의 주요 사용자가 될 학생을 대상으로 잡기로 했습니다. 이 활동에서는 기존에 존재하는 학교 애플리케이션에 대한 학생들의 처지를 이해하고 어떠한 개선점을 찾을 수 있을지에 대해 초점을 맞추었습니다.

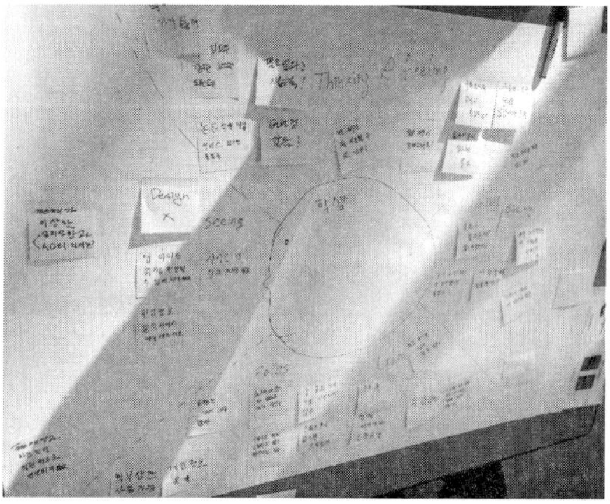

사람의 얼굴을 그리고 대상에 대해 명확히 하기 위해서 **사람 옆 얼굴에 '학생'이라고 기재했습니다.** 그리고 기존에 존재하고 있는 학교 애플리케이션에 관해서 이야기하기 시작했습니다.

가장 쉬운 논점은 어떤 점이 '불편하다'고 생각되는지에 대한 이야기하는 것이었습니다. 디자인이 마음에 들지 않았던 참가자는 'Design X'라고 쓰고 보이는 UI에 대한 아이디어이므로 **보이는 것** 구역에 접착 노트를 부착하였습니다. 그 밖에도 'menu 명과 하는 일이 직관적으로 연결되지 않음', 'menu가 이상함', 이라는 불편 사항과 '앱 아이콘 위치를 편집할 수 있게 해주세요', '사이트 맵 링크 제공 필요', '관심정보 알림 서비스 제공해주세요.' 등의 새로운 기능추가에 대한 요구가 있었습니다. **생각과 느낌**이라는 구역에는 모바일 애플리케이션의 장점인 '편할 것 같음!'이라는 아이디어가 있었고 반면에 아예 필요 없다는 생각도 있었습니다. 재미있게도 그러한 생각에

뒤를 이어 '없는 것보다는 있는 게 좋다'는 아이디어도 있었습니다. 또 '학교 앱이 존재하나요?', '구축하는데 얼마나 들었을까?'라고 적어서 기존 애플리케이션에 대한 회의적인 반응을 볼 수 있었습니다. 그리고 '기존 앱은 뭘 사용할 수 있는 걸까?'라는 기존 애플리케이션에 대한 고민으로 새로운 아이디어를 확산하기 위한 고민 자체를 적은 메모도 있었습니다. 그 외에도 '논문 검색 저장 서비스가 있었으면 좋겠다', 'SOS 기능이 있었으면'과 같은 아이디어가 있었습니다.

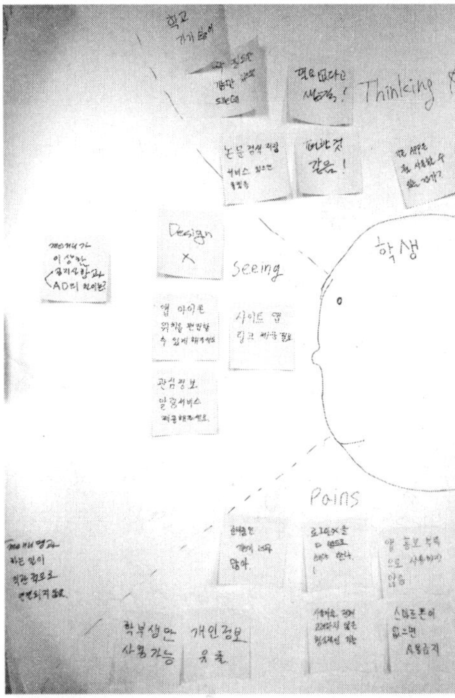

들리는 것의 구역에는 '방송 선곡 표를 알고 싶어', '앱이 소리를 인식했으면 좋겠음', 이라는 소리와 관련된 기능 요구사항이 있었습니다. 이 게임을 진행하는 동안 '들리는 것'이라는 부분에 대해서 대부분 기능적인 '소리'에 초점을 맞추어서 진행되었습니다. 아시다시피 SW 개발 분야에 관해서는 오감 중에 '소리'의 기능은 엔터테인먼트 관련 애플리케이션이 아니라면 조금은 관련이 적은 부분입니다. 이 활동에서처럼 주제가 생활편의를 목적으로 두고 있는 SW에서라면 '소리'와 관련된 기능은 대부분이 시각 장애인을 위한 기능일 것입니다. 그래서 실제로 도출된 아이디어 중에는 '시각 장애인용 필요할까?'라는 아이디어가 있었습니다.

또한, 아이디어 중에는 소리와 관련된 기능에 대한 아이디어뿐만 아니라 학생의 관점에서 이 학교 애플리케이션에 대해서 '듣고 있는 것'에 초점을 맞춘 아이디어도 도출되었습니다. '투덜거림'이라고 적음으로써 애플리케이션에 대해 사용자들이 투덜거리는 것을 듣고 불만이 있다는 것을 알 수 있다는 아이디어였습니다. 그 외에도 '내가 의사결정자면 이렇게 안 해!'라던가 '절반의 기능은 싹 버려야 해!'라는 말을 대상인 학생이 듣게 되지 않을까라는 의견도 있었습니다. 이러한 아이디어들은 사용자들이 원하는 기능을 생각해보게 해주는 기회뿐만 아니라 참가자들이 좀 더 많은 이해력을 발휘하여 학생의 입장이 되어보려고 노력하는 기회를 제공해줄 것입니다.

힘든 것(문제점)의 구역에는 '준비 중인 기능이 너무 많아', '로그인을 다 별도로 해야 해', '앱 홍보 부족으로 사용하지 않음', '학부생만 사용 가능', '개인 정보 유출', '사용자를 전혀 고려하지 않은 형식적인 기능', '스마트폰이 없으면 사용 불가' 같은 불만들이 나왔습니다.

기존의 시스템을 대상으로 진행하게 되면 대부분 불만 사항에 대해서 초점을 맞추어서 진행되기 때문에 이 부분에 대해서 많은 아이디어가 나오게 되고 또한 다른 구역과 그 구분이 모호해질 것입니다. 아이디어들을 많이 얻어내는 것이 목표이므로 세션 구분에 부담을 느껴서 생각의 발산을 저해하는 일이 없도록 유도합니다.

완성된 학생들의 감정이입 지도

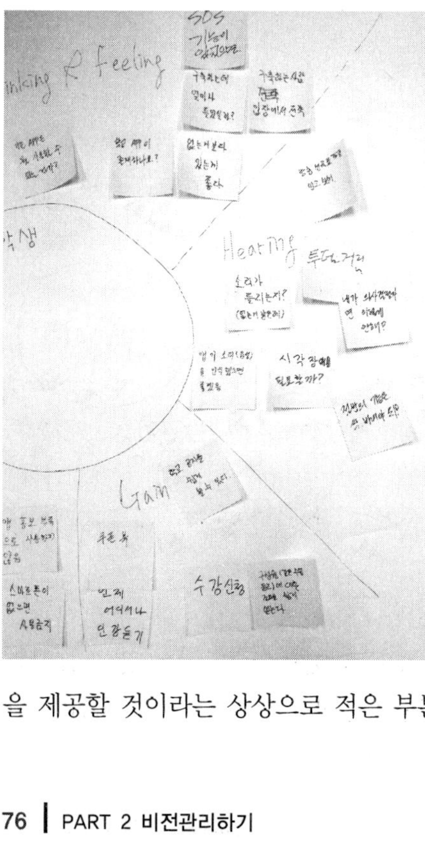

얻는 것의 구역에는 '학교 공지를 쉽게 볼 수 있다', '쿠폰 북', '언제 어디서나 인터넷 강의 듣기', '수강 신청', '구성원에 대한 정보를 쉽게 얻는다.' 등의 학교 애플리케이션에 대한 장점이 있었습니다. 이 부분은 기존에 존재하는 시스템이 실제로 주고 있는 장점이 있기도 하지만, 새로 만들어질 시스템이 이러한 기능을 제공할 것이라는 상상으로 적은 부분도 있습니다. 이를 통해서 새로 개발될 시스템이 어떠한 것을 제공해 줬으면 좋겠다고 하는 기대사항 또한 확인할 수 있을 것입니다.

게임이 진행되는 동안 어려웠던 점은 앞에서 언급한 것과 같이 아이디어의 포함될 구역이 모호하다는 점입니다. '생각'의 구역에 들어가야 하는지 '보이는 것'의 구역에 들어가야 하는지, '힘든 것'에 들어가야 하는지 '보이는 것'에 들어가야 하는지에 대해 모호하다는 점이었습니다. 또 아쉬웠던 점은 도출된 아이디어들이 기능 요구사항에 집중되어 있다는 점입니다. 적절한 진행방법으로 기능 요구사항에 대한 부분뿐만 아니라 사용자의 만족도를 얻을 수 있는 핵심 품질 속성에 대한 키워드를 얻을 수 있을 것입니다.

이 게임은 진행자가 어떤 식으로 진행하고 참가자들이 이 게임을 어떻게 받아들이느냐에 따라서 다양한 형태의 결과와 아이디어가 나오게 됩니다. 게임을 진행하기 전에 어떠한 목적으로 게임을 진행할지를 명확히 결정하고 좀 더 명확한 가이드를 제공한다면 좀 더 깊은 이해를 얻고 성공적인 SW개발의 초석이 될 것입니다.

tip

- 이 게임을 시작하기 전에 대상 인물을 정하기 위해 이해관계자 식별하기의 '페르소나 만들기' 게임을 진행하면 도움이 됩니다.
- SW 분야에 대해서는 '들리는 것'에 대한 부분이 어려울 수 있습니다. 대상 제품이나 시스템의 특징에 따라 다른 특징으로 바꿔서 진행해봅니다.
- 어느 구역에 해당하는 아이디어인지 모호할 수 있습니다. 하지만 그러한 부분에 대한 부담이 생각의 발산을 저해하지 않도록 분위기를 유도하는 노력을 해주어야 합니다.
- 기능 요구사항에 대한 아이디어뿐만 아니라 다양한 측면에서 이해관계자 감정 이입 지도를 완성할 수 있도록 분위기를 유도합니다.
- 게임 중에 고객이 제품을 사용하는 정황을 살필 수 있는 게임인 '나의 하루'라는 게임을 함께 조합하여 사용하는 것도 좋은 방법이 될 수 있습니다.

2 자랑하기

1) 어떤 게임일까요?

주최측의 준비가 필요한 정도
□ 많은 준비가 필요
☑ 약간의 준비가 필요
□ 거의 필요 없음

참가자의 준비가 필요한 정도
☑ 많은 준비가 필요
□ 약간의 준비가 필요
□ 거의 필요 없음

활용할 수 있는 게임 단계
□ 우선순위 및 정제
□ 요구사항 도출
□ 이해관계자 식별
☑ 비전 확인하기

적합한 대상
☑ 솔루션-신규 시장
☑ 솔루션-버전 업
□ SI-신규 사업
□ SI-유지보수

참가자(SI)
□ 발주회사의 고객
☑ 발주회사(팀원)
□ 수주회사(팀원)

참가자(솔루션)
□ 사용고객의 고객
☑ 솔루션 사용고객
□ 개발사(팀)

2) 사람은 누구나 인정받고 싶어한다!

사람은 누구나 일을 잘하고 싶어 하고 또 인정받고 싶어 합니다. 이 '자랑하기' 게임은 그러한 사람의 심리를 이용하여 고객이 시스템을 이용하여 주로 하는 활동이 무엇이며, 중요하게 생각하는 것이 무엇인지를 알 수 있게 해줍니다.

고객들로 하여금 자신들이 사용하고 있는 SW를 이용하여 자랑거리를 만들어오도록 하고 마음껏 자랑할 수 있는 기회를 제공하는 활동인데 실제로 이러한 형태를 활용한 마케팅을 주위에서 쉽게 볼 수 있습니다. 그 중에 한 실례로 마이크로소프트사에서 매년 개최하고 있는 '전국 대학생 프레젠테이션 대회'가 있습니다. 대학생을 대상으로 하며 대회에 참가하기 위해 사용되는 모든 도구는 마이크로소프트사에서 출시한 제품으로 한정하고 있습니다. 스크립트 작성은 워드로 작성하며 프레젠테이션 도구는 파워포인트로 한정하고 있습니다. 이를 통해서 사용자들이 제품을 사용하도록 유도하고 훌륭한 발표자들에게 수상함으로써 동기를 부여하고 있습니다. 또한, 대회가 있기 전에 며칠 간 프레젠테이션 강연을 열어 고객들에게 도움이 될 수 있는 정보를 공유하면서 동시에 제품에 대한 사용을 유도하고 있는 것을 볼 수 있습니다.

이 게임은 사용자들이 직접 결과물을 만들어낼 수 있는 SW에 한정적으로 적용할 수 있다는 단점이 있지만, 사용자들이 '자랑하기'를 진행하는 동안 사용자들이 무엇을 자랑하는지를 눈여겨 봄으로써 그들이 중요하게 생각하는 것이 무엇인지 알 수 있고, 어떤 기능을 주로 사용하는지 어떤 방식으로 활용하고 있는지를 알 수 있습니다. 그 결과를 통해 사용자들이 무엇이 개선되고 보완되길 원하는지 알 수 있습니다.

3) 게임하기

뭐가 필요할까?	
주최측	참가자
사용자가 자랑할 것을 준비할 수 있도록 사전에 충분한 설명이 필요 편안하게 자랑할 수 있는 환경 조성하기	자랑할 거리(정해진 형태 없음)

■ 게임 준비

이 게임은 게임 진행보다 준비 과정이 더 중요합니다. 또한, 이 책에서 소개하고 있는 게임 중에서 유일하게 참가자의 준비가 추최측의 준비보다 많이 요구되는 게임입니다. 그럼에도 불구하고 주최측이 준비해야 하는 것들이 간단하지만은 않습니다. 일주일 전쯤에 참가자들에게 이 게임을 진행하리라는 것을 알려야 하고 이때 많은 참가자가 적극적으로 참여할 수 있도록 홍보를 잘하는 것이 중요합니다. 위에서 언급된 프레젠테이션대회의 예처럼 대회형식으로 진행하는 것도 좋은 방법 중 하나입니다. 게임 주최 측은 어떤 식으로 게임을 홍보해야 좋은 결과물을 얻을 수 있을지 고민해봐야 합니다. 또한, 참가자들이 '자랑거리'를 만들 수 있는 충분한 시간을 가질 수 있도록 공지해야 합니다. 또한, 주의해야 할 점은 '자랑거리'의 범위입니다. 과도하게 열정을 쏟은 탓에 관련 SW 제품뿐만 아니라 다른 SW제품까지 이용하여 '자랑거리'를 만든다면 이 게임의 목적을 벗어나게 됩니다. 참가자들이 반드시 관련 SW 제품만을 사용해서 '자랑거리'를 만들도록 합니다. 참가자들은 개인별로 '자랑거리'를 만들 수도 있고 팀별로 준비할 수도 있습니다.

또한, 게임 진행을 위한 공간에 대해서 미리 신경을 씁니다. 대상이 되는 SW 제품에 따라서 적절한 공간은 다를 수 있습니다. 하지만 딱딱한 분위기의 회의실이라면 피하는 게 좋습니다. 위의 실례처럼 프레젠테이션 자랑하기라면 프로젝터가 반드시 필요할 거고 청중들의 좌석도 충분히 준비되어야 할 것입니다.

■ 게임 진행

게임 진행 시간이 되면 각 참가자의 '자랑하기' 순서를 배정합니다. 그리고 참가자들이 정성 들여 준비해온 '자랑거리'를 다른 참가자들과 함께 감상합니다.

■ 결과 정리

자랑하기를 듣는(보는) 틈틈이 참가자들의 '자랑하기'를 통해서 얻을 수 있는 부분을 메모합니다. 필요하다면 사전에 체크 리스트를 만들어도 좋습니다. 기본적으로 다음과 같은 질문에 답해봄으로써 결과를 정리할 수 있을 것입니다. 상황에 따라서는 아래의 모든 질문에 답하지 못할 수 있습니다. 필요하다면 자랑하기가 끝난 이후에 질문해서 답을 얻어내도록 합니다.

- 해당 제품을 통해서 참가자들은 어떠한 결과를 만들어 냈습니까?
- 대부분의 참가자가 많이 사용했던 기능은 무엇입니까?
- 예상치 못했던 형태의 활용이 있었습니까?
- 자주 사용된 기능은 아니지만, 참가자들이 흥미로워하는 기능이 있습니까?
- 반드시 있어야 하는 기능임에도 불구하고 사용에 불편을 토로하는 기능이 있습니까?
- 새로이 추가되었으면 하는 기능이 있습니까?

학교 앱, 얼마나 잘 사용하나 보자!

앞에서 언급했던 바와 같이 게임을 진행하기 위해서 1주 전쯤에 학생들에게 게임에 대해 미리 설명하고 해당 시스템을 이용해보고 '자랑거리'를 준비해올 것을 요청했습니다. 대상이 되는 학교 애플리케이션은 눈에 보이는 결과물을 만들어 낼 수가 없으므로 본 게임에 썩 적합한 대상은 아니었습니다. 그래서 어떤 식으로 게임이 진행될지 예상을 할 수가 없었고 참가자들이 과연 어떤 식으로 자랑할지 궁금한 마음으로 게임을 진행하였습니다.

1. 사용자 기반 UX/UI가 좋아서 깔끔하게 보인다.
2. 개인 수업 시간표를 로그인하면 간편하게 알 수 있다.
3. 교내 정보(설명회, 교내 전화번호)에 쉽게 접근할 수 있다.
4. 정보 열람을 위한 항목(컨텐츠)이 잘 정렬되어 있고, 찾기 쉽게 카테고리화 되어 있다.(대학정보, 마이페이지, 더보기)
5. 도서관에 가지 않고 어플로 간단하게 도서관 좌석 정보나 도서 정보를 확인할 수 있다.
6. 기숙사 홈페이지에 로그인하지 않고 컴퓨터를 사용할 수 없는 상황에서 간편하게 기숙사 외박신청이 가능하다.
7. 외부인을 위해 로그인하지 않고도 학교 정보에 대해 알려준다.
8. 사용하면서 불편한 점을 보고 신고할 수 있어 차후 업데이트를 용이하게 한다.

9. 동기화가 빠르다.
10. 학교에 광고 제휴 문의가 가능하다.
11. 학교에 관한 새로운 정보를 Push 기능을 통해 어플을 켜지 않고도 확인할 수 있다.
12. 암호 설정을 통해 학교 어플을 켰을 때, 개인 정보를 보호할 수 있다.
13. 에티켓 알림이-수업시간 전에 벨소리/진동모드를 확인하여 진동모드로 변환하고 알림기능을 잠시 중단한다.
14. 학교 메인 메뉴 아이콘이 변경 가능해, 커스터마이징이 가능하다.

3명씩 팀을 만들고 팀원끼리 토론하여 자랑거리를 만들어와 달라고 하였습니다. 참가자들은 '이런, 이런 상황에서 이 애플리케이션을 이렇게 활용했다.'라고 이야기하며 자랑하는 형식으로 진행하였고, 가시적으로 확인할 수 있는 결과물은 스크립트를 적은 페이퍼를 준비했습니다.

총 3팀이 발표를 하였고, 각 팀이 자랑한 일화들 중에 같은 기능에 관해서 이야기한 것이 있는데 '도서관 좌석 예약 기능', '교내 전화번호 안내', '식단 정보'가 있었습니다.

이 중에 '교내 전화번호 안내'의 일화는 학생증을 가지고 오지 않아서 보안이 걸린 연구실에 들어갈 수 없었고 PC를 사용할 수 있는 곳도 없는 상황이었지만 모바일 앱의 전화번호 안내를 통해 관련 부서에 전화를 걸어서 무사히 연구실에 들어갈 수 있었다는 일화였습니다. 단순히 정보가 나열되는 페이지가 언급되는 것이 조금은 특별하게 여겨졌는데, 특이할 것 없는 평범한 기능이었지만 고객이 실제로 사용하는 측면에서는 오히려 유용한 기능이라는 것을 알 수 있었습니다.

그 밖에 게임 참가자들이 자랑한 것에는 '모바일은 중요한 정보만을 모아두었기 때문에 웹보다 필요한 정보를 얻기가 편하다', '해상도를 개인 설정에 맞출 수가 있다.', '에티켓 모드가 있는데 재미있는 기능이라고 생각되었다.' 등이 있었습니다.

이 게임을 통해서 고객들이 실제로 사용하는 기능들은 어떤 것이 있는지,

어떠한 상황에서 어떤 식으로 활용하고 있는지를 볼 수 있었습니다. 또한 '교내 전화번호 안내'와 같이 사용자들의 사용 빈도가 낮지만 중요하게 사용될 수 있는 기능이 무엇인지 확인할 수 있었습니다.

이 예시 활동은 결과물을 만들어낼 수 있는 시스템이 대상이 아니었기 때문에 시스템의 전체적인 비전을 확인하기보다는 세밀한 요구사항을 확인하는 정도의 결과를 볼 수 있었습니다. 하지만 사용자가 직접 결과물을 만들어 낼 수 있는 시스템을 대상으로 해서 만들어진 결과물을 자랑할 수 있다면 고객이 원하는 시스템의 전체적인 비전을 확인할 수 있을 것입니다.

tip

- '자랑하기' 게임 참가자는 자랑하기 위해서 어느 때보다 집중해서 제품을 사용해보게 됩니다. 그래서 때로는 제품 홍보를 위한 활동으로 이용해 볼 수도 있습니다.
- 사용자가 제품을 이용하여 결과물을 만들어낼 수 있는 프로젝트에 가장 적합합니다.
- 게임 참가자가 대상이 되는 제품 사용법에 이미 익숙한 팀과 처음 제품을 사용하는 팀으로 나누어서 각 팀에서 결과가 어떻게 다른지 분석할 수도 있습니다.
- 게임 참가자의 '자랑'을 통해서 게임 참가자가 어떠한 기능을 가장 많이 사용했는지, 어떤 점을 만족해했는지 분석합니다.
- 때에 따라선, 게임 참가자 중 가장 훌륭한 결과물을 만들어낸 팀에게 작은 상을 주면서 게임에 적극적으로 참여하도록 분위기를 고취할 수 있습니다.

3 플러스와 델타

1) 어떤 게임일까요?

주최측의 준비가 필요한 정도
☐ 많은 준비가 필요
☐ 약간의 준비가 필요
☑ 거의 필요 없음

참가자의 준비가 필요한 정도
☐ 많은 준비가 필요
☐ 약간의 준비가 필요
☑ 거의 필요 없음

활용할 수 있는 게임 단계
☐ 우선순위 및 정제
☐ 요구사항 도출
☐ 이해관계자 식별
☑ 비전 확인하기

적합한 대상
☐ 솔루션-신규 시장
☑ 솔루션-버전 업
☐ SI-신규 사업
☑ SI-유지보수

참가자(SI)
☑ 발주회사의 고객
☑ 발주회사(팀원)
☑ 수주회사(팀원)

참가자(솔루션)
☑ 사용고객의 고객
☑ 솔루션 사용고객
☑ 개발사(팀)

2) 불만을 찾아라!!

불편해도 참고 쓰는 고객과 불편한 점을 고객 센터에 항의하는 고객 중 회사 입장에서 누가 더 고마운 고객일까요? 참고 쓰는 고객은 현상을 유지시키지만 항의하는 고객은 제품의 개선점을 찾게하고 더 좋은 제품을 개발할 수 있는 계기를 만들어줍니다. 그러나 안타깝게도 고객들의 항의는 종종 불평들로 이어지게 되고 비생산적인 무례한 발언으로 마무리되기도 합니다. 그럼에도 더 나은 제품을 위해 고객들의 불만을 듣는 일은 매우 중요한 과정입니다.

실제로 고객들의 불만을 건설적인 비판으로 수용하여 성공적인 혁신을 이끌어낸 사례를 쉽게 찾을 수 있습니다. 밀폐용기 전문 브랜드인 락앤락(Lock&Lock)은 2007년에 내열 유리용기를 출시하였는데 내열 유리 소재의 특성상 잠금장치를 만들기가 어려웠고 락앤락 특유의 밀폐력을 자랑하는 '4면 결착' 방식을 적용하지 못하였습니다. 이에 "밀폐 효과가 떨어지는 것 같다."는 소비자들의 지적이 이어졌습니다. 락앤락은 그들의 불만을 적극적으로 수용하여 거듭 개발을 진행하여 2008년에 4면 결착형 내열 유리용기를 내놓았고 이 내열 유리용기의 매출이 300% 증가하는 쾌거를 이루었습니다.(조선라이프신문, 2010)

플러스와 델타 게임은 위의 실례처럼 부정적인 피드백을 유용한 정보로 변형시킴으로써 개선사항을 찾을 수 있도록 도움을 줍니다. 무턱대고 "현재 제품에 대한 불만을 얘기해주세요."라고 고객에게 요구하여서 비생산적인 갈등을 초래할 수 있는 위험을 피하고 비난보다는 개선사항에 초점을 맞춤으로써 제품에 대해 새로운 시각과 비전을 확인할 수 있도록 도와줍니다. 또한, 이 과정에서 브레인스토밍을 활용해, 다양한 관점에서의 여러 가지 개선점을 취합할 수 있습니다.

이 게임은 신규 제품이 아니라 기존에 서비스되고 있던 시스템이나 이미 존재하는 제품에 대해 활동하기에 적합합니다. 기존의 것에서 개선해야 할 사항을 찾아서 비전을 세우는 것이 목적이기 때문입니다. 시스템을 발주할 때 어떠한 부분이 개선되어야 하는지를 찾아서 그 부분을 제시하기 위해 이 게임을 할 수도 있을 것이고, 수주회사에서는 자신들이 서비스하고 있는 시스템에 관한 개선사항을 찾아서 고객에게 제안하기 위해서 이 게임을 이용할 수 있을 것입니다.

3) 게임하기

뭐가 필요할까?	
주최측	참가자
커다란 종이나 화이트 보드, 차트를 그릴 색연필이나 사인펜(여러가지 색) 접착 노트, 참가자 수만큼 한 가지 색 사인펜	기존 제품에 대한 사전 조사

■ 게임 준비

제품의 개선점을 알기 위해서는 먼저 해당 제품에 대해서 익숙하고 잘 알고 있을 필요가 있습니다. 게임 참가자를 선정할 때 제품을 꾸준히 사용해온 사람이나 제품에 대해서 익숙한 사람들이 일정 수 이상 참가할 수 있도록 고려해야 합니다. 이 제품에 낯선 참가자들에겐 미리 제품에 대해서 숙지할 것을 요청합니다.

■ 게임 진행

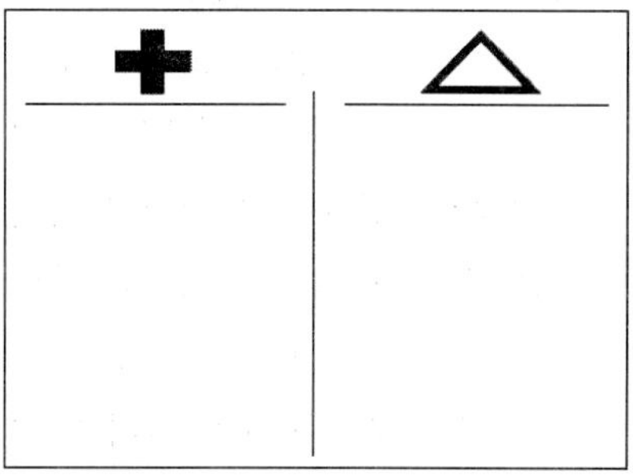

전지를 벽에 붙이고 왼쪽에 보이는 것과 같은 프레임을 그립니다. 크게 두 개의 칸으로 구성되는 프레임으로 왼쪽에는 플러스 기호를 그리고 다른 한쪽에는 델타 기호를 그립니다.

참가자들이 대상이 되는 제품이나 시스템에 대해서 생각할 수 있는 시간을 줍니다. 어떤 기능이 있는지, 사용하기에는 편리했는지, 무엇이 불편했는지 등을 생각해보도록 합니다. 좋았던 점과 개선되어야 할 점에 대해서 접착 노트에 적고 해당 부분에 붙입니다.

왼쪽의 **플러스**는 **긍정적인 측면**에 대해서 적습니다. 대상이 되는 제품의 좋은 점, 긍정적인 점입니다. 이곳의 아이디어들은 다음 버전의 제품에서도 계속해서 유지될 가능성이 높습니다.

오른쪽의 **델타** 표시는 **개선 혹은 변화가 요구되는 사항들**입니다. 참가자들이 제품에 갖는 불만을 개선의 여지와 함께 아이디어로 적습니다. 예를 들면, "유리 용기 뚜껑이 닫히질 않아요!" 보다는 "유리 용기 뚜껑이 좀 더 잘 닫히게 만들어야 한다."가 좋습니다.

■ 결과 정리

아이디어들이 모두 붙여졌다면 중요한 사항에 집중할 수 있도록 중요도나 위급도 혹은 영향도의 기준으로 정렬합니다. 위로 갈수록 빨리 개선되어야 하는 사항이 될 것입니다. 그리고 결과에 대해 팀 활동을 통해 의논하고 분석해보는 시간을 가집니다. '계속 유지해야 하는 잘된 점은 무엇일까? 이 부분을 앞으로 만들어질 제품에 그대로 유지해도 문제가 없을까? 사람들이 제품을 통해 느끼는 불편사항이 무엇인가? 고객들이 원하는 변화들을 수용하기 위해 어떠한 현실적인 대응이 있을까?' 등 게임의 결과를 분석하고 다양한 측면과 견해에 대해서 자유롭게 토론할 수 있도록 합니다.

무엇을 개선해야 할까?

이 플러스와 델타 게임은 무작정 고쳐야 할 부분을 찾는 것이 아니라 장점을 찾되 개선해야 할 부분에 초점을 맞춤으로써 개선점을 찾는 활동이 좀 더 자연스럽게 이루어지도록 돕습니다. 무작정 '고쳐야 할 부분을 말해달라'고 하는 것에 비해서 긍정적인 효과를 기대할 수 있을 것입니다. 또한, 게임 참가자 내에 기존 시스템 개발에 관계되었던 이해관계자가 포함되어 있다면 기존 시스템의 잘못된 점을 찾아내는 활동은 부담스러울 수 있습니다. 그런 상황에 이 게임이 도움이 될 것입니다.

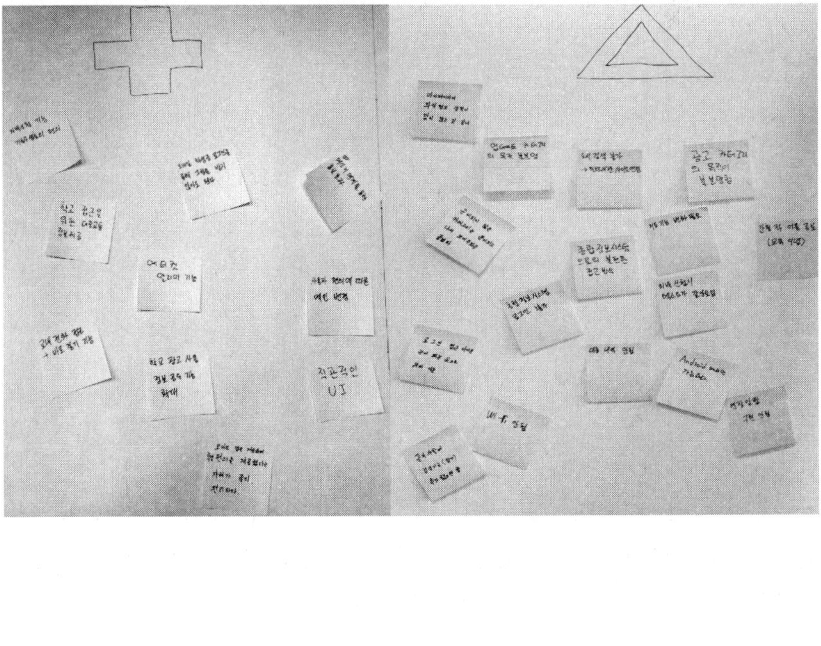

이 게임은 기존 시스템의 개선점을 찾고자 하는 것이 목표이므로 기존 시스템을 자주 사용하거나 익숙한 사람들과 게임을 진행하면 많은 도움이 될 것입니다. 하지만 단 두 개의 칸으로 이루어지는 만큼 매우 직관적으로 진행될 수 있으므로 시스템에 익숙하지 않은 참가자들도 부담없이 차트를 채워나갈 수 있을 것입니다. 대상이 되는 시스템을 바로 앞에 준비해놓고 그 자리에서 사용해보면서 하나씩 차트를 채워나가는 것도 방법일 것입니다.

실제로 이 활동의 참가자들은 이전에 학교 애플리케이션을 자주 이용하지 않았던 학생들이었지만 부담 없이 아이디어들을 채워나가는 것을 확인할 수 있었습니다.

현재의 시스템에서 이미 충분히 좋으므로 **계속 유지되길 바라는 부분**은 왼쪽의 **플러스** 칸에 채워나갔습니다. '외박 신청 기능 - 기숙사생들의 편의', '모바일 학생증 로그인을 통해 그림을 받지 않아도 된다.', '메신저 연계를 통한 홍보', '학교 접근을 위한 대중교통 정보 제공', '에티켓 알리미 기능', '사용자 편의에 따른 메인 변경', '교내 전화번호 + 바로 걸기 기능', '학교 광고 사용/정보 공유 기능 확대', '직관적인 UI', '모바일 앱을 제공하여 학생 편의를 제공했다는 자체가 좋다'와 같은 아이디어들이 나왔습니다. 주로 홈페이지를 통해서 받게 되는 서비스나 정보들을 모바일을 통해서 언제, 어디서나 쉽게 받을 수 있다는 편리함에 대한 장점이 도출되었습니다.

그리고 오른쪽 칸 **델타**에 적힌, **개선되었으면 하는 아이디어들**에는 '마이페이지에서 좌석정보는 성격이 맞지 않는 거 같다', '업데이트 카테고리의 목록 불 분명', '도서 검색 불가 → 학교 도서관 사이트 연결', '광고 카테고리의 목적이 불 분명', '준비되지 않은 카테고리는 준비되고 나서 보여주면 좋겠다', '종합 정보 시스템으로의 불편한 접근 방식', '지도 기능 변화 필요', '간헐적 어플 종료', '외박 신청 시 텍스트가 잘 안 보임', '종합 정보 시스템 로그인 불가', '로그인 접근 아이콘 눈에 띄는 곳으로 이동', '대출 내역 안 됨', 'Android에서만 가능하다', '연장 알람 구현 안 됨', 'Wi-Fi 안됨', '공지사항에 검색기능이 추가됐으면 함'과 같은 아이디어들이 나왔습니다.

게임이 끝난 후에 차트를 보면서 한눈에 대충 보더라도 각 칸에 붙여진 노트의 수가 차이가 있다는 것을 확인할 수 있었습니다. 가장 위의 사진에서 보이는 것처럼 델타의 노트 수가 플러스의 노트 수보다 많았습니다. 이 노트 수의 차이는 학교 학생의 관점에서 볼 때 이 애플리케이션은 좀 더 많은 부분이 개선되어야 한다고 여겨진다는 것을 의미한다는 것을 보여줍니다.

사내의 의견을 모으거나 의사소통을 장려하기 위해 회사 내 많은 사람의 눈길이 닿는 곳에 게시판을 만들어두는 경우가 있을 것입니다. 특별히 게임 방법을 익히지 않아도 된다는 장점을 살려서 게시판에 차트를 걸어두고 더 많은 사람의 다양한 의견을 모아보는 것도 한 가지 게임 방법이 될 수 있을 것입니다. 이 경우엔 게임을 위해 별도의 시간이 필요하지 않다는 장점이 있지만, 아이디어를 내는 사람들이 누구인지 추려낼 수 없으므로 사용자 그룹에 따라 그 사용의 목적이 크게 달라지지 않는 시스템을 대상으로 하는 것이 좋습니다.

tip

- 델타는 불만보다도 개선의 여지에 대한 아이디어를 적습니다.
- 기존의 존재하는 시스템을 분석하여 장점을 살리고 단점을 보완시키는 방법을 찾아내는 데 효과적인 활동입니다.
- 단 두 칸으로 이루어지는 차트는 간단하고 그 만큼 어려운 설명 없이 바로 게임을 진행할 수 있다는 장점이 있지만 창조적인 아이디어가 나오기 어렵다는 단점이 있습니다. 창조적 아이디어를 위한 브레인스토밍보다는 평상시의 생각을 취합하기 적합합니다.
- 특정 시간에 게임을 통해 결과를 얻을 수도 있지만, 일정 기간 많은 다수의 사람이 보는 곳에 게시를 해두고 자유롭게 아이디어를 붙이게 하는 방법으로도 사용할 수 있을 것입니다.

4 스왓 분석 게임

1) 어떤 게임일까요?

주최측의 준비가 필요한 정도	참가자의 준비가 필요한 정도	활용할 수 있는 게임 단계
		☐ 우선순위 및 정제
☐ 많은 준비가 필요	☐ 많은 준비가 필요	☐ 요구사항 도출
☐ 약간의 준비가 필요	☐ 약간의 준비가 필요	☐ 이해관계자 식별
☑ 거의 필요 없음	☑ 거의 필요 없음	☑ 비전 확인하기

적합한 대상	참가자(SI)	참가자(솔루션)
☑ 솔루션-신규 시장		
☑ 솔루션-버전 업	☐ 발주회사의 고객	☐ 사용고객의 고객
☑ SI-신규 사업	☑ 발주회사(팀원)	☑ 솔루션 사용고객
☑ SI-유지보수	☑ 수주회사(팀원)	☑ 개발사(팀)

2) 적을 알고 나를 알면 백전백승!!

2014년 7월에 개봉하여 큰 흥행을 끌었던 '명량'이라는 영화는 1597년 명량대첩에서 충무공 이순신 장군이 왜군을 상대로 승리한 모습을 그리고 있습니다. 당시 왜구 133척이 명량으로 공격해왔고 이순신 장군은 단 13척으로 왜선 31척을 격퇴하고 조선의 해상권을 회복하였습니다. 이 영화가 그렇게 흥행할 수 있었던 이유는 극도로 불리한 싸움에서 이겨낸 기적과 그 기적을 이끌어낸 이순신 장군의 전략에서 느낄 수 있는 쾌감이 아니었을까 생각합니다. 이제, 우리는 이순신 장군이 어떻게 전쟁에서 이길 수 있었는지에 대해서 생각해봐야 합니다. 영화 속에서 이순신 장군이 현지 지형에 해박한 주민에게서 울돌목의 거센 조류에 관해 설명을 듣는 모습과 계속해서 조류를 유심히 관찰하는 모습을 볼 수 있습니다. 그리고 해전 중, 매우 불리한 상황 속에서 조류를 적절하게 이용해 전쟁을 승리로 끌어갑니다. 이순신 장군이 승리할 수 있었던 원인은 여러 가지가 있을 수 있겠지만, 무엇보다 아군의 사기가 떨어지고 있어서 이를 이겨내야 한다는 아군의 약점 및 위협 요소를 알고 있었으며, 전쟁이 벌어지는 장소에 대해서 미리 알고 전쟁의 승리를 위해서 조류를 이용할 수 있었던 전략에 있을 것입니다.

경영 전략 분석을 위해 자주 쓰이는 방법 중 미국의 경영컨설턴트인 알버트 험프리(Albert Humphrey)에 의해 고안된 스왓(SWOT) 분석은 네 가지 분석 요소를 이용해 적과 나를 파악하고 전략을 세워 프로젝트를 성공할 수 있도록 도와줍니다. 이 스왓 분석은 이순신 장군이 승리한 것과 같이 SW개발이나 프로젝트를 성공적으로 이끌어 갈 수 있는 전략을 세울 수 있도록 도와줄 것입니다. 프로젝트를 진행하다 보면 예상치 못한 장애물을 종종 마주하게 됩니다. 그럴 때마다 장애물을 어떻게 대처하는지가 성공의 요인이 될 것입니다. 만약 울돌목의 조류를 이순신 장군이 미리 알지 못했다면 조류에 피해를 보는 것은 왜선이 아니라 오히려 우리 쪽이 되었을 것입니다.

스왓 분석의 가장 큰 장점은 기업의 내・외부 환경 변화를 동시에 파악할 수 있다는 것입니다. 내부 환경(나)을 분석하여 강점과 약점을 찾아내며, 외부 환경 분석(적)을 통해서는 기회와 위협을 찾아냅니다. 그렇게 찾아낸 환경 요인 중 외부로부터 온 기회는 최대한 살리고 위협은 회피하는 방향으로 자신의 강점은 최대한 활용하고 약점은 보완합니다.

스왓 분석에 의한 전략은 다음과 같이 정리할 수 있습니다.

- SO 전략(강점-기회 전략): 강점을 살려 기회를 포착
- ST 전략(강점-위협 전략): 강점을 살려 위협을 회피
- WO 전략(약점-기회 전략): 약점을 보완하여 기회를 포착

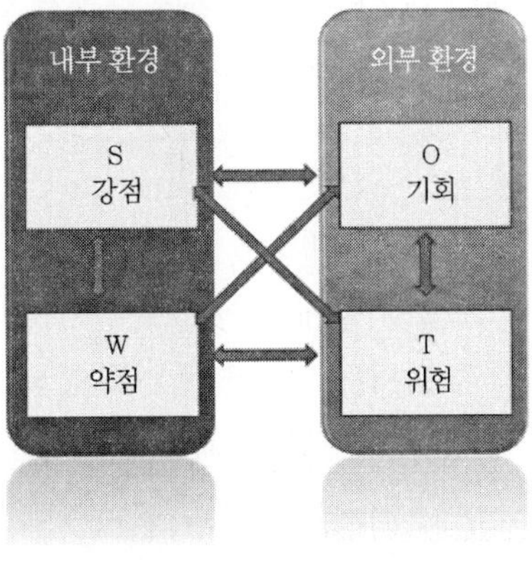

• WT 전략(약점-위협 전략): 약점을 보완하여 위협을 회피

스왓 분석은 방법론적으로 간결하고 응용범위가 넓은 일반화된 분석 기법이기 때문에 여러 분야에서 널리 사용되고 있습니다. 스왓 분석을 브레인스토밍과 함께 이용하는 이 게임은 현재와 목표의 최종단계 사이에 드러나게 될 도전 과제들을 예측하게 해주며 장애물들을 극복하기 위해 이용할 수 있는 강점들을 볼 수 있도록 도와줍니다. 이 게임은 모든 일이 끝난 후 '무엇을 했었어야 했는가'를 미리 알아보기 위해서 적어보는 과정이라기보다는 목적을 이루기 위해 해야 하는 일을 확인하는 과정입니다. 팀원 간의 브레인스토밍을 통해서 다양한 의견을 얻고 깊은 통찰을 끌어낼 수 있을 것입니다.

3) 게임하기

뭐가 필요할까?	
주최측	참가자
커다란 종이나 화이트 보드, 차트를 그릴 색연필이나 사인펜(여러가지 색), 접착 노트, 참가자 수 만큼의 한가지 색 사인펜(중요도를 표시하기 위한 스티커)	시장에 대한 사전공부가 필요

■ 게임 진행

이 게임의 목적은 시스템이나 소프트웨어 목적을 이루기 위해서 해야 하는 것이 무엇인지를 확인하는 것입니다. 그러기 위해서는 제품이나 회사에 대한 내·외부적 상황에 대해서 알고 있어야 합니다. 게임 참가자들을 선정할 때 그러한 부분을 유념합니다. 접착노트는 각 사분면에 구분하여 붙일 수 있도록 색깔별로 준비하는 것도 좋습니다.

■ 게임 준비

게임에 관해서 설명하고 왼쪽에 보이는 것과 같은 스왓 매트릭스를 그리도록 합니다. 각 분면에 그 분면을 상징하는 재미있는 그림을 그리면서 자연스러운 브레인스토밍 분위기를 조성하도록 합니다.

각 분면에 아이디어를 적기 전에 시스템이나 SW의 목적에 대해서 팀원들이 모두 동일한 목적을 공유하고 있는 것이 맞는지 확인합니다. 그리고 각 분면에 맞는 아이디어들을 채워갑니다. 각 분면에 10~25분 정도의 시간을 할애하며 순서대로 채워가거나 모든 분면에 대해서 동시에 붙여나갈 수도 있습니다.

각 분면이 의미하는 바는 다음과 같습니다.

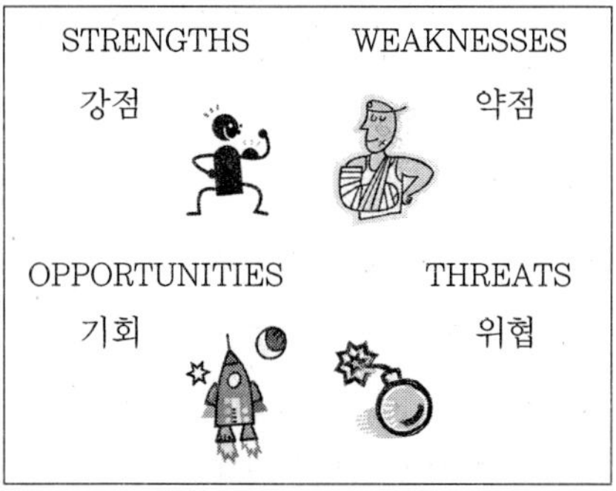

- 2분면) 강점(Strengths) : 분석 대상이 가진 것 중에 목표를 향해 나아가는 데 도움이 되는 것
- 3분면) 약점(Weaknesses) : 분석 대상이 가지고 있는 것 중 앞으로 개선되어져야 할 사항들
- 1분면) 기회(Opportunities) : 분석 대상의 외부에 있는 요소 중 긍정적인 사항들
- 4분면) 위협(Threats) : 목적을 이루는데 있어서 방해되는 외부 사항들

■ 결과 정리

모든 아이디어가 도출되었다면 게임의 결과를 정리하기 위한 활동을 하게 됩니다. 마찬가지로 2X2의 표를 그리고 아래와 같이 각 칸에 이름을 매깁니다.

각 칸의 의미는 다음과 같습니다.

	강점(S)	약점(W)
기회 (O)	**SO** 우선 수행 : 강점을 살려 기회를 포착	**WO** 우선 보완 : 약점을 보완하여 기회를 포착
위협 (T)	**ST** RISK 해결 : 강점을 살려 위협을 회피	**WT** 장기 보완 : 약점을 보완하여 위협을 회피

- SO : (우선 수행) 강점을 이용한 외부환경 기회의 활용 및 전략
- WO : (우선 보완) 약점을 보완

한 외부환경 기회의 활용 및 전략

- ST : (RISK 해결) 강점을 이용한 외부환경 위협의 대응 및 전략
- WT : (장기 보완) 약점을 보완한 외부환경 위협의 활용 및 전략

결과를 정리하여 목적을 이루기 위해서 무엇을 해야 하는지 토론하여 봅니다.

원하는 앱을 만들기 위해서 무엇을 해야 할까?

이 게임은 이미 널리 사용되고 있는 스왓 분석에 기반을 둔 게임이기 때문에 게임을 설명하는 시간이 오래 걸리지 않으며, 스왓 분석을 이전에 해 본 적이 있는 참가자라면 훨씬 부담 없이 게임에 참여하게 됩니다.

2X2의 차트를 그리면서 이 시스템의 목적이 무엇인지 확인하도록 합니다. 이 활동 게임 참가팀은 사용률이 높은 애플리케이션을 만드는 것을 목적으로 하였습니다. 커다란 전지 하나를 나누어 받은 팀은 전지를 반으로 갈라서 한쪽에 2X2의 스왓 표를 그렸고, 남은 한 쪽에 결과를 적기 위한 표를 그렸습니다. 각 분면을 차례대로 채우는 것보다는 생각나는 대로 아이디어를 적고 성격이 맞는 분면에 접착노트를 붙이는 식으로 진행했습니다.

현재의 시스템이 가지는 **강점**인 'S'에는 '대중교통 정보', '교내 전화번호 뿐만 아니라 직접 연결이 가능함', '생활관 외박 신청', '사용자 편의에 따른 메인 변경', '모바일 학생증 로그인을 통해 학생증 그림을 따로 내려받지 않아도 된다'는 아이디어가 나왔습니다.

시스템이 가지는 특징 중 개선되어야 할 **약점**은 '교내지도가 지저분하다.', '로그인 카테고리 위치가 변경되어야 한다.', '구현되지 않은 기능이 있다.', '광고 카테고리의 의도가 불분명하다.'라고 응답하였고, 외부에서 가지는 **기회** 요인에는 '타 앱에 비해 안정성이 높다', '스마트폰 대중화에 따른 잠재 이용자 확보'라고 응답하였습니다. 그리고 개선되어야 하지만 방해가 되고 있는 외부 요인에는 '사용자가 학생에 한정된다.', '웹 사이트나 비공식 앱들이 많다.', '개인 개발자가 관리하기 때문에 업데이트와 및 관리가 제대로 이루어지지 않는다.'라고 응답하였습니다.

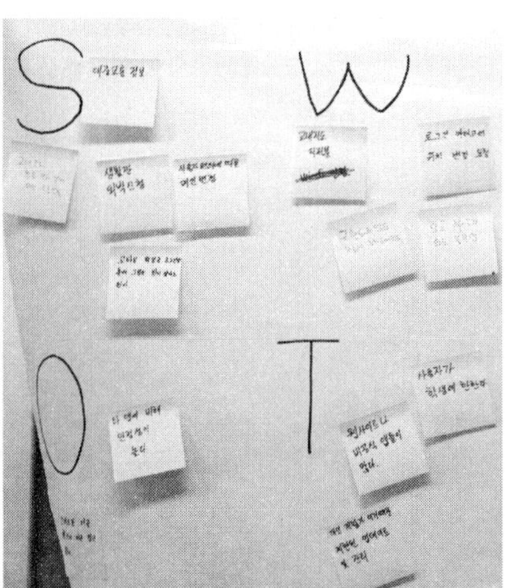

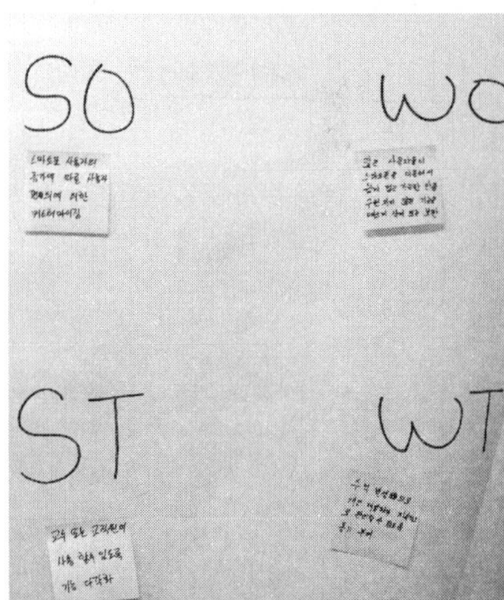

스왓에 대한 분석이 끝난 후에 결과를 끌어내는 것은 생각보다 간단하지 않습니다. 이 예시 활동에서는 생략하였지만, 결과를 끌어내기 위해 도움을 줄 수 있도록 스티커를 준비할 수 있습니다. 게임 참가자 수만큼 스티커를 준비하고 각 분면에서 중요하다고 생각하는 아이디어에 스티커를 붙이도록 합니다. 많은 스티커가 붙은 아이디어를 최우선 해결 과제로 삼아서 결과를 도출하도록 한다면 좀 더 게임이 쉽게 진행되도록 도울 수 있을 것입니다. 만약 도출된 아이디어가 많다면 스티커를 붙이기 전에 그룹핑을 하는 게 도움이 될 수 있습니다.

하나의 분면에서 가져온 분석과 다른 분면에서 가져온 분석을 가져와서 목적을 이루기 위해서 무엇을 준비할 수 있는지에 대한 결과를 만듭니다.

강점과 외부의 기회 요인으로부터 '스마트폰 사용자의 증가에 따른 각 사용자 개인의 편에 맞춘 커스텀마이징'이라는 결과를, 약점과 외부 기회 요인으로부터 '구현되지 않은 기능은 빠르게 삭제 또는 보완하여 잠재 사용자를 실사용자로 끌어들인다.'라고 하였습니다. 또한, 강점과 외부의 방해요소로부터 '교수 또는 교직원이 사용할 수 있도록 기능 다각화'라는 아이디어를 도출했고, 약점과 외부의 방해요소로부터 '수익 발생으로 개인 개발자가 지속해서 관리할 수 있도록 동기 부여'라는 결과를 도출하였습니다.

소프트웨어를 대상으로 게임을 하다 보면 대부분 기능적인 부분에 치우쳐서 분석하거나 아이디어를 도출하게 됩니다. 실제로 다른 게임의 예시들이 대부분 기능적인 면에 초점을 맞추어서 응답하고 있습니다. 그에 비해 스왓 분석은 소프트웨어 개발과 관련된 환경이나 비즈니스적 환경 등을 통틀어 넓은 시야에서 분석을 시도할 수 있도록 도와주고 좀 더 적절한 비전을 작성할 수 있도록 합니다.

tip

- 이 게임은 새로운 시스템과 기존에 존재하는 시스템 두 가지 모두에 적용할 수 있습니다. 게임을 시작하기 전에 어떠한 형태로 게임을 진행하게 될지 결정하도록 합니다.
- 시스템이나 소프트웨어의 목적을 정하고 그 목적을 달성하기 위해 무엇을 준비해야 하는지 알기 위해 이 게임을 이용할 수 있습니다. 목적을 만들기 위해 앞에서 소개된 '커버 스토리'나 '전체 모습 알아내기' 등의 게임을 이용할 수 있습니다.

- 각 분면에 대한 아이디어가 도출된 후에 결과를 분석하는 과정이 어렵다면 스티커를 이용하여 투표를 진행하고 중요한 아이디어를 추려내어 진행할 수 있습니다.
- 기능적인 면에 초점이 맞추어지는 다른 게임들에 비해서 개발 관련 환경 및 비즈니스적 환경 등 전체적인 시야에서 폭넓은 통찰을 얻을 수 있습니다.

5 스피드 보트

1) 어떤 게임일까요?

주최측의 준비가 필요한 정도
☐ 많은 준비가 필요
☑ 약간의 준비가 필요
☐ 거의 필요 없음

참가자의 준비가 필요한 정도
☐ 많은 준비가 필요
☐ 약간의 준비가 필요
☑ 거의 필요 없음

활용할 수 있는 게임 단계
☐ 우선순위 및 정제
☐ 요구사항 도출
☐ 이해관계자 식별
☑ 비전 확인하기

적합한 대상
☑ 솔루션-신규 시장
☑ 솔루션-버전 업
☑ SI-신규 사업
☑ SI-유지보수

참가자(SI)
☑ 발주회사의 고객
☑ 발주회사(팀원)
☑ 수주회사(팀원)

참가자(솔루션)
☑ 사용고객의 고객
☑ 솔루션 사용고객
☑ 개발사(팀)

2) 보트를 빨리 달리게 하자!

스피드 보트 게임을 간단하게 말하면 위에 쓰인 것처럼 보트를 빨리 달리게 하는 게임입니다. 보트는 게임 활동이 대상이 되는 제품이나 시스템을 의미하며 보트가 달린다는 것은 제품이나 시스템의 목적을 향해 나아가는 것을 의미합니다. 그래서 스피드 보트가 움직이지 못한다는 것은 결국 목적을 이루지 못한다는 것을 의미하며 빨리 달린다는 것은 효율적으로 제품이나 시스템의 목적을 이루었다는 것을 의미합니다.

이러한 스피드 보트 게임은 제품의 대내외적인 장·단점을 고찰한다는 점에서 스왓 게임과 비슷할 수 있습니다. 그러나 **보트**라는 시각적인 대상을 만듦으로써 대상에 대한 좀 더 활발한 분석을 유도합니다. 또한, 보트를 구성하는 요소로 **닻**과 **엔진**, 그리고 보트가 달리는 환경을 조성하는 **바람**과 **암초**가 있는데 대상 제품의 특징이나 활동 목적, 게임 참가자들의 사용자 계층 및 성향에 따라 필요한 요소만을 선택하여 진행할 수 있습니다. 그래서 목적에 맞춘 게임 진행이 가능하고 필요하다면 쉽고 간단한 진행 역시도 가능하여서 고객이나 사용자들과 함께 활동하기에 좀 더 적합한 게임입니다.

플러스와 델타 게임에서도 잠시 언급한 적이 있지만 무작정 문제점을 이야기해달라고 하는 것은 자칫 위험해질 수 있습니다. 이 게임은 고객이 제품이나 시스템에 대해 가지고 있는 문제점들을 유연하고 재미있게 모을 수 있도록 해줍니다. '현재 시스템의 문제점이 무엇이라고 생각합니까?'라고 묻는 것보다 보트의 움직임을 방해하는 닻이 무엇인지 그려달라고 함으로써 좀 더 유연하게 고객이 지닌 문제점을 알아내 수 있습니다. 또 가장 무거운 닻을 제거해달라고 요청함으로써 고객이 생각기에 가장 시급하게 처리해야 하는 문제가 무엇인지를 빠르게 알아낼 수 있습니다. 그뿐만 아니라 보트를 더 빨리 달리게 하는 데 필요한 엔진은 어떤 것이 될지를 물어봄으로써 고객들이 제품으로부터 기대하는 기능들을 도출해낼 수 있습니다. 또, 환경적 요소인 바람과 암초에 관해서 물어봄으로써 외부적 요인을 확인할 수 있게 도와줍니다.

3) 게임하기

뭐가 필요할까?	
주최측	**참가자**
커다란 종이나 화이트 보드, 차트를 그릴 색 연필이나 사인펜(여러가지 색), 접착 노트, 참가자 수 만큼의 한가지 색 사인펜, 카메라 (보트, 엔진, 닻, 바람, 암초 그림 중요도를 표시하기 위한 색깔별 사인펜)	(바람과 암초를 그린다면) 시장조사가 필요

■ 게임 준비

게임을 시작하기 전에 활동의 목적과 대상 제품의 특징, 게임 참가자의 성격을 고려하여 게임의 범위를 결정합니다. 이 범위란 스피드 보트의 요소가 되는 닻, 엔진, 바람, 암초 네 가지 요소 중에 무엇을 사용할지를 결정하는 것입니다. 예를 들어, 기존 시스템의 버전 업을 위해 기존 시스템에 대한 사용자들의 불만을 알고 싶다면 닻을 사용할 수 있습니다. 또, 신규 제품을 만든다면 진입할 시장에 대해 알기 위해 바람과 암초를 사용할 수 있습니다. 게임 참가자들이 이러한 활동에 익숙하다면 과감하게 네 가지 모두를 사용하여 여러 관점에서의 비전을 확인할 수 있습니다.

또, 여러 개의 요소를 사용한다면 순서를 고려해야 합니다. 되도록 여러 개의 요소를 한꺼번에 진행하기보다 닻 그리기 20분 후에 엔진 그리기 20분처럼 차례대로 진행하는 것이 좋습니다.

게임을 진행하면서 사용자들이 직접 그림을 그리는 것이 좋을 수도 있지만, 그림들을 사전에 준비하여 붙여서 사용할 수 있도록 한다면 시간을 절약하고 참가자들의 부담을 줄일 수 있습니다. 필요하다면 보트 그림이나, 닻, 엔진, 바람, 암초 그림을 준비합니다. 또 게임을 진행하면서 보트와 환경이 변화하는 모습을 확인하기 위해 틈틈이 사진을 찍어두도록 합니다. 게임이 끝난 이후에 도출되는 결과도 중요하지만, 게임이 진행되는 동안 변화하는 모습들 자체가 요구사항을 도출하는 데 자료가 될 수 있습니다.

■ 게임 진행

커다란 전지를 벽에 붙이고 그림을 그립니다. 위에서 설명한 것처럼 보트는 대상 제품이나 시스템입니다. 보트는 목적지를 향해서 힘차게 달려나갈 것입니다. 이제 보트가 달리는데 영향을 주는 여러 가지 요소들을 확인하여서 보트가 목적지에 제시간에 무사히 도착할 수 있을지, 아닐지 생각해볼 것입니다. 게임을 구성하는 네 가지 요소는 다음과 같습니다.

- **엔진** - 제품이 가지는 강점(Strengths). 보트의 뒤쪽에 위치하여 보트가 나아갈 수 있는 동력을 제공합니다.
- **닻** - 제거되거나 개선되어야 할 사항들(Weakness). 강한 줄로 연결되어 보트 아래에 늘어져 있습니다. 보트가 앞으로 나아가려는 움직임을 방해합니다.
- **바람** - 외부환경 중 제품에 기회가 될 수 있는 요인들(Opportunity). 방향이 바르다면 보트가 더 빨리 움직일 수 있도록 도와줍니다.
- **암초** - 개선 되어야 하지만 방해가 되는 외부 요인들(Threats). 바다에 숨어 있는 위험들입니다. 암초가 있는 것을 모르고 전력 질주하다간 큰 일 납니다.

위의 네 가지 요소 중에서 게임 준비를 하면서 게임에 활용하기로 했던 요소에 대해서 팀원 간 브레인스토밍을 통해 아이디어를 생각합니다. 닻과 암초를 만들 때에는 닻이나 암초가 문제가 되는 근본적인 이유를 생각하고

토론해봅니다. 닻과 암초를 생각하는 시간에 문제를 해결하려고 한다거나 문제를 두둔하지 않도록 하는 것이 좋습니다. 닻을 만드는 시간엔 닻을 만들어 내는 데에 집중할 수 있도록 합니다.

준비된 닻, 엔진, 바람, 암초 그림이 있다면 각 그림 위에 아이디어를 적고 적절한 위치에 배치합니다. 없다면 간단히 접착 노트로 대체합니다. 모든 아이디어를 적고 나면 아이디어의 위치를 확인하고 필요하다면 재배열합니다.

보트의 움직임을 방해하는 닻은 중대한 문제점일수록 무거울 것이므로 아래쪽 바다에 위치합니다. 또한, 암초는 위험할수록 혹은 시급할수록 보트 가까이에 위치합니다. 바람도 중요한 요인일수록 보트 가까이에 위치합니다. 엔진 역시 중요할수록 보트 중앙과 가깝게 배치합니다.

■ 결과 정리

모든 아이디어가 나왔고 배치도 완료되었다면 이 게임으로부터 결과를 낼 수 있도록 토론해봅니다. 보트의 속력을 가장 높여줄 닻(엔진)을 3~4개만 고른다면 어떤 닻(엔진)을 제거하시겠습니까? 가장 위험한 암초는 무엇입니까? 닻(암초)을 제거하는 방법이 있을까요? 처음 닻(암초)을 달았을 때와 이후의 보트는 어떤 점이 달라져 있습니까?

닻을 잘라내어 보트를 달리게 하자!

스피드 보트 게임의 4가지 요소 중에서 이 예시 활동에서는 '닻'만을 선택했습니다. 기존에 이미 사용 중인 학교 애플리케이션에 대해서 사용자가 가지고 있는 불만을 찾고 제거할 수 있도록 하는 것을 이 활동의 목적으로 정했기 때문입니다.

참가자들은 간단하게 선을 그어 바다를 그리고 그 위에 보트를 그리기 시작했고 그런 과정을 통해서 게임을 위한 준비 운동을 한다는 느낌을 받았습니다. 그리고 그림을 그리면서 어떻게 시작해야 하는지를 모르겠다며 '무엇을 적어야 합니까?'라고 질문했습니다. 일단 이전의 '커버 스토리'나 '감정이입 지도'와 같은 게임을 통해서 찾은 학교 애플리케이션의 비전이 무엇인지

물어보았습니다. 그 팀이 지난 시간에 도출해낸 비전은 '사용률 높은 애플리케이션'이었습니다. 그래서 보트를 학교 애플리케이션이라고 생각하고 사용률 높은 애플리케이션이라는 상태가 목적지라고 생각하라고 말해주었습니다. 이제, 사용률 높은 애플리케이션이 되려고 하는 데 방해가 되는 것들이 무엇인지 적어서 닻으로 만들어 달라고 요청했습니다.

참가자들은 접착 메모지에 몇 개의 아이디어를 적고 바다 아래에 아이디어들을 붙였습니다. 그때에 무거운 닻을 의식해서인지 자연스럽게 심각한 문제는 아래에 배치하는 모습을 보여주었습니다. 접착 노트와 보트 사이에 선을 그어 연결하자 닻이 무거워 움직이기 힘들어하는 보트가 보입니다.

보트의 움직임을 방해하는 닻 중에 '모바일 학생증 미지원', '식단 정보 업데이트 X', '필요성을 딱히 느끼지 못한다', '쓸모 있는 좋은 기능이 없다.' 라는 아이디어들이 비교적 수면 가까이에 붙었고 그 아래쪽으로는 '주기적인 관리 X', '홍보 부족', 'UI가 제대로 작동하지 않는다', '개인이 만든 다른 앱이 있다.', '모바일 웹 사이트와 차이가 없음', '오류가 많다.',와 같은 아이디어들이 붙었습니다.

이렇게 많은 문제가 우리 시스템의 발전을 방해하고 있습니다. 이제 어떡해야 할까요? 이 많은 문제를 한 번에 그냥 해결할 수는 없습니다. 그래서 이 중에 반드시 제거되어야 할 닻 서너 개만 선택하여 잘라달라고 요청했습니다.

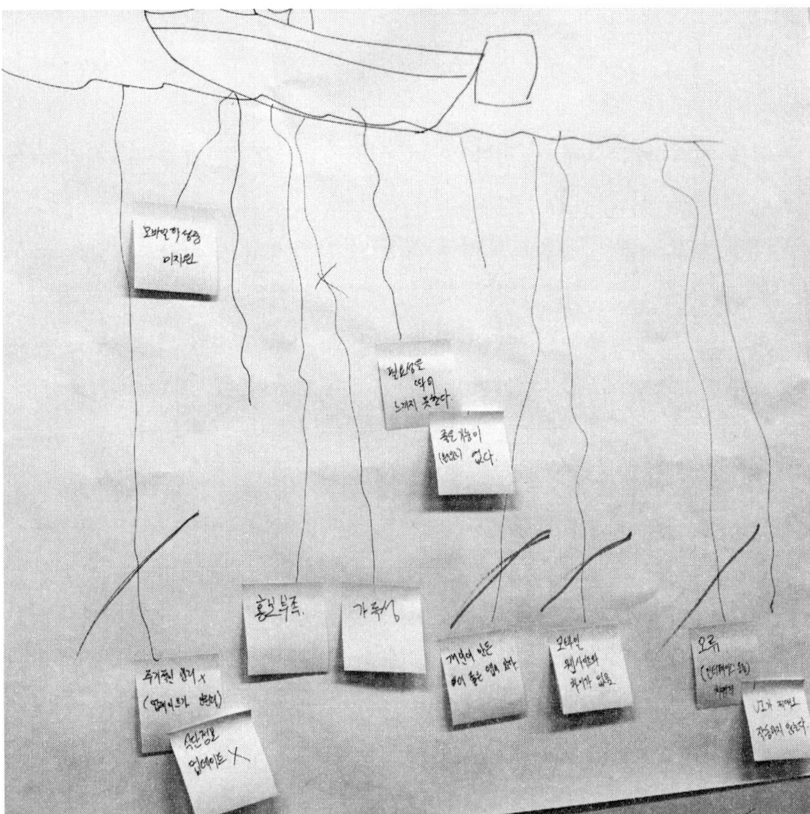

주기적인 관리가 안 된다는 점과 개인이 만든 더 좋은 앱이 있다는 점, 모바일 웹 사이트와 차이가 없다는 점, 그리고 오류가 많다는 부분의 닻을 붉은 선으로 잘라낸 것을 확인할 수 있습니다. 이 게임을 통해서 얻어낸 결과로 학교 애플리케이션의 사용률을 올리기 위해서 최우선으로 수행해야 할 것은 애플리케이션의 오류를 없애고 주기적인 관리를 할 수 있도록 지원하는 것임을 확인할 수 있습니다.

가장 무거운 닻을 표현하기 위해서 원래 제시된 방법은 닻을 바다 깊숙한 곳에 있도록 하는 것이었습니다. 하지만 참가자들이 아이디어를 바다에 붙여 넣는 시점에는 그 아이디어의 상대적인 '무거움'을 판단하기가 어렵다고 했습니다. 그래서 위치로 무거움을 표현하는 것보다 모든 아이디어가 붙여진 적은 후에 닻의 선 색을 다르게 표현하는 식의 방법을 제안해 주었습니다.

tip

- 게임을 시작하기 전에 이 전에 '커버 스토리'나 '감정이입 지도' 게임 등을 통해 비전을 찾습니다.
- 시각적인 요소를 사용함으로써 자유로운 분위기의 브레인스토밍을 유도하기 때문에 고객이 직접 참여하는 게임에 적합합니다.
- 스피드 보트 게임을 이루는 4가지 요소인 닻, 엔진, 바람, 암초를 모두 이용하게 되면, 앞에서 다루었던 스왓 분석과 꽤 비슷한 결과를 기대할 수 있습니다.
- 큰 영향을 끼치는 문제점일수록 무겁다는 의미에서 아래쪽으로 닻을 배치하도록 진행하지만 실제로 진행하다 보면 아이디어를 적는 시점에서 그 아이디어가 다른 아이디어들에 비해서 어느 정도의 비중을 차지하는지 가늠하기 힘들 때가 있습니다. 이를 위해서 색을 다르게 하거나 굵기로 영향도를 표시하게 하는 방법도 있습니다.

6 시스템 문맥도

1) 어떤 게임일까요?

주최측의 준비가 필요한 정도	참가자의 준비가 필요한 정도	활용할 수 있는 게임 단계
		☐ 우선순위 및 정제
☐ 많은 준비가 필요	☐ 많은 준비가 필요	☐ 요구사항 도출
☐ 약간의 준비가 필요	☐ 약간의 준비가 필요	☐ 이해관계자 식별
☑ 거의 필요 없음	☑ 거의 필요 없음	☑ 비전 확인하기

적합한 대상	참가자(SI)	참가자(솔루션)
☑ 솔루션-신규 시장		
☑ 솔루션-버전 업	☐ 발주회사의 고객	☐ 사용고객의 고객
☑ SI-신규 사업	☐ 발주회사(팀원)	☐ 솔루션 사용고객
☑ SI-유지보수	☑ 수주회사(팀원)	☑ 개발사(팀)

2) 고객이 요구하는 시스템을 정의한다!

시스템 문맥도는 시스템의 경계를 정의하고 그 시스템의 구성요소 및 외부와의 연동 관계를 보여주는 다이어그램으로 실제로 IT 프로젝트 중에 종종 사용되는 모델링 다이어그램의 하나입니다.

시스템을 이루게 되는 기능 요소들에 초점이 맞추어지는 대부분의 게임과 달리 시스템 문맥도는 대상 시스템의 내부 구조에는 상관없이 상호작용하는 환경 요소를 확인하여 시스템을 정의하게 됩니다. 시스템 문맥도는 정의하고자 하는 대상이 되는 '**관심 시스템**(System of interest)'을 나타내는 원과 시스템과 상호 작용하는 외적인 요소들을 나타내는 '**터미네이터**(Terminator)', 그리고 관심 시스템과 터미네이터의 상호 작용 방식을 나타내는 '**흐름선**

(Flow)', 세 가지 요소로 그려집니다.

시스템 문맥도는 복잡해질 수 있는 요소들을 제외하고 관심 시스템과 외부 시스템의 관계를 한 장의 그림으로 정의함으로써 이해하기가 쉬우며 시스템의 경계를 명확히 표시해줍니다. 그를 통해 프로젝트나 문제의 범위에 대한 동의를 구하는 작업에 도움을 줍니다. 또 시스템 관심사가 상호작용하는 외적 객체를 정의하여 외적 시스템 인터페이스의 식별 및 문서화를 가능하게 도와준다는 장점이 있습니다. 또한, 시스템 문맥도의 '흐름'은 시스템 관심사에 의해 '소비'되거나 '생성'되는 것을 의미하므로 이것을 어떻게 달성하느냐에 대한 의문을 제기함으로써 기능적 요구사항을 파악하는 데 도움을 줍니다. 반면에 내부 구조 및 기능에 대한 표시가 생략되어 있으며, 외적 객체들과 상호작용하는 시기에 대해서는 다루지 않으며 모든 시스템 포착에는 한계가 있다는 단점도 있습니다.

3) 게임하기

뭐가 필요할까?	
주최측	참가자
커다란 종이나 화이트 보드, 차트를 그릴 색연필이나 사인펜	

■ 게임 준비

팀 원의 규모는 5~8명이 적당합니다. 수정이 쉽도록 종이보다는 대형 화이트보드를 이용하는 것이 좋습니다. 시스템 문맥도는 명확한 규정을 가지고 그림을 그리게 되므로 모든 참가자가 시스템 문맥도에 대해서 알 수 있도록 사전 교육이 필요합니다.

■ 게임 진행

– 시스템 문맥도의 세 가지 요소 –

위에서 설명한 것처럼 시스템 문맥도는 관심 시스템, 터미네이터, 흐름선, 세 가지 요소로 이루어집니다. 제일 먼저 중앙에 원을 그리고 관심 시스템 이름을 적습니다. 필요하다면 그 밑에 시스템 운영 요구사항(시스템의 주요 목적, 배경을 정의하는 가장 중요한 제약사항들)을 시스템 운영 요구사항을 작성하여 시스템의 목적이나 맥락을 참가자가 상기시킬 수 있도록 합니다.

관심 시스템을 그렸다면 그 시스템과 상호 작용하는 외적인 요소들을 그리기 위해 사각형을 그리고 그 안에 터미네이터 이름을 적습니다. 터미네이터 이름은 **동사나 명사구 혹은 명사**로 쓰도록 합니다. 외적인 요소들은 다음과 같이 정의될 수 있습니다.

- 사용자, 지원 시스템과 같은 조직에 해당하는 물리적인 대상
- '공급 서비스'와 같은 기능
- 지역 환경과 같은 개념적인 실체

그리고 시스템과 외부 시스템 사이의 상호작용을 표시하기 위해 방향이 있는 선을 그리고 어떤 내용이 전달되는지 적습니다. 이렇게 이름이 적힌 선을 '흐름'이라고 부르는데 흐름의 이름은 명사로 쓰입니다. 흐름을 그릴 때에는 '어떻게 전달되는지'는 관계가 없습니다. 정보, 제어, 재료 그리고 에너지의 흐름과 같은 모든 유형의 흐름을 확인하는 것에 집중합니다.

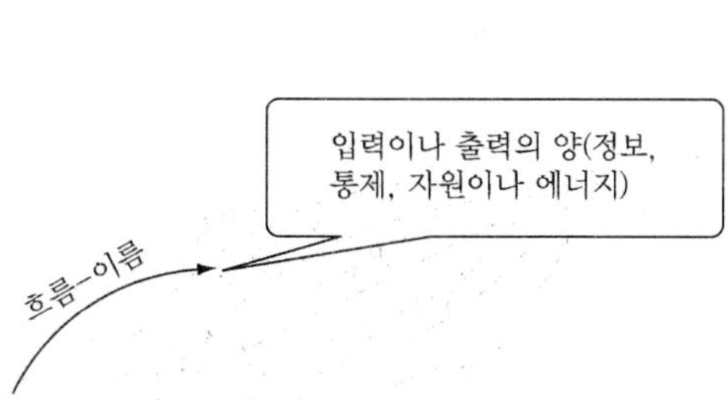

이 세 가지 요소를 가지고 시스템 문맥도를 그리게 되는데 어떠한 순서로 그리는지에 따라서 시스템 문맥도를 그리는 방법이 두 가지가 있습니다.

■ 시스템 문맥도 그리기 방법 1 : 한 번에 하나의 터미네이터

①

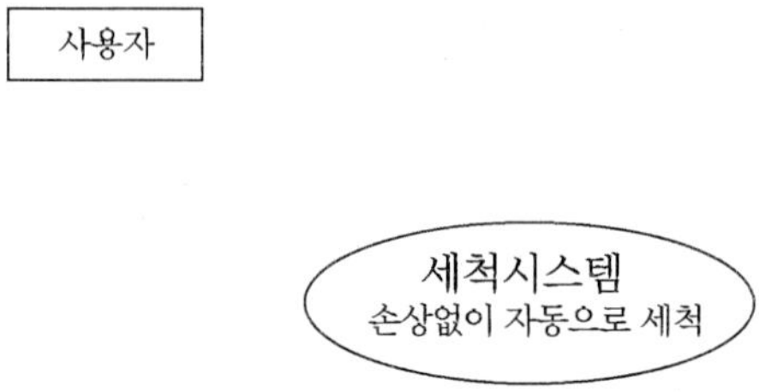

한 번에 한 개의 터미네이터만을 고려하는 방법으로 제일 먼저 시스템을 그리고 터미네이터 하나를 그립니다.

②

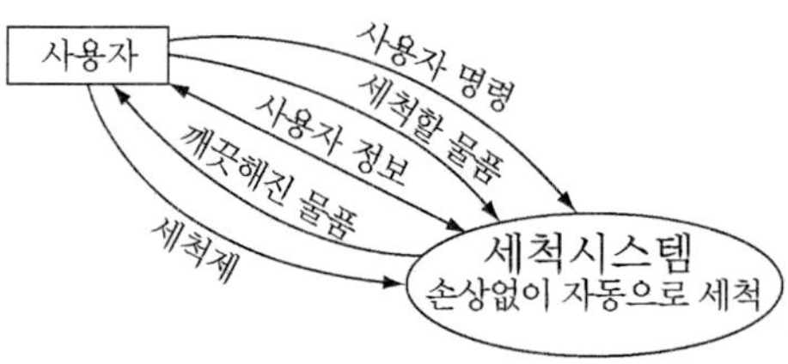

①에서 그려진 터미네이터와 시스템 사이의 모든 흐름을 찾아 그립니다. 사용자 명령이 사용자에게서 나와서 세척 시스템으로 입력되는 것을 확인할 수 있습니다. '어떻게' 명령을 입력하는지는 시스템 문맥도에서 다루지 않습니다.

③

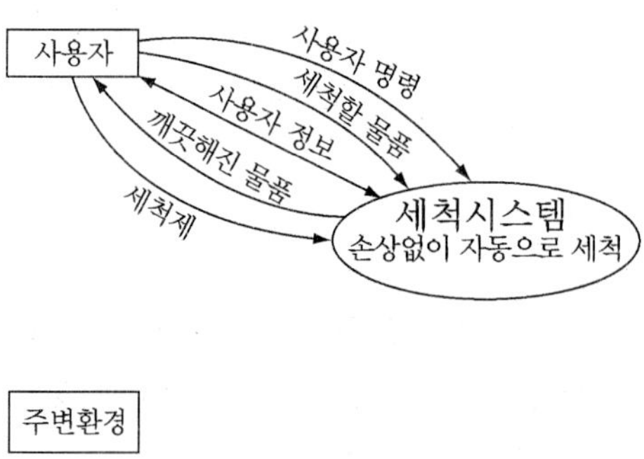

하나의 터미네이터와 흐름이 모두 그려졌다면 다음 터미네이터와 시스템의 상호작용을 고려합니다.

■ 시스템 문맥도 그리기 방법 2 : 한 번에 모든 터미네이터

①

시스템을 그린 이후에 모든 터미네이터를 정의하는 것부터 시작합니다.

②

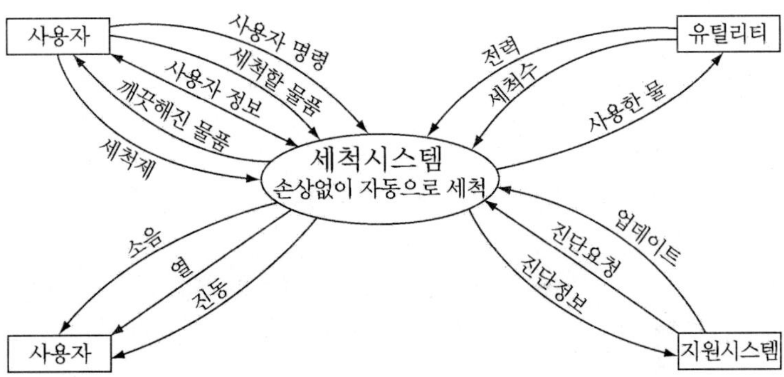

그려진 터미네이터의 흐름을 모두 파악합니다.

■ 결과 정리

누락된 흐름이나 터미네이터가 있는지 확인합니다. 그려진 흐름 중 너무 세분화되어 좀 더 상위 레벨로 표현될 수 있는 흐름이 있는지 확인합니다. 필요하다면 몇 번의 수정과 재구성의 과정을 통해 적절한 형태의 시스템 문맥도를 완성하도록 합니다.

시스템의 범위를 정의하자!

이제까지의 게임이 시스템을 어떠한 형태로 만들게 될 것인지 시스템 내부에 관해서 얘기했다면 이 시스템 문맥도는 시스템 내부는 보지 않고 시스템과 관계되어 있는 외부 시스템, 혹은 기능이나 관계되어 있는 관계자 및

기관 등을 찾고, 어떤 관계를 맺고 있는지 보게 됩니다.

이 예시 활동에서는 시스템과 터미네이터와의 흐름을 하나씩 그리고 하나의 흐름 위에 여러 개의 상호작용을 적었습니다만, 되도록 하나의 흐름에 하나의 상호작용을 그리는 것이 좋습니다. 기존 학교 애플리케이션의 메뉴를 기준으로 하여 외부 시스템을 찾고 그 메뉴가 어떠한 기능을 하는지를 학교 애플리케이션과의 상호 작용하는 내용으로 그렸습니다. 그리고 이 시스템과 관계된 사용자들을 찾고 그들이 어떤 식으로 시스템에 반응하는지를 작성하였습니다.

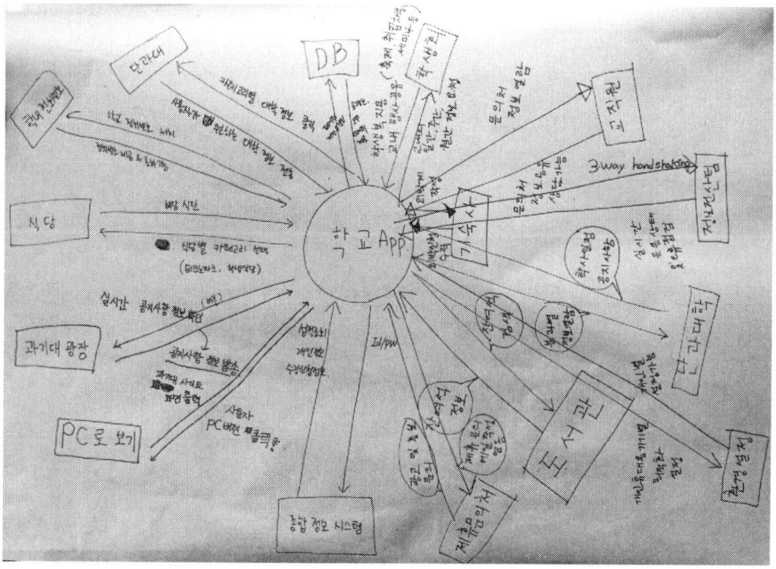

외부 시스템으로 DB, 단과대, 학내 전화번호, 식당, 과기대 광장, PC로 보기, 종합 정보 시스템, 제휴 문의처, 도서관, 환경 설정, 단과대학, 정보 전산팀, 교직원, 학생회, 기숙사가 있습니다. DB는 앱에 정보를 띄우기 위해 당연히 상호작용하게 되는 시스템이었고 학생회와 교직원은 학교 애플리케이션을 사용하는 사용자입니다. 종합 정보 시스템 같은 경우엔 학교 앱으로부터 아이디와 패스워드를 받아서 성적 조회 및 개인정보, 수강신청 정보를 앱에 전달합니다. 단과대학 기관은 학교 애플리케이션으로 각 단대의 학사일정에 대해 공지사항을 올릴 수 있고, 분과별 정보를 열람할 수 있습니다.

시스템 문맥도를 그리면서 신경을 써야 할 부분은 상위 레벨 모델링이 되어야 한다는 점입니다. 너무 레벨이 낮으면 세세하고 복잡하여 오히려 시스템을 파악하기가 힘들어질 것입니다. 그래서 시스템 문맥도를 그리다 보면 찾아낸 흐름의 수준이 낮아서 상위 흐름으로 대체하기 위해 몇 번의 재구성이 필요해질 것입니다.

tip

- 수정이 쉽도록 커다란 화이트 보드를 쓰는 것이 좋습니다.
- 상위 레벨을 유지하여 모델링을 할 수 있도록 합니다.
- 하나의 흐름에 하나의 상호작용에 대해서 작성합니다.
- 상호작용되는 방법에 대해서는 고려하지 않습니다.
- 모든 가능하고 잠재적인 흐름을 그리도록 합니다. 다이어그램이 복잡해지면 그룹화합니다.

7 생선뼈

1) 어떤 게임일까요?

		☐ 우선순위 및 정제
☐ 많은 준비가 필요	☐ 많은 준비가 필요	☐ 요구사항 도출
☐ 약간의 준비가 필요	☐ 약간의 준비가 필요	☐ 이해관계자 식별
☑ 거의 필요 없음	☑ 거의 필요 없음	☑ 비전 확인하기
주최측의 준비가 필요한 정도	참가자의 준비가 필요한 정도	활용할 수 있는 게임 단계

☐ 솔루션-신규 시장		
☑ 솔루션-버전 업	☐ 발주회사의 고객	☐ 사용고객의 고객
☐ SI-신규 사업	☑ 발주회사(팀원)	☑ 솔루션 사용고객
☑ SI-유지보수	☑ 수주회사(팀원)	☑ 개발사(팀)
적합한 대상	참가자(SI)	참가자(솔루션)

2) 문제의 원인을 찾아 해결하자!

사람이 모든 것을 완벽하게 제어 할 수는 없고 문제는 어디에나 항상 존재하게 마련입니다. 오랜 기간 공을 들여 개발한 제품을 내놓았는데 매출이 예상치에 미치지 못한다거나 사용자가 처음 계획의 절반 정도 밖에 되질 않는다면 어떻게 해야 할까요? 문제가 발생했을 때 중요한 것은 '문제가 발생했다'는 자체가 아니라 해결책을 마련하고 문제를 바로잡는 것일 겁니다.

그렇다면 제품의 문제를 해결하기 위해서는 어떡해야 할까요? 무엇보다 가장 우선시 되는 것은 **문제를 정확히 확인**하는 일입니다. 문제점을 확인했다면 그 이후에는 무엇을 해야 할까요? 문제가 무엇인지 잘 안다고 해서 당장 그 문제를 해결할 수 있는 것은 아닙니다. 싱크대에 물이 안 나온다는 사실을 알았다고 해도 문제를 해결할 수 없는 것은 마찬가지입니다. 물이 나오게 하고 싶다면 물이 나오지 않는 이유를 알아야 고칠 수 있겠지요? 수도꼭지의 문제인지, 배관의 문제인지 그것도 아니라면 물탱크의 문제인지 알아야 그것을 고치고 물이 나오게 할 수 있을 것입니다. 즉 문제를 해결하기 위해서는 문제의 원인을 찾아야 합니다. 원인을 찾으면 일을 해결할 수 있을까요? 물탱크에는 문제가 없었고 배관에도 물이 잘 흐르지만, 수도꼭지에서 물이 흘러나오지 않는다는 사실을 알았습니다. 문제의 원인은 수도꼭지였네요! 이제 물이 나오게 할 수 있을까요? 아니요. 수도꼭지에서 물이 흐르지 않는 이유를 찾아야 할 것입니다. 이제 '문제점'은 물이 나오지 않는다.'에서 '수도꼭지가 제대로 작동하지 않는다.'로 옮겨졌습니다. 문제의 원인인 줄 알았던 것이 이제는 문제점이 되었습니다. 이렇듯 문제를 바로 잡기 위해서 우리는 원인의 원인을 계속해서 찾아가며, 근본적인 원인을 찾고 그 원인을 제거하거나 고쳐야 할 것입니다.

문제의 근본적인 원인을 찾고 해결할 수 있도록 도와주는 활동인 생선뼈 다이어그램은 생긴 모양이 생선뼈를 닮았다 하여 붙여진 이름으로 처음 발명한 일본의 품질 관리 통계학박사 카오루 이시카와의 이름을 따서 이시카와 다이어그램(Ishikawa diagrams)이라고 불리기도 합니다. 다양한 분야에서 활용되고 있는데 보통 원인과 결과를 확인하거나, 기대와 결과치를 분석하기 위해서 흔히 사용되고 있고, 최근에는 스타트 업에서도 시장성 및 수익성 파악을 위한 도구로써 사용하고 있습니다.

아래 참고사이트에서 다양한 분야에서 활용할 수 있는 생선뼈 분석용 템플릿을 다운 받을 수 있습니다.

> **참고**: What is Fishbone Analysis?
> http://sixsigmatutorial.com/fishbone-analysis-download-diagrams-charts-in-excel-powerpoint/245/

3) 게임하기

뭐가 필요할까?	
주최측	참가자
커다란 종이나 화이트 보드, 차트를 그릴 색연필이나 사인펜, 접착 노트	

■ 게임 준비

이 게임은 문제가 확인되었을 때, 그 근본 원인과 해결책을 찾기 위해서 진행됩니다. 따라서 이 게임을 하기 전에 스왓 분석이나 감정이입 지도, 스피드 보트 등을 통해서 문제가 도출돼야 합니다.

■ 게임 진행

일단 종이의 한쪽에 동그란 원을 그리고 문제의 내용을 적습니다. 원과 이어지는 직선을 길게 그리고 아래 그림에서 보이는 것처럼 곁가지를 그리듯이 선 하나를 그립니다. 그 선 위에 문제에 대한 원인을 찾아 적습니다. 여러 개의 곁가지를 그리고 생각되는 모든 원인을 적습니다. 기본적으로 중요한 원인일수록 머리 근처에 배치하도록 하지만 원인을 쓰는 그 시점에 얼마나 중요한지를 알기는 어렵습니다. 그래서 뼈의 굵기로 그 중요도의 정도를 표시하는 것이 편합니다.

다시 하나의 원인에 대한 원인을 찾아서 그 원인 옆에 곁가지를 그리고 적어 넣습니다. 이 게임을 하는 동안 참가자들은 계속 왜(Why?)를 반복해야 합니다. 더는 답을 할 수 없는 근본적인 원인까지 도출되었다면 다른 뼈에 대해서도 같은 과정을 반복합니다.

■ 결과 정리

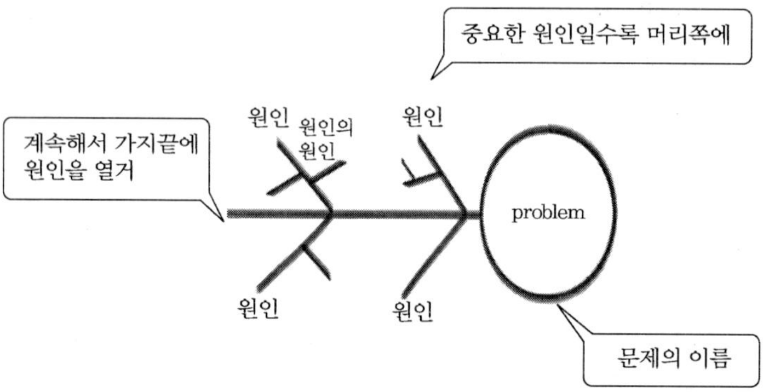

완성된 생선뼈가 보여주는 결과를 보고 몇 가지 질문에 대해서 생각해봅니다. 문제에 대한 근본 원인이 무엇인지 도출되었나요? 그 원인을 제거하고 바로잡는다면 문제는 해결될까요? 제품은 어떻게 변화될까요? 등이 있겠지요. 그리고 팀원들과 문제를 해결하는 방안이 무엇인지 토론해봅시다.

학교 앱의 문제를 어떻게 해결하지?

이 게임 참가자는 이전의 게임 활동을 통해 학교 애플리케이션의 최대 문제점이 '사용률이 낮다.'라는 점이라고 도출하였습니다. 학교 애플리케이션의 특성을 고려했을 때 사용률이 낮다는 것은 치명적인 문제일 것입니다. 또한, 이 팀은 개발하려는 학교 어플의 비전을 '사용률이 높은 학교 앱'이라고 하였기 때문에 가장 우선시하여 해결해야 하는 문제로 인식하였습니다.

생선의 머리에 '사용률이 낮음'이라고 적고 그 뒤로 길게 생선뼈를 그리고 각 뼈 위에 주된 원인을 적었습니다. 'UI/UX 기반 디자인이 되어 있지 않다.', '사람들에게 실질적으로 필요한 기능이 없다.', '과기대 학생만 대상. 서울 여대, 삼육대 등 주변 학교들도 같이 사용할 수 있는 기능이 없다.', '디지털 디바이스 표준화 어려움', '홍보가 미흡하다.'라고 원인을 찾아내었습니다. 이렇게 나온 주된 원인에 대해서 각각의 원인을 파고들기 시작합니다.

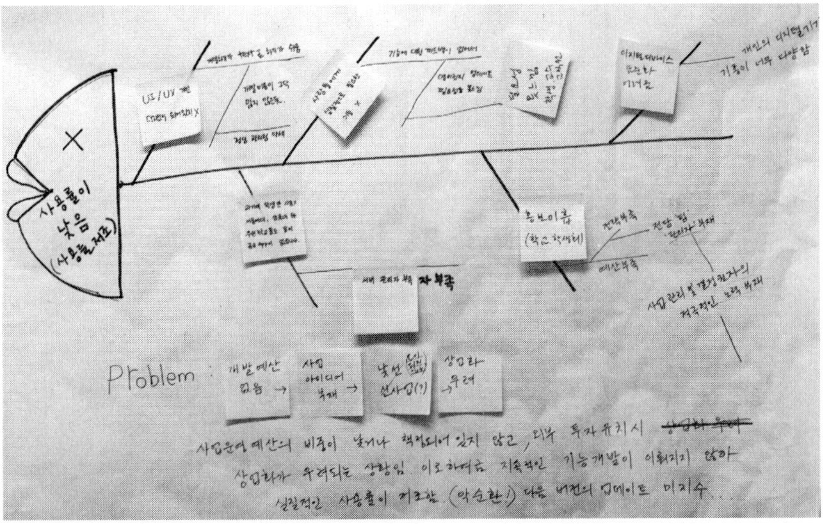

'디지털 디바이스의 표준화가 어려움'의 원인은 '개인의 디지털 기기 기종이 너무 다양하다.'라고 했습니다. 'UI/UX 기반 디자인이 되어 있지 않다.'의 원인은 '개발하기가 text로 하기가 쉬워서.'였고, 그에 대한 원인으로 '개발비용이 그다지 많지 않은 거 같다.'라고 했고 다시 거기에 대한 원인으로 '전담 관리팀이 없다.'라고 근본 원인을 도출했습니다.

'사람들에게 실질적으로 필요한 기능이 없다.'에 대한 원인은 '기능에 대한 피드백이 없어서'라고 했고 그에 대한 원인은 '다음 버전 업데이트의 필요성을 못 느낌'이라고 원인을 찾았습니다. 또한, '홍보가 미흡하다.'의 원인에 대해서 '예산 부족'이라고 하였고 그에 대한 원인으로 '전략 부족', 다시 그에 대한 원인으로 '전담팀 및 관리자 부재'였고 또 그에 대한 원인으로 '사업 관리 또는 결정권자의 적극적인 노력의 부재'라고 응답하였습니다.

그렇게 몇 개의 주된 원인에 대한 근본 원인을 파헤쳐가면서 반복되는 요소가 있음을 알았고 게임 참가자들은 그 반복되는 원인을 정리했습니다. '사업운영 예산의 비중이 낮거나 책정되어 있지 않고, 외부 투자 유치 시 상업화가 우려되는 상황이다. 이로 하여금 지속적인 기능 개발이 이뤄지지 않아 실질적인 사용률이 저조하다는 악순환이 만들어진다.' 라고 현재 학교 애플리케이션의 문제에 대해서 결론을 내릴 수 있었습니다. 이러한 문제를 풀기 위해서는 어느 부분이든 악순환을 끊어줄 필요가 있고, 결국엔 개발 예산의 책정이 필요하다는 결론을 도출해냈습니다.

tip

- 대상이 되는 시스템의 문제점을 해결하기 위해서 원인을 찾고 다시 그 원인의 근본 원인을 찾으면서 해결점을 찾도록 합니다.
- 중요한 원인 일수록 머리 쪽에 가깝게 배치하도록 하지만 원인을 쓰는 그 시점에 상대적으로 얼마나 중요한지 알기는 어렵습니다. 그래서 선의 굵기로 중요도를 표시하는 방법이 있습니다.

05 게임2: 미래 모습 만들기

1 커버 스토리

1) 어떤 게임일까요?

- ☐ 많은 준비가 필요
- ☑ 약간의 준비가 필요
- ☐ 거의 필요 없음

주최측의 준비가 필요한 정도

- ☐ 많은 준비가 필요
- ☐ 약간의 준비가 필요
- ☑ 거의 필요 없음

참가자의 준비가 필요한 정도

- ☐ 우선순위 및 정제
- ☐ 요구사항 도출
- ☐ 이해관계자 식별
- ☑ 비전 확인하기

활용할 수 있는 게임 단계

- ☑ 솔루션-신규 시장
- ☑ 솔루션-버전 업
- ☑ SI-신규 사업
- ☑ SI-유지보수

적합한 대상

- ☐ 발주회사의 고객
- ☐ 발주회사(팀원)
- ☑ 수주회사(팀원)

참가자(SI)

- ☐ 사용고객의 고객
- ☐ 솔루션 사용고객
- ☑ 개발사(팀)

참가자(솔루션)

2) 현실의 벽을 넘어 숨겨진 가능성 찾아내기!

누구나 무엇인가에 대해서든 적어도 하나 이상의 희망 사항이 있을 것입니다. 예를 들면 회사에 대한 희망 사항도 있을 수 있을 것입니다. 회사에

엘리베이터가 더 많았으면 좋겠다던가, 얼음이 나오는 정수기가 있으면 좋겠다던가 하는 것들이 있을 것입니다. 그러한 희망 사항 중에는 단순히 '그랬으면 좋겠다'가 아니라 회사의 성공을 위해 꿈꾸어 보는 희망 사항이 있을 것입니다. "~한다면 회사가 더 클 수 있을 텐데."라던가 "~한다면 회사가 성공할 수 있을 텐데"라고 하는 것들 말입니다. 하지만 이러한 생각들은 대부분 현실적인 벽 앞에서 '불가능'하다라고 단정 짓고 쉽게 잊어버리곤 합니다. Grove의 커버 스토리 게임은 이러한 현실적인 제한을 무시하고 마음껏 상상의 나래를 펼쳐보는 활동입니다. 크게는 회사의 새로운 비전을 찾는 방법이 되기도 하지만 시스템이나 SW개발을 위해 이용할 수도 있습니다. '이 제품이 일본시장까지 확대된다면 더 많은 수익을 기대할 수 있을 텐데'라고 생각하지만, 현실적으로 국외 시장으로 발을 넓히는 것이 불가능하다는 생각으로 무시하곤 하는 그러한 희망 사항들을 들추어내고 제품이나 시스템의 비전을 찾도록 도와줄 것입니다. 발주회사는 회사의 비전을 찾아서 그것을 도와줄 수 있는 시스템을 요구할 수 있을 것입니다. 혹은 SW개발이 시작되기 이전에, 팀 내에서 개발될 시스템에 대한 비전을 찾고 당위성을 확인하는 과정을 도울 수도 있습니다. 솔루션 개발팀에서는 어떠한 솔루션을 개발하여 시장에 내놓으면 성공할 수 있을지에 대해 생각할 기회를 제공합니다.

그럼, 이 커버 스토리 게임은 어떻게 하는 게임일까요? 이름 그대로 표지 기사를 만들어보는 활동을 하는 겁니다. 자신의 개발팀에서 만든 시스템이 획기적인 성공을 이루어 우리나라 최고의 IT 잡지 표지 기사로 실리는 즐거운 상상을 해보는 겁니다. 표지에 제목은 무엇이라고 쓸까요? 그 시스템을 무엇이라고 소개할까요? 창의적인 발산의 수단이 없다면 회사나 시스템의 진짜 가치는 끝내 구현되지 못하게 될 것입니다. 시스템의 제대로 된 가치와 비전을 찾아서 목적을 세우고 개발을 시작해야 제대로 된 시스템을 구현할 수 있을 것입니다. 커버 스토리 게임은 있음 직하지 않은 이야기를 꿈꾸어 봄으로써 반대로, 진짜 이룰 수 있는 목표를 마음속에 그릴 수 있게 해줍니다. 자신의 상상력에 걸어둔 규제를 벗어나서 자유롭게 상상해보고 회사가 앞으로 나아가야 할 방향이나 시스템이 개발될 형태에 대해 고민해볼 수 있습니다. 이러한 창의적인 활동을 통해 개발할 시스템의 숨겨져 있는 가능성을 찾아낼 수 있게 되고, 같은 공동체 구성원들(개발팀원)끼리 마음속으로 가지고 있는 목표를 공유할 수도 있게 됩니다.

3) 게임하기

뭐가 필요할까?	
주최측	참가자
(자유롭게 상상하며 활동할 수 있는 분위기를 형성해줄 수 있는 준비물들을 준비하는 것이 좋습니다.) 커다란 종이, 색연필 및 사인펜, 접착노트 도움을 줄 수 있는 매거진이나 자료가 있다면 좋습니다.	목적이 회사의 비전을 찾는 것이라면 회사 및 시장에 대한 사전지식을 공부하는 것이 좋습니다. SW개발이 목적이라면 동일 제품군에 대한 사전 공부가 도움이 될 수 있을 것입니다.

■ 게임 준비

이 게임의 목적이 회사의 비전을 찾는 것이라면 참가자들은 회사 및 시장에 대한 사전지식을 공부해야 하는 준비가 조금은 필요할 것이고, SW개발을 목적으로 하는 게임이라면 시중에 판매되고 있는 동일 제품군에 대한 벤치 마킹을 통해 좀 더 혁신적인 비전을 찾아내는 데에 도움이 될 수 있을 것입니다. 주최 측은 참가자들이 게임에 쉽게 적응할 수 있도록 참고가 될 만한 몇 가지 매거진을 준비해두면 도움이 될 것입니다.

■ 게임 진행

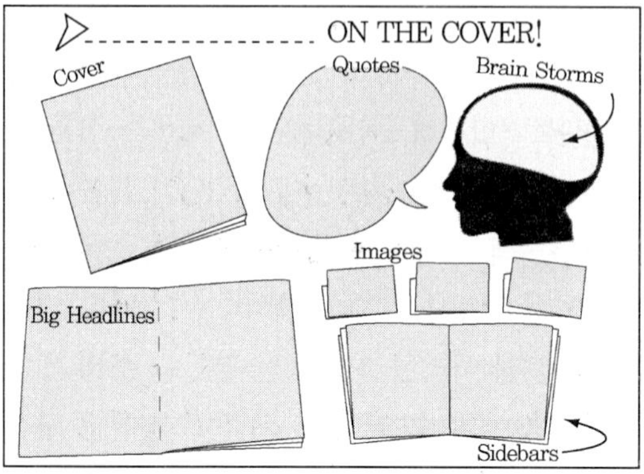

4~5명 정도로 팀을 짭니다. 게임 방법에 대해 간략히 설명하고 이 활동이 가지는 의미에 대해서 말해줍니다. 커버 스토리를 그리기 위한 커다란 종이의 제일 위에 한 문장으로 주제를 크게 적습니다. 그리고 종이 위에 원하는 대로 자유롭게 그려도 좋지만, 다음의 6가지 구성요소는 꼭 포함되도록 합니다.

① **브레인-스톰** : 활동을 시작하기 전에 주제에 대한 아이디어들을 적습니다.
② **표지** : 성공적인 시스템이나 업적을 이루어낸 상태를 그려봅니다.
③ **기사제목** : 어떠한 시스템(업적)인지 표현할 수 있는 이야기를 적어봅니다.
④ **보조자료** : 이야기를 보조할 수 있는 관련 기사에 대해 표현해봅니다
⑤ **추천 글** : 상상 속의 어떠한 인물이 업적에 대해 추천하는 글을 적어봅니다.
⑥ **사진** : 커버 스토리와 관계된 그림들을 그려봅니다.

위의 6가지 요소는 되도록 순서대로 진행하는 것이 좋습니다. 진행하는 도중에 이 전의 내용에 빠진 것이 떠올랐다면 자유롭게 추가하는 것은 좋습니다. 참가자들은 30~45분 동안 그룹별로 함께 커버 스토리를 채워나갑니다.

■ 결과 정리

모든 커버 스토리들이 완성되었다면 각각의 팀에서 만든 커버 스토리를 자랑하는 시간을 갖습니다. 그 후에 커버 스토리와 그들이 생각하는 모습들

에 대해서 어떠한 공통점들이 있는지 팀으로 얘기해봅니다. 몇몇의 이야기들은 과도해 보일 수도 있지만, 토의를 통해서 제품의 진짜 잠재성을 알아낼 기회가 되기도 합니다.

학교 앱 개발 비전 및 미션 찾기

커버 스토리 그림 예제를 프레젠테이션으로 준비해서 10분가량 게임 방법에 관해서 설명을 하고 게임을 진행했습니다. 무엇을 해야 할지 낯설어하는 참가자들을 위해서 예제 그림을 준비해두면 도움이 됩니다. 종이 제일 윗단에 활동의 목표를 확실히 하기 위한 주제를 적어도 좋고, **가상의 잡지 이름**을 적어도 좋습니다. 예를 들면 'IT-Innovation'이라고 적는다면 IT-Innovation이라는 IT 관련 잡지의 커버를 직접 만든다는 기분이 들겠지요? 아니면 활동의 목적인 'Seoul Tech App'이라고만 적어도 활동의 대상이 명확해지기 때문에 도움이 될 것입니다.

게임이 시작되자 참가자들은 이런 활동이 처음이라서 낯설어하면서도 일단 그림을 그리기 시작했습니다. 사람 옆 얼굴을 그리고 말풍선, 책 모양을

그려가면서 조금씩 게임에 적응하기 시작했습니다. 게임에 사용될 밑그림은 주최 측이 미리 준비해도 좋지만, 참가자들이 게임 중에 직접 그리는 활동을 통해 게임에 적응하는 시간을 갖는 데 도움을 줍니다. 또한, 그림을 그리면서 참가자들끼리 가볍게 하는 대화 자체가 브레인스토밍이 되곤 합니다. 참가자들이 그림 그리기를 즐거워한다면 색을 좀 더 준비해서 꾸며보도록 하여 즐거운 분위기를 조성하는 것도 좋습니다.

일단 자유롭게 아이디어들을 낼 수 있는 '브레인스토밍'에 접착노트를 붙이기 시작했습니다. 접착노트에는 '학교 앱 개발'과 관계된 기능들이 주로 적혀졌습니다. SW개발이라고 하면 대부분 기능사항에 집중하기 쉬우므로 되도록 기능적인 부분뿐만 아니라 전체적인 아이디어를 도출해낼 수 있는 분위기를 유도하도록 합시다.

브레인-스톰에는 평소 쓸데없이 많은 기능이 귀찮았던 참가자는 '나는 학생정보시스템만 있으면 되는데…' 라는 아이디어를 적었고, 앱의 이용자를 늘려야 한다고 생각한 참가자는 '앱 설치하면 일주일 식권 또는 한 달간 20% DC, 성적 가산점 +20'과 처음 공약 같은 아이디어를 적기도 했습니다. 또 '수요가 적은데 App만 쓸려고 돈을?'이라는 개발 자체에 대해 회의적인 반응도 있었습니다. 그 밖에 '학사 일정 공지', '화면이 예뻤으면 좋겠다', '커뮤니티 기능 제공', '학생증을 넣어주세요', '앱 용량 작게 개발(Hybrid 방식 개발)', '연락처 담당자 찾기 수월하게', '실시간 대화가 좀 되었으면', '지역주민들 참여 가능한 기능 제공', '지역 상권 연계 서비스', '주차권이 있었으면 좋겠다', '아이폰, 안드로이드 앱 개발'과 같은 아이디어가 나왔습니다.

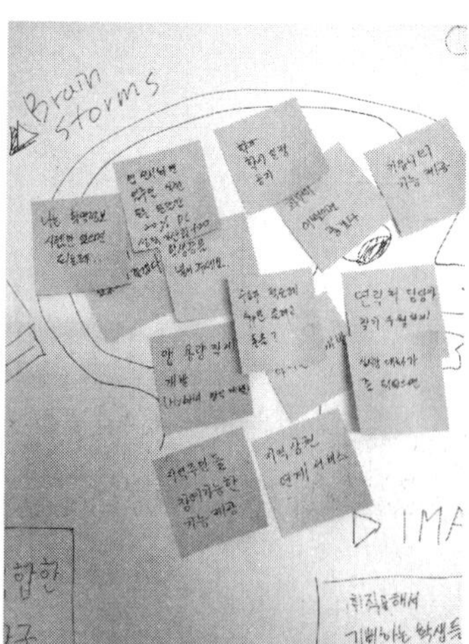

충분한 아이디어가 도출되었다고 생각되자, '**표지**'에 내용을 채우도록 했습니다. 이제껏 앱에 대해 브레인스토밍한 결과 중에 획기적이라고 생각되거나 마음에 드는 아이디어를 선택해도 좋고, 나온 아

이디어들을 조합해서 어떠한 업적을 낼 수 있는지 상상해보라고 설명했습니다. 학교 앱이 어떠한 기능을 제공하면 획기적이라는 평가를 듣고 잡지 표지에 실릴 수 있을까요?

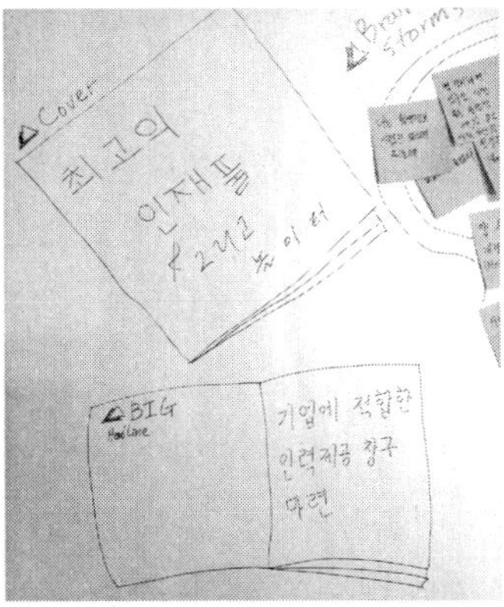

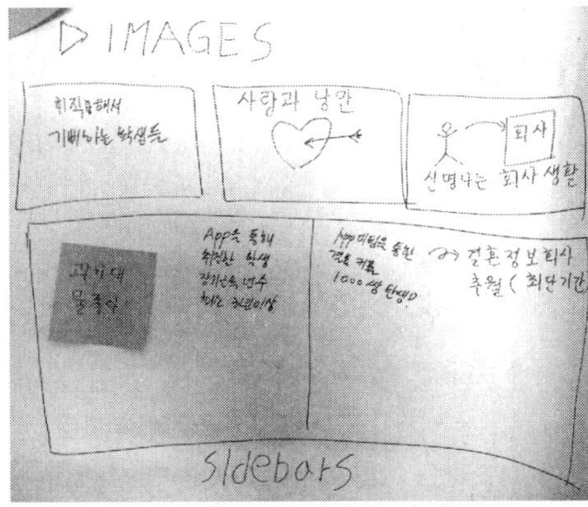

참가자들은 브레인스토밍의 아이디어 중 '커뮤니티 기능 제공'이나 '지역 주민들 참여 가능한 기능 제공'이라는 아이디어들과 요즘 대학생들의 가장 이슈거리인 취업이라는 아이디어를 묶어서 '최고의 인재 풀'이라는 표지 제목을 만들었습니다. 하나의 주제로는 아쉬웠는지 한 개의 주제만 써야 하냐는 질문이 있었습니다. 브레인스토밍을 기본으로 하는 활동에 제한을 주지 않기 위해 원하는 만큼 적도록 했습니다. 그래서 두 번째 주제로 '놀이터'라는 주제를 적었습니다.

이제 **'기사제목'** 란은 표지의 제목만으로는 알 수 없었던 어떠한 이야기인지에 대한 이야기를 적게 됩니다. '기업에 적합한 인력제공 창구 마련'이라는 부제목으로 '최고의 인재 풀'이라는 기사 제목을 보충했습니다. Seoul tech 대학 애플리케이션이 단순히 학생들에게 학교 정보를 제공하는 것이 아니라 기업과 학생들 간에 다리 역할을 해줘서 굉장한 성공을 이루었다는 이야기가 만들어집니다. **'추천 글'**에는 이 애플리케이션을 이용해서 훌륭한 인재등용에 성공한 모기업의 인사관리팀장의 짧은 한마디가 들어갔습니다 "Seoul tech App은 기업에 최고의 인재를 찾아줍니다.'

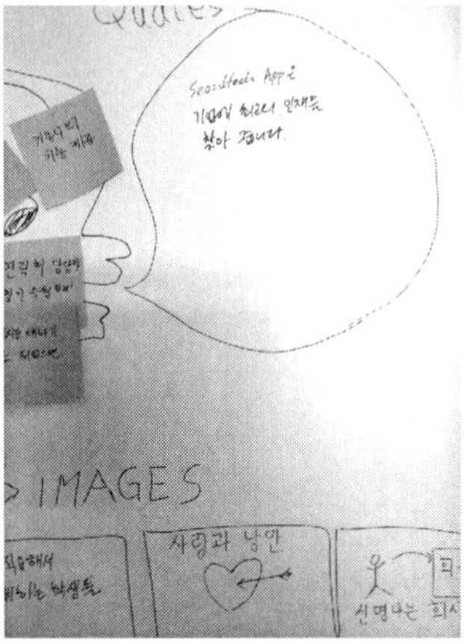

모든 잡지에는 사진이 필수겠죠? 글만 빽빽한 잡지는 읽고 싶지 않을 것입니다. 위에서 설명한 상황을 표현해줄 수 있는 사진을 그려봅니다. 만약 그림 그리기를 많이 어려워한다면 억지로 그림을 그리게 해서 활동에 부담을 느끼게 하는 것보다는 글로 사진을 묘사하게 하는 정도도 좋습니다.

취직해서 기뻐하는 학생들 사진과 회사에 입사해서 신명 나는 회사생활을 하게 될 모습을 그렸습니다. **'보조 자료'**는 이러한 업적을 뒷받침해줄 수 있는 자료들이 들어갑니다. 물론 상상으로 만들어야겠죠? 커뮤니티 공간을 조성해서 놀이터가 되어주었던 애플리케이션 덕분에 '결혼 커플 1,000쌍 탄생!'이라는 내용을 적었습니다. 게다가 최단 기간에 결혼 정보 회사를 추월하는 기록을 세웠다고 합니다. 'App을 통해 취직한 학생 장기 근속연수 최소 3년 이상'이라는 내용은 단순히 학생들이 최대한 많이 취직하도록 하는 것 뿐만 아니라 만족도 또한 높다는 근거 자료가 될 것입니다.

tip

- 커버 스토리를 만들기 위한 브레인스토밍에 넣을 아이디어를 찾는 단계에서 무작정 아이디어를 적어달라고 하면 힘들어 할 수 있습니다. 도움을 줄 수 있는 예시나 가이드를 준비하면 좋습니다.
- Images에 어설프더라도 그림을 그리는 작업이 게임을 하는데 더 즐거움을 줄 수 습니다. 하지만, 그리기를 힘들어한다면 이미지를 설명하는 문구를 적는 것으로 대신해 부담을 줄 일 수도 있습니다.
- 최대한 시각적인 도구를 활용해봅시다. 좀 더 재미있게 활동을 즐길 수 있을 뿐만 아니라 더 나은 결과를 가져 올 수 있습니다.
- 이 게임에서 제시하는 6가지 요소 이외에 어떠한 구성요소들을 더 첨가할 수 있을지 생각해봅시다.

06 게임3: 시장 파악하기

1 전체 모습 알아내기

1) 어떤 게임일까요?

주최측의 준비가 필요한 정도	참가자의 준비가 필요한 정도	활용할 수 있는 게임 단계
		☐ 우선순위 및 정제
☐ 많은 준비가 필요	☐ 많은 준비가 필요	☐ 요구사항 도출
☐ 약간의 준비가 필요	☐ 약간의 준비가 필요	☐ 이해관계자 식별
☑ 거의 필요 없음	☑ 거의 필요 없음	☑ 비전 확인하기

적합한 대상	참가자(SI)	참가자(솔루션)
☑ 솔루션-신규 시장		
☑ 솔루션-버전 업	☐ 발주회사의 고객	☐ 사용고객의 고객
☑ SI-신규 사업	☑ 발주회사(팀원)	☑ 솔루션 사용고객
☑ SI-유지보수	☑ 수주회사(팀원)	☑ 개발사(팀)

2) '나는 달라!', 제품 차별화하기!

오늘날과 같은 경쟁 환경에서는, 제품을 어떻게 차별화할 것인가를 이해하는 것이 중요합니다. 그래야 경쟁에서 살아남아 고객을 얻을 수 있기 때

문인데요. Ted Levitt의 'Whole Product Model'을 기초로 만들어진 전체 모습 알아내기 게임은 제품을 차별화해서 경쟁 속에서 살아남을 수 있도록 도와줍니다. 다시 말해, 제품의 양상을 분류하여 차별화를 어떤 식으로 진행해야 할지 가이드를 만들 수가 있습니다.

같은 업계에 종사하는 회사라면 출시하는 많은 제품이 대부분 크게 다르지 않습니다. 예를 들어 동영상 플레이어를 생각해봅시다. 윈도에 기본으로 설치되어 있는 Windows Media Player부터, 곰플레이어, KMPlayer, 쵸코 플레이어, 알송 등 많은 제품이 시중에 유통되고 있습니다. 사용자들은 이 제품들 가운데 하나를 선택해서 사용하게 됩니다. 사용자는 어떤 점 때문에 저 많은 것 가운데 하나를 선택하게 될까요? 이 전체 모습 알아내기 게임은 그러한 질문에 답함으로써 고객을 끌어당길 수 있는 방법을 알아내도록 도와줍니다.

누구나 예상할 수 있는 제품은, 고객을 어떻게든 끌어올 수는 있겠지만, 계속 유지 시킬 수 있을지는 확신하기 힘듭니다. 차별화는 그러한 상황에서 계속해서 고객들을 유지하는데 중요한 핵심 역할을 할 것입니다. 이 게임을 통해 제품을 차별화하기 위해서는 무엇을 해야 하는가에 대한 아이디어를 다양하게 얻을 수 있고, 고객의 기대를 넘어서는 방법에 대해서도 조언을 구할 수 있을 것입니다.

3) 게임하기

뭐가 필요할까?	
주최측	참가자
커다란 종이나 화이트 보드, 차트를 그릴 색연필이나 사인펜(여러가지 색) 접착 노트 참가자 수 만큼의 한가지 색 사인펜	• 신규 제품 : 동종 분야 제품에 대한 사전조사가 필요 • 기존 제품 : 기존 제품에 대한 사양 및 고객의 만족도 파악

■ 게임 준비

하얀 종이 위에 4개의 동심원을 자유롭게 그리되 각각의 원에 메모지를 붙일 수 있을 정도의 충분한 공간이 있도록 합니다. 그 원들은 제품에 대해 아래와 같은 특징을 표현하고 있습니다. 특징에 맞게 각 동심원을 서로 다른 색으로 그리면서 동심원을 꾸며본다면 좀 더 쾌활한 분위기를 조성할 수 있을 것입니다.

■ 게임 진행

- 안쪽 원 : **상품명** - 대상이 되는 제품 및 시스템
- 2번째 원 : **예상되는 제품** - 제품으로부터 고객이 원하는 최소한의 조건들
- 3번째 원 : **확장 제품** - 고객의 기대를 넘어서 제품이 나아갈 수 있는 방향
- 바깥쪽 원 : **잠재적 제품** - 고객을 끌어들이거나 유지하기 위해서 해야 할 것들

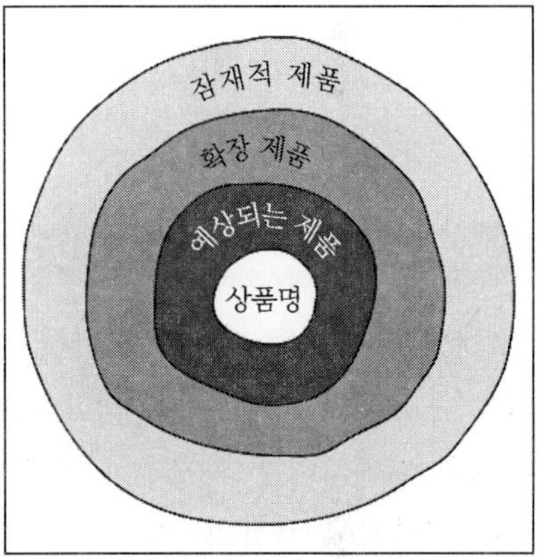

참가자들에게 각 원과 관계된 아이디어들을 접착 노트에 적고 그려진 각 원 위에 붙여달라고 합니다. 이때엔 모든 참가자가 같은 색의 사인펜을 사용하는 게 좋습니다. 일단 모든 아이디어가 붙여졌다면, 그룹과 함께 완성된 차트를 보고 중요성을 토론합니다.

이 결과를 어떻게 제품을 차별화하는 데 사용할 수 있을까요? 고객을 좀 더 끌어오기 위해서 무엇을 해야 할까요? 참가자들로 하여금 '고객의 기대를 뛰어넘기 위해 무엇을 할 수 있을까?'라는 주제에 대해 집중할 수 있도록 진행을 이끌어가세요.

■ 결과 정리

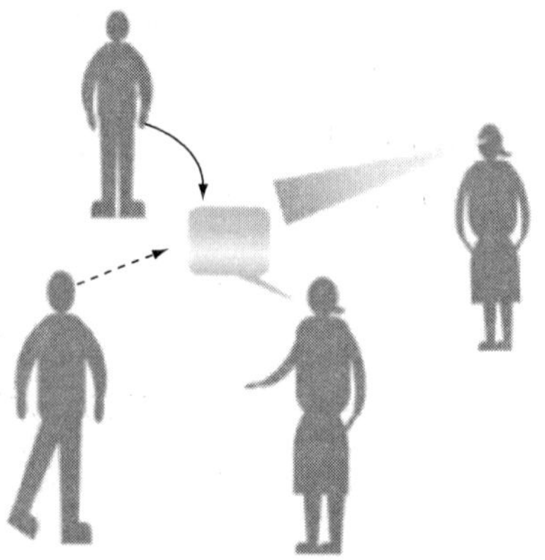

진행 중에 나온 아이디어들 역시 접착 노트에 적고 그림 위에 붙입니다. 모든 아이디어들이 붙었다면 팀별로 제품이 차별화되기 위해서 나아가야 하는 방향에 대해서 분석해봅니다. 아이디어들을 확장할 수 있도록 장려하면서 아이디어들을 효과적으로 적용하기 위한 현실적인 방법에 관해서 토론해보세요.

우리 학교 애플리케이션, 차별화시킬 수 있을까?

4개의 동심원을 그리면서 어떻게 게임을 진행해 갈 것인지에 대해서 팀원끼리 의견을 공유하는 시간이 필요할 수도 있습니다. 안쪽 원에서 바깥쪽 원으로 아이디어를 확장해 나가면서 제품을 차별화하는 방법을 찾아내는 것이 기본적인 게임 방법이지만, 각 원을 나누는 기준이 사람마다 다를 수 있기 때문입니다. 이 예시 활동에서는 기본적인 기능들을 두 번째 원에 적는 것으로 시작해서 그 기능들의 다각화된 기능을 세 번째 원에 적고 마지막 원에는 나온 아이디어들로부터 사업화할 수 있는 아이디어를 적는 것으로 그 기준을 세웠습니다.

제일 먼저 가장 **안쪽 원에 목표가 되는 제품**에 대해서 적습니다. 간단하게 '서울과학기술대 학교 앱'이라고 적고 차트에 붙였습니다. **두 번째 원**에는 학교 애플리케이션이라면 당연히 가지고 있을 법한 기본적인 기능들을 적었습니다.

'도서관 잔여 좌석', '일일 식단(학생회관 및 기숙사)', '학교 이메일 제공', '학과 정보 제공', '학교 위치 제공', '학교 시간표', '종합 정보 시스템(성적 확인, 등록금 납부 및 강의 계획서)'의 기본적인 기능들이 적혔습니다.

세 번째 원에는 두 번째 원에서 도출된 기능들을 좀 더 확장하거나 필수적인 기능은 아니지만 좀 더 부가적인 편의를 제공해줄 수 있는 기능들이 적혔습니다.

'교수 평가 및 수업 만족도 평가', ' 학생들을 위한 개인 홈피 제공', '스터디 모임이나 동아리 현황', '취업 현황', '중고 전공서적 장터', '문화 정보 제공 (영화, 연극)', '주변 주거지 정보(원룸)', '어플을 실행한 학생들의 위치 확인 및 대화 가능', '앱에서 수강 신청하기', '주변 상점 정보 제공(식당, 당구장, 노래방 등등), 빈 강의실(스터디 룸) 조회 가능' 이 있었습니다.

사용자들이 학교 애플리케이션으로부터 바라는 가장 기본적인 기능과 기본보다는 나은 서비스를 제공하기 위해 부가적으로 제공해야 할 기능이 도출되었습니다. 이제, 한발 더 나아가서 사용자들의 관심을 끌고 만족도를 더 높이기 위해서 어떠한 기능이 필요한지 알아봅니다.

네 번째 원에는 '솔로들을 위한 학생 간의 소개팅 프로그램', '주변 상점 광고 보기 기능 추가(광고를 보면 할인 쿠폰 또는 포인트 제공)', '취업 정보

제공', '앱 내 쿠폰 제공(편의점, 학생 식당, 카페 등), '주변 상점에 빈 자리 발생시 설정한 사용자들에게 알림 기능, '교내 버스 위치, 경로 정보 제공', '과제, 프로젝트 관리 기능'과 같은 기능적인 아이디어들이 도출되었고, 또한 단순히 기능에 대한 부분뿐만 아니라 '주기적인 업데이트', '정보의 정확성', '오류 적을 것', '빠른 반응성'과 같은 사용자들이 민감하게 반응할 수 있는 비기능적인 측면에 대해서도 언급이 되었습니다.

이 게임을 하기에 적합한 대상자는 누구나 될 수 있을 것입니다. 하지만 개발자나 기획자가 사용자들은 이러한 부분에 특별히 높은 점수를 줄 것이라고 예상하여 진행하는 것보다는 사용자들 스스로 자신들이 어떠한 부분에 초점을 맞추어서 제품을 선택하는지 생각해보는 기회를 제공하는 방식이 가장 높은 효율을 볼 수 있을 것입니다. 사용자들이 직접 게임에 참가하게 될 때에는 사용자들의 사용 방식이나 소속에 따라 다른 결과를 가져올 수 있으므로 편중되지 않은 사용자 그룹이 참여할 수 있도록 하는 것이 좋습니다.

고객의 관심을 끌기 위해 제품을 차별화하는 방법이나 차별화시켜줄 수 있는 기능을 이 게임을 통해 도출할 수 있을 것입니다. 하지만 이대로 끝이 난다면 단순히 기능들이 나열된 채 끝이 날 것입니다. 이 게임의 결과를 정리하기 위해서 이 게임 이후에 '커버 스토리' 게임을 진행하는 한다면 비전을 명확히 하고 하나의 목표를 결정하는 데에 도움을 받을 수 있을 것입니다.

tip

- 적절한 사용자 그룹을 찾는 것이 중요합니다.
- 게임의 결과를 정리하고 비전의 팀 내 공유를 위해 커버 스토리 게임을 이용할 수 있습니다.

2 거미줄

1) 어떤 게임일까요?

주최측의 준비가 필요한 정도
□ 많은 준비가 필요
☑ 약간의 준비가 필요
☑ 거의 필요 없음

참가자의 준비가 필요한 정도
□ 많은 준비가 필요
□ 약간의 준비가 필요
☑ 거의 필요 없음

활용할 수 있는 게임 단계
□ 우선순위 및 정제
□ 요구사항 도출
□ 이해관계자 식별
☑ 비전 확인하기

적합한 대상
☑ 솔루션-신규 시장
☑ 솔루션-버전 업
☑ SI-신규 사업
☑ SI-유지보수

참가자(SI)
☑ 발주회사의 고객
☑ 발주회사(팀원)
☑ 수주회사(팀원)

참가자(솔루션)
☑ 사용고객의 고객
☑ 솔루션 사용고객
☑ 개발사(팀)

2) 제품 관계를 이해함으로써 고객의 제품에 대한 인식을 확인한다.

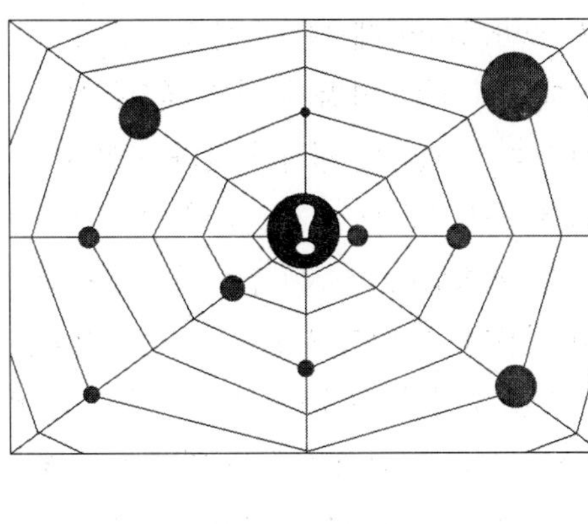

이 게임은 여러 분야에서 마인드 맵(Mind Map)으로 불리고 있는 툴과 비슷한 활동입니다. 분석 대상을 중간에 두고 확산적 사고를 통해 대상과 관계있는 모든 것들을 찾으면서 대상과의 관계를 고찰하게 되는 활동입니다. 거미줄은 자사 제품과 관계있는 다른 제품이나 환경을 찾고 그 사이의 관계와 위치를 고객이 어떻게 인식하는지 파악함으로써, 제품을 혁신하는 방법을 찾고 고객의 니즈를 충족시키는데 목적을 두고 있습니다.

예를 들어 인스턴트 라면의 경우 뜨거운 물에 넣고 끓여 먹도록 나온 식품이지만, 많은 고객이 끓이지 않고 그냥 그대로 부셔서 먹는다는 것을 인식한 회사에서는 라면과 비슷하지만 부셔서 먹도록 만든 과자의 종류를 만들어 출시한 것을 생각해 볼 수 있습니다. 고객이 실제로 제품을 어떻게 사용하는지를 인식함으로써 평소의 틀을 벗어나 혁신을 이룰 수 있습니다.

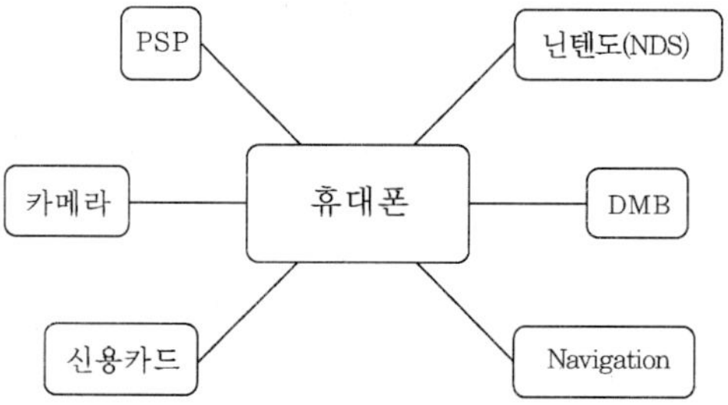

옆의 그림은 휴대폰과 관련된 거미줄을 간단하게 그려본 예제입니다. 휴대폰의 가장 큰 특징 중 하나가 휴대용 기기라는 점인데요. 휴대폰의 이러한 휴대성에 집중하여 휴대성의 특성을 가진 다른 제품을 찾아 휴대폰의 제품 관계를 그렸습니다. 만약 오늘날의 스마트폰이 아직 나오지 않은 시기에 저런 맵을 그리고 저러한 제품이 가지는 기능들을 하나의 디바이스로 가능하게 하자! 라는 생각을 했다면 최초의 스마트폰을 개발하는 사람이 될 수도 있었을 것입니다. 지금이라도 저 맵에 빠진 제품이 무엇이 있는지, 관계된 또 다른 제품이 있을 수 있는지 고민함으로써 스마트폰의 새로운 혁신을 만들어낼 수도 있을 것입니다.

대상이 되는 제품과 외부 환경들을 찾아본다는 점에서 시스템 문맥도와 비슷할 수 있지만 일정한 틀과 정리된 모양을 갖춰야 하는 다이어그램에 비해서, 자유로우므로 훈련되지 않은 고객들과 함께 진행할 때 좀 더 적합합니다. 개발팀이 게임에 참여하게 된다면 고객과 제품의 관계를 예측하기 위해 이용할 수 있고 사용자 또는 고객들은 스스로 숨겨진 요구를 찾기 위해 게임을 수행할 수 있습니다. 또한, 시스템 문맥도는 모든 관계에 대해서 한 장의 다이어그램에 모두 표현하는 반면에 거미줄은 탐구할 관계 유형을 정하고 하나의 유형에 대해서 집중하므로 좀 더 정리된 그림을 기대할 수 있습니다.

거미줄은 마인드 맵과 형태가 동일하므로 시중에 사용되고 있는 마인드 맵 툴을 이용하여 그릴 수도 있습니다.

마인드 맵 툴

1. XMind(PC용) http://www.xmindkorea.com (무료)
2. 알마인드(알 소프트/ PC용)
   http://software.altools.co.kr/ko-kr/almind.html (무료)
3. Mind42(웹 기반) http://mind42.com/

3) 게임하기

뭐가 필요할까?	
주최측	참가자
커다란 종이나 화이트 보드, 차트를 그릴 색연필이나 사인펜 접착 노트, 참가자 수 만큼의 한 가지 색 사인펜	관련 제품 및 시장 조사

■ 게임 준비

게임 참가자들에게 이 게임의 목적과 방법을 설명합니다. 기업 관계나 사용 관계에 대해 탐구를 하게 된다면 참가자들에게 미리 시장 조사를 요구해야 할 것입니다.

■ 게임 진행

게임이 시작되면 제일 먼저 동그란 원을 그리고 안에 대상이 되는 시스템이나 제품을 적습니다. 탐구할 관계 유형을 결정하여 하나의 거미줄을 그립니다. 탐구할 관계 유형은 제품의 특성과 목적에 따라 선택합니다. 일반적으로 사용할 수 있는 관계 유형은 아래와 같습니다.

관계 유형	설명	예시
제품 관계	대상이 되는 제품과 유사하거나 동종 시장 제품	디지털 카메라와 폴라로이드 카메라
위치/환경 관계	제품을 사용하는 환경이나 위치상의 관계	세제는 세탁기나 세탁실과 가까운 위치에 있다.
사용 관계	고객이 제품을 사용하는 과정에서 사용하거나 활용하거나 필요로 하는 타사 제품과 자사 제품 사이의 관계	세제는 세탁기와 사용 관계
인간 관계	제품을 사용하는 사람과 제품 사이의 관계	세제는 세탁기에 빨래 감을 넣는 사람이 사용한다.
역할 관계	제품의 사용 단계와 책임에 따른 제품의 관계	빨래를 개는 사람은 세제를 사용하지 않는다.

그 원 주변으로 관련 있는 제품이나 서비스를 붙이면서 그것을 언제, 어떻게, 왜 사용하는지 팀원과 공유합니다. 제품과 서비스 사이에 선을 그려 관계를 표시합니다. 선 색상이 굵기를 달리 표현함으로써 중요도를 표시할 수 있습니다.

학교 앱과 관계된 제품은 뭐가 있을까?

거미줄 게임을 하기 전에 대상에 따라서 탐구영역을 정해야 합니다. 위에서 소개된 탐구영역 중에 하나를 골라도 좋고 적당한 탐구영역이 있다면 그것을 제시해도 좋습니다. 본 활동에서는 '제품 관계'와 '인간관계'에 대한 영역에 대해서 진행했습니다.

일단 중앙에 동그란 원을 그리고 대상이 되는 Seoul Tech App이라고 적습니다. 그리고 학교 애플리케이션과 유사하거나 관련이 있는 제품을 생각나는 대로 붙여나갑니다. '주변 주거시설', '취업 정보 제공', '문화 정보 제공', 'SNS', '다른 학교 App', '노원구 정보', '학교 web', '중고서점', '소개팅 app',

'광고 app', '소셜 커머스', '네이버 지도', '학교 주변 버스'와 같은 아이디어들이 나왔습니다.

각 제품이 추가될 때마다 연결선을 그어줍니다. 목적이 되는 시스템과의 관계뿐만 아니라 다른 제품과 제품 사이에 관계가 존재한다면 그것도 그려줍니다. '네이버 지도'와 '주변 버스 위치 정보' 간의 관계를 그어서 교통 정보를 주고받을 수 있는 관계임을 표시했습니다. 또 '노원구 정보'와 '문화 정보' 간의 관계를 이어서 '지역에서 제공하는 문화 정보'라는 아이디어를 만들어 냈습니다.

중요한 관계는 선의 굵기를 진하게 표시하였고, 선에 부가 정보를 적기도 하였습니다. 이 예시 활동에서는 기능과 제품이 혼재하여 나타났지만, 제품 영역에 대해서 탐구할 때는 하나의 시스템이나, 하나의 SW가 나오는 것이 좋습니다. 관계있는 제품의 수가 적더라도 범위가 명확한 것이 좋습니다. 대신 제품 간의 관계에 대한 탐구를 좀 더 깊게 함으로써 숨겨진 혁신을 찾도록 해봅니다.

더 이상의 아이디어가 나오지 않자, 참가자들은 이 게임을 통해 어떻게 결과를 만들어낼 수 있는지 궁금해했습니다. 일단 관계들을 유심히 살피고 충분히 토론하여서 새롭게 생각해낼 수 있는 관계가 있는지 한 번 더 살펴봅니다. 새로운 접착 노트를 붙이려고 하기보다는 제품 간의 관계를 좀 더 생각해보고 그 관계를 통해 어떠한 혁신이 있을 수 있는지 생각해보는 게 좋습니다.

tip

- 시스템 문맥도와 비슷하지만, 다이어그램을 그리는 것에 훈련받지 못한 고객이나 사용자와 함께 활동하기에 좀 더 적합합니다.
- 시스템 문맥도는 모든 관계에 대해서 한 장의 다이어그램에 모두 표현한다면 거미줄은 탐구할 관계 유형을 정하고 하나의 유형에 대해서 집중하므로 좀 더 정리된 그림을 기대할 수 있습니다.
- 상대적으로 좀 더 중요한 관계를 표현하기 위해서 선의 굵기를 다르게 하거나 색을 다르게 할 수 있습니다.
- 결과를 정리하기 위해서 KJ 기법을 이용해 그룹화를 할 수 있습니다.

PART 03

이해관계자 관리

07 누구를 위하여 종을 울리나?

지금은 문화가 많이 바뀌었지만 우리나라에 처음 기업용 소프트웨어가 도입되던 시기에는 새로운 소프트웨어 시스템을 도입하자고 앞장섰던 사람들이 프로젝트가 끝난 후에 회사에 남아있는 경우가 거의 없다는 소문이 많았습니다. 기업용 소프트웨어 개발 프로젝트가 끝나면 강제적으로 그 소프트웨어를 사용해야 하는 사람들의 불만이 높아지고 이는 프로젝트의 실패로 간주되어 처음 프로젝트를 진행했던 사람들이 책임을 지고 회사를 나온

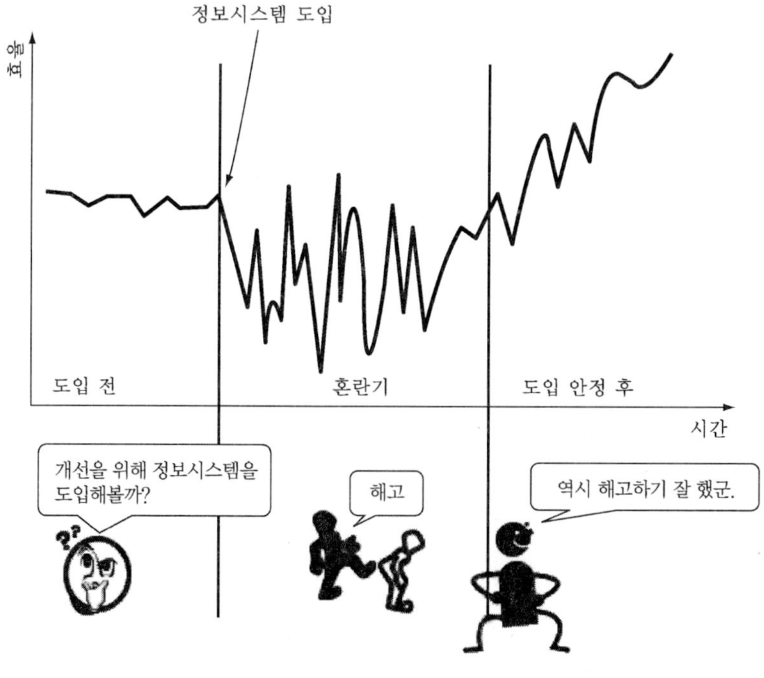

다는 일종의 도시전설 같은 이야기죠. 실제로 회사에서 퇴직한 사람이 얼마나 많은지는 모르겠지만 이런 소문은 새로운 소프트웨어 시스템이 조직 구성원들을 만족시키기 얼마나 어려운지를 보여줍니다. 그렇기 때문에 여러 전산학자들이 사용자들의 소프트웨어 만족도를 높이기 위한 연구를 많이 했습니다. 그리고 요구사항을 성공적으로 도출하기 위해 가장 중요한 요소는 정확한 이해관계자를 파악하여 그들이 주인의식을 갖고 자발적으로 참여하는 것이라는 것을 알아냈습니다.(Standish, 1995) 여기서는 이해관계자를 식별하고 분류하여 요구사항 도출하는 데 도움을 줄 사용자를 찾는 방법에 대하여 다룹니다.

1 누가 이해관계자인가?

1) 이해관계자의 식별

프로젝트가 경영상 필요하다고 결정되면, 먼저 그 프로젝트와 관련된 이해관계자들을 식별하고 그들이 프로젝트에 미치는 상대적 영향력을 파악합니다. 이해관계자란 프로젝트에 적극적으로 참여하거나 프로젝트의 성과 또는 완료 결과에 따라 긍정적 또는 부정적 영향을 받을 수 있는 개인 또는 조직입니다. 즉, 이해관계자는 그 소프트웨어를 사용하는 사용자뿐만 아니라 소프트웨어 개발 프로젝트에 자본을 대는 스폰서나 사용자의 고객, 관계사, 직원 등 다양한 사람과 조직이 될 수 있습니다. 이처럼 다양한 사람들이 이해관계자에 포함되기 때문에 이들을 모두 식별하는 일은 쉽지 않습니다. 모호한 위치에 있는 사람이 있을 수도 있고, 구성원의 역할이나 그들이 프로젝트 내에서 가지는 위치 및 영향력을 알아내는 일이 어려울 수도 있습니다. 또한, 소프트웨어의 종류에 따라 식별방법이 다르고, 발주자와 수주자가 명확하게 구분가는 프로젝트와 패키지 소프트웨어 개발 프로젝트의 이해관계자 식별 방법이 전혀 다릅니다. 패키지 소프트웨어는 개발사가 목표 고객을 먼저 선정하고 이와 관련된 이해관계자를 찾아야 하며 프로젝트에 요구사항을 추가할 것인지도 개발사가 결정해야 합니다. 본 장에서는 발주자와 수주자가 명확한 개발을 중심으로 이해관계자를 식별하는 방법에 대하여 설명합니다.

2) 문제에서 이해관계자 찾기

소프트웨어 개발 프로젝트에서 이해관계자를 찾는 전통적인 방법은 먼저 프로젝트 문제의 구성도를 그리고 그 문제와 관련된 비즈니스 프로세스를 식별하는 겁니다. 그리고 식별된 비즈니스 프로세스와 연계된 조직들을 회사의 조직도에서 추출하는 거죠. 예를 들어 수강신청 시스템에 대한 이해관계자를 찾아볼까요? 어떤 학교에서 다음 학기 교과목을 듣기 위해서는 학생이 지도교수를 찾아가 수강지도를 받고 지도받은 내용에 따라 온라인에서 수강신청을 한 후, 학생이 수강신청을 제대로 했는지 과사무실에서 확인받아야 한다고 가정해 보죠. 수강신청을 위한 비즈니스 프로세스를 WBS (Work Breakdown Structure)로 그리면 다음 그림과 같이 '수강지도', '수강신청', '수강확인'으로 나뉩니다. 그리고 각 프로세스와 연계된 이해관계자를 조직도에서 찾으면 '학생', '교수', '학사조교'가 됩니다. 이와 같은 방식을 통해 이 시스템의 이해관계자 중 학생, 교수, 학사조교를 식별할 수 있습니다.

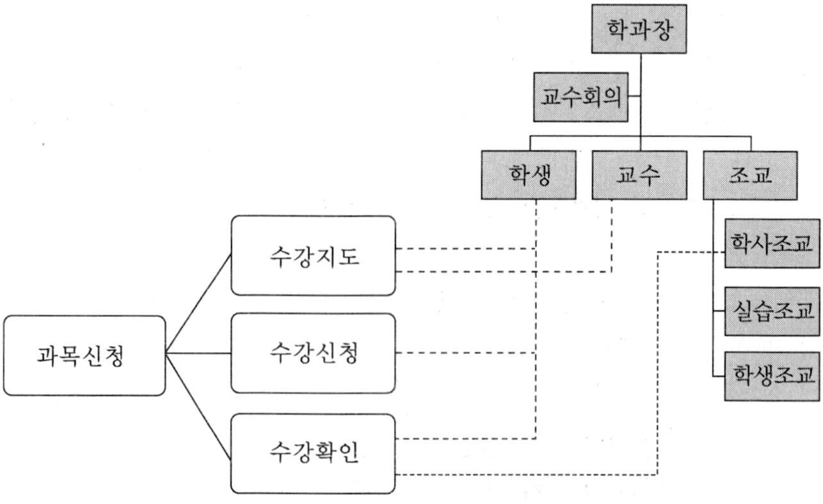

3) 일반적으로 고려해야 할 이해관계자

하지만 이 방식을 사용할 경우 프로세스와 직접적으로 연결되지 않은 이해관계자를 식별하기 어렵습니다. 추가적인 이해관계자를 식별하기 위해서 아래 표와 같이 시스템 통합 프로젝트에서 주로 고려되는 이해관계자 목록을 사용하기도 합니다.(Hull, 2005)

분류	이해관계자	특징
발주자	시스템 사용자	가장 중요한 이해관계자로 시스템과 성능에 직접적인 관심을 가지며 시스템에 가장 많은 영향을 받습니다.
	담당자	조직의 전산팀이나 정보처리 센터장으로 소프트웨어 프로젝트를 발주하는 역할을 하며 개발 과정 동안 발주처의 요구사항을 수집하고 우선순위를 결정하는 데 가장 중요한 이해관계자입니다.
	관리자	시스템이 공급된 후 시스템이 문제없이 가동되도록 하며, 업무 수행을 돕는 관리 시스템에 대한 추가적인 요구가 있습니다. 유사한 작업을 하는 사람들로 유지보수 및 서비스 요원이 있을 수 있는 데 이들은 발주사의 직원이 아니라 수주자나 다른 협력업체에 속해 있을 수도 있습니다.
	교육담당자	교육담당자의 관심사는 사용하기 쉽고, 사용자 교육이 용이한 시스템을 만드는 것이므로 사용자와는 다른 이해관계자입니다. 실제 사용자로부터 요구사항을 도출할 수 없을 때 대리 사용자로 활용할 수 있습니다. 그러나 필요 이상으로 고급 기능에 대한 가치를 낮게 평가하는 경향이 있으므로 주의해야 합니다. 실제 시스템에 영향을 미치지 않고 실제 데이터와 교육용 데이터를 함께 사용할 수 있는 교육환경에 대해 요구하기도 합니다.
	영업 및 마케팅	시장의 요구사항에 대하여 민감하므로 사용자에 직접 접근할 수 없을 때 대리사용자로 활용할 수 있는 좋은 이해관계자이긴 하지만 자신이 놓친 마지막 판매기회에 집착하는 경향이 있습니다.
	시스템 구매자	일정 규모 이상의 조직에서는 사용자가 직접 시스템을 구매하지 않고 구매하는 부서 및 사람이 존재할 수 있습니다. 시스템 구매자들은 시스템을 사용하지 않을 수도 있지만, 사용자의 요구사항에 대해 대략은 알고 있으므로 대리 사용자로 활용할 수 있습니다. 이들의 관심사는 가격대비 창출할 수 있는 눈에 보이는 이익이며 시스템의 범위를 설정할 때 중요한 역할을 합니다.

	소유자, 투자자	소프트웨어를 발주하는 조직을 소유한 사장이거나 자금을 투자한 투자자 혹은 주주들로, 필요한 요구사항에 대해 상세히 알지 못하지만 프로젝트에 강한 영향력을 발휘할 수 있습니다.
수주자	관리자	시스템 개발을 책임지는 프로젝트 관리자를 의미합니다.
	개발팀	개발자, 테스트 담당자, 분석가, 기술문서 작성자, 지원부서 등을 포함합니다.
	협력업체	소프트웨어 일부를 외부업체에서 개발할 경우 그 협력업체들도 이해관계자에 포함됩니다.
외부	고객	시스템을 직접 사용하지는 않지만, 시스템 사용자의 고객이 되는 이해관계자입니다. 예를 들어 보험료 계산 시스템의 경우 시스템 사용자는 보험설계사가 되고 고객은 보험가입자입니다. 이와 같이 시스템 사용자가 직접 고객과 직접 접촉을 할 경우 고객도 중요한 이해당사자가 될 수 있습니다.
	정부	시스템이 지켜야 하는 의무사항과 금지사항을 규칙, 규정 및 법률을 통해 지정하므로 제약에 관한 요구사항에 관여합니다.
	표준기구	개발될 소프트웨어에서 사용 가능한 표준들의 현황과 전망을 확인할 수 있으며 상호운용성 (Interoperability) 특성 요구사항과 관련되어 있습니다.
	여론 및 문화	국가별로 조직별로 서로 다른 사고방식과 행동 유형을 가지므로 이 부분에 대한 요구사항을 파악할 필요가 있으며 소프트웨어 시스템에 대한 여론 선도자의 의견은 향후 외부 평가와 관련이 있을 수 있습니다.
	규제 기관	인증 및 인허가와 관련된 기관으로 프로젝트의 제약에 관한 요구사항이 있습니다.

이런 식으로 이해관계자를 식별한 이후에는 누락된 이해관계자가 없는지 검토합니다. 검토하는 방법 중에 하나는 식별된 이해관계자를 그림과 같이 6가지 그룹 중 하나로 분류하는 겁니다. (이재진 외, 2013)식별된 이해관계자를 접착노트에 써서 분류를 하면 가시적으로 한 눈에 이해관계자들의 관계를 파악할 수 있습니다.

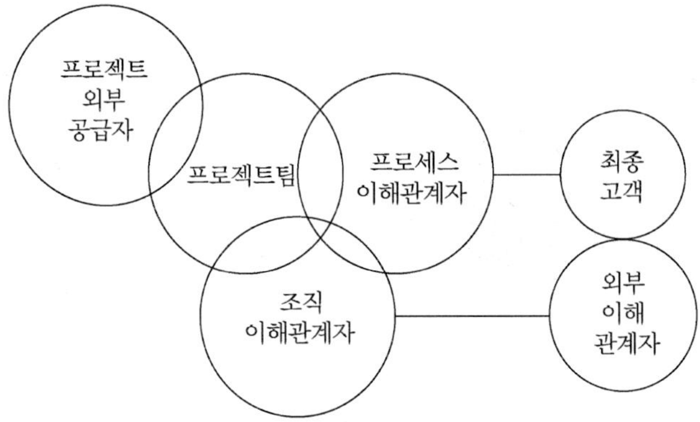

그 외의 이해관계자를 식별하기 위한 다양한 게임들을 이 책의 6장에서 소개합니다. 그리고 이렇게 다양한 방법으로도 찾지 못한 누락된 이해관계자는 RACI(Responsible, Accountable, Consulted, Informed) 매트릭스를 통해 추가로 식별합니다. RACI 매트릭스의 사용방법도 8장에서 게임형식으로 설명합니다.

2 누구에게 집중할까?

지금까지 가능한 많은 이해관계자를 식별하는 방법을 설명했습니다. 그러나 사공이 많으면 배가 산으로 간다는 말이 있는 것처럼 프로젝트에 직접 영향을 미칠 이해관계자 수가 많을수록 좋은 것은 아닙니다. 많은 사람이 전적으로 프로젝트에 참여하기보다는 이해관계자의 특성에 따라 얼마나 관여할지 정하는 편이 낫습니다. 즉, 도출된 이해관계자들이 모두 요구사항 도출에 참여하기 어려우므로 이해관계자들을 여러 계층으로 분류하여 실제 요구사항 도출에 참여할 인원을 섭외합니다. 이해관계자들을 분류할 때에는 그들이 사용한 기능이나, 처리 작업, 전속 권한 등의 역할 뿐만 아니라 그들이 제품을 얼마나 자주 사용할 것인지에 대한 제품 사용 빈도와 그들의 전문성 특히 IT 기술에 얼마나 익숙한지도 같이 고려합니다. 재미있는 점은 이해관계자나 사용자가 사람이 아닌 시스템이나 조직이 될 수도 있다는 것입니다.

프로젝트에서 도출되지 않거나 고려되지 않은 이해관계자 계층이 있으면 잘못된 요구사항을 도출하거나 너무 늦은 단계에서 요구사항이 도출될 수 있고, 이런 요구사항 변경은 프로젝트 실패에 결정적 요인이 되기도 합니다. 참여가 없으면 신뢰도 없습니다. 하지만 프로젝트의 복잡도와 예산, 시간의 한계 때문에 이해관계자 계층은 15가지 이하로 하는 것이 일반적입니다. 모든 이해관계자가 참여할 수 없으므로 계층을 15개 이상이 될 때까지 분류하기보다는 계층을 충분히 다양하게 분류한 후에 가장 중요한 이해관계자가 누구인지를 결정하여 그중에서 15가지만 선택하는 편이 낫습니다. 어떤 이해관계자를 중요 파트너로 결정하고 그들을 어떻게 관리할지는 이해관계자들에 대한 매트릭스(Influence/impact Matrix or Interest/impact Matrix)나 돌출모형(Salience model)을 이용합니다. 각 모형의 자세한 사용방법은 9장의 게임을 참조하세요.

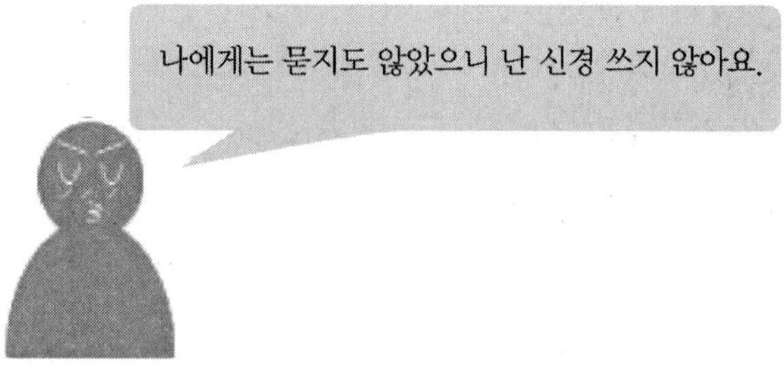

3 이해관계자는 어떤 사람일까?

식별된 이해관계자들을 그들의 영향력, 관심도, 관련도 등에 의해 분류한 후에 각 이해관계자 계층에 대한 특성을 정리합니다.(IBM CLM) 다음 항목을 모든 프로젝트 혹은 모든 이해관계자에 대해 정리하라는 뜻은 아니고 프로젝트의 특성에 따라 무엇이 필요한지를 분석하여 취사선택해야 합니다.

- **이름**: '홍길동'과 같은 이해관계자의 실명을 적는 항목은 아닙니다. 조직 개편 등을 통해 실제 업무를 맡는 사람은 언제나 바뀔 수 있죠. 그보다는 '학생'과 같은 식으로 사용자 유형의 이름을 명명합니다.
- **대표**: 이 이해관계자 유형이 나타내는 개인, 팀 혹은 조직들을 적습니다. 생략될 수도 있고, 이름과 같을 수도 있습니다. 또한 나중에 언급하게 되는 제품 챔피언이 될 수 있는 그룹으로 특정할 수도 있습니다. 예를 들어 학생이라는 이해관계자에서 대표는 실제 요구사항 관련 작업을 도와줄 개인, 팀, 조직으로 학생이라는 이해관계자의 경우 '학생회 임원' 혹은 '학생회장'이 될 수도 있습니다.
- **설명**: 개발될 소프트웨어와 이 이해관계자 유형과의 관계를 설명합니다. 예를 들어 학교 앱에서 학생이라는 이해관계자는 주요 사용자가 될 것입니다.
- **역할**: 이 이해관계자가 프로젝트에서 수행하는 역할을 적습니다. 이해관계자들은 주로 사용자, 스폰서, 요구사항 검토자, 개발자 등의 역할을 수행하는데, 프로젝트에 따라 다른 역할 분류가 존재할 수 있습니다.
- **유형**: 이해관계자는 관련 응용 도메인과 컴퓨터에 대해 얼마나 잘아나요? 예를 들어 같은 학생이라도 학교에 처음 입학하여 학교 시스템을 잘 모르는 신입생과 재학생들 사이의 관심사항이나 활용도가 다를 겁니다. 또한, 컴퓨터를 얼마나 능숙하게 다루는지에 따라서도 유형을 분류하는 것이 좋습니다. 예를 들어 컴퓨터를 능숙하게 다루지 못하는 사용자의 경우는 시스템의 사용법이 얼마나 쉬운지에 관심을 가지며, 편리한 그래픽 인터페이스, 간결한 화면구성, 친절한 도움말을 좋아할 가

능성이 높습니다. 그러나 시스템에 익숙한 사용자의 경우 사용상의 편의와 효율성에 높은 가치를 가지며 단축키나 매크로 등과 같은 맞춤형 기능을 선호할 겁니다.

- 책임: 개발할 소프트웨어에서 이해관계자가 맡은 주요 책임 및 관심사를 나열합니다.
- 성공기준: 이해관계자마다 생각하는 성공기준이 다를 수 있습니다. 학교 앱의 경우에도 학교 당국이 생각하는 성공과 학생들이 생각하는 성공이 같지 않을 겁니다. 이 항목에서는 해당 이해관계자가 정의하는 성공기준, 혹은 이 소프트웨어가 개발된 후 이해관계자가 받게 되는 보상을 서술합니다.
- 결과물: 이해관계자에게 필요한 프로젝트 결과물을 적습니다.
- 주석: 성공에 방해가 되는 문제점 및 관련된 기타 정보를 추가합니다.

4 누구와 일을 할 것인가: 제품챔피언

이해관계자 계층이 결정되면 각 이해관계자 계층별로 그 계층을 대표하여 프로젝트 전반에 참여하는 제품전문가를 선정해야 하는데, 우리는 이들을 제품챔피언(Product Champion)이라고 부릅니다. 제품챔피언들은 소프트웨어 개발팀이 요구사항을 정확하게 도출하도록 도와주고 프로젝트의 필요성을 조직에 홍보하는 역할 등 개발자와 사용자 사이의 가교 역할도 합니다.(Material Advisory Board, 1966) 프로젝트에 제품챔피언을 두는 것은 프로젝트 성공을 위해 중요한 포인트가 되는데, 모범사례(Best Practice)로 NASA에서 45개의 창의적인 프로젝트를 분석해 본 결과 제품챔피언이 있는 경우가 17개, 없는 경우가 28개였는데, 제품 챔피언이 있었던 프로젝트는 17개 중의 16개가 비교적 성공적이었다고 판별된 것에 비해 제품챔피언이 없었던 28개의 프로젝트는 오직 1건만이 성

공하였고 나머지는 요구사항을 만족하지 못하거나 예산과 시간이 예상을 초과했다고 분석했습니다.(Chakrabarty, 1974)

그러면 어떤 사람을 제품챔피언으로 선택해야 할까요? 먼저 식별된 이해관계자 프로파일에 따라 제품챔피언이 될 그룹을 선택해야 합니다. 식별된 이해관계자는 역할 등에 따라 분할되기 때문에 실제로 이해관계자 프로파일의 항목 수는 예상보다 많아질 수 있습니다. 이 경우 중요도를 고려하여 가장 중요한 이해관계자 그룹을 선택합니다. 그리고 그룹별로 제품챔피언을 선정하는데, 이때 제품챔피언을 선정하는 기준은 프로젝트에 대한 열정과 외향적인 성격, 제품에 대한 깊은 지식, 프로젝트가 성공하는 데 필요한 특성 등에 대한 이해도여야 합니다. 제품챔피언은 프로젝트의 결과로 산출되는 제품을 어머니가 아기를 낳고 기르듯이 애정과 정성을 가지고 외부의 위기로부터 지켜줄 수 있는 그런 사람이어야 합니다. 또한, 아버지처럼 관련 지식과 기술뿐만 아니라 완성될 제품에 대한 권한도 충분히 가진 사람이어야 합니다. 만일 각 제품챔피언이 이런 어머니의 애정과 아버지의 권한을 가진 사람이 아니라면 제품의 생존력은 떨어질 수밖에 없습니다.(Chakrabarty, 1974)

제품 챔피언이 선정되면 제품챔피언에게 무엇을 기대하는지를 그들과 협의합니다. 물론 역할이 너무 많아질 경우 업무량이 늘어나는 것에 대한 저항에 부딪힐 수도 있습니다. 또는 관리자 중 일부는 일반 사용자인 제품 챔피언에게 너무 많은 권한을 위임하는 것에 부담을 가질 수도 있습니다. 다음 그림은 제품챔피언들이 할 수 있는 전형적인 활동들을 보여줍니다. 그러나 모든 제품챔피언이 이 활동을 모두 해야 하는 것이 아니며 또한 이 활동만 해야 하는 것도 아닙니다. 이 표를 참조하여 각 프로젝트에서 필요한 제품챔피언들의 역할을 결정하시면 됩니다.(칼 위거스, 2003)

그러나 식별된 이해관계자 계층에서 제품챔피언을 선택할 수 없으면 차선으로 외부 전문가를 대신 사용할 수 있습니다. 사용자 대신 활용하는 외부 전문가를 대리사용자라고 부르는데, 주로 이해관계자가 존재하기는 하지만 접근이 제한되거나 아직 존재하지 않아 만날 수 없을 때 필요합니다.

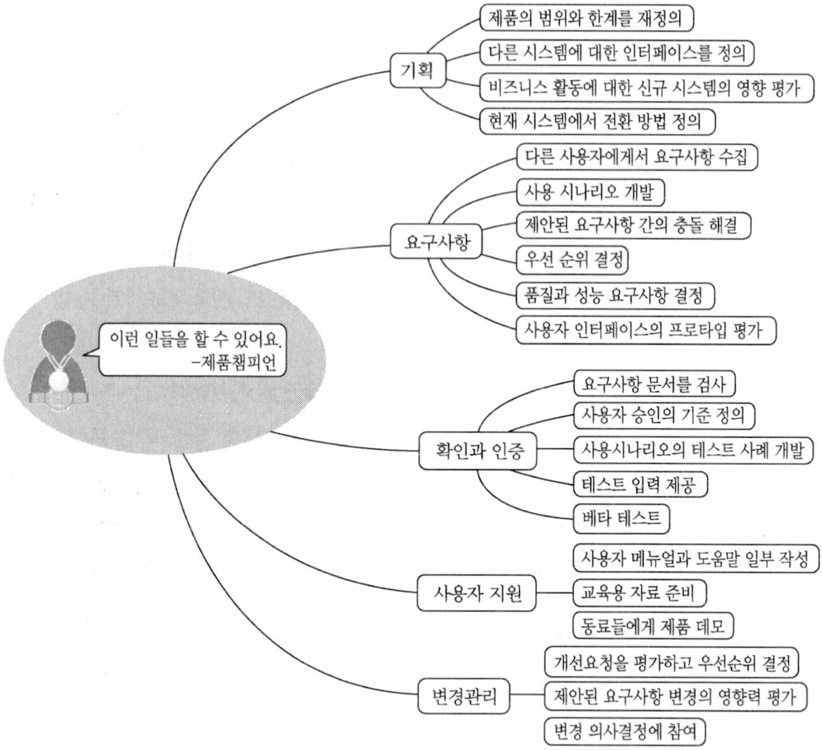

가능한 대리사용자로는 사용자의 관리자나 개발팀 일원, 영업 사원, 컨설턴트, 영업사원, 사용자와 유사한 지식을 가진 것으로 기대되는 외부 전문가, 스폰서, 교육 담당자나 해당 분야 교수 등이 있습니다. 대리 사용자의 경우에는 다음과 같은 위험이 있음을 유의해야 합니다.

- **이전 사용자:** 발주사에서 일했던 직원들을 채용하여 제품챔피언으로 활용합니다. 가장 좋은 대리사용자 중 하나지만, 실제 사용자와는 이해관계가 다르거나 이제는 사용하지 않는 기능에 집착할 수도 있다는 게 문제입니다. 매우 빠르게 변화하는 분야도 있고 느리게 변화하는 분야도 있습니다. 그러므로 그들에게 시간에 따라 요구사항이 크게 변할 가능성이 있는지 물어보세요. 만일 빠르게 변화되는 분야라면 이전 사용자가 현재 사용자들과 계속 관계를 유지하는 등으로 변화에 대한 대책도

추가로 세워야 합니다.

- **영업사원**: 패키지 제품의 경우 제품을 사용하는 사용자가 아니라 개발사의 영업사원을 대리 사용자로 활용할 수도 있습니다. 주요 요구사항에 대해 잘 파악하고 있는 편이지만, 주로 마지막 놓친 판매 기회에 집착하여 일반적이지 않은 특정 기능만 강조할 수도 있습니다. 그리고 고객들이 소프트웨어를 구매할 때 품질보다는 경쟁제품과의 기능비교표를 요구하는 경우가 많아 다양한 기능을 모두 제공하는지에 더 관심이 많습니다. 하지만 이렇게 시스템을 만들었다가는 고객이 요구하는 품질을 만족시키지 못해 고객만족도가 떨어질 위험이 있습니다.
- **해당 분야 전문가**: 예를 들어 회계시스템을 구현하기 위해 회계학과 교수님을 대리사용자로 활용하는 거죠. 그러나 이런 해당 분야 전문가는 실제의 대상 기업의 작업 흐름을 잘 모르면서 자신들의 지식수준에 맞는 어려운 기능과 인터페이스를 요구할 위험이 있습니다.
- **유사 분야 전문가**: 예전에 대형병원의 전자건강기록(EHR: Electronic Health Record) 시스템을 구현하는 프로젝트에 참여한 적이 있었는데, 그 병원의 의사들은 바쁘고 비용이 비싸 제품챔피언으로 활용하기가 어려워 대신 의무기록사를 채용했습니다. 의무기록사는 관련 국가면허시험에 합격한 사람들로 의료기관에서 질병 및 수술분류, 진료기록의 분석, 진료통계, 암 등록 통계 등의 각종 의무를 기록하고 관련 정보를 유지, 관리, 확인하는 역할을 하는데, 의사들보다는 저렴한 비용으로 활용할 수 있었습니다. 그러나 이 의무기록사들은 의료용어나 현재 병원 프로세스에 대해서 개발자보다 많이 알았지만, 의사가 아니었기 때문에 의사들이 원하는 것이 무엇인지 알기 어려워 시스템 개발이 종료된 후 의사들이 사용을 거부하여 곤란했던 적이 있습니다.
- **교육담당자**: 소프트웨어를 어떻게 사용하는지를 학원 등에서 강의하는 사람들로 시스템에 익숙하지 않은 사람들에 대한 요구사항을 도출하는데 도움이 될 수 있습니다. 그러나 실제 사용하는 기능보다 교육하기 쉬운 기능 위주의 요구사항을 강조한다는 단점이 있습니다.
- **관리자**: 주요 사용자의 관리자 중의 일부는 부하 직원에게 요구사항의

권한을 위임하기보다는 자신들이 직접 대리 사용자가 되고 싶어 할 수도 있습니다. 그렇지만 그들은 사용자도 아니고, 요구사항 작업이나 하고 있기에는 너무 바쁘고 일반적으로 비용도 비싸죠. 따라서 그들에게 요구사항에 대한 충분한 정보를 약속하고 부하 직원 중 실사용자 한 명을 선별하여 보내도록 설득해야 합니다.

- **개발자**: 사용자를 대신할 수 있다고 생각하는 소프트웨어 개발자는 있을 수 있지만, 실제 그 개발자를 대리사용자로 할 경우 프로젝트는 성공하기 어렵습니다. 물론 개밥 먹기(Eating your dog food)라고 솔루션 개발사에서 자신들의 제품을 스스로 사용해 보는 것은 좋은 생각일 수 있습니다.(스폴스키, 2005) 그러나 그것도 자신들에게 그 솔루션이 필요할 때나 적용 가능한 방법입니다. 소프트웨어 프로젝트에서는 개발자들이 새로운 기술에 경도되거나 자신들이 생각하기에 필요한 기능이라고 생각해서 요구사항에도 없는 기능들을 추가하다가 결국 고객들은 그 기능을 사용하지도 않고 일정만 지연되어 버리는 금접시 (Gold plating) 문제가 전형적인 소프트웨어 프로젝트의 오류로 지적되고 있습니다. (Atwood, 2004)
- **페르소나(Persona)**: 발주자가 확정되지 않은 솔루션 소프트웨어 프로젝트의 경우 제품챔피언을 선정하는 것이 더욱 어려울 수 있습니다. 이 경우 개발되는 소프트웨어를 사용할 만한 목표 고객 중 특정 사용자 계층을 대표하기 위하여 가상의 전형적인 인물(Archetype)을 창조하여 활용할 수도 있습니다. 페르소나는 1988년 앨래 쿠퍼의 저서 'Inmates are running the asylum'에서 처음 소개되었는데, 목표 대상의 인구학적 연구에서 만들어진 데이터에 사람의 개성을 부여함으로써 더 인간적인 접근을 하고 동감을 느끼도록 하여 목표 대상에 보다 집중하게 합니다.(Cooper, 2008) 페르소나의 활용방법은 10장에서 자세히 설명합니다.

이 중에서 가장 피해야 하는 대리 사용자는 사용자의 관리자나 개발팀이지만 모든 대리사용자를 사용할 때에는 실사용자의 요구사항과 차이가 있을 수 있습니다. 그러므로 대리사용자를 활용한 프로젝트인 경우 추가로 경쟁 제품을 분석하고, 가능한 소프트웨어를 빨리 출시하여 실사용자에게 피드백을 받는 방법이 전통적인 소프트웨어 개발방법론보다 적합할 수 있습니다.(Cohn, 2004)

내부에 적합한 제품챔피언이 존재하여 그가 열정적으로 제품개발에 참여하는 것이 가장 좋습니다만 운이 좋게 제품챔피언을 구하든 아니면 외부전문가를 활용하든 하나의 사용자 계층을 한 명이 모두 대표하는 것은 쉬운 일이 아닙니다. 그러므로 사용자 대표는 자신의 편견이 없이 다른 사용자들과 개발팀 간 의사소통의 가교가 되어 주는 사람이 좋습니다. 그럼에도 불구하고 실제로 프로젝트를 진행하다 보면 사용자대표가 처음 언급한 요구사항이 변경되는 경우가 발생합니다. 제가 참여했던 한 프로젝트에서도 해당분야의 부서에 문제를 잘 아는 전문가를 요청했지만, 일반적으로 그런 전문가는 본업이 바빠서인지 입사한 지 얼마 안 돼 본인도 업무파악이 덜 된 신입 사원을 보내주었습니다. 결국, 그는 어떤 결정도 내릴 수 없었고, 그와 저희가 내린 결정들은 그가 부서에서 그의 상관과 이야기한 후에 뒤집히는 경우가 많았습니다. 하지만 그의 상관이 저희 프로젝트에 직접 참여하기에는 그 상관의 월급을 고려할 때 별로 경제적인 상황은 아니라는 걸 이해합니다. 그런 의미에서 실질적으로 가장 좋은 제품챔피언은 문제를 가장 잘 아는 사람 중에 가능한 가장 낮은 직위에서 결정하는 것이 좋습니다.(위거스, 2003)

그럼 제품챔피언이 요구하는 것을 모두 들어줘야 할까요? 물론 예전에 식당에 가면 '손님은 왕이다'라는 액자를 걸어놓은 걸 종종 볼 수 있었지만 사실 고객들이 신도 아니고 그들이 요구하는 것이 항상 옳은 건 아니죠. 고객들도 인간이기 때문에 잘 모르고 우기거나 감정적으로 치우쳐서 잘 못된 결정을 내릴 수도 있습니다. 게다가 같은 발주사의 고객이라도 서로 상충하는 요구사항을 강요할 수도 있습니다. 그러나 대부분 그들의 요구가 말도 안되게 터무니없는 것은 아니고 그 요구를 하는 나름의 의미가 있으므로 요구사항을 문자 그대로 해석하기보다는 요구의 본질을 파악하는 것이 필요합니다. 즉 제품챔피언들의 요청을 무조건 받아들이기보다는 요구의 본질을 이해하여 수용하고 합리적인 결론을 도출할 수 있도록 도와줄 필요가 있습니

다. 다음은 고객들이 요구할 수 있지만 옳지 않은 요구의 대표적인 예들입니다.(위거스, 2003)

제품챔피언의 잘못된 요구의 예

요약

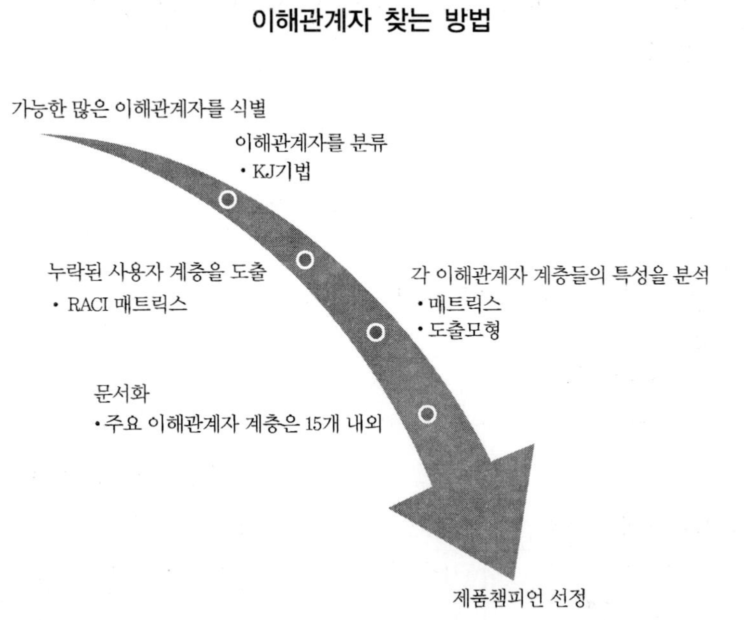
이해관계자 찾는 방법
가능한 많은 이해관계자를 식별
이해관계자를 분류
• KJ기법
누락된 사용자 계층을 도출
• RACI 매트릭스
각 이해관계자 계층들의 특성을 분석
• 매트릭스
• 도출모형
문서화
• 주요 이해관계자 계층은 15개 내외
제품챔피언 선정

08 게임4: 이해관계자 식별하기

1 이해관계자 양파 도표

1) 어떤 게임일까요?

주최측의 준비가 필요한 정도	참가자의 준비가 필요한 정도	활용할 수 있는 게임 단계
		☐ 우선순위 및 정제
☐ 많은 준비가 필요	☐ 많은 준비가 필요	☐ 요구사항 도출
☐ 약간의 준비가 필요	☐ 약간의 준비가 필요	☑ 이해관계자 식별
☑ 거의 필요 없음	☑ 거의 필요 없음	☐ 비전 확인하기

적합한 대상	참가자(SI)	참가자(솔루션)
☑ 솔루션-신규 시장		
☑ 솔루션-버전 업	☑ 발주회사의 고객	☑ 사용고객의 고객
☑ SI-신규 사업	☑ 발주회사(팀원)	☑ 솔루션 사용고객
☑ SI-유지보수	☑ 수주회사(팀원)	☑ 개발사(팀)

2) 핵심 이해관계자 찾기!

프로젝트가 어느 정도 진행된 경우 문제나 프로세스에 기반을 두어 요구사항을 도출할 수 있지만, 아직 비전을 결정하기 전이나 비전을 작성한 후 문제가 구체적이지 않을 때 누가 우리를 도와줄 수 있을까요? 물론 조직도를 보는 것도 도움이 될 수 있지만, 학교 앱의 학생처럼 조직도에 없는 이해관계자가 주요 이해관계자가 될 수도 있습니다. Scott가 그가 쓴 기사인 'How to Visualize Stakeholder Analysis'에서 언급한 양파 도표(Onion Diagram)에 기초한 이해관계자 양파 도표(Customer-Centric) 게임을 이용해서 프로젝트 초반에 중요 이해관계자를 식별하는 데 도움을 받을 수 있습니다.(Scott Sehlhorst, 2007)

제품이 실패하는 이유 중 하나는 고객들이 중요하게 생각하는 문제를 해결하려고 하지 않기 때문입니다. 이 게임을 통해 회사 제품에 영향을 끼치는 사람들에 대한 방대한 네트워크망을 확인하고 복잡한 나비효과를 탐구할 수 있습니다. 또한, 그러한 효과를 통해서 이해관계자들이 가장 중요하게 생각하는 것을 알아내고 제품에 대한 요구사항을 파악하여 이해관계자들이 진짜로 원하는 제품을 만들 수 있을 것입니다. 또 제품과 관계가 있지만 직접 드러나지 않는 고객을 확인할 수 있고, 그 고객에 대한 이해를 통해 그들의 관심을 끌어내어 제품에 만족하도록 하여 잠재 고객을 끌어들일 수 있을 것입니다.

3) 게임하기

뭐가 필요할까?	
주최측	**참가자**
커다란 종이나 화 보드, 차트를 그릴 색연필이나 사인펜, 접착 노트, 참가자 수만큼의 한가지 색 사인펜	도메인에 관계되는 이해관계자에 대한 사전 조사 및 참고 자료가 필요 (조직 관계도 등)

■ 게임 준비

게임 방법에 관해서 설명하면서 참가자들에게 접착노트와 펜들을 나누어 줍니다. 핵심 이해관계자를 놓치지 않고 많은 이해관계자를 식별해내기 위해서 조직도와 같은 자료를 미리 준비하도록 합니다.

■ 게임 진행

커다란 전지나 화이트보드 위에 왼쪽의 그림과 같은 4개의 동심원을 그리되 각 원에 접착 노트를 붙일 수 있도록 적당한 공간을 줍니다. 각 원에 해당하는 이해관계자를 식별해내기 위해서 팀별 브레인스토밍을 진행합니다. 각 원이 의미하는 바는 아래 표와 같습니다.

보통 안쪽 원부터 시작해서 바깥쪽 원으로 진행하는 것이 도움됩니다. 직접적 영향을 받는 이해관계자가 좀 더 쉽게 떠오를 수 있기 때문입니다. 최대한 많은 이해관계자를 찾을 수 있게 다양한 의견을 제시할 수 있도록 장려하고 수용하도록 합니다.

가장 안쪽	제품 및 시스템 이름	예) 해충 제어 프로그램
2번째 원	영향을 받는 조직 및 사람 직접적인 이해관계자, 소프트웨어가 개발된 후에 본인의 작업에 직접 영향을 받는 사람들	예) 최종사용자, 고객지원실
3번째 원	간접적 영향을 받는 조직 및 사람 변경된 시스템과 직접적으로 영향을 받지는 않지만 직접 영향을 받는 2번째 원의 이해관계자들과 상호작용하는 시스템의 이해관계자들	예) 스폰서, 관리자, 도메인 지식 전문가들
4번째 원	더 넓은 환경 외부 이해관계	예) 공급자, 고객, 규정 등

■ 결과 정리

관계된 모든 이해관계자가 빠짐없이 도출되었는지 확인해봅니다. 각 사용자는 그려진 시스템 내에서 다른 사람들과 연결될 수 있을 것입니다. 누가 누구와 업무상 의사소통을 하게 되는지 확인하기 위해 화살표로 나타냄으로써 시스템에 발생하는 관계의 얽힘을 표시할 수 있습니다. 중요한 이해관계자지만 이 게임을 통해서 새로이 도출된 이해관계자가 있는지 확인해봅시다. 프로젝트를 성공적으로 이끌기 위해서 각 원에 해당하는 이해관계자들과 어떤 관계를 유지해야 하는지 어떤 정보를 주고받아야 하는지 알아봅니다. 서로 의사소통 및 상호작용을 하는 이해관계자 관계에서 성공적인 프로젝트를 위해서 특별히 신경 써야 할 관계가 있는지 확인합니다.

학교 앱 개발에 관계되는 모든 이해관계자를 찾아보기

게임을 시작하기 위해 4개의 동심원을 각각에 충분한 여백을 두고 그렸습니다. 단 두 개의 원으로 만들어지는 영향도의 원보다 채워야 하는 항목 수가 많아져서 더 복잡하고 까다롭게 느껴지지만, 오히려 환경별로 이해관계자를 생각해 볼 수 있게 해줌으로써 상세한 가이드의 역할이 되어 줍니다.

가장 안쪽 원에 대상 시스템인 '학교 App'이라고 적었습니다. 직접 영향을 받는 조직이나 사람을 적는 **두 번째 원**에는 '학교 방문자', '조교', '직원', '교수님', '학생', '관리자', '입시 지원생', '그냥 학교에 대해 알고 싶은 사람'이라는 이해관계자가 도출되었습니다.

간접적 영향을 받거나 두 번째 원과 상호작용하게 되는 조직이나 사람에 대해서 세 번째 원에 적히게 됩니다. 그러한 이해관계자에는 '개발자', '학교의 다른 시스템 개발 및 관리 업체', '호스팅 업체', '통신 업체', '애플 및 구글 스토어', '3rd party 업체', '서비스 기술자'가 있습니다.

위에서 나열된 이해관계자 외에 좀 더 넓은 외부 환경의 이해관계자를 네 번째 원에 적습니다. '지역관청', '학교 내 업체 주인(매점, 서점, 안경원, 은행, 우체국 등)', '학부모', '식당 주인' 그리고 세 번째 원에 들어갈 뻔했으나 앱 개발에 있어서는 주변 환경에 더 맞을 거 같아서 네 번째로 밀려난 '교육부'도 있습니다.

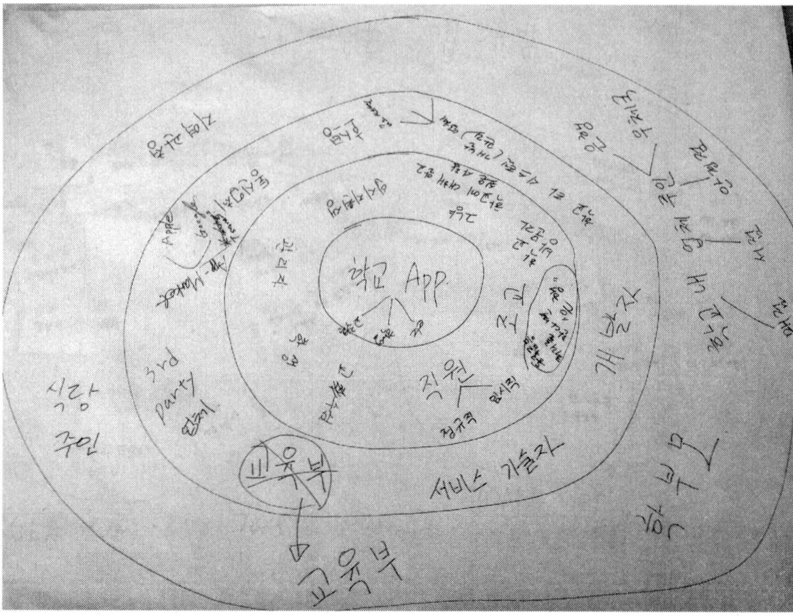

이 예시 활동에서는 이해관계자 도출만 하고 끝냈지만 이해관계자 간의 관계를 선으로 표현함으로써 어떠한 관계가 있고 어떠한 상호작용을 하는지 확인하여 프로젝트를 끌어가는 데 도움을 얻을 수도 있습니다.

게임을 하던 중에 앱의 범위를 어떻게 잡느냐에 따라 각 이해관계자가 속하게 되는 구역이 달라짐을 확인할 수 있었습니다. 학교 앱에 대한 최종 사용자가 교직원이 될 수도 있고, 학생이 될 수도 있습니다. 이것은 이전의 비전 확인하기 게임을 통해서 얻어낸 앱의 목적에 따라 최종 사용자를 정할 수 있을 것입니다. 그리고 그렇게 정해진 최종 사용자에 따라 두 번째 원과 네 번째 원에 속하게 될 이해관계자들의 자리가 서로 뒤바뀌게 됩니다.

학교 앱이라는 시스템을 두고 최종 사용자를 둘로 나누어서 서브 시스템을 구성할 수도 있을 것입니다. 각 최종 사용자를 학생이나 교직원으로 두고 두 번째 원과 네 번째 원의 변화에 대한 관찰을 통해서 서비스 시스템의 형태를 예상하고 그와 관계될 이해관계자를 구성할 수 있습니다.

tip

- 대상의 목적에 따라서 이해관계자가 확연히 달라질 수 있습니다. 비전 확인하기 게임의 선행을 통해서 게임의 목적을 정하는 것이 좋습니다.
- 이 게임의 결과를 통해서 시스템과 직접적인 관계에 있는 이해관계자를 찾고 그 이해관계자와 시스템의 관계를 통해서 서브 시스템의 형태를 예상할 수 있습니다.
- 시스템이나 제품과 관계되는 인물을 찾는다는 점에서는 영향도의 원 게임과 비슷하지만 각 동심원이 나뉘어서 영역을 구분해줌으로써 직접적인 (비즈니스적) 이해관계자를 찾는데 좀 더 상세한 가이드를 제공해줍니다.

2 영향도의 원

1) 어떤 게임일까요?

주최측의 준비가 필요한 정도
☐ 많은 준비가 필요
☐ 약간의 준비가 필요
☑ 거의 필요 없음

참가자의 준비가 필요한 정도
☐ 많은 준비가 필요
☐ 약간의 준비가 필요
☑ 거의 필요 없음

활용할 수 있는 게임 단계
☐ 우선순위 및 정제
☐ 요구사항 도출
☑ 이해관계자 식별
☐ 비전 확인하기

적합한 대상
☑ 솔루션-신규 시장
☑ 솔루션-버전 업
☑ SI-신규 사업
☑ SI-유지보수

참가자(SI)
☐ 발주회사의 고객
☑ 발주회사(팀원)
☑ 수주회사(팀원)

참가자(솔루션)
☐ 사용고객의 고객
☑ 솔루션 사용고객
☑ 개발사(팀)

2) 누가 나를 도와 줄 수 있나? 도움을 줄 수 있는 사람을 모두 찾자!

여러분은 페이스북이나 트위터를 하고 계신가요? 페이스 북 친구는 몇 명인가요? 최근 소셜 네트워크 서비스(SNS : Social Network Service)가 IT 업계의 큰 화두 중 하나가 되고 있습니다. 누리 소통망, 사회 관계망 서비스로도 지칭되는 이 서비스는 대표적으로 페이스 북(http://www.facebook.com)과 트위터(http://www.twitter.com), 인스타그램(http://instagram.com) 등이 있으며 그중에서도 SNS의 선도자격인 페이스북은 2013년 이용자수가 11억을 돌파할 정도로 크게 확산되고 있습니다. 그중에서 링크드 인(https://www.linkedin.com)이라는 비즈니스 네트워크 인맥 전문 소셜 사이트도 주목을 끌고 있습니다. 그러한 사회적 현상과 함께 온라인과 오프라인을 망라한 인맥관리가 다시 한 번 이슈가 되고 있습니다. 그럼 이런 온-오프라인을 통해 구축한 인맥은 특정 작업에 어떠한 도움이 될까요?

Deb Colden의 영향도의 원(Circles of Influence) 게임은 성공을 위한 인맥 네트워크를 확인하는 데 도움을 줍니다. 인맥 네트워크를 확장하고 프로젝트의 계획들에 대한 생각의 전환점을 가져올 수 있는 게임이 될 것입니다. 단순히 사업적인 인맥관계나 이해관계자를 식별하는 것이 아니라 개인의 인맥 네트워크를 망라하여 그림을 그립니다. 이 그림은 목표를 이루기 위해 어디서 어떻게 도움을 받을 수 있는지 가늠해 볼 수 있도록 할 것입니다.

이 게임의 시각적인 구성과 다양한 부서 간의 협력활동은 목표를 이루기 위해서 도움을 줄 수 있는 사람을 확인할 수 있게 해줍니다. 특정한 이름을 적음으로써, 잠재적인 관계의 도움을 주고받을 수 있는 측면을 생각해보게 하고 목표를 이루는 방법을 좀 더 명확하게 생각하게 해줍니다. 아는 사람들의 도움을 이용해서 인맥 네트워크를 확장하고 일을 훌륭하게 완수해봅시다.

3) 게임하기

뭐가 필요할까?	
주최측	참가자
커다란 종이나 화이트 보드, 차트를 그릴 색연필이나 사인펜, 접착 노트, 참가자 수 만큼의 한가지 색 사인펜	

■ 게임 준비

커다란 종이나 화이트 보드 위에 목표를 한 문장으로 적어봅니다. 그 아래에 2개의 커다란 원을 나란히 그리고, 왼쪽 원에는 체크 마크를 오른쪽 원에는 웃는 얼굴을 그립니다. 그리고 각 원에 아래와 같은 이름을 씁니다.

■ 게임 진행

- 왼쪽 원(비즈니스적 인맥) : 프로젝트와 관련하여 직접 영향을 끼치게 되는 이해관계자들
- 오른쪽 원(개인적 인맥) : 프로젝트에 직접 관여되어 있지는 않지만 도움을 구할 수 있는 사람들

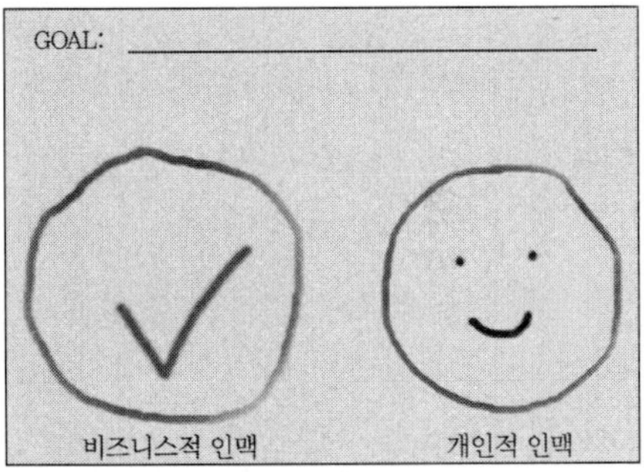

일단, 목표를 이루기 위해서 도움을 줄 수 있는 사람들의 이름을 팀원과 의논하여 작성합니다. 각 이름을 접착 노트에 적고 '비즈니스적 인맥' 원 주위에 붙입니다. 이 사람들과 맺고 있는 관계와 인맥 네트워크를 생각해봅니다.

'개인적 인맥'을 위해서 비슷한 과정을 진행합니다. 이것은 개인적인 친분이 있는 사람을 위한 것인데, 비즈니스를 도와줄 수 있는 사람이냐 하는 것과는 별개로 격려나 충고를 주고 어떤 형태로든 의지할 수 있는 사람을 적습니다. 프로젝트나 개발이 시작될 때 어떻게 시작해야 할지 혹은 실천 형태에 대해서, 돌발 상황을 해결하기 위해서 조언을 구하고 싶을 때 이곳에 적힌 사람들이 도움을 구하기에 적합한 사람들입니다.

■ 결과 정리

모든 사람이 다 적혀졌다고 생각된다면, 각 사람을 어떻게 연결해서 이로움을 얻을 수 있을지 팀원과 함께 생각해보고 적어봅니다. 그려진 원안에 있는 사람들에게 어떤 것을 주고 어떤 것을 받을 수 있을지, 어떻게 win-win 할 수 있을지 생각해봅시다.

앱 개발하기에 앞서 도움을 줄 수 있는 사람을 찾아보기

학교 앱이라는 SW개발을 성공적으로 이끌기 위해서 도움을 줄 수 있는 사람들을 확인하고 그들에게 무엇을 주고 무엇을 받을 수 있는지 또한 그러한 것들이 프로젝트에 어떠한 영향을 가져오는지 생각해보는 시간을 갖기 위해 이 게임을 진행하였습니다.

먼저 게임 설명을 5~10분 동안 간략하게 진행합니다. 게임을 진행하면서 가장 어려운 부분은 오른쪽에 있는 '개인적 인맥'의 원에 포함되게 될 사람들에 대해서 이해하는 부분이었습니다. 이해관계자를 찾는 데에서 프로젝트와 관계가 없는, 개인적 친분을 적어 넣는 일이 이상하게 느껴질 수 있습니다. 때로는 왼쪽의 원과의 경계가 모호할 때도 있습니다. 간단한 예시로 게임을 이해하는 데 도움을 줄 수 있을 것입니다. 또, 두 원 사이의 경계를 구분하는 일에는 너무 부담을 갖지 않도록 분위기를 유도합니다. 이 게임의 목적은 최대한 많은 인맥 망을 확인함으로써 숨겨진 이해관계자나 도움을 줄 수 있는 사람들을 찾는 것이기 때문입니다.

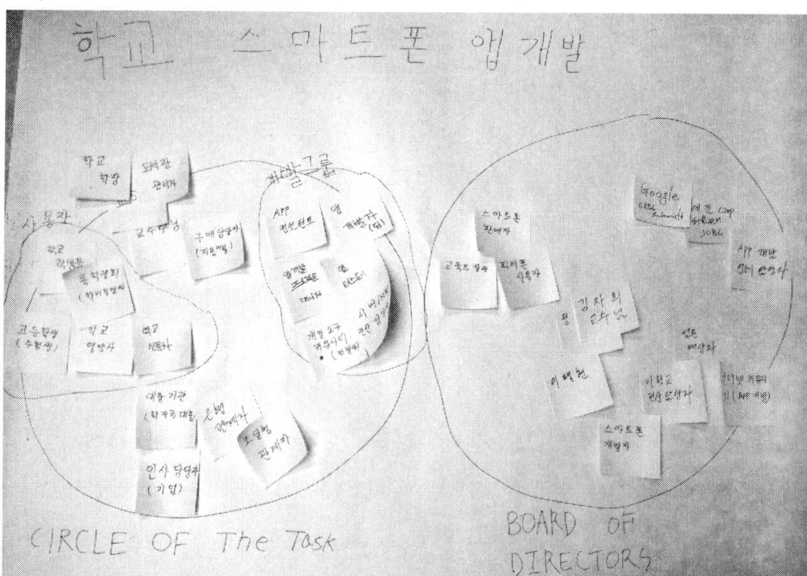

업무적으로 직접적인 관계를 맺고 있는 이해관계자 및 비즈니스적 인맥을 찾는 왼쪽 원에는 '학교 학생들', '총학생회(학비 부담자)', '고등학생(수험생)', '학교 영양사', '학교 신문사', '학교 학장', '도서관 관장', '교직원', '교수님', '구매 담당자(비용지불)', '대출 기관(학자금 대출)', '인사 담당자(기업)', '은행 관계자', '조달청 관계자', 'APP 컨설턴트', '앱 개발자(팀)', '앱 개발 프로젝트 매니저', '앱 테스터', '개발 도구 커뮤니티(개발자)', '서버/HW 전산 담당자' 등의 이해관계자가 나왔습니다.

이 부분은 게임에 참가하는 사람들이 어떠한 팀으로 구성되었느냐에 따라 결과가 전혀 다르게 나타날 것입니다. 게임 참가자들이 발주자들이라면 실질적 사용자와 개발 그룹들이 주로 나타날 것이고, 수주처나 개발팀에서 이 게임을 진행한다면 스폰서나 사용자들을 중심으로 나타날 것입니다. 이 예시활동에서는 이러한 것들이 혼재되어 나타나 있습니다.

폭 넓은 인맥 망을 고려하기 위해서 다양한 계층의 이해관계자들이 여러 팀에서 참여할 수 있도록 진행하는 것이 좋을 것입니다. 팀을 각각 나누어서 하나의 원안에서 입장이 혼재되지 않도록 하는 것이 유용한 결과를 도출하기 위해 좀 더 쉬울 것입니다.

프로젝트와 직접 관계를 맺고 있지는 않지만 도움을 줄 수도 있는 개인적 인맥을 찾는 오른쪽 원에는 앱을 개발하는 중에 어려운 점이 생기면 교수님께 조언을 구할 수 있을 거라는 생각에서 '교수님' 이름이 붙여졌습니다. 이 외에도 다양한 의견들이 있었습니다. 앱은 스마트폰 사용자만을 대상으로 하므로 혜택을 받지 못하게 되는 '피쳐폰 사용자로부터도 어떠한 의견을 들을 수 있을 것이다.'라는 의견과 '설문을 통해서 잠재 고객들의 의견을 듣는 방법도 있을 것이다.', 개발팀의 입장에서는 개발 중에 문제가 생겼을 때 '인터넷 커뮤니티'에 조언을 구할 수도 있을 것이고, '다른 학교 전산 담당자'로부터 경험에 따른 특별한 조언을 구할 수 있을지도 모른다.'라는 의견도 있었습니다. 또, '스마트폰 앱이니까 스마트폰 개발자도 뭔가 도움을 줄 수 있지 않을까?'라는 의견이 있었고, 'APP 개발 업체 담당자' 또한 반드시 포함되어야 할 것이라 했습니다. 이 부분은 왼쪽 원으로 들어가야 할지도 모른다는 의문이 있었지만, 비즈니스적인 관계가 아니라 개인적인 부분으로도 도움을 구할 수 있다고 생각돼서 오른쪽에 위치하게 되었는데, 만약 게임의 참가자들이 앱의 개발을 발주하는 발주자였다면 왼쪽에 붙었을 것입니다. 그 외에도 '스마트 폰 판매자'라는 관계자도 있었고 재미있었던 인맥은 '교육부 장관', 'Google Corp. Eric Schmidt', '애플 Corp. Steve Jobs'라는 이름들도 제시되었습니다. 이것은 현실적으로 가능한 활용 가능한 인맥은 아니지만 제한 없이 아이디어를 수집하는 것에 목적을 두는 브레인스토밍에 활력을 제공해주는 아이디어가 되어줄 수 있습니다.

두 원에 대한 모든 인맥 망이 확인된 후 완성된 차트를 어떻게 활용해야 할지 의논하기 위해서 일단 그룹화를 시작했습니다. '개발 그룹'이나 '사용자' 그룹 등이 나왔고, 각 그룹들이 어떠한 것을 원하는지, 어떠한 것을 제공할 수 있는지 생각해보았고, 각 그룹 사이에 어떠한 관계와 어떠한 의사소통 경로가 있는지를 고민해보고 토론해보는 시간을 갖습니다.

tip

- 도움이 될 수 있는 사람들을 최대한 '많이' 찾아내는 것이 목적이므로 제한 없는 발산적 사고를 하도록 유도합니다.
- 차트가 완성된 후에 도출된 인맥을 활용하기 위한 정리법을 게임 전에 가이드로 만들어 두는 것이 좋습니다.(ex, 그룹핑)
- 비즈니스적인 이해관계자를 위한 요소가 원 하나로 단순히 표현되어 있어서 비즈니스적 이해관계자를 찾기보다는 프로젝트를 수행하는 데 있어서 도움을 줄 수 있는 사람들을 폭넓게 찾아보는 계기를 마련해줍니다.
- 영향도의 원 게임의 비즈니스적 인맥을 좀 더 자세히 찾아내기 위해 이해관계자 영향도의 원 게임을 혼합해서 이용할 수 있습니다. 그 형태를 아래와 같이 소개합니다.

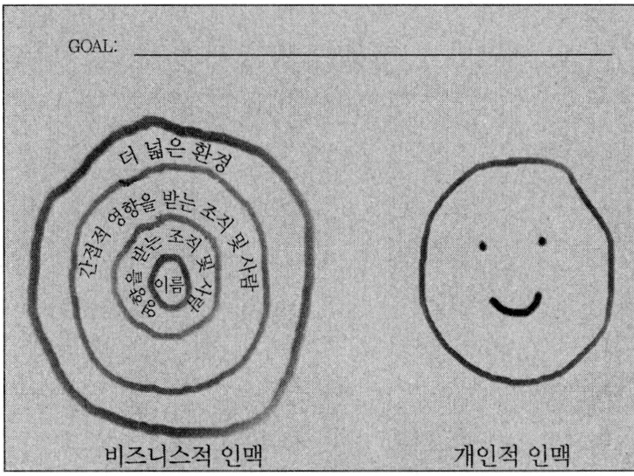

3 RACI 매트릭스

1) 어떤 게임일까요?

주최측의 준비가 필요한 정도
- ☐ 많은 준비가 필요
- ☐ 약간의 준비가 필요
- ☑ 거의 필요 없음

참가자의 준비가 필요한 정도
- ☐ 많은 준비가 필요
- ☐ 약간의 준비가 필요
- ☑ 거의 필요 없음

활용할 수 있는 게임 단계
- ☐ 우선순위 및 정제
- ☐ 요구사항 도출
- ☑ 이해관계자 식별
- ☐ 비전 확인하기

적합한 대상
- ☑ 솔루션-신규 시장
- ☑ 솔루션-버전 업
- ☑ SI-신규 사업
- ☑ SI-유지보수

참가자(SI)
- ☐ 발주회사의 고객
- ☑ 발주회사(팀원)
- ☑ 수주회사(팀원)

참가자(솔루션)
- ☐ 사용고객의 고객
- ☑ 솔루션 사용고객
- ☑ 개발사(팀)

2) 역할과 책임을 명확히!

KBS에 방영되는 프로그램 중에 '시청자 칼럼 우리가 사는 세상'이라는 프로그램이 있습니다. 15분 정도 짤막하게 진행되는 이 프로그램은 시청자들이 겪는 실제 불편한 상황에 대해서 제보 받고 방송하여 관련 기관에서 해결할 수 있도록 도와주는 프로그램인데요. 제보되는 사연중에는 '책임지는 사람 혹은 기관, 부서를 찾을 수가 없어서 문제를 해결하지 못하고 있다'라는 사연이 많은 비중을 차지하고 있습니다. 그러한 이야기 중에 하나는 원룸 주인 이씨의 사연이 있었습니다. 하수관거 정비사업 공사 후 갑자기 수도요금이 4~5배 가까이 오르는 문제가 발생했다고 합니다. 그래서 이씨는 자비를 들여서 확인 공사를 했고 확인 결과 하수관거 공사 도중 수도관이 파손되었다고 의심되는 상황이 발견되었다고 합니다. 그러나 공사를 발주한 곳에서는 수주 받은 곳이 민자 사업이기 때문에 관리 책임이 없다는 입장을 밝혔고 이씨는 피해에 대한 보상을 받지 못했다고 합니다. 이처럼 예기치 못한 문제가 발생했을 때 책임지는 사람을 찾기란 쉽지가 않습니다. 책임지는 사람이 없다면 그 문제는 해결되지 못한 채 계속 방치될 것입니다.

SW개발 프로젝트를 진행하는 중에 문제가 발생했을 때 가장 먼저 해야 할 일은 관련 업무의 담당자를 찾아서 해결하도록 하는 것일 겁니다. 하지만 만약 담당자가 명확하지 않다면 어떻게 될까요? 아마 문제를 해결하기가 한층 힘들어 질 것입니다. RACI 매트릭스는 경영 전략에서 자주 사용되는 툴 중에 하나로 프로젝트에 대한 역할과 책임에 대해 분명히 하기 위한 활동입니다. 각 업무에 대한 책임과 역할을 식별하고 명확히 하기 위해 **권한**(A)과 **책임**(R), **자문**(C)과 **정보통**(I)이라는 네 가지 역할을 분류합니다. 간혹 업무 실행에 있어 자원 제공 및 지원 역할을 하는 지원(S, supportive)이라는 역할을 추가하여 RASIC 매트릭스로 사용되기도 합니다. 일반적으로 하나의 업무에 책임을 지는 사람(R)이 없다면 문제가 생길 수 있을 것입니다. 반면에 하나의 업무에 복수의 R이 있다면 책임 소재에 복수가 생길 수 있어서 원활한 의사소통에 오히려 방해가 될 수 있습니다. 이럴 경우엔 하위 업무로 나누어 책임을 분명히 할 수도 있습니다.

이 활동을 통해 프로젝트가 시작되기 전에 미리 역할과 책임의 소재를 분명히 한다면 프로젝트 중에 있을 모든 의사소통이 좀 더 매끄럽게 진행될 것이며 갑작스런 문제가 발생했을 때도 비교적 유연하게 대처할 수 있을 것입니다. 또 잘 드러나지 않은 역할을 가지는 이해관계자를 새롭게 식별해낼 수 있다는 장점이 있습니다.

3) 게임하기

뭐가 필요할까?	
주최측	**참가자**
커다란 종이나 화이트 보드, 차트를 그릴 색연필이나 사인펜	도메인에 관계되는 이해관계자에 대한 사전 조사 및 참고 자료가 필요(조직 관계도 등)

■ 게임 준비

업무 목록의 수나 도출될 이해 관계자가 늘어나면서 필요한 지면이 커질 수 있으므로 되도록 큰 종이를 준비합니다. 이 게임을 진행하기 전에 영향도의 원이나 이해관계자 양파 도표를 통해 이해관계자 목록을 미리 준비하는 것이 좋습니다.

	이해관계자 1	이해관계자 2	이해관계자 3	이해관계자 4
Task 1	C	R	R	A
Task 2	R/A	C/I	R	C/I
Task 3	A	C		R
Task 4	I	A	R	

■ 게임 진행

가장 먼저 해야 할 일은 업무를 식별하는 일입니다. 프로젝트가 진행되는 동안 진행될 업무 목록을 찾습니다. 너무 상세하거나 너무 상위 레벨의 업무가 되지 않도록 합니다. 어느 수준의 업무 목록이 될지는 진행하는 프로젝트의 종류에 따라 달라 질 것입니다. 예를 들어 SW개발에 관련된 기획부터 분석 및 설계 개발, 인수까지의 모두 과정에 대한 RACI를 그리고자 한다면 업무 목록이 넓은 범위 업무가 될 것입니다. 반면에 SW 구현에 한한 RACI를 그리게 된다면 DB관련 업무, UI관련 업무, 테스트 관련 업무 등 좀 더 상세한 업무 목록을 갖게 될 것입니다. 위에서 설명한 것처럼 한 업무에 중복의 R이 있다면 업무 목록을 좀 더 세분화할 것인지를 토론합니다.

식별한 업무의 수 만큼 표의 열을 그리고 업무를 표에 적어 넣습니다. 각 업무 별로 R/A/C/I의 역할을 가지는 이해관계자를 나열하고 업무와 이해관계자가 교차되는 칸 안에 역할을 의미하는 기호를 적습니다.

R/A/C/I의 역할은 아래 표와 같습니다.

R(책임, Responsible)	작업 수행에 책임을 가지는 담당자로서 업무를 다른 사람에게 위임하거나 다른 사람의 도움을 받을 수 있지만 궁극적으로 업무에 대한 책임을 지게 됩니다.
A(권한, Accountable)	(단 한명) 의사결정자 역할로 적당한 사람에게 업무를 할당하는 책임을 가지며 작업해도 좋다는 승인, 서명을 합니다.
C(자문, Consulted)	작업 완수를 위한 정보 능력을 가진 사람입니다. 양방향 커뮤니케이션을 통해 조언, 차선책, 컨설팅 등을 제공합니다.
I(정보, Informed)	업무를 직접 담당하지는 않지만 진행 상황에 대해 보고합니다.

RACI를 적을 때는 아래와 같은 작성 원칙을 준수합니다.

- 한 업무에 대해 R과 A는 반드시 존재해야 한다.
- 한 업무에 대해 A는 한 주체에게만 할당 할 수 있다.
- 한 업무에 대해 C와 I가 반드시 존재할 필요는 없다.
- R/A와 C/I는 한 주체에게 동시에 할당 될 수 있다.

■ 결과 정리

표를 정리하고 결과를 통해서 이해관계자를 식별해내고 그들과의 소통을 통해서 어떻게 프로젝트를 성공적으로 진행시킬 수 있을지 토론해봅니다. 쉽게 표출되지 않았던 이해관계자이지만 이 게임의 결과를 통해서 새롭게 인식된 이해관계자가 있습니까? 프로젝트를 성공적으로 이끄는 가장 큰 영향력을 행사할 수 있는 이해관계자는 누구입니까? 프로젝트를 성공적으로 이끌기 위해서는 어떤 이해관계자와 어떤 관계를 유지해야 할까요?

앱 개발을 업무별로 나누고 각각의 이해관계자를 찾자

게임을 시작하면서 게임 참가자들이 어려워한 부분은 업무 목록을 작성하는 일이었습니다. 게임 참가자들이 어떤 분야에서 일을 하는지에 따라서 업무 목록의 기준이 달라질 수 있을 것입니다. 이 활동에서의 게임 참가자들은 앱을 개발하고 사용까지의 단계를 세분화하지 않고 큰 범위로 나누어서 진행을 하였고, 앱 기획 · 개발, 앱 배포 · 관리, 앱 사용, 앱 유지의 4개의 **업무**로 나누었습니다. 이해관계자를 찾기 위해 가장 쉽게 시도해 볼 수 있는 작업은 각 업무에 반드시 존재해야하는 A와 R에 해당하는 이해관계자를 적는 일입니다. 앱 기획 · 개발의 업무의 **의사 결정자(A)**는 '교내 기획/총괄 팀'이 됩니다. **작업 수행에 대한 책임자(R)**로 '외부 엔지니어 및 디자이너'가 있을 것이고, 회계팀과 같은 '예산 진행자'가 있을 것입니다. **작업 이전에 토론 대상이 되며 정보를 제공해줘야 하는(C)** 이해관계자로 '교수진', '학생', '교내 복지 · 편의 · 행정관리 사무직', '교내 외부 사업자', '외주 업체'가 있습니다.

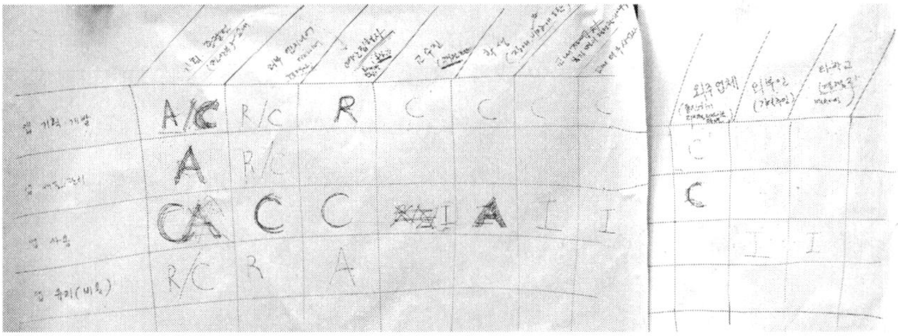

앱 배포 · 관리 업무의 의사 결정자는 위의 업무와 마찬가지인 '교내 기획/총괄 팀', 작업 수행에 대한 책임자는 '외부 엔지니어 및 디자이너'가 됩니다. 이 업무의 작업 이전에 토론 대상이 되며 정보를 제공해줘야 하는 이해관계자로는 '외주 업체'가 있습니다.

마찬가지 과정을 통해서 앱 사용 업무에 대한 이해관계자를 도출하였고 이 업무의 의사 결정자는 '학생'이 되었습니다.

앱의 배포 후 사용되는 기간 중 유지 및 관리되는 업무에 대해서는 유지 및 관리에 들어가는 비용적인 측면에 초점을 맞추었고 그에 따른 의사 결정자는 '예산 집행자'가 된다고 했습니다. 작업 이전에 토론 대상이 되며 정보를 제공해줘야 하는 이해 관계자로 '교내 기획/총괄 팀', '외부 엔지니어 및 디자이너', '예산 진행자'가 있으며 자신들의 작업 결과를 알려주거나 정보를 얻어 오게되는 이해관계자(I)에는 '교내 복지 · 편의 · 행정관리 사무직', '교내 외부 사업자', '외부인(지역 주민)', '타 학교(경쟁자)'가 있습니다. 이 이해관계자는 이해관계자 양파 도표의 네 번째 원에 해당하는 주변 환경과 관련된 이해관계자와 비슷합니다. 직접적으로 관계하지 않을 수 있지만 정보나 도움을 얻을 수 있는 이해관계자들입니다.

이 게임을 통해서 도출된 모든 이해관계자는 '교내 기획/총괄 팀', '외부 엔지니어 및 디자이너', '예산 진행자', '교수진', '학생', '교내 복지 · 편의 · 행정관리 사무직', '교내 외부 사업자', '외주 업체', '외부인', '타학교'가 있습니다.

tip

- 이해관계자를 찾는 일을 시작하기 어렵다면 각 업무별 의사 결정자(A)와 업무 수행에 대한 책임자(R)를 찾는 것부터 시작할 수 있습니다.
- 정보를 얻어오게 되는 이해관계자(I)는 이해관계자 양파 도표의 네 번째 원에 해당하는 이해관계자와 유사한 성향을 보일 수 있습니다.

09 게임5: 식별된 이해관계자 분석하기

1 영향과 관심도표

1) 어떤 게임일까요?

주최측의 준비가 필요한 정도	참가자의 준비가 필요한 정도	활용할 수 있는 게임 단계
		□ 우선순위 및 정제
□ 많은 준비가 필요	□ 많은 준비가 필요	□ 요구사항 도출
□ 약간의 준비가 필요	□ 약간의 준비가 필요	☑ 이해관계자 식별
☑ 거의 필요 없음	☑ 거의 필요 없음	□ 비전 확인하기

적합한 대상	참가자(SI)	참가자(솔루션)
☑ 솔루션-신규 시장		
☑ 솔루션-버전 업	□ 발주회사의 고객	□ 사용고객의 고객
☑ SI-신규 사업	☑ 발주회사(팀원)	☑ 솔루션 사용고객
☑ SI-유지보수	☑ 수주회사(팀원)	☑ 개발사(팀)

2) 이해관계자와의 의사소통을 원활히!

영향과 관심도표는 이해관계자 식별을 위한 도구 및 기법으로 소개되고 있는 '이해관계자 매트릭스(Stakeholder Map)'를 기반으로 한 게임입니다.

이해관계자의 관심사 수준과 영향력 수준을 매트릭스에 맵핑함으로써 프로젝트와 관련된 이해관계자를 정의하고 고려해야 할 역학 관계를 총체적으로 파악할 수 있도록 합니다. 관계를 식별하는 과정을 통해서 프로젝트를 성공적으로 끌고 가기 위해 이해관계자들과의 원활한 의사소통 전략을 제시합니다. 프로젝트를 진행하는 동안 중요한 역할을 하는 이해관계자를 확인하고 적절한 의사소통을 유지하게 하며, 관심이 부족한 이해관계자가 누구인지 확인하고 그 중에서도 프로젝트를 성공적으로 끌기 위해 반드시 그들의 관심을 끌고 와야 하는 이해관계자를 확인하게 해줍니다.

사분면의 형태로 이루어지며 단지 영향력과 관심도 두가지 요소에 대해서 고찰을 하게 되는 이 게임은 비교적 간단하며 의사소통 전략을 세우기에 너무 복잡하거나 어렵지 않은 적절한 구분을 제시합니다.

3) 게임하기

뭐가 필요할까?	
주최측	참가자
커다란 종이나 화이트 보드, 차트를 그릴 색연필이나 사인펜, 접착 노트, 참가자 수 만큼의 한가지 색 사인펜(이해관계자 식별 과정을 통해 도출된 이해관계자 목록)	

■ 게임 준비

커다란 종이나 화이트보드 위에 2X2의 표를 그립니다. x축은 이해관계자의 영향도, y축에는 이해관계자의 관심도라고 이름을 적습니다.

이 게임 이전에 영향도의 원이나 이해관계자 양파도표와 같은 이해관계자 식별을 위한 게임을 진행 했었다면 그 결과로 도출된 이해관계자 목록을 접착 노트에 하나씩 적어서 준비합니다.

■ 게임 진행

각 접착 노트들을 이해관계자의 영향도와 관심도에 비례하여 매트릭스 위 적당한 위치에 붙입니다. x축 선상의 오른쪽으로 갈수록 이해관계자가 프로젝트에 가지는 관심도가 높으며, y축 선상의 위로 갈수록 이해관계자가 프로젝트에 미치는 영향도가 높습니다.

그래서 결과적으로 각 칸에는 다음과 같은 특징을 가지는 이해관계자가 모이게 됩니다.

- 1번 칸 : 이해관계자가 프로젝트에 미칠 수 있는 영향도도 높으며 관심 또한 높습니다.
- 2번 칸 : 이해관계자가 프로젝트에 미치는 영향도는 높지만 관심도는 낮습니다.
- 3번 칸 : 이해관계자가 프로젝트에 미칠 수 있는 영향도도 낮으며 관심 또한 낮습니다.
- 4번 칸 : 이해관계자가 프로젝트에 미칠 수 있는 영향도는 낮지만 관심은 높습니다.

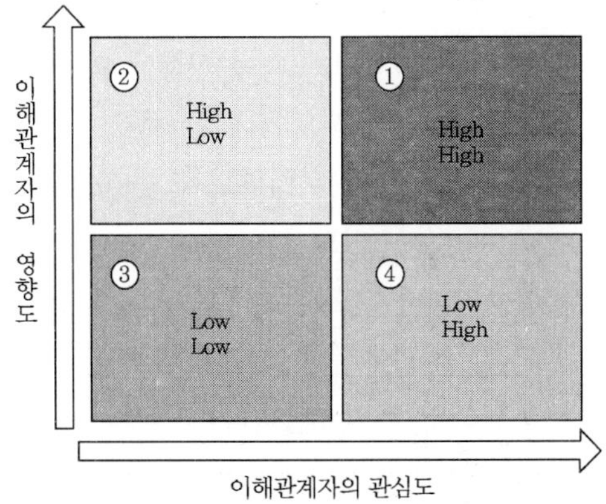

하나의 칸 안에서도 좀 더 많은 관심을 가지는 이해관계자는 좀 더 오른쪽에 위치하게 되며 더 높은 영향도를 가지는 이해관계자가 더 위쪽으로 위치하게 됩니다. 예를 들어 프로젝트의 전반에 대한 책임을 가지고 있으며 예산을 결정할 수 있는 위치의 이해관계자라면 당연히 관심과 영향이 모두 높을 것입니다. 따라서 1번 칸 중에서도 우측 위쪽 모서리쯤에 위치하게 될 것입니다.

■ 결과 정리

매트릭스에 매핑하는 과정이 끝났다면 각 칸에 어떠한 이해관계자가 위치했는지 확인하고 어떠한 결과를 끌어낼 수 있는지 토론해봅니다. 2번 칸에 있는 이해관계자는 1번 칸으로 옮겨질 수 있는 가능성이 있습니다. 어떻게 하면 그들의 관심도를 끌어올려 적극적인 참여를 유도할 수 있을지 생각해봅니다.

각 칸에 위치하는 이해관계자와 의사소통을 할 때에 다음과 같은 사항을 염두에 두는 것이 좋습니다.

- 1번 칸 : 프로젝트를 성공적으로 이끌기 위해 원활한 의사소통이 지속되어야 하며 프로젝트 진행에 이들의 동의가 필수적입니다.
- 2번 칸 : 프로젝트에 대한 관심이 적어 참여에 소극적일 수 있지만 프로젝트에 끼치는 영향도가 높기 때문에 이들의 관심을 얻고 요구를 만족 시킬 수 있도록 합니다.
- 3번 칸 : 영향도와 관심도가 모두 낮은 이 이해관계자들은 자칫 소홀해지기 쉽습니다. 이해관계자들의 관심사나 영향력이 변경되지 않는지 모니터링이 필요합니다.
- 4번 칸 : 영향도에 비해서 관심이 높은 이 그룹의 이해관계자는 관리 미흡에 대한 불안을 느끼고 높은 우려를 표명할 수도 있습니다. 따라서 지속적인 정보를 제공해주도록 합니다.

누가 학교 앱에 관심이 많을까?

이해관계자 분석 단계 이전에 이해관계자를 찾아내기 위한 활동으로 이해관계자 양파 도표 게임을 진행하였고 찾아낸 이해관계자 접착 노트를 2x2의 영향과 관심도표 위에 적절히 배치하도록 하였습니다.

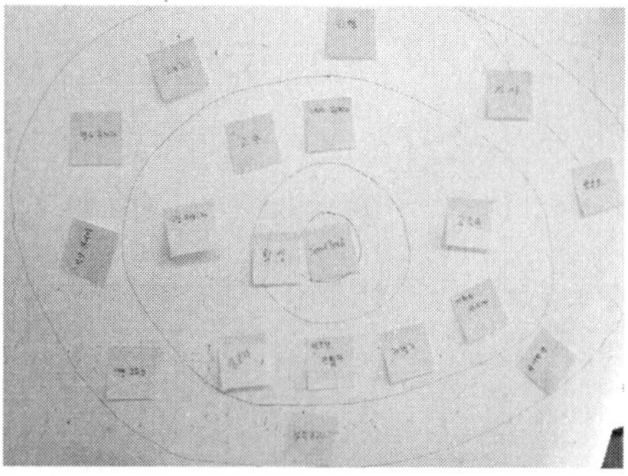

영향도와 관심도 모두 높은 칸에 들어가는 이해관계자는 학생, 개발자, 학부모가 있었고, 그 중에서도 학부모에 비해서 개발자와 학생의 영향도가 더 높게 배치된 것을 볼 수 있습니다. 또한 실 사용자인 학생은 개발자보다

도 관심도가 높은 것으로 배치되었습니다.

관심도가 낮지만 영향도가 높은 이해관계자에는 교수와 교직원, 기숙사 관리자, 어학원 관리자, 식당 관리, 학군단 관계자가 있었습니다. 그 중에서도 교수와 교직원은 다른 이해관계자에 비해서 관심도가 높았으며, 교수가 교직원보다 영향도가 높은 것으로 배치되었습니다. 교수의 관심도가 낮다라고 생각한 것은 사용자가 학생 중심의 앱인 것으로 그 목적을 정했기 때문입니다. 만약 교수나 교직원을 포함하는 앱이 목적이었다면 위치가 다른 칸으로 옮겨졌을 것입니다.

관심도가 높지만 영향도가 낮은 이해관계자에는 광고자, 예비 신입생, 기자, 기업 관계자 그리고 외부 강사가 있었습니다. 그 중에서도 광고자와 예비 신입생이 가장 관심도가 높게 평가되었고, 기업관계자와 외부 강사는 비교적 관심도가 낮은 것으로 배치되었습니다.

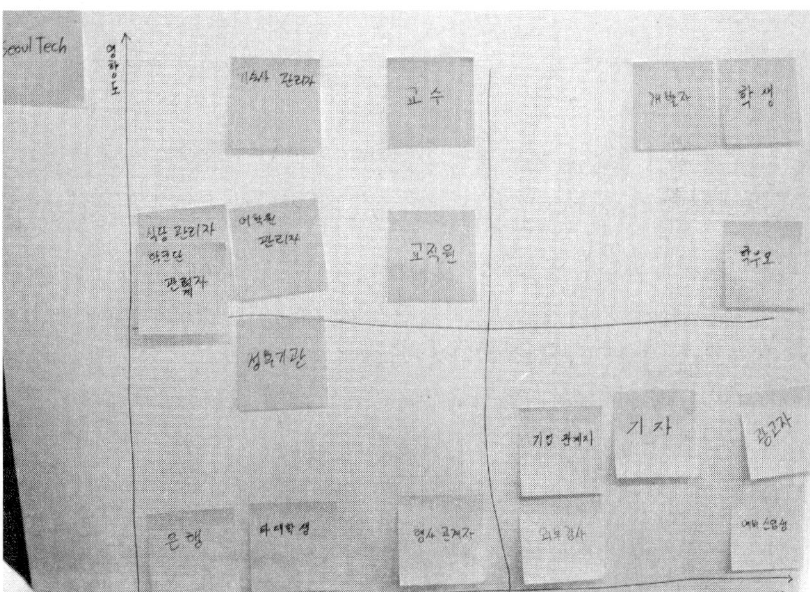

관심도와 영향도 모두 낮은 이해관계자는 정부 기관, 은행, 타 대학생, 행사 관계자가 있었고 그중에서도 정부기관은 비교적 영향도가 높아 칸의 경

계선 가까이에 배치되었고 나머지 세 이해관계자들은 가장 아래쪽에 배치되었습니다. 그 중에서도 은행이 가장 낮은 영향도와 관심도를 갖는 것으로 배치되었습니다.

이제 완성된 매트릭스의 결과를 정리하고 프로젝트를 성공시키기 위해서 이해관계자들과 어떠한 관계를 유지해야 하는지 생각해 볼 수 있습니다. 학생이 가장 큰 관심과 영향도를 가지고 있다고 분석되었기 때문에 우리는 개발을 진행하면서 학생의 피드백을 확인하고 수용하기 위한 노력을 최우선 과제로 삼아야 할 것이라고 예측할 수 있습니다. 다만, 이 전의 이해관계자를 도출해내는 과정에서 핵심 이해관계자를 충분히 도출해내지 못했다면 잘못된 결과를 가져올 수도 있을 것입니다. 앞서 이해관계자 양파 도표 게임에서도 언급했지만, 이해관계자를 찾아내는 과정에서 도메인의 조직 구성에 대한 숙지가 충분하지 못한 상태로 진행되어 핵심 이해관계자가 빠져 있는 것을 확인할 수 있습니다. 게임을 진행하면서 빠진 이해관계자를 보충해갈 수 있도록 합니다. 영향도가 높지만 관심도가 낮은 그룹의 관심을 끌어올리기 위해서 할 수 있는 노력에는 어떤 것이 있을까요. 개발할 앱이 교수와 교직원들에게 어떠한 편리함이나 이득을 가져다 줄 수 있는지 어필해 볼 수 있을 것입니다. 앱을 이용해서 식당의 수익을 올리도록 도움을 줄 수 있는 방법이 있다고 한다면 식당 관리자의 관심도 올라갈 것입니다.

tip

- 이해관계자 양파 도표나 영향도의 원 등의 이해관계자 식별을 위한 게임 이후에 이해관계자 분석을 위한 게임으로 활용할 수 있습니다.
- 이전의 게임에서 이해관계자가 충분히 도출되지 않았다면 더 추가할 수 있도록 합니다.

2 돌출 모델

1) 어떤 게임일까요?

주최측의 준비가 필요한 정도	참가자의 준비가 필요한 정도	활용할 수 있는 게임 단계
		☐ 우선순위 및 정제
☐ 많은 준비가 필요	☐ 많은 준비가 필요	☐ 요구사항 도출
☑ 약간의 준비가 필요	☐ 약간의 준비가 필요	☑ 이해관계자 식별
☐ 거의 필요 없음	☑ 거의 필요 없음	☐ 비전 확인하기

적합한 대상	참가자(SI)	참가자(솔루션)
☑ 솔루션-신규 시장		
☑ 솔루션-버전 업	☐ 발주회사의 고객	☐ 사용고객의 고객
☑ SI-신규 사업	☐ 발주회사(팀원)	☐ 솔루션 사용고객
☑ SI-유지보수	☑ 수주회사(팀원)	☑ 개발사(팀)

2) 확실한 이해관계자는 누구?!

돌출모델은 이름에서 알 수 있듯이 중요한 대상을 돌출되도록 하여 집중할 수 있도록 해줍니다. 각 이해관계자를 그들의 힘, 적합성, 긴급성 유무에 따라 등급을 부여하는데 두 가지 요소를 기준으로 분류를 하는 영향과 관심 도표에 비해서 조금은 복잡할 수 있습니다.

이해관계자가 가지는 요소별로 분류하여 아래 그림에서 볼 수 있는 벤 다이어그램을 그리게 되는데 각 영역별로 특징을 가지고 있습니다. 예를 들어 프로젝트를 수행하는 입장에서는 발주처의 사장이 큰 영향력을 갖고 있으므로 힘이 있다고 생각할 수 있지만 사장 입장에서 그 프로젝트는 수많은 일 중 하나이므로 프로젝트와 관련된 모든 업무에 일일이 영향을 미치기는 어려울 것입니다. 그리고 바쁜 사장님께 프로젝트의 수정사항을 그때그때 긴급하게 알려드리기도 어렵죠. 그러므로 발주처의 사장은 힘, 적합성, 긴급성 중 힘만을 가지는 이해관계자가 됩니다. 사장을 긴급성과 적합성이 배제된 힘의 원에 위치시키고 나면 이제 사장은 '휴화산'의 특징을 가지고 있다는 걸 알 수 있습니다. 이제 우리는 사장님에게 주기적인 보고를 통해서 프로젝트에 관심을 가지게 하되 너무 상세한 수준의 의사소통을 요구하지 않도록 하는 것이 좋겠다는 전략을 세울 수 있습니다.

이렇듯 돌출모델은 그들이 가지는 요소만으로 그들의 특징을 잡아내고 성공적인 프로젝트를 위한 의사소통 전략을 세울 수 있도록 도와줍니다.

3) 게임하기

뭐가 필요할까?	
주최측	**참가자**
커다란 종이, 차트를 그릴 색연필이나 사인펜, 접착 노트, 참가자 수 만큼의 한 가지 색 사인펜	

■ 게임 준비

이 전의 활동을 통해서 돌출된 이해관계자 목록이 있다면 접착 노트에 하나씩 이름을 적어 준비합니다.

커다란 포스터나 화이트 보드에 왼쪽 그림과 같이 세 개의 원을 그리고 그 안에 각각 힘, 긴급성, 적합성이라고 이름을 매깁니다. 자리에서 원을 그리기 힘들다면 미리 커다란 원이 그려진 종이를 준비해갈 수 있습니다.

■ 게임 진행

이해관계자가 적힌 접착 노트를 이해관계자가 가지는 의미를 고려하여 원의 적당한 위치에 배치시킵니다.

각 원이 가지는 의미는 다음과 같습니다.

- 힘(Power): 이해관계자가 프로젝트에 충분한 영향력을 행사합니다.
- 적합성(Legitimacy): 이해관계자의 역할이 프로젝트와 관련되어 있습니다.

- 긴급성(Urgency): 이해관계자와의 즉각적인 의사소통이 요구됩니다.

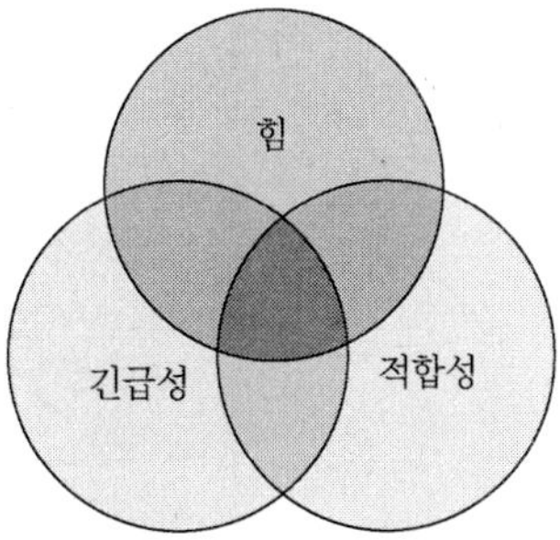

앞서의 관심과 영향도표가 같은 칸 내에서도 좀 더 영향력이 높거나 관심도가 높은 사람을 구분하여 배치하였다면 이 도출모델은 같은 원안에서의 위치는 차이가 없습니다. 대신 원이 중복되는 위치를 신경써야 합니다. 힘이나 긴급성, 적합성 각각 하나의 원에만 속하는 사람도 있고 힘과 긴급성, 힘과 적합성, 긴급성과 적합성 두 가지 모두에 속하거나 세 가지 모두에 속하는 사람이 있기도 하고 혹은 모두 다 속하지 않는 경우도 있습니다.

■ 결과 정리

모든 이해관계자가 모두 차트에 붙었다면 각 이해관계자가 가지는 의미에 대해서 토론해봅니다. 돌출 모델에서는 각 영역에 대해서 다음 장의 그림에서 보시는 것과 같은 이름으로 부르고 있습니다. 각 영역은 하나의 요소로 이루어지거나 두 개, 혹은 세 개의 요소가 중복되는 영역이며 몇 개의 요소가 중복되는지에 따라서 잠재 이해관계자, 기대 이해관계자, 확실한 이해관계자로 크게 구분 지을 수 있습니다.

■ 하나의 속성 : 잠재 이해관계자 : 낮은 돌출. 관리자는 이에 속하는 이해관계자에 대해 아무것도 하지 않을 수 있으며, 심지어 이해관계자로 인식하지 못 할 수도 있습니다.

- 5. 휴화산(Domant): 프로젝트에 영향을 끼칠 수 있지만 쉽게 도출되지 않을 수 있는 이해관계자들입니다. 프로젝트에 그들이 관심을 가질 수 있도록 유도하는 것이 좋습니다. 또한, 너무 상세한 수준의 의사소통을 무리하게 진행하는 것은 오히려 역효과가 날 수도 있습니다.
- 7. 요구많음(Demanding): 이 영역의 이해관계자들은 자신의 일이 항

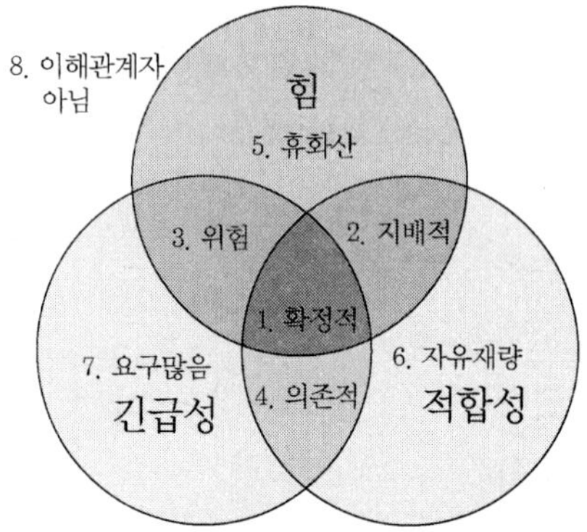

상 즉각적인 주의가 필요하다고 생각합니다. 만약 이 사람들에게 너무 많은 노력과 시간을 들이게 된다면 프로젝트 자원을 낭비하게 될 수도 있습니다. 다른 더 중요한 사람들이 있다는 것을 유념해야 합니다.

- 6. 자유재량(Discretionary): 휴화산과 마찬가지로 쉽게 도출되지 않을 수 있지만 프로젝트를 성공시키는데에 중요한 역할을 할 수 있습니다. 프로젝트에 대해 정기적인 보고를 통해서 그들을 만족시키는 것이 중요합니다.

■ 두개의 속성 : 기대 이해관계자 : 관리자는 이들이 무엇인가를 해줄 수 있을 것이라고 기대합니다.

- 3. 위험(Dangerous): 이 이해관계자는 힘과 긴급성을 가지지만 업무가 프로젝트와 적합한 역할을 가지지는 않습니다. 프로젝트에 직접 참여하지 않지만 다른 사람들을 통해서 프로젝트에 강제력을 행사할 수 있는 위치에 있을 수 있습니다. 그들의 영향을 적절히 유지하면서 만족을 충족시켜 줄 수 있도록 합니다.
- 4. 의존적(Dependent): 이 이해관계자는 실질적인 힘을 가지고 있지는 않지만 다른 이해관계자들에게 영향을 주는 형식으로 프로젝트에 영향을 줄 수 있기 때문에 관리가 필요합니다.
- 2. 지배적(Dominant): 이 이해관계자는 적합성과 힘을 가지지만 긴급성은 없습니다. 그들이 가지는 기대를 수용하되 항상 긴급하게 처리될 필요는 없습니다.

■ 세 개의 속성 : 확실한 이해관계자 : 관리자는 이 들에게 최고의 우선순위를 제공합니다.

- 1. 확정적(Definitive): 중요한 이해관계자로 지속적인 관심이 필요합니다.

앱 개발하기에 앞서 도움을 줄 수 있는 사람을 찾아보기

이전의 영향과 관심도표와 마찬가지로 이해관계자를 도출해내기 위해 이해관계자 양파 도표 게임부터 진행하였습니다. 이해관계자를 도출해내기 위한 게임을 30분 정도 진행하였고 이후, 돌출 모델을 완성하기 위한 작업을 20분 동안 진행하였습니다.

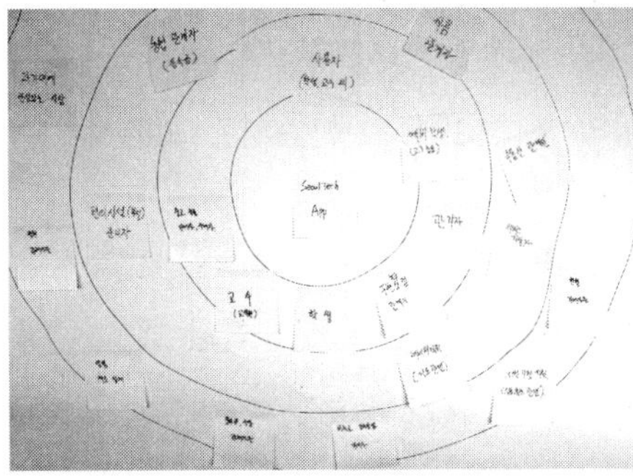

이해관계자 양파 도표에 있던 접착 노트들을 떼어서 돌출 모델의 적당한 위치에 배치시켰습니다.

제일 먼저 힘의 요소만을 가지는 **휴화산**에 사용자(학생, 교수 이외)가 배치되었습니다. 게임 참가자에 따라서 이해관계자를 적는 상세정도의 레벨이 다른데 이 예시 활동의 참가자들은 사용자라고 큰 카테고리를 작성하였습니다. 사용자라는 이해관계자는 너무 큰 범위를 가지고 있기 때문에 이 것보다는 좀 더 상세화 하는 것이 도움이 됩니다.

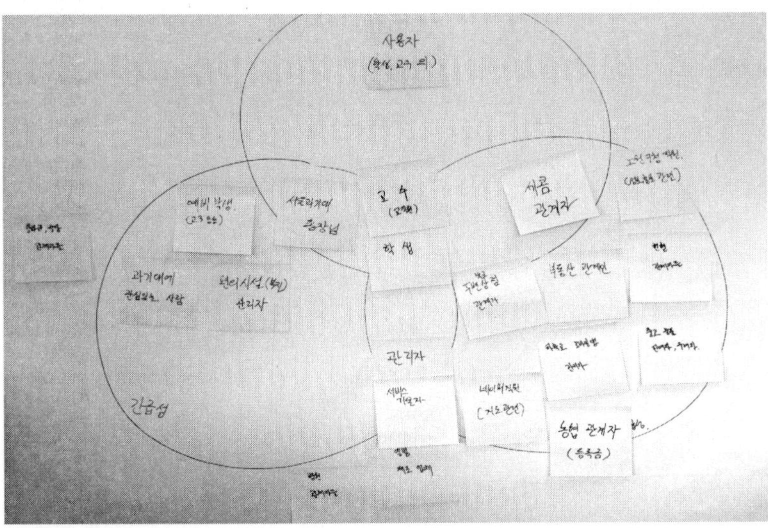

긴급성의 요소만을 가지는 **요구많음**에는 예비 학생, 과기대에 관심 있는 사람, 편의 시설 관리자가 배치되었고 적합성의 요소만을 가지는 **자유재량**에는 노원 구청 직원(정보, 홍보 관련), 학교 주변 상점 관계자, 네이버 직원(지도 관련), 부동산 관계인, 헌혈 관계자들, 중고 물품 판매자, 구매자, 타 학교 모바일 앱 관리자, 농협 관계자(등록금)가 배치되었습니다.

힘과 긴급성 두 가지의 요소를 가지는 **위험**에는 본 학교 총장님이, 적합성과 힘의 두 가지 요소를 가지는 **지배적**에는 세콤 관리자, 긴급성과 적합성의 두 가지 요소를 가지는 **의존적**에는 관리자, 서비스 기술자가 배치되었습니다.

마지막으로 세 가지 요소를 모두 가지는 **확정적**에는 교수(교직원)과 학생이 배치되었습니다. 성공적인 앱을 완성시키기 위해서 실 사용자와의 관계를 가장 중요하게 생각할 필요가 있다는 결과가 나온 것 같습니다.

tip

- 영향과 관심도표와 마찬가지로 이해관계자 분석 활동 이전에 식별하기 위한 과정으로 이해관계자 양파 도표나 영향도의 원과 같은 게임을 진행합니다.
- 이해관계자는 상세한 레벨로 작성하는 것이 좋습니다.

10 게임6: 제품챔피언 선정하기

1 페르소나 만들기

1) 어떤 게임일까요?

주최측의 준비가 필요한 정도	참가자의 준비가 필요한 정도	활용할 수 있는 게임 단계
		☐ 우선순위 및 정제
☐ 많은 준비가 필요	☐ 많은 준비가 필요	☐ 요구사항 도출
☐ 약간의 준비가 필요	☐ 약간의 준비가 필요	☑ 이해관계자 식별
☑ 거의 필요 없음	☑ 거의 필요 없음	비전 확인하기

적합한 대상	참가자(SI)	참가자(솔루션)
☑ 솔루션-신규 시장		
☑ 솔루션-버전 업	☑ 발주회사의 고객	☑ 사용고객의 고객
☑ SI-신규 사업	☑ 발주회사(팀원)	☑ 솔루션 사용고객
☑ SI-유지보수	☑ 수주회사(팀원)	☑ 개발사(팀)

2) 사용자 상상해보기!

페르소나란 그리스 어원으로 '가면'을 뜻하는데 고대 그리스 무대에서 배역들이 썼던 가면을 지칭하는 말로 '외적 인격' 및 '가면을 쓴 인격'을 뜻하

는 단어로 쓰였습니다. 오늘날엔 영화 속 배역의 인격을 의미하는 말이나 영화 감독 자신의 분신이나 특정 상징을 표현하는 배우를 지칭하는 말로 쓰이고 있습니다. 간단히 말해서 만들어진 인격이라고 말할 수 있을 것인데요. Arthur VanGundy 박사는 2004년 출간한 자신의 책 '교육 창의력과 문제 해결을 위한 101가지 활동(원제 : 101 Activities for Teaching Creativity and Problem-Solving)'이라는 책에서 페르소나를 이용한 브레인스토밍 기법인 역할스토밍(Rolestorming)을 설명하고 있습니다. 브레인스토밍 중 좀 더 활발하고 창의적인 분위기를 유도하기 위한 방법 중 하나로 브레인스토밍에 참여하기 전에 참가자들은 각각의 캐릭터를 만듭니다. 캐릭터를 만들기 위해 몇 가지 질문을 던집니다. '이 사람은 세상을 어떻게 보고 있는가?', '이 사람의 태도나 성격은 어떨까?', '이 사람은 문제를 어떻게 해결할까?', '이 사람의 약점과 강점은 무엇일까?' 등의 질문에 답을 하고 캐릭터를 만들고 그 캐릭터를 연기하는 것처럼 브레인스토밍에 참가하는 방법입니다.

지금 소개하려고 하는 페르소나 만들기는 위에서 소개하는 방식에 기반을 두고 있으며 에자일 방법론을 이용한 개발에 대한 가이드를 적은 저서 사용자 '스토리' 마이크 콘 저/ 인사이트(2006)에서 소개한 '사용자 역할 모델링'을 참고하였습니다.

이 전의 게임들이 SW개발 프로젝트의 전체적인 이해관계자를 찾아낸다면 이 게임은 SW를 실제로 사용하게 될 실 사용자에게 초점을 맞춥니다. 다양한 유형의 사용자의 요구에 부합하는 시스템을 개발하기 위해서 사용자 유형을 만들고 각 유형에 대한 상세한 프로필을 작성해보고 그 캐릭터의 입장이 되어보도록 합니다. 이 페르소나 만들기 게임은 이 후에 요구사항 도출 활동을 할 때에 페르소나를 이용하여 사용자 계층별 입장이 되어 요구사항을 도출하도록 하는데 도움을 줍니다.

3) 게임하기

뭐가 필요할까?	
주최측	**참가자**
커다란 종이나 노트북, 필기구, 접착 노트	

■ 게임 준비

먼저 사용자 목록을 접착 노트에 적는 것으로 시작하게 됩니다. 이전의 게임을 진행하면서 다양한 이해관계자를 찾아 낼 수 있었다면 그 중에 사용자 그룹이 있을 것입니다. 그 그룹에 속하는 이해관계자들을 추려오거나 막연히 사용자라고 적었다면 정확히 어떠한 역할을 가지는 사용자인지 자세히 적도록 합니다.

사용자를 역할별로 계층을 나누고 계층 별 대표 사용자 프로필을 작성하게 됩니다. 이 작업은 많은 글자를 쓰게 되기 때문에 커다란 종이로 작업할 수도 있지만 컴퓨터를 이용해 작업하는 방법도 고려해볼 수 있습니다.

■ 게임 진행

1) 역할 계층 만들기

사용자가 적힌 접착 노트들을 팀원들이 볼 수 있도록 벽이나 테이블에 붙입니다. 그리고 접착 노트들의 역할에 따라 위치를 변경합니다. 앞서 소개한 KJ기법과 비슷하게 진행됩니다. 중복되는 역할이라면 접착 노트를 겹쳐 놓으며 조금만 중복된다면 조금만 겹치도록 합니다. 만약 하나의 접착 노트에서 구분되어져야 하는 역할들이 있다면 새로이 만들어 냅니다. 예를 들어 단순히 '도서관 사용자'라는 접착 노트가 있다면 그 중에서도 다음과 같은 역할이 있을 것입니다 '도서관 사용자는 도서 대출을 할 수 있다.', '도서관 열람실 자리를 예약할 수 있다.' 이 같은 경우에는 애플리케이션을 이용해서 하고자 하는 일이 명확히 구분되기 때문에 '도서 대출자', '열람실 이용자'로 구분될 수 있을 것입니다.

만약 중요하지 않을 것같은 역할이 있다면 없애버리는 과정을 거칩니다.

2) 사용자 상상하기

사용자 역할 계층이 만들어졌다면 각 계층을 대표할 수 있는 사용자를 상상해서 프로필을 작성해봅니다. 그때에 개발에 도움이 될 수 있는 역할 속성을 포함하도록 합니다. 역할 속성에는 다음과 같은 것들이 포함되 수 있습니다.

역할 속성 예시
• 소프트웨어를 사용하는 비중 및 사용 범위 • 해당 분야에 관한 전문 지식 수준 • 컴퓨터 및 소프트웨어 대한 일반적인 숙련도 • 개발 대상 소프트웨어 대한 숙련도 • 소프트웨어에 대한 일반적인 사용 목적 • 편리함을 우선시하는가?, 풍부한 기능을 선호하는가?

3) 극단적 인물 상상하기

몇몇의 사용자 프로필을 작성을 완료했다면 마지막으로 극단적 성격이나 극단적 배경을 가지고 있는 인물을 상상해서 프로필을 적어봅니다. 어쩌면 실제로 이런 인물이 있을지 의심이 드는 인물일 수도 있습니다.

■ 결과 정리

작성된 프로필을 통해서 사용자가 어떤 시스템을 원하는지 짐작 할 수 있습니까? 각 사용자들이 가장 원하는 기능은 어떤 것이 있을까요? 어떤 점을 통해서 사용자의 요구를 만족시킬 수 있을지 생각해봅시다.

학교 앱은 어떤 사람이 사용할까?

좀 더 즐거운 게임 분위기를 조성하기 위해서 인물 사진이나 그림을 구해서 나누어 주었습니다. 참가자들은 사진을 프로필 사진처럼 활용할 수 있습니다.

이름 : 나가수　　　　　　직업 : 가수 겸 학생

대학교에 입학한지 2년이 넘었지만, 바쁜 연예계 활동 탓에 학교에 잘 나오지 못한다. 애플리케이션을 다루는데 굉장히 익숙하나, 학교 일정에 참여하지 못하는 탓에 애플리케이션 사용률이 현저하게 떨어진다. 애플리케이션을 사용할 때는 강의실 체크나 시간표 확인 정도밖에 없으며, 목록을 하나하나 체크하지 않는다. 나가수는 사용자가 굳이 먼저 애플리케이션에 있는 정보를 찾지 않아도, 중요 정보는 자동적으로 팝 업되어 알려주고, 팝 업되는 목록(게시판, 학교공지 등)을 사용자가 확인할 수 있게 했으면 좋겠다고 생각한다.

이름: 엘사

엘사는 서울과학기술대 1학년 재학 중인 학생이다. 수강신청을 제때 하지 못하여 월요일에서 금요일까지 수업이 빈틈없이 차있다. 엘사는 스마트폰을 가지고 있지만 페이스북이나 카카오톡같은 SNS 위주로만 사용할 뿐 타고난 기계치이다. 국문학 전공자로 IT와는 무관하며 세부적인 기능을 전혀 알지 못한다. 따라서 눈에 한 번에 들어오는 UI나 쉽게 이해할 수 있는 매뉴얼을 제공해주는 것을 선호한다.

이름: 나 장사

서울과학기술대학교 주변에서 XXX라는 짜장면 가게를 8년간 운영해왔다. 초창기에는 맛 집으로 유명했지만, 점점 손님이 줄어드는 추세다. 나 장사씨는 컴퓨터와 스마트폰은 기본적으로 사용할 줄 알고, 이를 활용하여 마케팅까지 할 줄 안다. 계속해서 변화하는 마케팅 수단에 즉각적으로 대처하진 못하지만 가게를 알리기 위해서 다양한 마케팅을 활용하고 싶어 한다.

사용자 중에 가장 큰 비중을 차지하는 학생에 대한 프로필이 두 가지가 나왔습니다. 그 중 하나는 학생이지만 가수 활동을 겸하고 있다는 일반적이진 않은 프로필과 1학년 신입생이며 스마트폰의 기본적인 기능을 사용할 수는 있지만 기계를 다루는 것에 익숙하지 않다는 비교적 일반적인 프로필입니다. 프로필을 통해서 서로의 상황이나 이유가 다르지만 결국 원하는 것은 직관적이고 사용하기 편리한 앱을 선호한다는 것을 확인할 수 있습니다. 또 학생이라는 사용자 말고 잠재적 사용자가 될 수도 있는 학교 주변 가게 사장님이라는 프로필이 있습니다. 다양한 마케팅 수단을 활용하고 싶어하는 사장님은 다행이도 스마트 폰과 컴퓨터를 기본적으로 사용할 줄 압니다. 가게를 홍보할 수 있는 기회가 있다면 학교 앱을 적극 사용할 수도 있을 것 같습니다. 예를 들어 가게를 홍보하는 조건으로 할인 쿠폰을 제공한다면 학생과 사장님의 사용률 모두를 잡을 수 있을 것 같습니다.

tip

- 이 전까지의 게임이 프로젝트와 관련된 전체적인 이해관계자를 찾는 것이었다면 역할 상상하기 게임은 시스템의 사용자를 이해하고 여러 유형의 사용자들의 요구를 만족시키기 위한 게임입니다.
- 사용자 프로필을 작성하기 전에 사용자 역할별로 계층을 나누어 계층별로 대표되는 사용자에 대한 프로필을 작성합니다.

PART 04

요구사항 도출

11 장님 코끼리 만지기

불교 경전인 열반경(涅槃經)에 보면 인도의 경면왕이 코끼리를 끌어내어 여러 장님에게 만져보게 한 이야기가 나옵니다. 장님이 모든 부위를 만지기에 코끼리는 너무 컸기 때문에 어떤 장님은 코끼리의 다리를, 어떤 장님은 상아를, 또 다른 장님은 귀만을 만질 수 있었습니다. 장님들이 코끼리를 만져본 다음에 왕은 그들에게 코끼리가 어떻게 생겼다고 생각하는지 물어보았습니다. 그러자 상아를 만진 장님은 무와 같다고 대답을 했고, 다리를 만진 장님은 통나무 같다고 대답했습니다. 머리를 만진 장님은 바위 같다고 대답하고, 등을 만진 장님은 벽, 꼬리를 만진 이는 새끼줄 같다고 대답했습니다. 그래서 "장님, 코끼리 만지기" 혹은 "군맹무상(群盲撫象)"이라고 하면 사람들이 본인들의 좁은 소견과 주관으로 잘못된 판단을 한다는 것을 의미합니다.

우리가 요구사항을 도출하여 소프트웨어를 개발하는 것은 코끼리를 한 번도 본 적이 없는 상태에서 코끼리를 만진 장님의 이야기를 취합하여 코끼리를 그리는 것과 같다고 할 수 있습니다. 개발될 결과물과 관련된 문서들, 자신의 분야만 아는 이해관계자들의 의견 등 조각나 있는 힌트를 모아 전체 전인 시스템의 최종 형태를 도출해야 하기 때문이죠. 사실 장님 코끼리 만지기보다 더 어려울 수 있는데 왜냐면 장님들은 실제 코끼리를 만져보았지만, 우리에게 요구사항을 알려줄 이해관계자들은 자신들이 아직 경험해 보지 않은 미래의 시스템 조각을 알려주고 개발자가 그 모호한 조각을 조합해 고객이 필요로 하는 무엇인가를 만들어야 하니까요.

이제 장님이 코끼리 만지기와 같은 요구사항 도출 방법에 대하여 이야기를 해 보겠습니다. 사실 요구사항 도출이라는 용어를 사용하기 전에는 요구사항 수집(Requirement Gathering)이라는 용어가 일반적으로 사용되기도 했었습니다. 하지만 Robertson 부부는 마치 바다에서 물고기를 잡듯이 조직 내에서 가능한 많은 요구사항을 낚기 위해 샅샅이 조사한다고 해서 요구사항을 저인망 어업(Requirement trawling) 한다고 이야기하기도 합니다. (Robertsons, 2006) 최근에 가장 많이 사용되는 용어는 요구사항 도출(Requirement elicitation)인데 도출의 정의를 사전에서 찾아보면 잠재되어 있거나 발전 가능성이 있는 어떤 것을 끌어내는 것 혹은 정보나 반응을 불러일으키거나 뽑아내는 것이라고 되어 있습니다. 본 책에서는 요구사항 도출이라는 용어를 사용합니다만, 최근에는 도출에서 한 걸음 더 나아가 요구사항 발견(Requirement Discovery)라는 용어를 사용하기도 합니다. 여러분은 어떤 용어가 가장 이 작업을 잘 표현한다고 생각하세요? 문제는 어떤 용어를 사용하든 요구사항을 찾는 건 어렵다는 거죠.

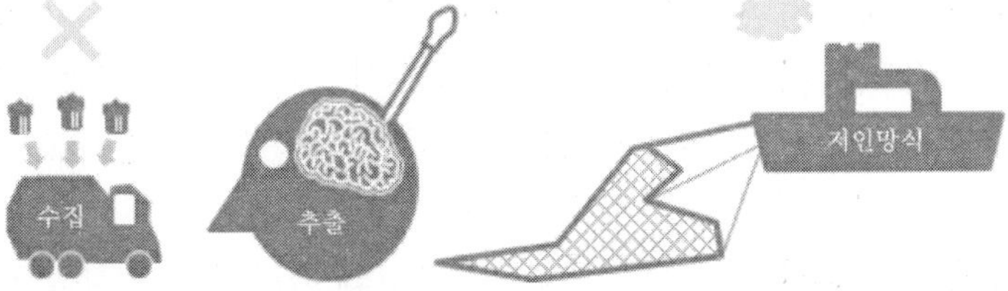

1 요구사항 도출 기법들

요구사항 도출을 위해서는 이해관계자와 요구 분석가 간에 집중적인 의견 교환이 필요합니다. 목적에 따라 다양한 요구사항 도출 기법이 필요한데, 전형적인 요구사항 도출 방법을 의사소통 방법에 따라 분류하면 아래 표와 같이 4가지로 분류됩니다.(Zhang, 2007)

의사소통 방법	요구사항 도출 기술
회화 (Conversational)	인터뷰(Interview), 포커스 그룹(Focus group), 설문조사 (Questionnaire), 브레인스토밍(Brainstorming)
관측 (Observational)	사회 분석 및 관찰(Social Analysis, Observation, Ethnography Study) 프로토콜 분석(Protocol Analysis)
분석(Analytic)	요구사항 재사용(Requirement Reuse), 문서 분석 (Documentation Studies), 사다리형(Laddering), 레퍼토리 그리드(Repertory Grid)
합성(Synthetic)	시나리오(Scenario), 스토리보드, 프로토타이핑(Prototyping), JAD/RAD(JAD/RAD Sessions), 내용 문의(Contextual Inquiry)

회화 방법은 인터뷰, 포커스 그룹, 설문조사, 브레인스토밍 등과 같이 이해관계자와 자연스러운 대화를 통해 문제를 이해하고 요구 사항과 아이디어를 도출하는 기술입니다. 회화를 통한 요구사항 도출은 요구사항에 대한 풍부한 정보를 수집할 수 있고 부가적으로 소프트웨어 프로젝트에 대한 이해관계자의 감정이나 개인적 목표를 발견할 수 있게 도와주며 후속 질문을 통해 세부 사항을 발견하기 쉽습니다. 그러나 도출되는 요구사항들이 중구난방일 가능성도 크기 때문에 이 자료들에서 의미 있는 정보를 도출하는 것도 어려운 일입니다. 또한 도출 결과가 대화를 이끌어 가는 사람의 성향이나 태도에 영향을 받기 때문에 요구사항 분석가는 중립적인 자세를 취하도록 노력해야 합니다. 이 회화 방식을 사용하면 도출 결과의 질이 요구사항 분석가의 의사소통 능력에 좌우하지만, 이 기술은 숙련하기가 어렵다는 단점이 있습니다. 회화 방식의 요구사항 도출방법 중 설문은 정성적 자료도

있지만 대부분 정량적 자료를 다루므로 적은 자원으로 특정 질문에 대해 많은 사람의 의견을 모을 때 적합합니다. 인터뷰는 반대로 대부분 정성적 자료로 소수 응답자에게 깊이 있는 질문을 탐색하며 할 수 있습니다.

관측 방법은 정성적인 자료, 그중에서도 사용자가 활동을 반복할 때 이를 관찰하여 숨겨진 양상을 발견하는 데 도움이 되는 방법으로 새로운 해결책을 찾는 데 효과적입니다. 개발팀이 소프트웨어의 도메인 지식과 경험이 부족할 때 사용자 업무를 전체적으로 이해하는 데 가장 도움이 되는 기법입니다. 그러나 관측 방법들은 상대적으로 많은 시간이 필요하므로 빠듯한 일정일 때는 비효율적입니다. 또한, 회화 방법에 해당하는 기술들만큼이나 습득하기가 어렵습니다. 그리고 물리적으로 가장 많은 제약을 받는 방법 중 하나입니다. 관측 방법에 해당하는 기술은 사회 분석 및 관찰과 프로토콜 분석이 있습니다.

회화 또는 관측 방법은 사람들의 행동과 말로 요구 사항을 추출합니다만 짧은 시간 내에 이해관계자들에게 충분한 요구사항을 도출하기는 쉬운 일이 아닙니다. 이 경우 사용하는 것이 분석 기법입니다. 분석 기법은 기존의 문서나 지식으로부터 일련의 요구 사항을 획득하는 방식으로 현 상태(As-is)를 분석하는 데 매우 효율적입니다. 특히 절차, 규정 및 표준에 대해 알아보기에 적합합니다.

지금까지 회화, 관측 및 분석 방법을 논의했습니다. 각 방법은 장단점이 있고 특정 요구사항을 찾는 데 효율적이지만, 하나의 방법만으로 시스템의 모든 요구사항을 찾는 것은 불가능합니다. 그러므로 요구 사항을 개발하기 위하여 다양한 추출 방법을 결합하는 것이 좋습니다. 시나리오, 수동 스토리보드, 프로토타입, 대화형 스토리보드, JAD / RAD 세션 및 콘텐츠 문의를 포함하는 합성 방법의 요구 사항 추출 기법 등이 이에 해당합니다.

요구사항 도출이 쉽지 않기 때문에 지금까지 다양한 요구사항 도출 방법론이 개발되었습니다. 그러면 기존의 요구사항 도출 방법을 하나하나 알아보도록 하겠습니다.

2 기존의 자료 분석하기

1) 문서분석: 고객들을 귀찮게 하지 않아 좋아하지만...

드디어 요구사항을 도출해야 합니다. 그럼 이해관계자를 먼저 만나는 것이 좋을까요? 아니면 프로젝트에 대한 문서를 먼저 읽는 편이 나을까요? 프로젝트의 종류에 따라 다르기는 하지만 일반적으로 이해관계자들을 만나기 전에 **문서 분석**(Document Analysis)부터 하는 편이 낫습니다. 문서 분석이란 프로젝트와 관련이 있으면서 접근 가능한 관련 문서나 외부의 문서를 취합하여 읽고, 분석하는 것으로 가장 많이 사용되는 요구사항 도출 방법 중 하나입니다. 물론 문서분석을 가장 먼저 할 경우 현 상태(As-is) 관점에 매몰될 수가 있기는 하지만 전혀 모르는 분야의 경우 문서분석을 통해 **백지에서 시작하지 않아도 된다는 장점**이 있습니다. 실제로 우리가 협업해야 하는 이해관계자들의 경우 발주사에서 큰 비용을 지급하는 경우가 대부분인데, 아무것도 모르는 상태로 요구사항 분석가들이 찾아가 하나부터 배우기에는 시간적으로나 비용적으로나 효율적이진 않죠. 사실 대부분의 발주처의 이해관계자들은 요구사항 분석가들이 자신들의 분야를 충분히 이해하고 자신들도 미처 알지 못했던 부분을 지적하여 좀 더 좋은 시스템을 만들어 주기를 기대합니다. 그러므로 문서분석을 통해 충분히 해당 분야에 대해 공부를 하고 인터뷰 등의 회화를 통한 요구사항 도출을 해야 합니다. 문서분석 방법은 요구사항을 찾고 확인하는 데 중요한 역할을 할 뿐만 아니라 인터뷰나 관찰 등의 다른 기법으로 도출된 요구사항과 함께 확인하고 비교할 때에도 유용하게 사용될 수 있습니다.

그러나 문서분석을 할 때는 몇 가지 주의사항이 필요합니다. 먼저 문서에 있는 내용은 과거와 현재를 설명할 뿐 비즈니스 요구사항에 따라 시스템이 어떻게 변화되어야 하는지에 대한 요구사항을 도출할 수 없습니다.

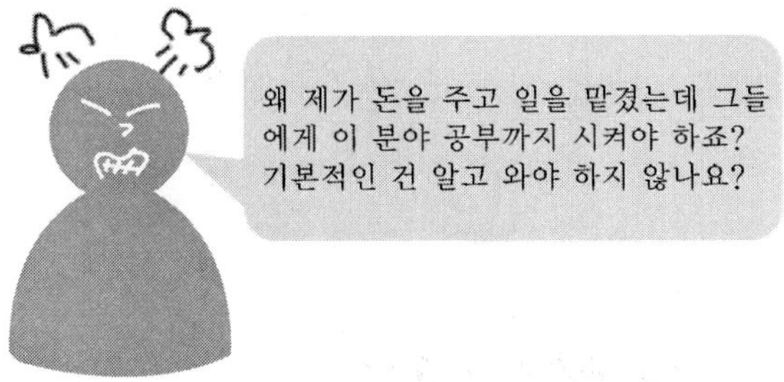

게다가 많은 경우 문서가 업데이트되지 않아 이제는 **유효하지 않은 정보**를 가지고 있을 수도 있습니다. 상상해 보십시오. 여러분이 개발 프로젝트를 하고 있는데, 프로젝트 종료일이 다가옴에도 불구하고 요구사항이 자꾸 변경되어 아직 시스템도 제대로 동작하지 않는다면 문서를 요구사항에 맞게 변경하는 작업을 먼저 하실 건가요? 아니면 시스템이 요구사항에 맞게 동작하게 하는 일을 먼저 하실 건가요? 이전의 시스템을 만든 개발자들도 여러분들처럼 시스템 변경을 먼저 하는 편은 선택했을 테고 문서화 작업은 지겨운 뒤처리로 남아 변경된 것을 다 반영하지 못했을 가능성이 높습니다. 가끔 해외의 유명 패키지 소프트웨어도 도움말이 시스템을 충분히 반영하지 못한 것을 보면 문서가 최신의 시스템을 충분히 반영하지 못하는 것은 우리나라만의 문제는 아닐 겁니다. 그러므로 문서를 분석하고 나서는 현재의 시스템과 일치하는지를 확인하는 작업이 필요합니다. 그리고 많은 문서를 읽는 것은 필요 이상으로 **시간 소모적**일 수 있습니다. 예를 들어 국방 프로젝트의 경우 하나의 프로젝트가 끝나면 관련 문서가 조그마한 방을 채울 정도라고 하는데, 여러분이 프로젝트에서 필요한 내용은 그리 많지 않을 수 있습니다. 그러므로 그 많은 문서 중에서 필요한 정보의 위치를 알아내는 것은 지루한 작업이 될 수도 있습니다. 약간의 힌트를 드리자면 주로 확인하여 도움이 되는 문서들은 비즈니스 계획, 시장 조사, 계약서, 제안서, 지침서(Guideline), 작업 지침서, 훈련서, 경쟁 제품 비교, 문제 보고서, 고객 제안 목록, 기존 시스템 명세서 등입니다.

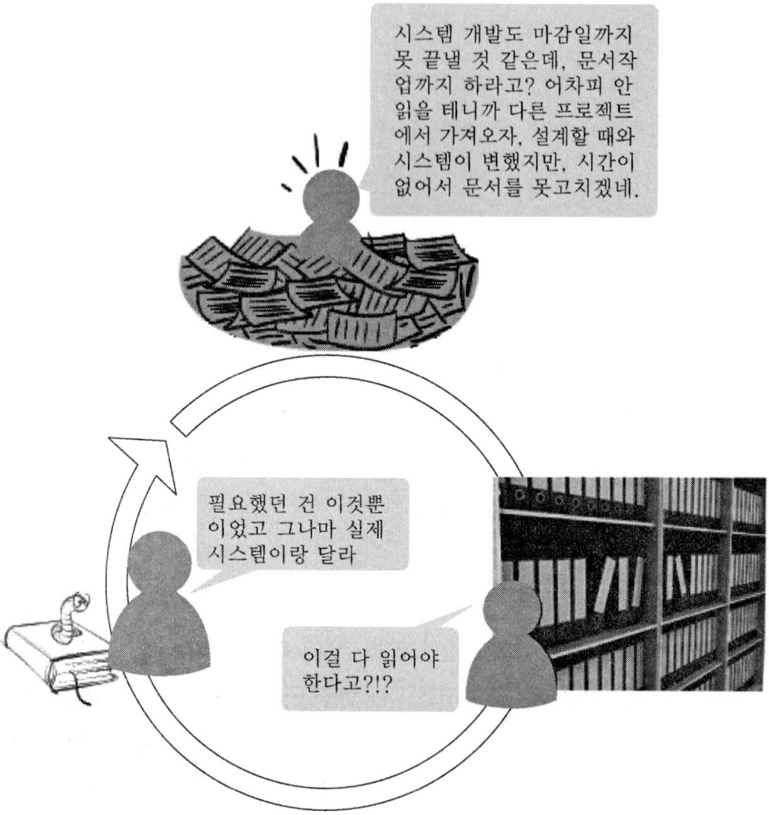

문서를 분석하는 방법은 다음과 같습니다. 먼저, 기존 시스템과 비즈니스 문서에 어떤 것들이 관련되어 있는지, 가용 한지, 적절한지를 평가하고 유용한 자료만을 검토합니다. 검토할 때에는 비즈니스와 관련된 상세한 정보를 식별하고, 내용 전문가(SMEs: Subject Matter Experts)에게 후속 질문을 할 내용을 요약합니다. 그리고 비즈니스와 관련된 상세한 정보를 문서 작업하고, 재활용할 제품이나 정보가 있는지도 검토합니다. 검토가 끝나면 SME와 함께 채택한 상세 정보를 검토하며 문서를 검토할 때 궁금했던 내용을 질문하여 확인한 정보를 요구사항 형식으로 문서로 정리합니다.

■ 참고: 제안서의 종류

- RFI(Request for Information): 정보 요청서라고도 불리며 다양한 솔루션후보가 존재할 때에 어떤 솔루션을 선택할 것인지 결정하기 위하여 정보를 요청하는 자료입니다.
- RFQ(Request for Quote)와 RFP(Request for Proposal): 발주자가 수주자를 선택하기 위해 납품해야 하는 소프트웨어 및 하드웨어의 요건을 정리한 자료로 RFP가 RFQ 보다 공식적인 형식입니다. RFP는 원하는 요구사항뿐만 아니라 선택 기준과 프로세스에 대한 설명을 포함합니다.

2) 문제추적: 문제의 원인을 찾아 해결하자

아무리 평상시에 투덜이 스머프처럼 불만이 많은 사람이라도 갑자기 불러서 시스템 개선을 하겠다고 불만사항을 이야기하라고 멍석을 깔아놓으면 평소에 갖고 있던 불만을 다 이야기하기 힘들죠. 아마도 그 투덜이 스머프는 긴 인터뷰를 끝내고 집에 와서 중요한 불만사항을 빼먹었다고 침대에서 하이킥을 할지도 모르죠. 왜냐면, 사람은 시간이 지남에 따라 빠르게 아는 것을 잊어버리기 때문입니다. 1985년에 헤르만 헤빙하우스는 실험을 통해 그림과 같은 망각곡선(Forgetting Curve)를 찾았는데, 이 곡선에 의하면 치매가 아니더라도 우리의 기억은 시간에 따라 기하급수적으로 사라진다는 걸 알 수 있습니다.

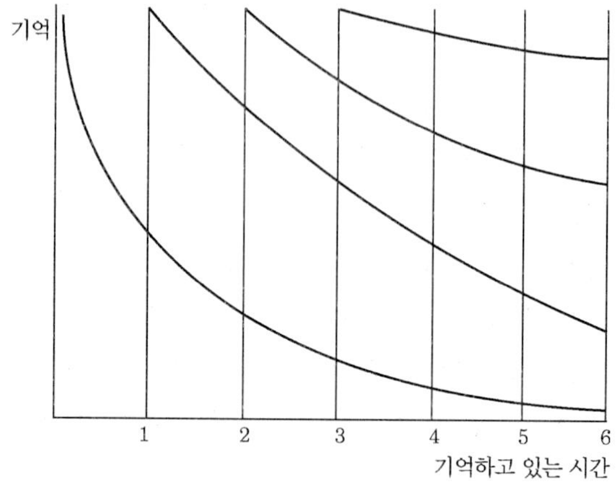

그러므로 시스템의 문제점을 해결하기 위해서는 문제를 해결할 시점을 정해 지금까지의 문제점을 수집하기보다는 문제가 생겼을 때 즉시 해결하지 않더라도 문제가 무엇인지를 기록하고 공유해야 합니다. 여기서 문제란 시스템 사용 중 발생한 이슈(Issue), 질문(Question), 위험(Risks), 결함(Defects), 갈등(Conflicts), 우려 사항(Concerns) 등을 의미합니다.

최근에 프로젝트 심사를 하러 가보면 신규 사업은 거의 없고 대부분 개선 사업인데, 이 경우 기존의 문제에 대해 검토하는 것이 가장 중요한 요구사항 도출 방법 중 하나가 될 겁니다. 요구공학에서는 단순히 다음 개선사업을 위해 문제점을 수집하는 것에 그치지 않고, 문제가 발생할 때마다 지금 조치할 수 있는 작업을 하여 문제점을 해결 혹은 최소화하고, 문제가 발생한 원인을 추적하고, 관리해야 한다고 합니다.

그럼 어떻게 문제들을 관리할까요? 최근에는 시스템을 개발하면서 문제 관리를 위한 정보시스템을 추가로 구축하여 데이터베이스에 저장하여 관리하는 경우가 많습니다. 예를 들어 사용자가 문제를 제기하면 육하원칙에 따라 문제점을 기술합니다. 즉, 누가, 언제, 어디서, 왜 어떻게 문제를 제기했는지, 그리고 그 문제가 무엇인지를 저장합니다. 그리고 특정 날짜까지 해결되지 않을 경우 얼마나 금전적 손해를 볼 수 있는지와 그 문제에 의해 영향을 받는 범위도 분석하여 기록합니다. 그리고 분석 후에는 누가 언제까지 그 문제를 해결해야 하는지 문제의 해결담당자도 저장합니다. 각 문제는 중요성에 따라 치명적(Critical), 높음(High), 중간(Medium), 낮음(Low) 순으로 우선순위를 표기합니다. 그리고 이렇게 담당자가 할당된 문제는 해결되거나 무의미한 것으로 판별돼 더 이상 취할 행동이 없을 때까지 관리합니다. 만일 해결이 불가능할 경우 상위 관리자에게 보고합니다. 즉 식별된 문제의 상태는 다음과 같이 변경됩니다.

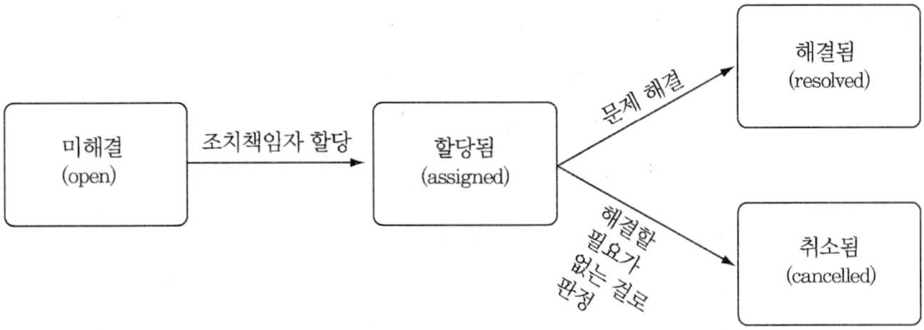

시스템의 문제추적이 얼마나 효율적으로 진행되고 있는지를 판별하기 위하여 상태와 우선순위에 따른 문제 수, 각 문제에 대한 순환 주기, 소요시간 등이 핵심성과지표로 관리됩니다. 이런 식으로 문제를 추적함으로써 위험, 이슈, 결함들을 추적하고 해결하는 방법을 조직화하고 문제에 대해 의사소통하는 기본 장치를 제공하여 문제가 해결될 때까지 미해결 문제에 집중하게 도와줄 수 있습니다. 그리고 정기적 문제 검토로 문제에 대한 초점을 유지할 수 있죠. 그러나 문제들이 정기적으로 우선순위 결정이 되지 않고 관리되지 않으면 문제들이 해결되지 않고 유효기한이 지나면서 부적절해질 수 있고 핵심 팀 구성원이 부재할 경우 진척도가 느리거나 없을 수 있습니다. 그리고 솔루션 산출을 위한 엄격한 기한이 있는 경우 문제 관리 작업은 우선순위가 밀립니다. 왜냐하면, 대부분 문제 근본 원인 분석에 가용한 것보다 많은 시간과 자원을 소모하거든요.

실제로 최근에는 평상시 요구사항을 수집하기 위해 문제 추적 시스템을 도입하는 경우가 많습니다. 그렇지만 이상과 현실은 일치하지 않는 법이죠. 제 수업을 듣던 직장인 학생 중의 한 명은 시스템에 대한 간단한 개선을 회사 내의 문제추적 시스템에 제기한 적이 있었는데, 제가 판단하기로도 경영상 별로 중요하지 않은 것에 비하여 구현하기 까다로운 것이었습니다. 처음에 미해결 상태였던 문제는 일주일이 지나지 않아 할당됨 상태로 바뀌면서 누가 담당할 것인지 자신에게 이메일로 알려줬답니다. 그리고 담당자가 다음날 전화를 했는데 그 학생의 요구사항을 해결하는 것은 불가능하다고 이야기를 했답니다. 제가 보기에 표준 라이브러리에서 제공하지 않는 기능이기 때문에 구현하려면 많은 품이 들기는 하지만 저수준 프로그램까지 하다보면 불가능하진 않았거든요. 그럼에도 불구하고 구현할 수 없다고 주장하면서 문제를 해결됨 상태로 바꿔달라고 요청하더랍니다. 사실 제 생각에도 학생의 요청이 프로젝트의 범위에 벗어날 뿐만 아니라 노력대비 만족도가 떨어지는 일이라 우선순위가 떨어져 구현할 필요가 크지는 않았을 거라는 생각이 들었지만, 이 경우 취소됨으로 상태 변화를 해야 하거든요. 그럼에도 불구하고 문제추적 시스템의 핵심성과지표가 소요시간과 문제의 해결률로 잡혔기 때문에 발생한 촌극이 아닐까 생각됩니다.

3 현재 시스템을 눈으로 직접 관찰

1) 인터페이스/프로토콜 분석: 상호운용성을 위해서 초기에 외부와 주고받는 자료를 분석하자

예전에 상호운용성 관련 학회에 참석한 적이 있었는데, 발표하시던 분이 상호운용성 문제만 해결되면 컴퓨터와 관련된 문제의 반절은 해결된다고 주장하셨습니다. 그 분의 말 중 얼마만큼이 사실과 부합할지는 모르겠지만, 시스템 통합은 중요한 문제이고, 시스템 통합을 위해 다른 시스템들과의 상호운용성 성질을 갖는 것은 비싼 품질 특성이기는 하지만 중요한 특성입니다. 시스템의 상호운용성을 위해서는 초반에 인터페이스 분석(Interface analysis) 혹은 외부 인터페이스 분석(External interface analysis)을 실시하는 것이 전반적인 비용을 절감시킬 수 있습니다. 인터페이스 분석을 통해 새로 개발할 소프트웨어와 기존의 시스템과의 인터페이스 연결 부분을 분석하여 새로운 소프트웨어가 기존의 시스템과 맞물려 동작할 수 있도록 하는 요구사항을 도출할 수 있습니다. 우리가 분석해야 하는 인터페이스는 개발될 시스템과 사람 사이의 사용자 인터페이스, 소프트웨어와의 인터페이스, 그리고 하드웨어 장치와의 인터페이스입니다.

인터페이스 분석을 초기에 할 때의 장점은 어떤 것들이 있을까요? 상호운용성에 대한 계획을 미리 세울 수 있습니다. 즉, 어떤 소프트웨어 하드웨어와 연결되는지를 미리 파악할 수 있기 때문에 프로젝트의 복잡도에 대한 정확한 예측과 테스트 시나리오 작성이 가능해집니다. 그리고 다른 시스템이나 프로젝트와의 협력도 쉬워지죠. 예를 들어 우리가 개발해야 하는 시스템과 상호운용하는 시스템의 업데이트도 병행된다면 단순히 인터페이스의 요구사항을 도출하는 것뿐만 아니라 업데이트하는 시스템의 개발팀과 협력하거나 협상해서 변경할 수도 있습니다. 그러나 인터페이스 분석은 상호운용성에만 도움을 줄 뿐 내부 시스템의 요구사항 도출에는 별로 도움이 되지 않습니다.

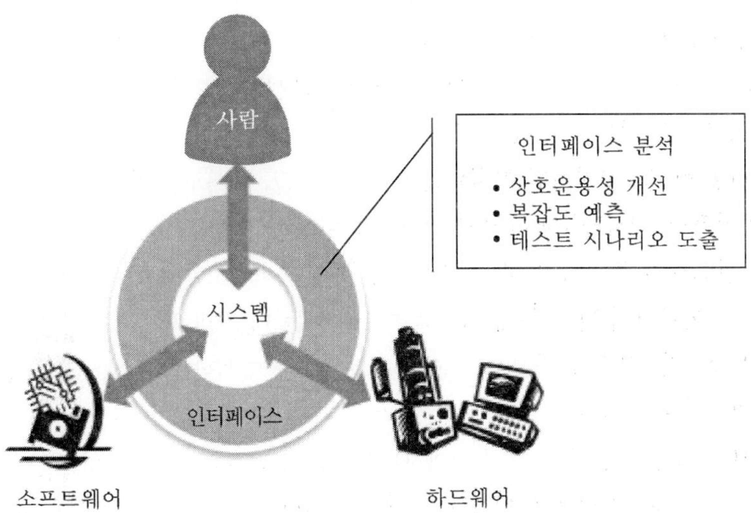

인터페이스를 분석하는 순서는 다음과 같습니다. 먼저 시스템 문맥도 (Context Diagram)를 준비하여 어떤 시스템, 사람 등과 상호작용을 하는지를 식별합니다. 그리고 각 인터페이스의 목적을 분석하여 어떤 유형의 인터페이스가 적절한지 평가합니다. 그리고 마지막으로 인터페이스를 정의합니다.

2) 사용자 관찰: 사용자가 어떻게 시스템을 사용하는지를 파악하는 가장 좋은 방법

사용자 관찰은 이벤트 기반의 요구사항 도출방법으로 뒤에 게임으로 일부 설명되겠지만, 직무체험(Job shadowing), 사람들 따라다니기(Following people around), 문화기술학(文化記述學: Ethnography), 견습생(Apprentice) 등이 포함됩니다. 이 중 문화기술학은 민속지학(民俗志學), 민족지학(民族誌學)이라고도 불리며 디자인 회사들이 소비자의 요구사항을 조사하기 위해 1990년대 중반부터 인류학자들이 인간의 행동양식을 연구할 때 시도했던 방법을 변형하여 활용했던 방법론입니다. 최근에는 소프트웨어 개발에도 적용하고 있는데 사용자에 초점을 맞춰 그들의 삶 속에 묻어 있는 이야기와 구전기술을 정성적, 정량적으로 조사하는 겁니다.(Kotler, 2011)

사용자 관찰의 **특징**은 이해관계자들의 업무 환경 평가 수행을 통해 요구사항을 도출하기 때문에 **반복적인 프로세스 개선**이나 **변화**에 적합합니다. 지금 사용하고 있는 비즈니스 프로세스를 몸소 체험함으로써 비즈니스에 대한 현실적이고 실천적인 통찰력을 얻을 수 있고, 문서로 만들어지기 어려운 비공식적인 의사소통이 가능합니다. 그리고 작업을 실시간으로 관찰하고 질문함으로써 즉각적인 피드백을 받을 수 있습니다. 실제로 요구사항 분석가들과 이야기해 봐도 현재 시스템을 이해하는 데 가장 도움이 되는 방법이라고 합니다. 그러나 관찰은 기존의 프로세스를 이해하는 데는 도움을 받을 수 있지만 무엇을 개선하고 싶은지에 대한 이해관계자의 의견을 얻기 어렵습니다. 중간에 질문을 하고 그에 대한 피드백을 받을 수 있다고는 하지만 작업 중인 사용자들은 인터뷰해 주기에는 일반적으로 너무 바쁘므로 긴 대화는 어렵습니다. 그리고 관찰을 당하는 사람이 불쾌감을 느낄 수 있고, 반복되는 작업을 계속 지켜봐야 하므로 시간 대비 도출할 수 있는 요구사항의 수는 많지 않은 편입니다. 또한, 예외사항은 관찰 도중 발생하기 어려워서 중요 요구사항이 빠질 수도 있습니다. 가끔은 관찰이 불가능할 수도 있는데, 물리적으로 너무 멀거나 위험해서 요구사항 분석가가 접근할 수 없거나 높은 수준의 지적활동은 관찰로 어떻게 작업하고 있는지 파악할 수 없습니다. 가장 큰 문제는 일반적으로 사람들이 관찰을 당할 때 평상시와는 다른 행동을 한다는 겁니다. 마치 오락을 하던 초등학생이 엄마가 자기를 보고 있다는 것을 아는 순간 숙제를 열심히 하는 척하는 것과 같은 상황이 발생할 수 있는 거죠. 실제로 1924년부터 1932년 사이 하버드 대학이 제너널 일렉트릭사의 호손웍스(Hawthorne Works)라는 공장에서 실시한 실험에 의하면 관찰당하는 것을 아는 순간 관찰 대상자의 행동이 변화된다는 것이 확인되었습니다.

사용자 관찰은 다음 순서로 진행됩니다. 먼저 관찰 대상자를 선정하는 데, 같은 작업을 수행하더라도 숙련공과 초보자는 따로 관찰하는 편이 낫습니다. 그리고 관찰 대상자를 만나면 자기소개를 하고, 안심시키는 노력을 충분히 해서 협조적인 관계를 맺어 사용자가 긴장하지 않고 평상시처럼 일할 수 있도록 합니다. 일반적으로 어떤 식으로 관찰당하기를 원하는지를 미리 협의하면 사용자가 심적으로 안정을 찾을 가능성이 높습니다. 일반적으로 작업 도중에 질문할 수 있는지, 관찰된 결과가 요구사항의 투입물 외에는 다른 어떤 목적으로도 사용되지 않는다는 것 등을 주지시키면 도움이 됩니다. 그리고 관찰 대상자가 원하지 않는 경우 언제든지 관찰을 중지시킬 수 있는 상황통제력을 주고, 원한다면 관찰된 내용을 다른 사람에게 보고하기 전에 본인이 확인할 기회를 주겠다고 이야기하십시오. 특히 이 관찰이 사용자의 직업 안정성을 해치지 않는다는 것을 충분히 인식시킬 필요가 있습니다. 질문 없이 반복적인 작업을 관찰하면서 질문하고 싶은 내용이 생기면 메모해뒀다가 관찰이 완료된 후 문의하는 편이 낫습니다. 무엇을 했는지 뿐만 아니라 왜 했는지에 대한 원인을 물어보면 요구사항을 도출하는 데 도움이 됩니다.

4 사용자의 의견 직접 듣기

1) 브레인스토밍: 비판 없이 창의적 의견을 모으자

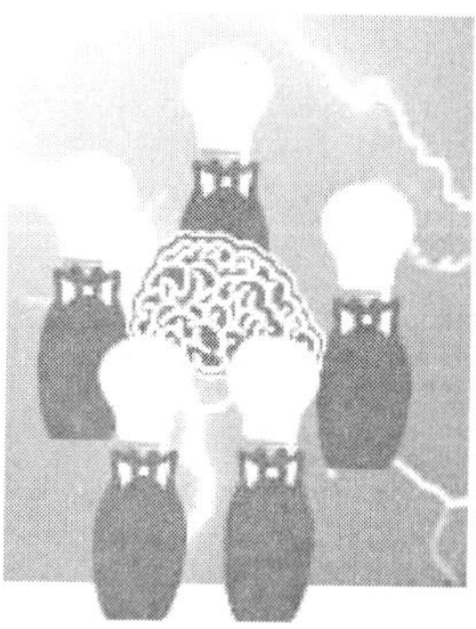

브레인스토밍은 이벤트 기반 요구사항 도출 기법 중 하나로 2장에서 다룬 바와 같이 주로 다양한 선택사항을 창의적으로 고려할 때 사용됩니다. 브레인스토밍 방법은 짧은 시간 내에 많은 아이디어를 도출할 수 있고, 창의적인 생각이 가능하여 워크숍 등에 사용하기 좋지만, 의미 있는 결과가 나오기 위해서는 참여자의 의지와 창의력이 필수적입니다. 참가자에 따라 브레인스토밍 결과의 질이 차이 나는 문제를 해결하기 위해서는 진행을 효율적으로 하기위한 노력이 필요합니다. 이 책에서 제안하는 요구사항을 위한 게임들은 브레인스토밍 방법의 단점을 줄이는 데 도움이 될 겁니다.

브레인스토밍의 목적은 문제에 대한 창조적 사고를 촉진해 상당량의 새로운 아이디어를 생성하고 후속 분석을 위한 주제를 새로운 아이디어로부터 도출하는 것입니다. 이를 위해 브레인스토밍은 다음의 순서로 진행합니다. 먼저 준비단계에서는 브레인스토밍의 목적을 정의하고 참가자와 진행자, 진행 방법을 결정합니다. 그리고 제한 시간과 기대 수준, 아이디어 평가와 순위 기준 등을 결정합니다. 실제로 브레인스토밍 회의 중에는 토론 없이 의견을 공유하는데 회의 중에 나오는 모든 내용을 가시적으로 기록합니다. 때에 따라서는 브레인스토밍 도중 서로 말을 하지 않고 적기만 하기도 합니다. 브레인스토밍 진행자는 회의를 독점하거나 침묵을 지키지는 않도록 참여를 독려하고 제한 없이 아이디어를 이야기하도록 합니다. 정해진 시간이 지나거나 더는 새로운 아이디어가 나오지 않으면 회의 중 나왔던 토론 사항, 정보 및 아이디어에 대하여 평가하고 압축합니다.

그러면 브레인스토밍에서 좀 더 좋은 아이디어를 얻으려면 어떻게 할까요? **맥킨지에서는 생산적인 브레인스토밍**을 위하여 다음과 같은 조언을 합니다. 물론 1번과 5번은 상반된 내용으로 보일 수도 있지만, 맥킨지에서 주장하는 건 정보는 가져오되 선입견은 품고 오지 말라는 뜻입니다.

(1) **선입견을 버리기:** 브레인스토밍의 본질은 창의적인 아이디어를 창출하는 것이므로 선입견을 버리고 백지 상태에서 시작해야 합니다. 이해관계자들이나 전문가들의 회의일 때는 이미 문제에 대해 아는 사실들이 있겠지만 새로운 각도에서 문제를 보도록 노력해야 합니다.

(2) **No 나쁜 아이디어:** 브레인스토밍의 기본은 서로의 아이디어를 비판하지 않는 거죠. 다른 사람들의 아이디어를 평가하기 시작하면 사람들은 나쁜 아이디어라는 비난을 받지 않기 위해 의견을 말하기를 주저하게 됩니다. 멍청한 질문도 없습니다. 어떤 질문이든지 그 나름대로 의미가 있음을 인정하고 그 의미에 집중해야 합니다. 당연하거나 단순한 질문을 통해서 때로는 좋은 결과가 나올 수 있습니다.

(3) **자기 자식도 죽일 준비하기:** 중요한 건 아이디어가 얼마나 좋은가가 아니라 그 아이디어가 팀원들이 문제를 해결하는 것을 도울 수 있는가 입니다. 그러므로 브레인스토밍 마무리 단계에서는 자신의 아이디어가 아무리 좋아도 모임 마지막에 팀이 도출하는 해답 일부가 아니라면 눈물을 머금고 버려야 합니다. 물론 그 아이디어를 메모해 두었다가 다른 곳에 사용하는 건 자유입니다.

(4) **시간 개념:** 회의라는 것은 회의시간에 참석한 사람 수를 곱한 만큼의 자원을 사용하는 겁니다. 그러니까 회의를 너무 오래 끌면 생산성이 빠른 속도로 떨어지게 됩니다. 그래서 회의 시간을 줄이기 위해 시작

할 때 회의 마감 시간을 정해놓고, 참석자들이 불편하게 느끼도록 회의실에 의자를 없앤 곳도 있었습니다. 혹은 회의가 끝나기로 약속한 시간에 식당차가 오게 하면 제시간에 끝나는 경향이 있더군요.

(5) **철저한 사전 준비:** 효과적인 브레인스토밍을 위해서는 철저한 사전 준비가 필수적입니다. 브레인스토밍 참석자들은 모임에 들어가서 자신의 명석함으로 모두를 놀라게 할 생각은 하지 말고, 발견한 핵심 사항과 자료를 정리 요약하면 초반의 혼란을 줄이는 데 도움이 될 것입니다.

(6) **보고서 만들기:** 맥킨지에서는 모든 회의참석자에게 조사결과를 보고서로 만들게 하여 다양한 관점을 얻도록 하였습니다. 하지만 저는 회의에 참석하지 않고 회의를 제삼자의 입장에서 관찰만 하는 관찰자를 두어 최종보고서를 만들도록 하였습니다.

브레인스토밍은 단기간 내에 수많은 아이디어를 도출할 수 있고 개인적 기준에 근거한 판단을 회피하여 창조적 사고를 가능하게 하는 환경을 만들며, 참여자 간의 긴장을 완화할 수 있다는 **장점**이 있습니다. 그러나 브레인스토밍의 결과가 회의 참석자들의 창조성과 참여하고자 하는 의지에 의존적이고 조직 정치와 대인관계, 정치 문제 때문에 참여를 주저할 수 있다는 **단점**이 있습니다. 실제로 조직의 자원을 배분하는 것과 같은 중요한 의사결정과 관련된 회의에서 브레인스토밍 회의는 서로의 의견을 비판하지 않는 것도 어려웠고, 상사의 눈치를 봐야하기 때문에 직급이 낮은 사람들은 입을 닫는 부작용이 있었습니다. 본 책에서는 주로 브레인스토밍에 도움을 줄 수 있는 여러 게임을 제안합니다.

2) 포커스 그룹: 여러 명이 요구사항을 도출하자

여러분은 어떤 토론 프로그램을 좋아하세요? 'MBC 100분 토론'이나 'SBS 토론 공감'을 보시지 않더라도 선거철에 후보들의 대담회는 보신 적이 있을 겁니다. 포커스 그룹은 이런 TV 토론 프로그램처럼 자격을 갖춘 전문가 6~10명 정도를 섭외하여 **한정된 시간 동안 사회자의 질문에 참석자들이 자유롭게 대담하는** 겁니다.(그림바움 등, 2001) 포커스 그룹 활동을 하는 목적은

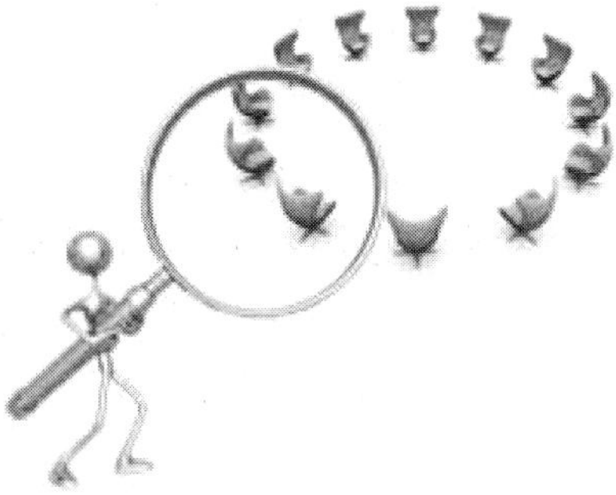

특정 주제에 대해 토의 및 논평하거나 특정 제품, 서비스 또는 기회에 대한 아이디어와 속성을 도출하기 위해서입니다. 소프트웨어 프로젝트에서 포커스 그룹은 소프트웨어 생애주기 전반에 활용하거나 고객 만족도 조사에도 사용합니다. 정량적 분석이라기보다는 정성적인 요구사항을 도출하기 위한 기법으로 포커스 그룹이 끝난 후에 결과를 정리할 때는 주제와 관점으로 분석하는데, 보고서를 작성할 때에는 인용문을 포함하는 것이 좋습니다.

그럼 포커스 그룹은 어떻게 준비할까요? 여러 사람이 모여야 하므로 많은 준비가 필요한 요구사항 기법 중 하나입니다. 먼저 무엇을 위해 어디서 누구를 대상으로 포커스 진행을 하고, 누가 진행할지를 결정합니다.

- 무엇을 이야기할까: 회의 전에는 어떤 질문을 할 것인지를 미리 결정해야 하는데, 이를 위해서 조사할 개념을 정의하고, 문제를 연구하여 12개 정도 질문을 준비하는 것이 적당합니다.
- 어디서 진행할까: 회의는 무릎을 맞대고 회의할 수 있도록 물리적으로 한 장소에 모일 수도 있지만, 전화나 네트워크를 활용한 화상 회의로 진행할 수도 있습니다. 만일 직접 만나서 포커스 그룹을 진행한다면 회의 장소는 관찰자가 서로를 잘 볼 수 있도록 가깝게 배치하고 녹음기, 마이크, 메모지와 펜, 참석자 명단 등을 준비합니다. 회의 중에는 먼저 일상적인 대화를 나누면서 온화하고 친밀한 분위기를 조성한 후 최대한 자유롭게 진행하도록 노력합니다. 회의석상에 다과 및 음료 등을 준비하는 것도 분위기를 부드럽게 만드는 데 도움이 될 수 있습니다.
- 누가 토론할 것인가: TV 토론에서는 2개의 상반된 의견을 가진 사람들이 10명 이하가 나오는 것에 비하여 포커스 그룹은 1 ~ 6개 집단에서 집단당 4 ~ 10명을 선택합니다. 너무 적은 수의 인원이 참석할 경우 충

분히 다양한 의견을 수집하기 어려울 수 있고, 너무 수가 많아지면 모든 참가자 별로 충분한 의사개진을 못 할 위험이 있습니다. 포커스 그룹의 토론자를 선택할 때는 유사한 특성이 있는 참여자로 구성하는 동종 구성 (Homogeneous Composition) 방법과 다양한 배경과 관점을 가진 참여자들로 구성하는 이종 구성 (Heterogeneous Composition) 방법이 있습니다. 동종구성의 경우 관점의 다양성이 부족하므로 다양한 관점을 수집하기 위해 다양한 동종 그룹에 대해 구분된 여러 세션을 병행하는 것이 좋습니다. 그리고 이종구성의 경우 참여자들이 서로의 배경이나 의견에 불쾌감을 느낄 경우 의견을 도출하기 위해 노력하기 보다는 서로를 비난하는 데 많은 시간을 소모해 수집된 자료의 품질이 떨어지게 됩니다.

- 누가 진행할 것인가: 마지막으로 가장 중요한 준비 중의 하나는 진행자를 선택하는 겁니다. 사실 포커스 그룹의 성패는 누가 토론자로 참여하는지 이상으로 누가 진행하는지에 달려있다고 말해도 과언이 아닙니다. 그럼 포커스 그룹의 사회자는 어떤 능력을 갖춰야 할까요? 먼저 포커스 그룹의 사회자는 참석자와 호흡을 맞춰가며 요구사항을 원활히 도출할 수 있어야 하므로 참석자들이 편안하게 이야기할 수 있는 분위기를 만들 수 있는 좋은 경청자여야 합니다. 그러므로 의사소통 능력이 좋고, 친절하며, 유머감각이 있고, 다른 사람을 존중할 줄 아는 개방적인 성향의 사람을 선택해야 합니다.

충분히 부드러운 분위기가 형성되면 점차 주제에 대해 자유롭게 토론할 수 있도록 진행하는데, 처음에는 10~20초 이내에 단순하게 대답할 수 있고, 참석자가 서로 비슷하다는 것을 알 수 있는 질문부터 시작합니다. 문제를 제기할 때는 대화 형식으로 질문하고 자발적 응답 유도하되 "예", "아니오"라는 식의 단답형 대답이 나오지 않도록 질문하는 것이 좋습니다. 사회자는 한 사람이 너무 오래 토론을 주도하거나 토론의 내용이 목적과 멀어지지 않게 주의를 시키며 회의가 끝날 때에는 토론의 전체 내용을 요약 설명 및 확인을 하는 역할을 합니다. 내용을 요약할 때에는 오늘 토론한 주제와 토론

중 나온 주요 아이디어뿐만 아니라, 기대하지 않았던 특이 내용, 그룹별 차이 등을 요약해서 참석자들에게 알려줍니다.

토론 후에는 토론 중 작성한 녹취록, 테이프, 노트 등을 참조하여 질문 및 주제별로 분석합니다. 토론 중 나온 아이디어는 누가 어떻게 말하였는지 인용문을 포함하여 정리합니다. 마지막으로 질문에서 나온 주제를 전체적으로 파악한 후 주제를 중심으로 결과를 정리하는 방법이 효율적입니다.

포커스 그룹의 장점은 인터뷰보다 시간과 비용이 절감되고, 사람들의 태도, 경험, 바램들을 습득하기 좋다는 점입니다. 그리고 다른 사람의 관점에 대한 개인적 관점을 고려하여 질문하고 토의할 수 있는 환경이 제공되는 것도 장점이라고 할 수 있습니다. 하지만 여러 명이 같이 이야기하다 보니 개인적 주제를 논의하기가 어렵고, 데이터나 실제 행동과 토론 내용이 일관성이 없을 가능성도 있습니다. 동종 구성일 경우는 관점의 왜곡되고 이종 구성일 경우는 의견 충돌을 염려하여 자신의 의견을 숨길 수도 있습니다. 이런 문제를 해결하기 위해서는 숙련된 중재자가 될 사회자를 선택하는 것이 중요합니다. 그리고 여러 명이 동시에 한자리에 모여야 하므로 일정을 수립하기 어려울 수도 있습니다.

3) 인터뷰: 개별적인 요구사항 도출

인터뷰 혹은 면접은 단발적으로 작업하는 회화 중심의 요구사항 도출방법 중 하나로 피면접자와의 대화를 통해 정보를 도출합니다. 인터뷰는 크게 구조적 인터뷰(Structured Interview)와 비구조적 인터뷰(Unstructured Interview)로 나뉘는 데, 구조적 인터뷰는 면접자가 질문을 사전에 정의하여 답변을 획득하는 방식인 데 반하여 비구조적 인터뷰는 사전에 정의된 질문 없이 개방형 질문으로 토의하는 방식입니다. 다음 표는 구조적 인터뷰와 비구조적 인터뷰의 차이를 설명하고 있습니다.

비구조적 인터뷰	구조적 인터뷰
개발	
• 계획을 거의 세우지 않지만, 만약 계획이 있다면 따릅니다. • 계획은 주로 암시적이며 면접자에 따라 질문이 달라집니다.	• 프로젝트에서 피면접자와의 인터뷰가 필요한 이유를 고려하여 목적을 달성시킬 수 있도록 질문을 설계합니다. • 무엇을 질문할지 미리 결정하며 프로젝트에 필요한 지식, 기술 및 능력들을 도출할 수 있도록 질문을 설계합니다.
관리	
• 같은 것을 묻기 위해 다양한 질문을 할 수도 있습니다. • 관리는 거의 이루어지지 않지만, 만약 있다면 어떻게 어떤 정보를 관리할 것인지는 면접자가 결정합니다. • 불필요한 정보는 인터뷰의 방향에 영향을 미칠 수 있습니다. • 정보는 스케치나 정형화되지 않은 메모로 이루어지거나 존재하지 않기도 합니다.	• 누가 질문해도 질문 내용은 같습니다. • 답변에 따라 후속 질문은 무엇을 할 것인지도 관리됩니다. • 관련이 없는 정보는 무시됩니다. • 자세한 정보를 정형화된 형식으로 기록합니다.
평가	
• 응답 평가를 위한 지침이나 체계가 없습니다.	• 응답을 어떻게 평가할지에 관한 기준을 사전에 미리 만듭니다.
인터뷰 진행자 훈련	
• 체계적인 교육이나 지시사항이 없습니다.	• 준비한 지침에 따라 인터뷰를 진행할 수 있도록 교육합니다.

구조적 인터뷰는 일반적으로 다음 그림의 진행 순서에 따라 진행합니다.

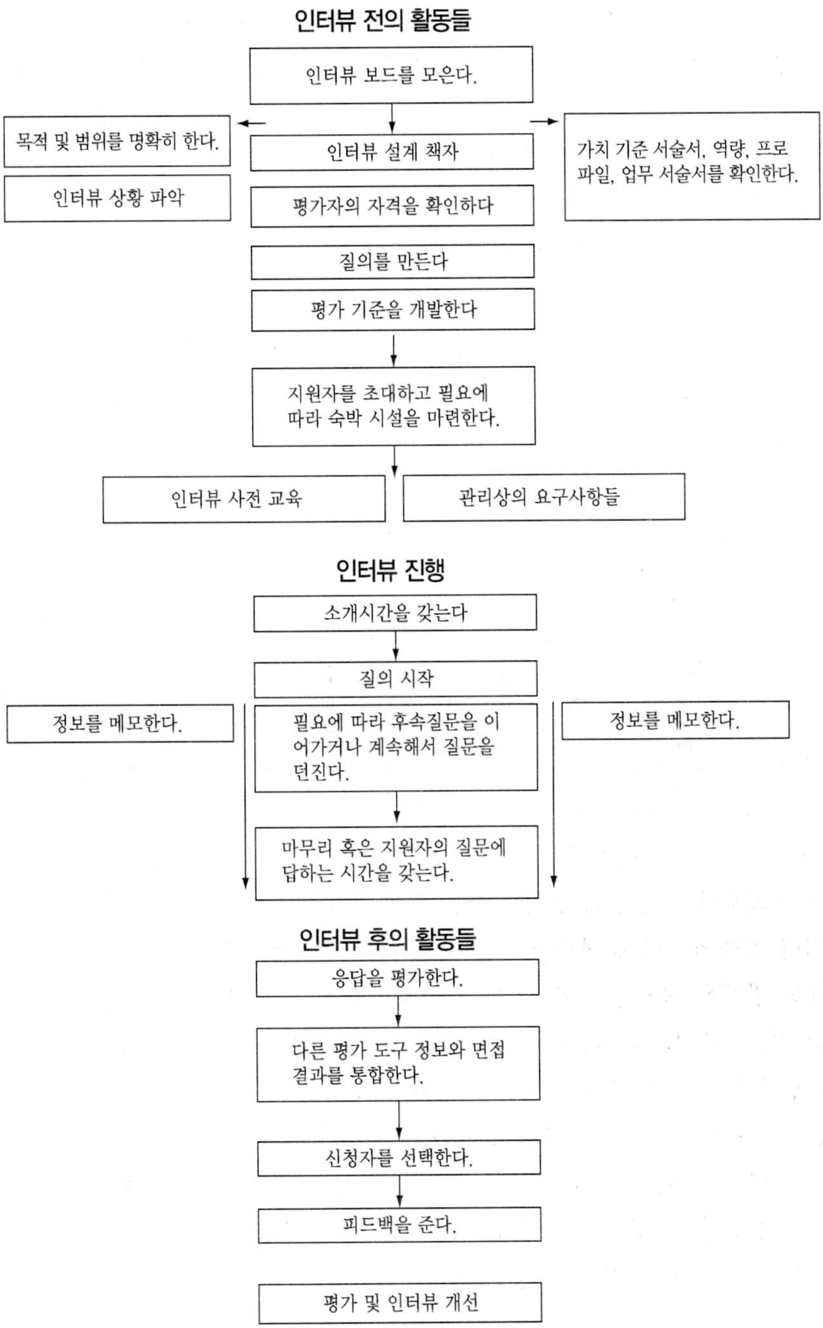
인터뷰 전의 활동들
인터뷰 보드를 모은다.
목적 및 범위를 명확히 한다.
인터뷰 상황 파악
인터뷰 설계 책자
평가자의 자격을 확인하다
가치 기준 서술서, 역량, 프로파일, 업무 서술서를 확인한다.
질의를 만든다
평가 기준을 개발한다
지원자를 초대하고 필요에 따라 숙박 시설을 마련한다.
인터뷰 사전 교육
관리상의 요구사항들
인터뷰 진행
소개시간을 갖는다
질의 시작
정보를 메모한다.
필요에 따라 후속질문을 이어가거나 계속해서 질문을 던진다.
정보를 메모한다.
마무리 혹은 지원자의 질문에 답하는 시간을 갖는다.
인터뷰 후의 활동들
응답을 평가한다.
다른 평가 도구 정보와 면접 결과를 통합한다.
신청자를 선택한다.
피드백을 준다.
평가 및 인터뷰 개선

인터뷰를 통해 요구사항을 도출하면 참여하는 이해관계자들을 독려하고 이해관계자들과의 협력관계를 구축할 수 있을 뿐만 아니라 다양한 상황에서 사용될 수 있다는 장점이 있습니다. 그리고 면접자와 참여자들의 충분한 토론, 질의응답이 가능할 뿐만 아니라 말로는 표현하기 어렵지만, 행동을 관찰하면서 추가적 정보를 얻기도 하고 은밀한 의견도 나눌 수 있고 말로는 표현하기 어려운 속내를 확인할 수 있습니다. 그렇지만 인터뷰는 합의 도출 수단이 아니고, 상당히 많은 참여자의 집중과 관여가 요구됩니다. 그리고 효과적인 인터뷰 수행을 위해서는 준비한 질문 외에도 효과적인 후속 질문이 진행되어야 하는데, 이를 위해서는 비즈니스 도메인에 관한 면접자의 지식에 의존적이기 때문에 면접자가 충분히 훈련되어야 합니다. 그리고 데이터 기록, 분석은 복잡하고 높은 비용이 요구되며 면접자의 해석에 의존적이라는 한계가 있습니다. 그래서 인터뷰를 효율적으로 진행하기 위해서는 분야에 대한 면접자의 개인적인 능력이 매우 중요합니다. 즉 면접자는 인터뷰하고자 하는 분야를 충분히 이해해야 하며 인터뷰 자체에 대한 충분한 경험을 가지고 있고, 인터뷰 결과를 잘 정리하여 문서로 작성할 줄 알아야 합니다. 그리고 면접자들만큼은 아니더라도 피면접자도 인터뷰에 대해 준비하고 비즈니스 요구에 대해 솔직하게 이야기할 마음의 준비가 된 협조 상태여야 합니다. 만일 피면접자가 적극적으로 임하지 않을 때는 어떻게 해야 할까요? 예를 들어 만일 공격적인 피면접자를 만난다면? 이럴 경우 도전적으로 대처해야 하는 것이 정석입니다. 만일 피면접자가 대답을 회피하는 수동적인 면과 질문에 공격적인 면을 모두 갖췄다면 직접 질문하기보다는 간접적인 방식을 택하는 편이 낫습니다. 예를 들어 그 질문에 대답해 줄 수 있는 다른 사람을 찾는다든지 상사를 통하여 설득시키는 방식으로요. 하지만 면접자가 프로젝트가 완료되면 해고를 당하는 등 피해를 보는 입장이고 지금 요구사항을 분석하는 당신도 그렇게 생각한다면 특별한 전략이 없습니다. 자신이 해야 할 도리를 다하면서 계속 일을 추진할 수밖에요.

경영 컨설팅사로 유명한 맥킨지에서는 성공적인 인터뷰를 위하여 다음과 같은 다섯 가지 요령을 제안합니다.

- 인터뷰를 시작하기 전에: 피면접자를 조사하고, 어떤 질문을 할 것인지 미리 준비해야 합니다. 먼저 인터뷰를 하는 목적이 무엇인지, 무엇을 알고 싶은지, 왜 그 사람과 얘기하려고 하는지를 일목요연하게 정리하십시오. 그 대상자에게 물어보고 싶은 질문이 무엇인지 미리 준비하는 것이 주어진 시간 내에 효과적으로 원하는 것을 얻을 수 있게 해주는 최상의 도구입니다. 질문은 “예”나 “아니오”라는 식의 간단한 답변이 나올 수 있는 질문보다는 열린 질문 (Open Question)으로 구성하십시오. 질문에는 이미 알고 있는 질문을 일부 포함하는 것도 괜찮습니다. 인터뷰 대상에 대해 미리 알면 그 대상자가 어떤 부분을 민감하게 생각할지 예측할 수 있습니다. 이런 민감한 질문은 단도직입적으로 묻지 않는 편이 낫습니다. 인터뷰에 대한 지침 작성이 끝나면 인터뷰가 끝난 후 내가 가장 알고 싶어 하는 세 가지가 무엇인지 생각해 보고 그 세 가지가 질문지에 다 포함되었는지 확인해 보십시오. 인터뷰 대상자의 상사가 인터뷰를 주선하게 하세요. 답변자가 인터뷰를 중요하다고 인식하게 되면 좀 더 적극적으로 임할 가능성이 높습니다.
- 인터뷰 인원: 인터뷰를 하러 갈 때는 혼자서 가는 것보다 둘이 같이 가는 편이 좋습니다. 인터뷰 도중 한 명은 질문을 주도하고, 다른 한 명은 메모하는 식으로 역할을 나누면 인터뷰 내용에 대해 정리하기도 쉽고, 인터뷰를 적는 동안 상대방의 비언어적 메시지를 놓치지 않게 되어 유용합니다. 한 명이 계속 질문을 하는 것보다는 같이 간 동료와 역할을 바꿔가면서 질문과 메모를 번갈아 하는 것도 좋습니다. 두 사람이 서로 다른 분야에 대해 전문지식이 있거나, 그 중 한 사람이 특정분야에 전문지식을 갖고 있을 때 더 유용한데, 인터뷰 도중 일어난 일에 대해 두 사람의 시각으로 분석할 수 있어서 좀 더 객관적인 인터뷰가 될 수 있습니다.

인터뷰를 두 명이 해야 하는 이유: 같은 사람과 함께 이야기를 나눠도 서로 다른 관점을 가질 수 있습니다.

- 경청: 인터뷰하는 이유는 말하기 위해서가 아니라 듣기 위해서입니다. 지도하려 들지 마십시오. 인터뷰하는 이유는 인터뷰 대상자가 당신보다 해당 분야에 대해 많이 알고 있기 때문임을 기억하셔야 합니다. 많은 정보를 얻으려면 상대방에게 질문한 후에 스스로 말하게 하는 것이 필요합니다. 상대방이 당신이 경청 중이라는 것을 안다면 좀 더 성의 있게 답변할 겁니다. 열심히 듣는다는 것을 알게 하려면 여자들의 대화법을 살펴보시는 것도 도움이 될 것 같습니다. 여자들은 단순히 상대방의 말뿐만 아니라 신체 언어에 민감하죠. 상대방에게 호감을 보이기 위해 몸을 약간 상대방에게 향하고 고개를 끄덕이거나 동의의 감탄사를 이용하기도 합니다. 중요한 부분은 메모하거나 상대방의 말을 반복함으로써 본인이 상대방의 이야기를 잘 이해하고 있다는 것을 알게 합니다. 반복할 때는 대상자의 대답을 약간 다른 형태로 반복하세요. 애매한 방식으로 요점을 비켜가거나 중요한 사항들을 강조하지 않고 설명할 때, 상대방이 이해했는지 비슷한 질문으로 확인해줄 수 있습니다. 중간에 말을 끊지 말고 중간에 피면접자가 시간을 갖고 생각을 정리하거나 호흡을 가다듬을 수 있게 여유를 줘야 합니다. 가끔가다 뭔가 빠뜨렸는데 그것이 무엇인지 확실치 않을 때는 억지로 생각나게 하지 말고 침묵을 지키시는 편이 낫습니다.

- **우회적인 접근**: 상대방이 호의적이고 편안한 상태일 때 효과적인 인터뷰가 될 수 있습니다. 인터뷰를 시작할 때, 인터뷰를 포함한 이번 프로젝트가 인터뷰 대상자와 그들 조직에 어떤 도움이 되는지를 설명하면 자발적 도움을 얻을 수 있습니다. 공격적으로 질문 세례를 퍼부으면 상대방을 방어적으로 만들어 중요한 정보를 제공하지 않을 수 있습니다. 차라리 당신이 그들과 공유할 수 있는 정보가 있다면 그들에게도 제공해 주어 그들도 당신을 같은 편이라고 인식하게 하여야 합니다. 그들의 약점을 이용하거나 인터뷰 대상자를 발가벗기려 들지 마십시오. 개인적으로 해석될 수 있는 문제를 건드릴 때는 직접 이야기하기 부담스러울 수 있습니다. 개인적인 이야기일수록 우회적으로 접근하십시오. 까다로운 질문은 가능한 한 늦게 하는 편이 좋습니다. 예를 들어 1970년대에 미국 NBC에서 방영한 형사 콜롬보의 전술을 활용하는 것도 괜찮을 것 같습니다. 언제나 트렌치코트를 입고 다니는 콜롬보 형사는 탐문을 다 끝낸 후에 상대방이 긴장이 풀렸을 때 마치 별거 아니라는 식으로 까다로운 질문을 살짝 던지죠. 여러분도 콜롬보 형사처럼 인터뷰가 끝난 후에 그런 식으로 질문을 던져보세요. 실제로 상대방의 방어적인 입장이 풀려 이야기를 할 확률이 높다고 합니다.

- **인터뷰를 끝낸 후**: 인터뷰를 한다는 것도 결국은 사람의 일이라 지속적인 인간의 관계를 유지하는 게 좋습니다. 그리고 인간관계는 시작보다 끝이 중요한 법입니다. 인터뷰가 끝난 후에는 사무실로 돌아가서 감사의 편지를 쓰십시오. 이런 여러분의 태도가 나중에 뜻하지 않은 보상을 안겨 줄 수도 있습니다. 하지만 상투적인 감사편지는 더 안 좋은 인상을 줄 수도 있습니다.

3) 워크숍: 대규모로 모여서 요구사항 도출하자

여러분은 워크숍이라는 단어를 들으면 어떤 것이 연상되시나요? 어떤 분은 철공소나 목공소가 생각날 수도 있고, 아니면 학회처럼 비슷한 연구를 하는 사람들이 모여 발표하고 의견도 나누는 걸 연상할 수도 있습니다. 더 많은 분은 황금 같은 주말에 워크숍을 빙자하여 회사 사람들과 버스나 비행기를 타고 멀리 나가 친목을 다지고, 술 마시고, 회사를 주제로 토론하는 그런 모임을 생각할 것 같습니다. 책에서의 워크숍은 세 번째 의미인데요, 프로젝트가 시작될 때나 끝날 때에 이해관계자가 모두 모여 프로젝트의 비전을 공유하고 결과를 평가하는 그런 모임을 생각하시면 될 것 같습니다. 이 책의 비전 관리나 우선순위 결정 관련 게임들이 이런 워크숍에서 사용하기 적합한 게임이라고 할 수 있습니다. 워크숍은 대규모의 사람들이 움직여야 하므로 효율적으로 진행돼야 해서 많은 준비가 필요합니다. 워크숍을 준비할 때 참조하면 좋은 서적으로는 'Requirements by Collaboration: Workshops for Defining Needs'나 'The Workshop Book: From Individual Creativity to Group Action Technology of participation' 등이 있습니다. 특히 두 번째 책은 우리말 번역본도 있습니다. 그리고 2005년에 한국표준협회에서 개발한 '사내 workshop 진행설명서'는 프로젝트 워크숍에 대한 내용은 아니지만, 워크숍 진행을 위해 필요한 공문 및 예산 서식도 포함하고 있으므로 처음 회사에서 워크숍을 진행해야 하는 분들에게는 도움이 될 겁니다.

그럼 워크숍은 왜 진행하는 걸까요? 워크숍은 많은 사람이 참여하기 때문에 한번 개최하는 데 큰 비용이 들지만, 짧은 기간 안에 집중적으로 고객의 주요 요구사항을 얻을 수 있는 기법으로 잘만 운영하면 시간과 비용을 절약할 수 있는 방법입니다. 왜냐하면, 다른 기법의 경우 요구 분석가가 이해관계자를 개별적으로 만나 요구사항을 수집하므로 그 요구사항 간의 혼선과 중복이 발생할 수 있습니다. 이렇게 이해관계자들의 의견들 사이에 불일치가 발생하면 분석가는 고객이 얘기한 결과를 다시 정리하여 다시 이해관계자들의 합의를 받아야 하므로 시간이 지연됩니다. 하지만 워크숍을 이용하면 주요 이해관계자가 한 번에 모이므로 요구사항 도출과 함께 결과에 대한 피드백, 합의를 바로 얻을 수 있어서 요구사항 단계에서 많은 시간을 절감할 수 있고 이는 비용을 줄이는 데 중요한 역할을 합니다.

워크숍을 위한 장소는 어떻게 준비하는 것이 좋을까요?(Alexander 2002) 워크숍을 직장 가까운 곳으로 잡으면 중간에 회사에 남은 일을 하기 위해 사라지는 사람들이 있기 때문에 대부분 일상적인 회사 일에 방해받지 않도록 한적한 곳으로 워크숍을 가는 경우가 많습니다. 골프를 좋아하는 사람이 많다면 골프장 옆으로 가거나 여름에 동남아로 워크숍을 가는 것도 그 이유일 겁니다. 그리고 휴대폰과 전자기기는 사용하지 못하게 하는 것이 좋습니다. 그렇지 않다면 워크숍에 집중하지 못한 사람들이 틈틈이 자신의 스마트폰으로 볼일을 보는 상황을 연출할지도 모릅니다. 전파가 닿지 않는 곳으로 가면 좋겠지만, 일반적으로 그렇게 하기는 어려우므로 스마트 폰을 다 제출하라고 한 다음에 중요한 메시지를 대신 받아 전달하면 됩니다.

생각해 보면 예전부터 중요한 결정은 회사 커피 자판기 앞에 담배 피우며 정해지는 경우가 많았죠. 정규 회의 일정뿐만 아니라 이해관계자 간의 비공식적인 교류가 많도록 사람들이 한곳에 모여 있게 하십시오. 사실 워크숍은 비전 선택 등 프로젝트의 요구사항이 매우 모호한 상태에서 진행되는 경우가 많으므로 정규 회의에서 완전한 요구사항을 만드는 것은 불가능할 수 있습니다. 그보다는 이해관계자들끼리 소개하고 친목을 다지며 부담 없이 큰 그림을 그리도록 자유스러운 분위기를 만드는 것이 더 중요합니다. 예를 들어 간단한 음식물과 함께 회의를 진행하는 건 어떨까요? 예전부터 사람은 밥을 같이 먹어야 친해진다잖아요.

이제 그럼 워크숍을 위한 완벽한 장소가 정해졌다고 가정하죠. 그럼 워크숍 자리배치는 어떻게 할까요? 워크숍의 배치는 참석하는 사람 수에 따라 달라지기는 하지만 기본적으로 모든 참여자가 자유롭게 이야기할 수 있도록 해야 합니다. 그러므로 일자형이나 강의실형보다는 말굽형이나 원형 테이블로 배치하는 것이 좋을 것 같습니다. 그리고 주제 정의 및 진행을 위해 모든 사람이 한 곳을 바라볼 경우도 있으므로 원형보다는 말굽형이 낫겠네요. 다음 그림은 워크숍 진행을 위한 공간 배치도입니다. 이 그림에서는 참가자 수가 많아서 둘로 나누었지만 10명까지는 한 테이블에서 회의할 수 있습니다.

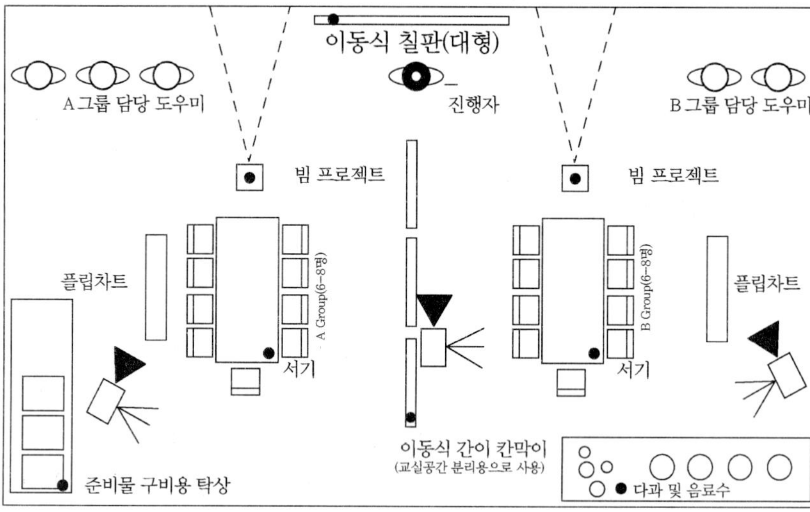

그럼 장소준비 외에 어떤 준비를 해야 할까요? 먼저 기본 규칙을 정해야 합니다. 즉, 정시에 시작하고 종료하며, 휴식 후 즉시 복귀하도록 합니다. 예를 들어 벌금 통을 만들어 정시에 참석하지 않으면 약간의 벌금을 내게 하는 것도 좋은 방법입니다. 그리고 한 번에 한 가지 주제만 진행하고 개인 문제는 언급하거나 비판하는 걸 금지합니다. 범위를 넘지 않게 진행자가 잘 관리해야 하지만, 향후에 고려할 항목들을 위한 여유는 만드는 것이 좋습니다. 팀의 크기는 적절히 작게 유지하고 모든 사람이 참여하게 주의해야 합니다. 모든 참석자가 참여하게 경품 같은 걸 활용하면 어떨까요? 예를 들어 쿠폰을 만들어 의견을 제시할 때마다 쿠폰을 주고, 워크숍이 끝난 다음 쿠폰에 해당하는 유용한 경품을 주는 식으로요. 프로젝트 시작할 때 진행되는 전형적인 킥오프 모임(Kick-off Meeting)의 일정은 아래 표와 같습니다.

시간	개요	내용
08:00 - 08:30	워크숍 소개	워크숍 목적, 진행자, 진행 규칙소개
08:30 - 10:00	프로젝트 배경	현 상황, 시장의 요구, 인터뷰 결과
10:00 - 12:00	브레인스토밍 게임	파트 2: 프로젝트 비전 게임 시행
12:00 - 13:00	점심	
13:00 - 14:00	브레인스토밍 게임	파트 3: 이해 관계자 도출 게임
14:00 - 15:00	도출된 사항 정리	간단한 문장으로
15:00 - 16:00	우선순위 결정	파트 5: 우선순위 결정 방법 참조
16:00 - 17:00	정리	워크숍 결과 분석 및 요약

이와 같은 방법으로 워크숍을 마치면 워크숍 동안 언급된 이야기를 잘 정리하는 것이 워크숍 진행 이상으로 중요합니다. 보통 정리된 결과는 단순 열거일 경우가 많으므로 2장에서 설명한 KJ 기법 등을 통해 분류하여 분석하면 의미 있는 결과를 얻을 수 있습니다.

4) 설문: 많은 사람을 의견을 정량화하여 분석하자

대통령 선거 등 다양한 선거 전에는 후보들에 대한 선호도 조사를 하고 그 결과를 방송이나 신문을 통해 발표하는 것을 보신 적이 있을 겁니다. 요구공학적인 관점에서 본다면 대통령 후보 선호도 조사라는 것도 일종에 국민들의 대통령에 대한 요구를 측정하는 방법입니다. 후보선호도 조사와 같이 질문을 배포하여 짧은 기간 내에 많은 사람으로부터 정보를 도출하는 기법을 설문(Survey) 혹은 앙케트(Questionnaire)라고 합니다. 그러면 설문조사는 어떤 방식으로 진행할까요? 먼저 설문조사의 목적 및 목표 설문조사 그룹을 정의하고 적절한 설문조사 유형을 선택합니다. 설문조사의 유형은 폐쇄형(Closed-ended)과 개방형(Open-ended)이 있습니다. 폐쇄형 설문은 객관

식 문항 위주로 범위가 잘 이해된 경우 유용하며 응답 범주의 강도가 계량적이므로 분석하기 쉽습니다. 이에 반해 개방형 설문은 자유로운 서술형 방식으로 폭넓은 응답이 된다는 장점이 있지만, 분석이 어렵다는 단점이 있습니다. 다음은 누구에게 설문조사를 할 것인지 결정합니다. 대통령 후보 선호도 조사를 보면 다음 그림과 같이 세대, 지역, 성별 등으로 분류하여 분석하는 것을 알 수 있습니다. 그 이유는 지금까지 대통령 후보의 선호도는 세대, 지역, 성별에 따라 달라진다는 결과를 가지고 있기 때문입니다. 설문에서도 누가 답변 하냐에 따라 설문의 답변이 달라질 수 있다면 모집단의 특성을 고려한 통계적 표본 추출 방법 (Statistical Sampling Method) 방식을 이용하여 표본 그룹을 선택합니다.

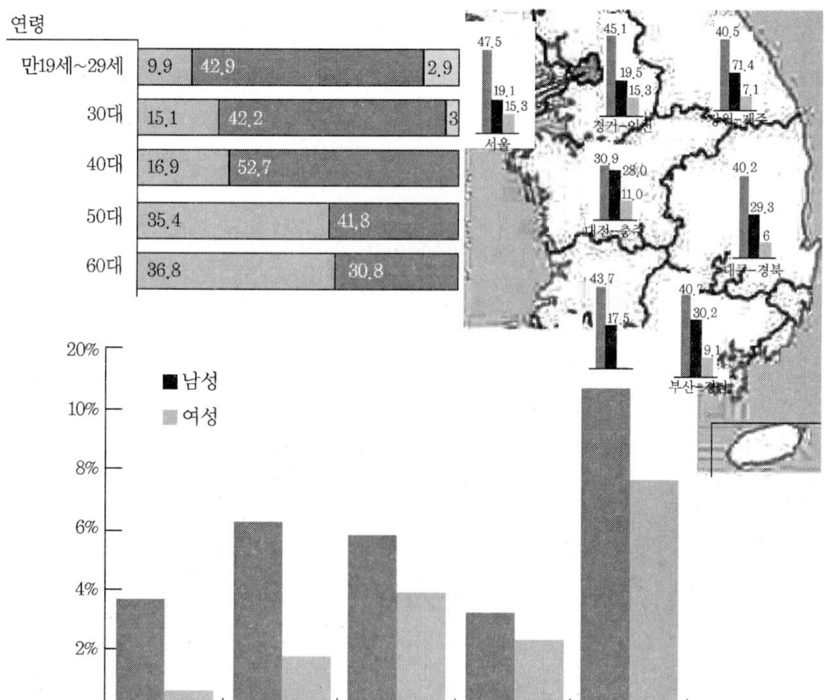

다음 단계는 어떤 방식으로 설문지를 배포하고 수집할 것인지를 결정하는 겁니다. 전통적으로 설문지를 인쇄하여 직접 나눠주거나 우편으로 보낼 수도 있지만, 배포의 편의를 위해 최근에는 전자 우편이나 설문을 전문으로 하는 웹 사이트를 활용하기도 합니다. 직접 설문지를 배포하고 그 자리에서 수집하는 것이 가장 응답률이 높기는 하지만 비용이 많이 든다는 단점이 있습니다. 설문 전문 사이트나 구글에서 제공하는 구글 드라이브(Google drive)의 스프레드시트를 활용하면 자동으로 통계분석을 해 주므로 편리하지만, 응답률이 낮아질 수 있습니다. 이 경우 문자와 전화로 설문 답변을 촉진하는 방안도 고려해야 합니다. 왜냐하면, 응답률이 낮을 경우 설문 결과가 통계적으로 무의미할 수 있기 때문입니다.

설문조사 질문지를 작성할 때 명심할 점은 한번 설문이 시작되면 문항을 변경할 수 없다는 겁니다. 질문이 부적절할 경우 답변도 부정확해집니다. 그러므로 표본과 유사한 수준을 가진 사람 5명 정도와 설문 문항에 대해 테스트를 해 보는 것이 좋습니다.

5) 어떤 요구사항 도출방법을 선택해야 하나

지금까지 다양한 요구사항 도출방법을 설명하였고 12~14장에서는 요구사항 도출을 위한 많은 게임을 제안합니다. 그럼 수많은 요구사항 도출방법 중에서 어떤 것을 선택해야 할까요? 불행히도 모든 병을 고쳐주는 만병통치약이 없는 것처럼 모든 상황에서 최선인 도출방법은 없습니다. 어떤 요구사항 도출방법이 최상인지는 이해관계자의 특징, 요구사항 출처, 프로젝트의 환경 등에 따라 달라집니다.

파키스탄에서 IT 전문가들을 대상으로 조사한 바로는 소프트웨어 개발방법론에 따라 선호하는 요구사항 도출방법이 다르다고 합니다.(Sajid, 2010) 시나리오/스토리보드 방법은 모든 방법론에서 사용되지만, 인터뷰와 체크리스트 방법은 폭포수 모형에서 주로 사용되는 것에 반해 XP나 프로토타입, 점증적 방법론에서는 JAD/RAD 방법이 많이 사용된다고 합니다. JAD(Joint Application Development)는 1970년대 말 IBM에 근무하던 Tony Crawford, Chuck Morris, Arnie Lind가 고안한 방법론으로 소프트웨어 설계 및 개발 단계에서 최종사

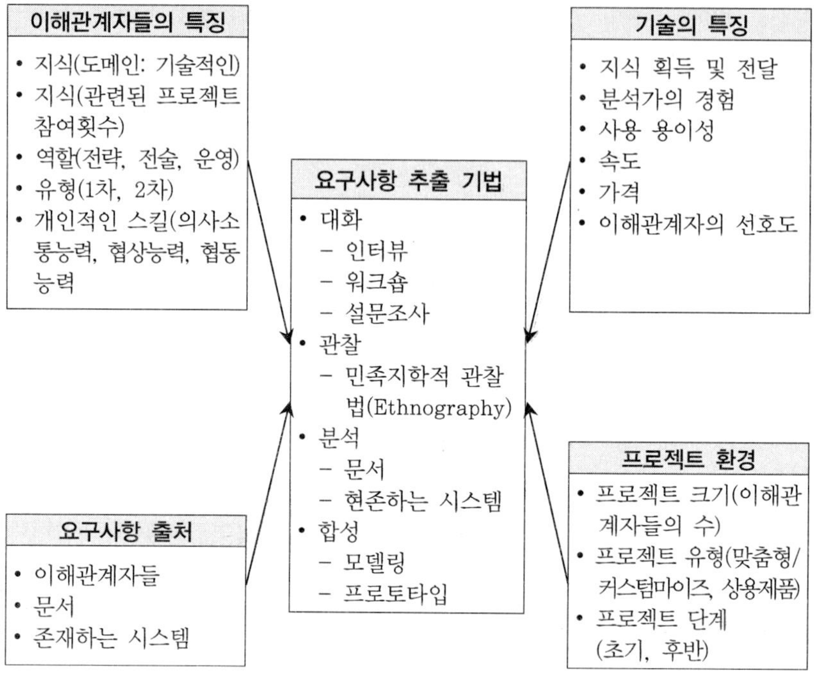

용자를 대상으로 JAD 세션이라고 불리는 협업 워크숍을 반복적으로 진행합니다. RAD(Rapid Application Development)는 JAD를 변형시킨 것으로 빠른 개발을 위해 형식적인 부분을 줄이고 소프트웨어 구성요소의 재사용을 늘린 방법론입니다.

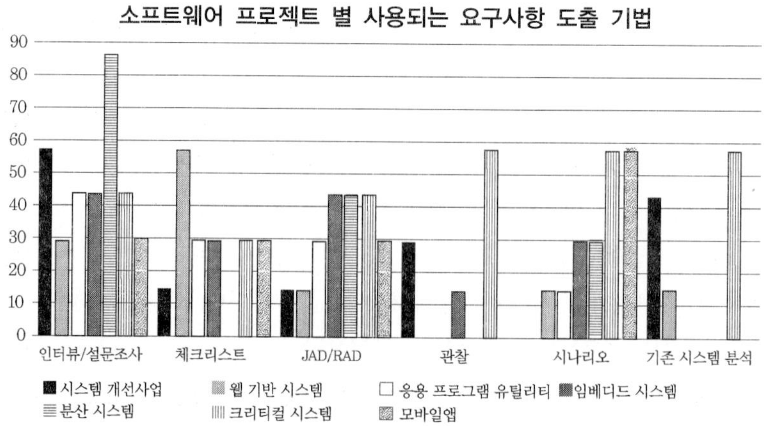

그 외에 프로토타이핑의 경우는 폭포수 모형처럼 체크리스트를 사용하기도 합니다. 개발하는 소프트웨어 프로젝트 종류에 따라서도 선호하는 요구사항 도출방법이 달라집니다.

기존 시스템을 유지보수하고 개선하는 사업의 경우 인터뷰와 기존 시스템분석, 관찰 순으로 요구사항을 도출하지만, 웹 기반 시스템의 경우 관찰은 거의 하지 않고 인터뷰 및 체크리스트 방법을 선호합니다. 인터뷰 및 설문조사 방법은 대부분의 개발에서 활용했지만, 분산시스템은 체크리스트를 사용하는 경우가 별로 없었으며, 기존 시스템 분석은 응용프로그램 유틸리티나 임베디드 시스템 개발, 모바일 앱 개발에는 사용되지 않았습니다. 요구사항 도출을 위해 관찰을 하는 경우는 시스템 개선사업, 임베디드 시스템, 크리티컬 시스템밖에 없었습니다.

요구사항 도출 방법은 프로젝트 개발 문화와 관련이 많으므로 파키스탄에서의 조사결과는 우리나라의 현황과는 거리가 멀 수 있지만, 소프트웨어 종류에 따라 선호하는 요구사항 도출방법이 다르다는 건 확인할 수 있습니다. 실제로 우리나라의 대형 IT기업 중에는 단계별 소프트웨어의 종류나 개발위주로 사용할 요구사항 도출방법에 대한 지침이 있는 곳도 있습니다. 예를 들어 이미 사용자가 소프트웨어를 사용하고 있는 상황에서 시스템을 개선할 때에는 관찰 방법을 사용하지만 아직 참고할 소프트웨어가 없을 때에는 창의적인 해결방안을 찾기 위해서 브레인스토밍 방법을 사용합니다. 여러 이해관계자 사이에 합의가 이뤄지지 않는다면 포커스 그룹이나 워크숍을 사용합니다. 다음 표는 요구사항 단계별로 사용되는 요구사항 도출방법을 정리한 겁니다.

단계	요구사항 도출 환경	요구사항도출기법
계획	계획 수립을 위해 고객의 요구를 파악하고자 할 때	워크숍
도출	상위 요구사항을 도출할 때	인터뷰
	고객의 비즈니스를 잘 알고 있을 때	설문조사
	고객의 비즈니스를 전혀 모르거나 고객의 업무가 매우 복잡할 때 고객의 문제를 효과적으로 이해하고자 할 때	관찰(견습공)

단계	요구사항 도출 환경	요구사항도출기법
도출	빠른 시간 내 효과적으로 요구사항을 도출하고 피드백을 받아 요구사항 도출을 촉진해야 할 경우	워크숍
	가능한 많은 아이디어를 얻고자 할 때	브레인스토밍
분석	사용자의 참여를 증진해야 할 때	유즈케이스 모델링
	데이터베이스를 중심으로 비즈니스를 보고자 할 때	데이터 혹은 프로세스 모델링
	고객의 정확한 피드백을 얻고자 할 때 기술의 검증이 필요할 때 위험관리가 중요할 때 고객의 이해 증진과 공유를 위해 정확한 개발 일정 수립을 위해 사용자 인터페이스가 중요한 프로젝트인 경우	프로토타이핑
명세	해당사항 없음	
검증	고객과 함께 검토하고자 할 때	JAD
승인	해당사항 없음	

5 요구사항 도출에 도움이 되는 조언들

마지막으로 요구사항분석가 입장에서 요구사항을 효율적이고 효과적으로 도출하기 위한 53가지 팁을 소개합니다. 이 외에도 여러분들만의 팁을 추가해 보세요.

1) 문제의 근본을 찾으세요.

#1 – 먼저 나무가 아니라 숲을 보세요. 세부 사항을 다루기 전에 프로젝트의 전반적인 범위와 목적을 확실히 이해해야 합니다. 그러한 활동은 당신이 요구사항을 개발하는데 전후 상황을 이해하도록 해주고 새로운 것, 또 관계된 질문들을 끄집어낼 수 있게 합니다.

#2 – '왜?'라고 질문하세요. 대부분은 '왜'라는 질문을 받으면 처음에는 대답을 하지는 못할 것입니다. 그렇지만 진짜 문제가 무엇인지 파악하고 이를 해결하기 위한 여러 방법을 찾기 위해서는 마치 어린 애가 부모에게 물어보

듯이 '왜'라는 질문을 자주 던지세요.

<u>#3 - 무작정 '왜'라고 던지기보다는 솜씨 있게 '왜'라고 질문합니다.</u> 대부분은 여러분이 무작정 '왜'라고만 물어보기를 원치 않을 것입니다. 질문을 잘하기 위해서는 '왜'라는 질문을 육하원칙 - 누가, 무엇을, 언제, 어디서, 혹은 어떻게-와 함께 사용합니다.

<u>#4 - 자극적인 질문을 사용하세요.</u> 자극적인 질문은 요구사항 도출에 참여하는 이해관계자들이 평소에 가진 가정이나 제약 조건, 비즈니스 압박에서 벗어나게 해주고 창의적인 생각을 할 수 있게 도와줍니다. 12장에서 소개하는 '뜨거운 맛보이기' 같은 게임이 도움될 수 있습니다.

<u>#5 - '왜'라는 것의 모든 측면을 살펴보세요.</u> '왜'라는 것과 비즈니스적 요구는 사실 정보의 단편적인 부분이 아닙니다. 최소한 비즈니스 목적, 비즈니스적 문제, 원하는 결과는 살펴봐야죠.

<u>#6 - 문제를 원점에서 논의해봅니다.</u> 숙고해 봐야 하는 모든 사항에 대해 처음부터 다시 논의해봅니다. 혹은 큰 프로젝트에서는 문제 중 일부분을 다시 논의합니다. 이를 통해 모든 구성원이 요구사항에 집중할 수 있게 해주며 창의적으로 만들어 줍니다.

<u>#7 - 솔루션에 관해 이야기해봅니다.</u> 일반적으로 요구사항에는 솔루션을 포함하지 않는 것이 원칙입니다. 그렇지만 이해관계자로 하여금 솔루션에 대한 의견을 묻고 '왜' 그 솔루션을 원하는지를 확인하여 숨겨져 있는 요구사항을 도출할 수도 있습니다.

2) 들어요, 진심으로 들으세요.

<u>#8 - 침묵하세요.</u> 아이디어를 제시할 수 있는 시간과 장소가 있더라도 당신이 이야기하기 보다는 이해관계자들의 이야기를 듣는 것에 집중하세요. 만약 당신이 지금까지 적극적으로 이바지해왔고 다른 사람들이 당신의 의견을 들어왔더라도 지금은 잠시 멈추고 경청하세요.

<u>#9 - 생각하기를 그만!</u> 경청하라는 것은 이해관계자의 요구를 수용하고자 하는 태도를 의미합니다. 개발자로 시작하여 요구사항분석가가 된 많은 전

문가가 요구사항을 들으면서 "무엇이 가능한가?"라고 분석적인 사고를 하는데, 이 경우 이해관계자들은 자기들의 요구가 거부되는 느낌을 받을 수 있습니다. 그러므로 어렵더라도 가끔은 생각하기를 그만두는 것이 진짜로 도움이 됩니다. 그렇다고 영원히 생각을 멈추라는 의미는 아닙니다.

#10 - 적극적인 청취기법을 사용하세요. 만약 이해관계자들이 자신의 말을 반복하는 경향을 보인다면 그것은 자신의 말을 듣지 않고 있다고 느껴지기 때문입니다. 적극적인 청취기법을 확실히 사용하여 여러분이 듣고 있다는 것을 이해관계자들이 알 수 있도록 하세요.

#11 - 후속 질문을 하세요. 그럼 어떤 것이 적극적인 청취기법일까요? 후속 질문을 하면 이해관계자들은 여러분이 자신의 말을 이해하려고 노력하며 열심히 듣고 있다고 생각하게 됩니다. 그리고 그들이 말한 것을 액면 그대로 곧이곧대로 받아들이지 않고 조금 더 깊게 파헤칠 수 있도록 도와줍니다.

#12 – "어리석은" 질문을 하세요. 이 세상에는 어리석은 질문은 당신이 아직 물어보지 않은 질문뿐입니다. 스스로 가정하지 말고 우스꽝스러울 정도로 명백한 것에 대해서도 질문합니다. 당신의 상식이 이해관계자에게는 상식이 아닐 수 있습니다.

#13 - 음성녹음을 하지 마세요. 많은 비즈니스 분석가들이 회의 때에 음성녹음을 하고 싶어 합니다. 하지만 녹음을 하면 "어차피 녹음되고 있으니까"라는 게으른 생각 때문에 당신의 집중력을 떨어뜨리고, 참여자들은 자신의 목소리가 녹음되는 것에 겁을 먹을 수 있습니다. 메모하기에는 너무 빠르게 토론이 진행된다면 음성 녹음을 하기보다는 토론의 속도를 늦추고 참여자 모두가 토론의 진행에서 낙오되지 않게 조절하세요. 만약 당신이 이야기를 따라갈 수 없다면 다른 누군가도 따라갈 수 없을 것이고 당신이 필요로 하는 모든 정보를 다 얻지 못할 수 있습니다.

3) 다른 추출 기술들을 사용하세요.

#14 - 당신이 생각할 수 있는 모든 추출 기술을 고려하세요. 많은 비즈니스

분석가들이 자신에게 익숙한 한두 개의 기술에 의존합니다. 하지만 하나의 기술을 반복 사용하는 것보다 다양한 추출 기술을 적용하는 것이 이해관계자들도 새로운 기분과 흥미를 유지할 수 있고 문제를 새로운 관점에서 볼 수 있게 합니다. 이렇게 여러 기법을 활용할 수 있다면 프로젝트의 유형에 적합한 도출 기술을 사용할 수 있으므로 좀 더 일찍 요구사항들을 도출시킬 수 있도록 해줍니다.

#15 - 산출물을 생성합니다. 요구사항을 도출한다는 것은 그냥 인터뷰하며 이야기를 나누는 게 아닙니다. 본인이 이해한 바를 산출물로 만들고 이해관계자들과 이 산출물에 대한 검토과정을 포함합니다. 산출물로는 프로토타입과 유즈케이스 및 비즈니스 프로세스 모델 초안 등이 좋습니다.

#16 - 검토회를 하세요. 소프트웨어 각 개발 단계별로 개발자들과 이해관계자들이 모여 설계 문서나 프로그램상에 논리적인 오류가 있는지 검토하세요. 요구사항같이 검토하면서 아직 도출하지 못한 요구사항을 발견하도록 할 수 있습니다.

#17 - 꼭 검토회를 할 필요는 없습니다. 검토회가 많은 장점이 있지만 모든 경우에 대해서 적합한 건 아닙니다. 때로는 특정한 주제에 대한 토론, 프로세스에 대한 검토, 선택적 검토 활동들이 더 적합할 수 있습니다. '반드시 해야만 한다.'가 이유가 될 수 없습니다.

#18 - 이해관계자들이 없더라도 계속해서 움직이세요. 이해관계자들과 자주 이야기 하고 그들의 의견을 얻어야 하는 것은 명백하죠. 하지만 비즈니스 분석가들은 이해관계자들이 참여하기 전에도 문서분석, 분야 연구, 경쟁자 분석, 조직 연구, 관찰 등 해야 할 활동들이 많습니다. 이런 준비들은 이해관계자와 요구사항을 도출할 때 더 많은 질문과 준비를 할 수 있도록 도와줍니다.

#19 - 일반적이지 않은 기술들을 시험해보세요. 브레인스토밍, 설문조사, 포커스 그룹과 같이 잘 사용되지 않는 기술들도 잊지 마세요. 적절한 상황에서 사용된다면 이러한 기술들은 요구사항 프로세스 중에 고객을 끌어들

일 수 있고 솔루션에 대해 새로운 길을 알려줄 수도 있습니다.

#20 - 빛나는 것 증후군 (Shiny Object-Syndrome)을 조심하세요. 일반적이지 않은 기술들을 활용하는 것은 좋지만, 온갖 종류의 새로운 아이디어나 프로젝트를 뒤쫓는 '빛나는 것 증후군'에 걸리면 안 됩니다. 새로운 기술을 사용해보고 싶다는 이유로 기술을 선택하지는 마세요. 새로운 기술에 너무 집중하게 되면 프로젝트 내에 그 기술을 수행하기 위해 필요한 시간이 부족하게 됩니다. 항상 어떤 기술이 주어진 시간 내에 최고의 정보를 찾아줄 수 있을 것인가를 생각하세요.

4) 준비하고, 준비하고, 또 준비해요.

#21 - 앞서 내다보세요. 항상 프로젝트의 한, 두 단계를 앞서서 생각하세요. 미리 내다봄으로써 현재 상태를 알아내고 다음 단계에 도달하는 데 필요한 것이 무엇인지 문맥상에서 이해하게 도와줍니다. 또한, 도출활동이 좀 더 효율적으로 변하고, 자신감이 생길 겁니다.

#22 - 질문을 준비하세요. 프로젝트의 세부사항에 대한 요구사항을 도출하기 전에 질문을 통해 생각할 수 있도록 질의서를 사용하고, 당신이 생각할 수 있는 한 최대로 많은 질문을 준비하여 회의에 들어갑니다.

#23 - 문서를 분석하세요. 모든 정보가 이해관계자에게서 직접 오는 것이 아니라는 것을 염두에 두세요. 문서 분석은 반드시 물어봐야 하는 질문들을 찾아낼 수 있도록 도와주는 도출 기법입니다. 인터페이스 분석 활동도 매우 효과적입니다.

#24 - 가능한 답변 후보들을 준비하세요. 여러분은 학교 다닐 때 주관식 문제와 객관식 문제 중 어떤 문제가 더 쉬웠나요. 때로는 이해관계자들이 질문에 대해서 쉽게 답하지 못할 수 있습니다. 이 경우 생각해 내라고 압력을 가하지 말고 가능한 선택사항들을 준비하세요. 이해관계자들이 언제나 당신이 준비한 선택사항 중 하나를 선택하는 건 아니지만, 그 답변 후보들이 이해관계자들이 자신들의 요구사항을 구체화하는 데 도움을 줄 수 있습니다.

#25 - 당신이 다 알 수는 없다는 것을 받아들이세요. 미리 준비하여 가능

한 많을 것을 알고 시작하는 것은 중요하지만, 당신이 프로젝트에 대해 미리 다 안다면 요구사항 도출 과정이 필요 없을 겁니다. 도출과정이라는 것은 당신이나 팀이 현재는 인식하지 못하고 있는 정보를 찾아내는 것이 가장 중요하죠. 그러니까 본질적으로 도출 과정은 예상치 못한 것을 다루는 활동을 포함한다는 말입니다. 그러니까 당신은 모든 시나리오를 미리 준비할 수 없고 때로는 즉석에서 생각하고 행동해야 합니다.

5) 도출 뒤에 있는 문제 역시 '언제'

#26 - 도출 활동은 프로젝트 전반에 걸쳐 발생합니다. 요구사항 산출물을 만들기 전의 초안이나 어떠한 분석 활동은 모두 프로세스 초반에 일어난다고 쉽게 오해합니다. 사실, 도출은 프로젝트 생명주기 전체에 걸쳐서 발생합니다. 비즈니스 분석가들의 일은 가능한 최대한 많은 요구사항을 생명주기 내에서 최대한 빨리 그리고 신중하게(신중함의 의미는 프로젝트를 위해서 팀이 사용하고 있는 방법론의 종류에 의해 결정됩니다.) 찾아내는 것입니다. 그 의미는 많은 도출이 프로젝트의 초반에 발생하는 경향이 있다는 것을 뜻합니다. 하지만 일반적으로, 처음의 도출활동이 끝난 이후에도 요구사항을 계속해서 찾기 위해 대비합니다.

#27 - '제시간에'라고 하는 요구사항 관행을 조심하세요. 에자일 개발 환경에서조차 몇 개의 스프린트를 앞서보거나 한 걸음 물러나 생각함으로써 큰 그림을 보려고 하는 것이 '제시간에' 요구사항 관행보다 큰 가치가 있습니다. 왜냐하면, 앞서서 충분히 도출 활동을 한다면 낭비를 막고 요구사항이 가진 위험을 최소로 할 수 있기 때문입니다. 또한, 서두르다가 분명한 요구사항을 못 보고 간과하는 것을 피하게 해줍니다.

#28 - 새로운 정보를 숨기려고 하지 마세요. 이러한 경향은 원했던 시점보다 늦게 정보가 드러났을 때 일어나게 됩니다. 당신은 시간을 되돌리고 싶어 하며 다른 질문을 합니다. 이러한 현상은 좋게 결과를 가져오지 않습니다. 믿어도 좋습니다. 정보는 빠르든, 늦든, 다시 나타납니다. 그래서 비록 당신이 원했던 것보다 늦었더라도 그 시점이 빠른겁니다.

#29 - 공명판(共鳴板: Sounding board)이 되세요. 공명판은 자기가 소리를 내는 것이 아니라 다른 소리에 공명하여 고른음의 느낌을 풍부하게 느낄 수 있도록 해 줍니다. 여러분도 여러분의 의견을 내세우는 것이 아니라 언제 어디서든 이해관계자들의 요구사항을 추출하는 대화를 할 수 있어야 합니다. 예를 들어 점심을 데우거나, 퇴근 후, 그리고 같이 사우나를 하면서도 요구사항은 도출할 수 있습니다. 새로운 정보가 나타날 준비가 되면 그것을 품으세요!

6) 당신의 이해관계자에 대해 알아야 합니다.

#30 - 당신의 이해관계자를 찾으세요. 프로젝트의 비전이 결정되면 가장 먼저 해야 하는 것은 누가 당신의 이해관계자인지 확인하는 것입니다. 그들이 무엇을 이바지하고, 당신은 그들을 위해 무엇을 해야 할까요? 이해관계자 리스트를 만드는 것은 이해관계자를 파악하고 그들 중 누구 하나라도 도출 과정에서 소외되지 않기 위한 첫 단계입니다.

#31 - 이해관계자와의 관계를 구축하세요. 이해관계자와의 긍정적 관계를 만들기 위해 시간을 투자하세요. 의사소통은 분명하고 당신의 책무에 최선을 다해야 합니다. 그리고 프로젝트와 조직을 위해 당신 자신을 증명하고 당신의 헌신을 보일 기회를 엿봅니다.

#32 - 접근 방식을 이해관계자들에게 맞춰야 합니다. 다양한 이해관계자들에 대해서 연구하여 각자에게 다른 방식으로 정보를 제공합니다. 몇몇은 당신에게 특정한 답을 주고 싶어 할 수도 있고 몇몇은 모든 것에 관해 이야기할 수도 있습니다. 파트 3에서 다룬 이해관계자 분석방법을 참조하여 이해관계자의 특성에 따라 대응방법을 결정하고 그들 모두로부터 가능한 모든 정보를 얻도록 노력하십시오.

#33 - 편파적이면 안 됩니다. 그들은 모두 다를 수 있지만, 더 나은 사람이나 더 나쁜 사람은 없습니다. 모든 이해관계자에게 장단점이 있습니다.

#34 - 피드백을 요구하세요. 가능할 때마다 이해관계자에게서 의견을 얻으세요. 이해관계자들은 시간과 에너지를 절감해주는 아주 훌륭한 아이디

어를 주기도 합니다. 요구사항뿐만 아니라 순서, 질문, 산출물 그리고 회의를 촉진하는 방법 등에 대해서도 그들에게 질문을 해보세요.

#35 - 구두쇠 같은 이해관계자들은 특별히 다루어야 합니다. 가끔 자신의 이야기를 하지 않으려는 이해관계자가 있을 수 있습니다. 정보를 주지 않는 이해관계자가 있다면 일대일로 앉아 그의 걱정을 듣기 위해 시간을 투자합니다.

#36 - 참여하지 않는 이해관계자를 다루세요. 프로젝트가 성공하기 위해서 그들이 무엇을 해주어야 하는지를 설득하세요. 이런 이해관계자들과는 그들과 일대일로 대화하는 시간을 만듭니다.

#37 - 만약 많은 이해관계자가 참여하지 않는다면 다른 문제를 찾아보세요. 만약 여러 이해관계자가 참여하지 않거나 회의에 참석하지 않는다면 당신의 접근 방식이나 조직에 문제가 있을 수 있습니다. 이들 모두와 일대일로 대화하기보다는 이해관계자와 같이 앉아서 뭐가 문제인지를 토론합니다. 관리자나 프로젝트 관리자와 함께 프로젝트의 우선순위를 확인하세요. 프로젝트가 순항해야 하는 항로에 어떤 암초가 있는지를 찾아보고 적절히 대응합니다.

7) 효과적인 회의로 얻는 정보 늘리기

#38 - 회의는 미리 준비하세요. 도출 활동에서 드러나는 많은 문제점은 약간의 준비만으로 해결할 수 있습니다. 효과적으로 회의를 진행하기 위하여 꾸준히 준비한다면 사람들이 회의에 참석할 때에 부담을 줄여줍니다.

#39 - 의제를 만들어서 공유하세요. 회의 전에 이해관계자들이 무엇을 준비해야 하는지 그리고 어떤 내용을 회의해야 하는지 모두가 알 수 있도록 의제를 포함한 미팅설명서를 회의 전에 미리 배포합니다. 그 문서가 비록 단 한 줄의 설명과 두 개의 항목으로 이루어져 있다고 하더라도 발송합니다.

#40 - 회의를 시작할 때 주의하세요. 회의를 시작할 때 5분 안에 프로젝트 현재 상태와 회의 목적, 각 참석자의 업무 순으로 요약하고 확인합니다.

#41 - 집중하세요. 많은 비즈니스 분석가들이 그들의 회의 중 의제에 집중하기 어렵다고 불평합니다. 회의 내용이 주제를 벗어나면 중요한 정보를 놓칠 위험이 있습니다. 회의참석자들이 뭔가 새로운 주제에 대해 마음을 뺏겨 원래 논의되어야 하는 주제에 집중하지 못하게 됩니다. 비즈니스 분석가는 지금 주제에서 벗어났다는 것을 경고하며 원래 주제에 집중하도록 일깨워주는 것이 중요합니다.

#42 - 메모하세요. 항상! 언제나. 화이트보드에 스냅샷(Snap-shot)을 찍던지 노트에 적든지 모든 도출 활동의 결과를 메모해야 합니다.

#43 - 방관자를 허용하지 마세요. 회의에 방관자가 앉아있는 상황을 피해야 합니다. 회의에 기여하지 않는 사람은 팀의 균형을 무너뜨리고, 결과적으로 회의에 기여하고 있는 사람마저 자신의 정보를 다른 사람과 공유하길 꺼리게 합니다. 기여하지 않는 사람 중에는 모두가 알아야 하는 정보를 손에 쥐고서 이야기해주지 않는 경우도 있습니다.

#44 - 작게 갑니다. 작은 회의일수록 장려하기 쉽고 집중을 유지하기 쉬우며 모두가 의견을 내놓습니다. 효과적인 미팅을 진행하려고 하는 데에 문제가 있다면 참석자의 수를 제한하는 것을 고려해봅니다. 혹은 미팅 시간을 더 짧게 해야 할 수도 있습니다.

8) 가상 회의가 생산성 저하의 희생양이 되지 않도록 하세요.

#45 - 시차가 문제가 될 수 있습니다. 전 세계에 흩어져 있는 이해관계자들이 같이 가상회의를 한다면 시간대 차이에 주의를 기울여서 모두가 깨어있고, 활동하고 있는 시간으로 약속을 잡습니다.

#46 - 가상 회의 때도 모두 참여해야 합니다. 가상회의의 경우에는 회의 참여자들이 한눈에 보이지 않을 수 있기 때문에 현재 모두가 의견을 내고 있는지 좀 더 주의를 기울여야 합니다. 그래서 누군가의 좋은 아이디어를 놓치지 않도록 해야 합니다.

#47 - 가상 회의는 특별히 주의를 기울여 준비합니다. 인터넷 강의를 하는

강사는 보통 훌륭하지만 직접 강의를 듣는 것보다 교육 효과는 떨어집니다. 왜냐하면, 직접 강의를 들을 때는 서로 눈을 마주치면서 언어 외의 의사소통이 가능하지만, 인터넷 강의는 서로의 행동에 대해 반응을 할 수 없어 집중을 유지하기 어렵기 때문입니다. 가상 회의도 참여자들이 집중력을 유지하기 위하여 일반 회의보다 많은 준비와 관심이 필요합니다.

#48 – 가상 회의를 위한 신기술을 시도해 보세요. 단순히 전화로 회의하는 것보다는 가상회의를 위한 신기술들은 활용하면 효율을 향상할 수 있습니다. Joan Davis는 가상 비디오 미팅, 가상 브레인스토밍 세션, 가상 축하와 같은 진보된 기술들을 제안했습니다.

9) 범위를 잊지 마세요.

#49 – 회의 주제를 나누세요. 주어진 시간에 한 명이나 한 팀이 처리할 수 있는 정보는 정해져 있습니다. 요구사항 도출 회의를 논리적으로 나누어서 집중하게 합니다. 하나를 완전히 처리한 후 다음으로 넘어가는 것이 더 나은 정보를 얻을 수 있습니다.

#50 – 범위를 벗어나는 아이디어를 잡아냅니다. 도출 활동에서 새로 제기되는 아이디어나 문제들은 현재 프로젝트의 범위를 벗어나기 쉽습니다. 이러한 아이디어를 다루는 방법을 준비하세요. 그 아이디어를 지금 당장 토론하거나 버리기보다는 제기된 문제 목록에 저장하세요. 이 목록을 이용하여 다음 프로젝트의 비전을 도출할 수도 있고, 이번 프로젝트 범위에 포함할지를 판단할 수도 있습니다.

#51 – '범위 안'이란 많은 의미를 가질 수 있습니다. 범위의 의미가 사람마다 다를 수 있습니다. 비즈니스 스폰서는 특정 문제를 해결하는 것을 범위로 이해할 수도 있고 기술적인 분야의 이해관계자들은 특정 솔루션을 제공해주는 것을 범위로 이해할 수도 있습니다. 이 분야의 전문가들은 시간과 예산에 대한 용어로 범위를 이해할 수도 있고 비즈니스 분석가인 당신은 자신만의 시야를 가질 수 있습니다. 다양한 상황에서의 대화를 위해 다른 정의를 사용하세요.

#52 – 묵시적 약속을 피하세요. 도출 기법을 통해 도출된 요구사항이 모두 프로젝트 산출물에 포함되는 건 아닙니다만 고객은 질문하고 답변한 것만으로 논의된 문제에 대하여 여러분이 솔루션을 제공하는 것으로 동의했다고 생각할 수도 있습니다. 도출 활동 동안 발견 프로세스와 계획 프로세스를 구분하도록 주의하세요. 부지불식간에 잘못된 약속이 만들어지는 것을 피하는 데 도움을 줍니다. 잘못된 약속은 요구사항 프로세스 동안에 이해관계자의 신뢰를 떨어뜨릴 수 있고 앞으로의 프로젝트에서 향후 그들의 태도에 영향을 줄 수 있습니다.

#53 – 지킬 수 없는 약속을 하지 마세요. 당신이 프로젝트 매니저를 겸임하고 있지 않은 한 당신은 "쉽군요!"라던가 "할 수 있습니다."와 같은 비즈니스 언어를 사용하면 안 됩니다. 만약 당신이 프로젝트 매니저를 겸임하더라도 약속하기 전에 계획을 재검토하는 것이 좋습니다. 게다가, 이와 같은 약속을 하는 것은 실행 계획을 만들어 내기 위하여 토론하는 것을 방해합니다.

요약

분류	도출 기법	장점	단점
분석	문서 분석	• 백지에서 시작하지 않아도 됨 • 고객들에게 부담이 적음 • 다른 기법으로 도출된 요구사항과 비교, 확인 가능	• 선입관이 생길 수 있음 • 미래의 시스템에 대한 요구사항을 알 수 없음 • 필요한 것에 비해 읽어야 하는 양이 과다 • 실제 시스템과 일치하지 않을 수 있음
	문제 추적	• 개선사업의 경우 문제 개선에 가장 좋은 기법	• 신규사업에서 사용하기 어려움 • 비즈니스 목적이 변경되었을 때 요구사항 도출에는 도움이 안됨

관측	사용자 관찰	• 기존 시스템을 이해하는 데 적합 • 반복적인 프로세스 개선에 적합 • 작업을 실시간으로 관찰하고, 피드백을 받을 수 있음	• 사용자들이 어떻게 개선되길 원하는지에 관한 요구사항은 도출하기 어려움 • 언제나 가능한 건 아님 • 예외적인 상황이나 지적 활동은 관찰하기 어려움 • 관찰한다는 걸 알면 사용자들이 평상시와 다르게 행동
	프로토콜 분석	• 상호 운용성 개선 • 시스템 복잡도 예측 가능 • 테스트 시나리오 도출 가능	• 내부 시스템의 요구사항 도출에는 사용하기 어려움
회화	인터뷰	• 이해관계자의 참여 독려 • 충분한 대화가 가능 • 비언어적 의사소통 가능	• 면접자의 능력에 결과가 좌우 • 면접자는 분야에 대한 지식과 의사소통 능력을 모두 갖춰야 함 • 많은 시간이 필요함
	포커스 그룹	• 인터뷰보다 시간과 비용 절감 • 여러 사람의 태도, 경험, 요구를 습득 • 서로 관점을 공유	• 현실과 다를 가능성 • 개인적 주제를 논의하기 어려움 • 동종 구성: 관점의 왜곡 • 이종 구성: 의견 충돌 • 일정 수립의 어려움
	브레인스토밍	• 단시간에 많은 창조적 아이디어 도출 • 참여자 간의 긴장 완화	• 참석자 의존적 • 조직 간 첨예한 문제에는 활용하기 어려움
	워크숍	• 합의를 위한 시간 단축	• 한번에 많은 준비와 시간, 비용이 소비
	설문	• 계량적으로 분석 가능 • 가장 많은 사람의 의견을 들을 수 있는 방법	• 응답률이 낮을 경우 무의미한 결과

12 게임7: 대화를 통해 도출하기

'요구사항 도출하기'는 요구사항 도출 기법 종류에 따라 챕터를 구성하였습니다. 12장에서는 대화를 통해 요구사항을 도출할 수 있는 게임을 소개하며 개발팀 내 팀 회의 혹은 고객과의 워크숍 진행 시에 이용할 수 있습니다. 13장에서는 관찰을 통한 도출 방법으로 개발 팀원이 고객을 관찰함으로써 진행되는 게임입니다. 마지막 장에서는 모델링이나 프로토타입과 같이 대화와 문서 분석을 합성해서 요구사항을 도출하는 형태의 게임입니다.

고객의 요구사항을 찾기 위한 활동은 단 한 번의 게임으로 끝나는 것이 아니라 몇 번의 게임을 조합하여 진행할 수도 있습니다. 대화를 통한 요구사항 도출하기 게임 중 초반에 소개되는 나의 하루와 뜨거운 맛보이기, 최고의 악몽은 고객의 상황을 이해하고 고객의 문제점을 찾기 위해 진행할 수 있는 게임입니다. 이러한 게임을 먼저 진행한 후에 혁신 생성기 및 양파 수프 게임을 진행함으로써 문제점에 대한 해결 방안을 찾을 수 있습니다.

1 나의 하루

1) 어떤 게임일까요?

주최측의 준비가 필요한 정도	참가자의 준비가 필요한 정도	활용할 수 있는 게임 단계
☐ 많은 준비가 필요	☐ 많은 준비가 필요	☐ 우선순위 및 정제
☑ 약간의 준비가 필요	☐ 약간의 준비가 필요	☑ 요구사항 도출
☐ 거의 필요 없음	☑ 거의 필요 없음	☐ 이해관계자 식별
		☐ 비전 확인하기

적합한 대상	참가자(SI)	참가자(솔루션)
☑ 솔루션-신규 시장	☑ 발주회사의 고객	☑ 사용고객의 고객
☑ 솔루션-버전 업	☑ 발주회사(팀원)	☑ 솔루션 사용고객
☑ SI-신규 사업	☑ 수주회사(팀원)	☑ 개발사(팀)
☑ SI-유지보수		

2) 아침 10시엔 뭐가 필요해? 고객이 제품을 사용하는 정황 살피기

여러분은 스마트 폰에 있는 알람 앱을 어떻게 사용하나요? 저는 아침에는 잠이 잘 깰 수 있도록 시끄럽고 다채로운 소리를 내는 앱을 이용하고, 일과 중에는 약속 시각이나 특정 시간을 간단하게 지정할 수 있으면서도, 너무 시끄럽지 않은 알람 앱을 이용합니다. 일과 중에 시끄러운 소리로 방해 받는 것을 원하지 않기 때문인데요. 아직은 요구를 모두 만족하는 앱을 찾지 못해서 모닝콜 앱과 일반 알람 앱을 따로 사용하고 있습니다.

이것처럼 한 종류의 제품을 사용하더라도 사용자의 요구는 시간에 따라 항상 일관되지 않습니다. 창문의 커튼이 이른 아침에 잠을 방해하는 햇살을 가려주기를 원하지만, 빨래를 널어놓았다면 정오의 따뜻한 햇볕을 커튼이

가리기를 원치 않는 것처럼 말입니다.

나의 하루 게임은 시간에 따라 유동적인 사용자의 요구를 파악하여 만족도가 높은 제품을 만들기 위한 게임입니다. 사용자가 제품을 사용하는 정황을 살핌으로써 어떠한 기능을 사용하게 될지를 살피는 게임이기 때문에 게임 참가자 대상이 누구든 될 수 있습니다. 직접 개발하는 팀에서 고객의 입장이 되어서 게임을 진행할 수도 있습니다. 고객의 하루를 살핀다는 구체적인 도구가 강력한 가이드가 되어줄 수 있습니다. 하지만 역시 제품을 직접 사용하는 고객이 직접 참여하는 것이 가장 좋은 효과를 기대할 수 있습니다.

또한, 버전 업이든 신규 시장에 진입할 제품이든 어떠한 대상에 대해서도 활용이 가능한 게임입니다. 기존에 제품을 사용했던 경험을 토대로 언제 어떻게 제품을 사용하고 주로 어떤 기능을 사용했었는지에 대한 아이디어 중심으로 어떤 점이 개선되는 게 좋겠다는 의견이 나올 수 있습니다. 그리고 전혀 사용해보지 못한 새로운 제품이라고 할지라도 제품의 목적과 시스템의 범위가 정확히 제시된다면 고객들은 자신의 하루를 상상하고 어떤 식으로 제품을 사용할 수 있을지 다양한 아이디어를 낼 수 있게 됩니다.

이 게임은 게임 참가자들의 생활 방식에 따라 요구사항이 도출되기 때문에 개인적인 생활 방식이 벗어나는 요구사항에 대해서 도출되기 어렵다는 단점이 있습니다. 그래서 이해관계자 식별 과정을 통해서 참가자를 잘 선택하는 것이 성공적인 결과를 도출해내는 데 중요한 요소가 됩니다. 이 게임을 시작하기 전에 개발팀 내에서 앞 챕터에서 소개된 이해관계자 찾기 게임을 통해 중요한 이해관계자 집단을 찾는 것도 좋은 시작이 될 것입니다.

3) 게임하기

뭐가 필요할까?	
주최측	참가자
하루 일과표 혹은 일정표를 그린 종이, 벽에 붙일 수 있는 테이프, 다양한 색의 사인펜, 접착 노트, 제품을 사용하는 방법을 떠올리는 데 도움을 줄 수 있는 자료들	게임 참가자가 발주회사나 솔루션 사용고객일 경우에는 엔드 유저가 제품을 사용하는 경향에 대해 미리 숙지할 필요가 있음

■ 게임 준비

팀당 3~4명 정도의 인원이 적당합니다. 시간대별로 사용하는 정황에 따라 결과가 달라지므로 적합한 참가자를 선정하도록 합니다. 사용자 계층별로 팀을 짜고 계층별로 어떤 결과가 나오는지 고찰해보는 것도 좋습니다.

제일 먼저 커다란 종이에 시간표를 준비해서 벽에 붙여둡니다. 일간, 주간, 월간, 연간 등 만들려고 하는 제품의 사용 패턴에 적합하다고 생각되는 주기와 형태를 선택합니다. 목적이 되는 대상을 연상시킬 수 있는 장식을 이용해서 게임 분위기를 조성하는 것도 도움이 됩니다. 만약 아쿠리아리움의 애플리케이션을 만드는 것이 목적이라면 파란 바탕의 종이 위에 시간표를 그리고 물고기들로 장식하면 좀 더 분위기가 편해지겠죠.

■ 게임 진행

시간표 위에 시간과 관련된 사건을 묘사해달라고 요청합니다. 일반적이고 특별한 일정이 있다면 미리 적어두는 것도 도움이 됩니다. 예를 들어 학교 애플리케이션이라면 학사 일정 자료가 사용자의 생각을 도와주는 자료가 될 수 있습니다.

보통 브레인스토밍을 진행할 때에는 누가 어떤 아이디어를 냈는지 알 수 없게 하려고 참가자들에게 모두 같은 색의 사인펜과 같은 색의 접착 노트를 쓰도록 장려하고 있지만, 이 게임은 누가 어떤 의견을 냈는지 관찰하는 것이 중요할 수 있습니다. 색다른 아이디어를 낸 참가자가 있다면 그 참가자의 이해관계자 계층과 연관 지어 별도로 관리하거나, 후에 그 아이디어에 대해서 좀 더 자세히 물어봐야 할 수도 있습니다.

■ 결과 정리

도출된 아이디어들을 정리하는 시간을 갖습니다. 도출된 아이디어들은 시간 흐름에 따라 도출된 아이디어들이기 때문에 그대로 사용하기에는 어려울 것입니다. 비슷한 기능끼리 묶고 상위 기능 이름을 적어서 트리 형태로 정리를 해보는 것도 게임 결과를 정리하는 데 도움이 될 것입니다. 게임 참가 팀이 여러 팀이 있다면 서로 아이디어들을 공유하여 참가자별로 어떠한 차이가 있는지 확인합니다.

앱을 사용하는 학생의 하루일과에 따라 요구사항 찾기

이 게임의 참가자는 직접 학교 앱을 사용하게 되는 학교의 학생들이었습니다. 미리 준비된 하루 일과표 위에 기능을 붙이도록 함으로써 사용자의 하루 생활 방식에 맞추어, 어떤 때에 어떤 기능을 사용하게 될지 생각해볼 수 있는 도구가 되어줍니다. 하루 일과표 이외에 주중 일정표와 학교 앱이라는 특성을 고려해서 학교 학사일정을 준비해서 앱에 필요한 기능을 얻기 위한 보조 자료가 되도록 하였습니다. 게임을 진행하면서 학기 중과 방학 중에 앱을 사용하려는 목적이 확연히 달라진다는 점을 고려하게 되었고, '방학 중'이라는 란을 따로 그려서 요구사항 도출을 진행하였습니다.

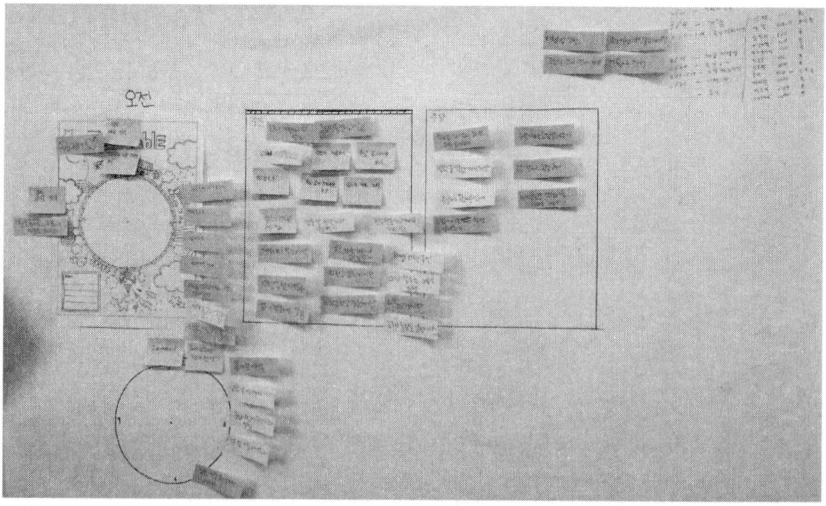

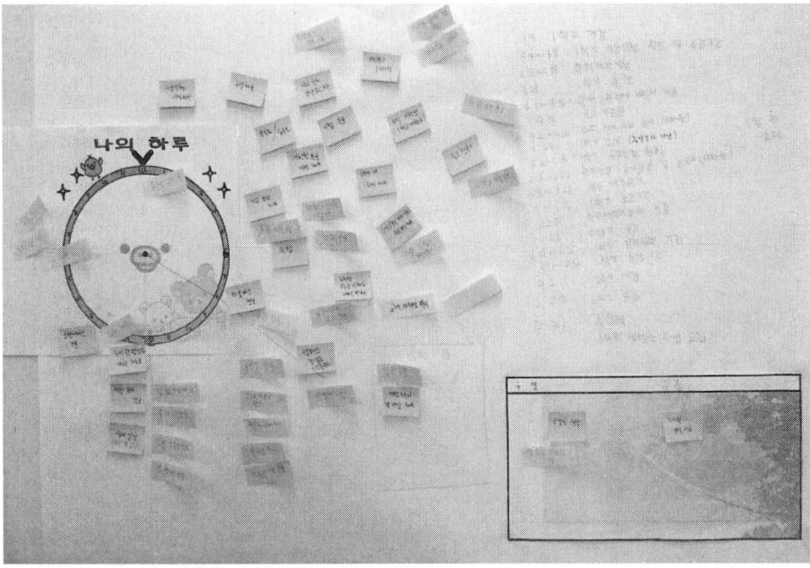

반복되는 일정을 확인하기 위해서 제일 먼저 보통 첫 1교시를 위해 등교를 시작하는 오전 8시쯤에 선을 긋고 점심시간에 선을 그어서 시간의 구분을 하고 시작을 했습니다.

"등교할 때 마을버스 도착 시각을 실시간으로 확인할 수 있으면 편할 거야. '마을버스 정보'라고 적어야겠어.", "급작스럽게 생긴 휴강 정보를 못 들어서 헛걸음할 때가 종종 있었는데 '휴강 정보'를 제때 받을 수 있도록 해줬으면 좋겠어."와 같이 게임 참가자들은 그 시간대로 돌아가서 학교에 다니면서 유용하게 사용될 수 있을 것 같은 기능에 관해서 이야기하기 시작했고, 자연스럽게 아이디어가 나오기 시작했습니다.

미리 적어도 학사 일정을 보고 '축제에 대한 정보'를 얻고 싶다는 이야기도 있었고, 주말에는 학교 앞의 대부분 식당이 문을 닫기 때문에 주말에도 문을 여는 식당에 대한 정보를 얻고 싶다, 방학 중에는 계절학기에 대한 정보를 쉽게 얻고 싶다는 이야기들이 나왔습니다.

30분 동안 자유로운 분위기 속에서 아이디어 도출을 진행했고 더는 새로운 아이디어가 나오지 않을 거라 판단되었을 때, 각 팀에서 했던 결과물을 다른 팀과 바꾸어서 상대 팀이 도출해낸 아이디어를 그룹화해서 정리하도록 했습니다.

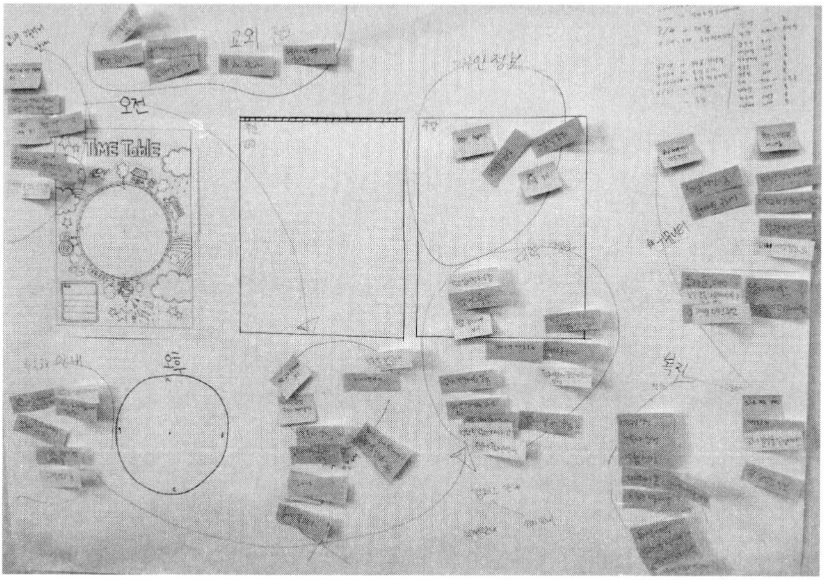

그러한 활동을 통해서 각 팀에서 낸 아이디어들의 공통점은 무엇인지 차이점은 무엇인지 어떠한 기능에 초점을 두었는지를 비교하면서 자연스럽게 아이디어들을 정리할 기회를 얻게 되었습니다.

그룹화가 끝나면 각 그룹을 대표하는 이름을 작성해 넣도록 했습니다. 그러한 작업이 모든 끝난 결과물은 자연스럽게 만들고자 하는 애플리케이션의 기능 트리 형태로 나타났습니다. 만들어진 기능 트리를 시각화하여 서로의 팀에게 발표하는 시간을 가졌습니다. 그것을 통해서 서로의 팀에서는 자신들이 원했던 애플리케이션이 어떠한 형태로 만들어질 것인지 확인할 수 있고, 서로의 팀에서 각각 어떠한 기능에 중점을 두고 있었는지 확인할 수 있습니다. 토론의 시간을 통해서 서로 다르게 나온 아이디어들을 통합하고 공통된 요구사항으로 끌어낼 수 있는 시간이 될 것입니다.

그렇게 만들어진 그룹 이름은 '복지', '커뮤니티', '개인정보', '교외정보', '학과 안내', '캠퍼스 안내', '대학 정보', '교내 먹거리 안내'와 같은 상위 레벨 요구사항을 가지게 되고, 그 아래로 1단계 혹은 2단계의 하위 메뉴를 가지는 형태로 만들어졌습니다. 이 팀은 다른 팀에 비해서 외국인 교류 게시판이나 다른 학교 학생 게시판과 같은 커뮤니케이션에 관련된 부분에서 좀 더 많은 아이디어가 나왔다는 것을 결과 발표를 통해서 알 수 있었습니다.

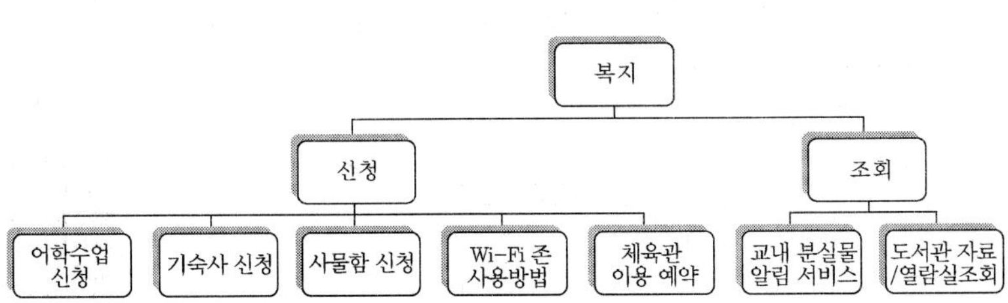

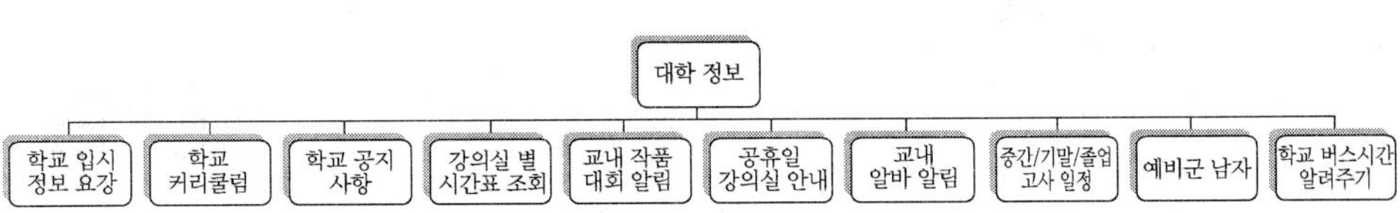

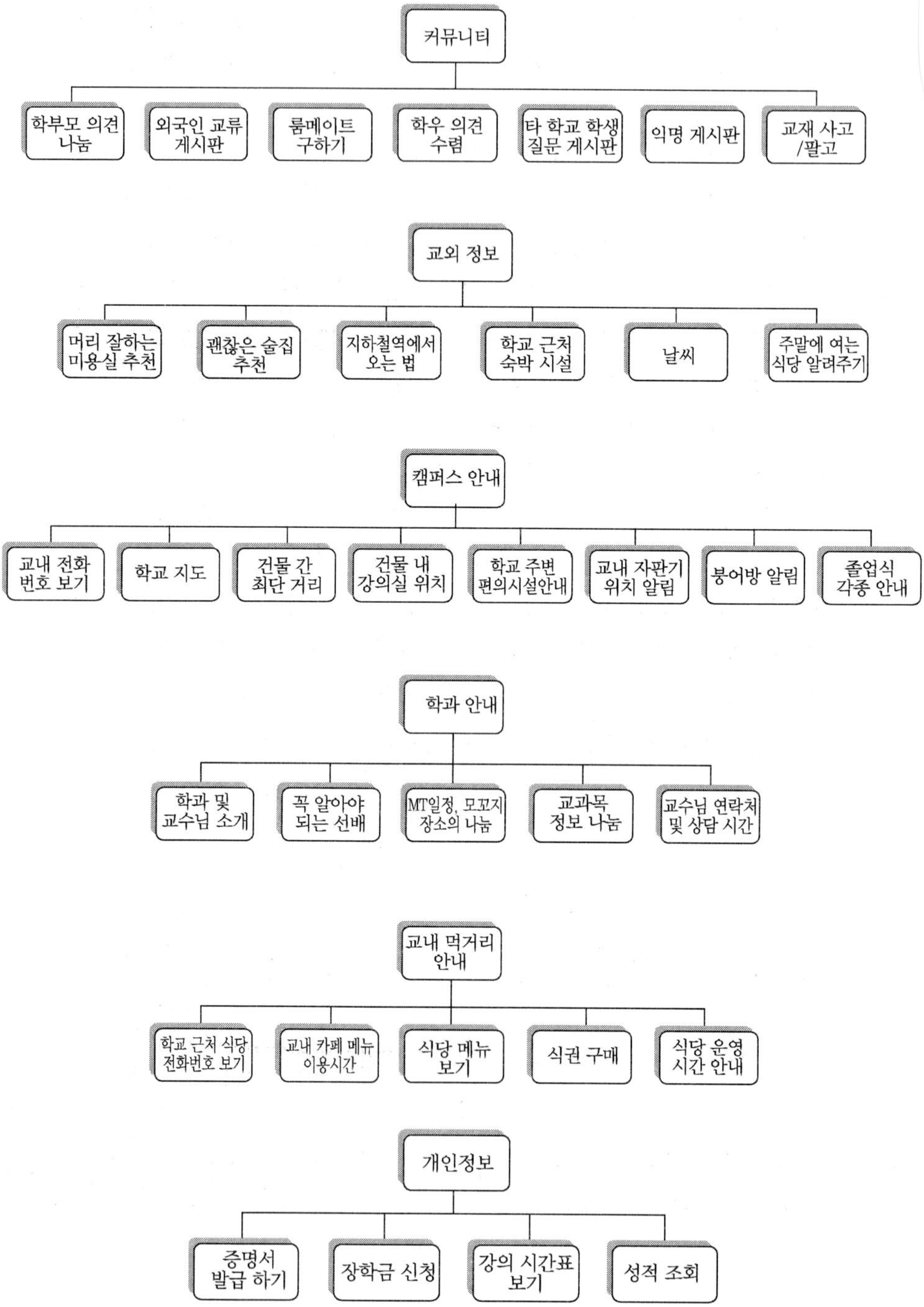
커뮤니티
학부모 의견 나눔
외국인 교류 게시판
룸메이트 구하기
학우 의견 수렴
타 학교 학생 질문 게시판
익명 게시판
교재 사고 /팔고
교외 정보
머리 잘하는 미용실 추천
괜찮은 술집 추천
지하철역에서 오는 법
학교 근처 숙박 시설
날씨
주말에 여는 식당 알려주기
캠퍼스 안내
교내 전화 번호 보기
학교 지도
건물 간 최단 거리
건물 내 강의실 위치
학교 주변 편의시설안내
교내 자판기 위치 알림
붕어방 알림
졸업식 각종 안내
학과 안내
학과 및 교수님 소개
꼭 알아야 되는 선배
MT일정, 모꼬지 장소의 나눔
교과목 정보 나눔
교수님 연락처 및 상담 시간
교내 먹거리 안내
학교 근처 식당 전화번호 보기
교내 카페 메뉴 이용시간
식당 메뉴 보기
식권 구매
식당 운영 시간 안내
개인정보
증명서 발급 하기
장학금 신청
강의 시간표 보기
성적 조회

위와 같은 결과는 비록 기능 트리 형태로 정리되긴 했지만, 필요 없는 기능들을 많이 가지고 있습니다. 그래서 우선 순위화를 하고 낮은 순위의 기능들을 잘라낼 필요가 있습니다. 만들어진 기능 트리는 '우선 순위화' 활동을 할 때에도 많은 도움이 될 것입니다. 이미 정리된 형태로 기능이 나왔기 때문에 그 상태 그대로 참가자들에게 필요 없는 기능들을 제거해달라고 요청할 수 있습니다. 그렇게 필요 없는 기능들을 쳐내고 나면 사용자의 요구사항을 온전하게 수용한 애플리케이션을 개발할 수 있게 될 것입니다.

tip

- 나의 하루는 누가 게임에 참여하느냐에 따라 결과가 매우 다르게 나타납니다. 참가자가 될 이해관계자 그룹을 잘 선택하도록 합니다.
- 게임이 끝난 후에 그룹핑을 하고 기능트리를 만들어보는 활동을 통해서 도출된 아이디어들을 정리하고 재점검해볼 수 있는 기회를 가질 수 있습니다.

2 뜨거운 맛보이기

1) 어떤 게임일까요?

주최측의 준비가 필요한 정도
☐ 많은 준비가 필요
☑ 약간의 준비가 필요
☐ 거의 필요 없음

참가자의 준비가 필요한 정도
☐ 많은 준비가 필요
☐ 약간의 준비가 필요
☑ 거의 필요 없음

활용할 수 있는 게임 단계
☐ 우선순위 및 정제
☑ 요구사항 도출
☐ 이해관계자 식별
☐ 비전 확인하기

적합한 대상
☑ 솔루션-신규 시장
☐ 솔루션-버전 업
☑ SI-신규 사업
☐ SI-유지보수

참가자(SI)
☑ 발주회사의 고객
☑ 발주회사(팀원)
☑ 수주회사(팀원)

참가자(솔루션)
☑ 사용고객의 고객
☑ 솔루션 사용고객
☑ 개발사(팀)

2) 말이 안 되지만 왠지 끌린다?!

'뜨거운 맛보이기'는 간단하게 말하면 말도 안 되는 요구사항을 이용하여 창의적인 요구사항을 끌어내는 게임입니다. 이런 상상을 해봅시다. 스마트폰 애플리케이션 개발을 위해 아이디어를 발굴해내는 활동에서 당신은 고객들에게 '아침마다 맛있는 밥을 제공하는 기능을 제공할 것입니다.'라고 말한다면 고객들은 어떤 반응을 보일까요? 스마트폰 애플리케이션이 진짜 밥을 차려준다는 건 말도 안 된다는 사실을 고객들은 당연히 알고 있을 것입니다. 하지만 그 말도 안 되는 이야기에 대해 고객의 반응은 다를 수 있습니다. '말도 안 되는 이상한 소리를 하는구나.'라고 못 들은 척 무시를 할 수도 있고, 어쩌면 말이 안 되는 걸 알지만 '진짜 안 돼?'라는 생각을 할 수도 있습니다. 정말 말이 안 되는 이야기를 '덜 말이 안 되게, 조금은 말이 되게' 하는 작업을 할 수도 있습니다. 예를 들어, 스마트폰 애플리케이션이 아침마다 진짜 식사를 줄 수는 없겠지만, 아침마다 시간에 맞추어서 식단을 제공해 줄 수는 있을 것입니다.

이러한 생각이 창의적인 아이디어를 만들어내게 될 것입니다. 또한, 고객이 그런 타협점을 제시한다는 것은 어쩌면 '그 기능이 정말로 마음에 들지만, 현실적으로 불가능하니까 어쩔 수 없다.'라는 마음이 숨어 있을 것입니다. 그런 반응들을 통해서 고객의 숨겨진 요구를 잡아낼 수 있습니다. 이러한 극단적인 예시를 놓고 고객의 반응을 보는 활동을 통해서 전혀 새로운 아이디어를 만들어내고 고객이 어떠한 부분에 관심을 보이는지 관찰할 수 있을 것입니다.

3) 게임하기

뭐가 필요할까?	
주최측	참가자
커다란 종이나 화이트 보드, 접착 노트(2가지 색), 참가자 수 만큼의 한가지 색 사인펜('방법 ①. 진행자가 미리 준비하기' 방법으로 게임을 한다면 미리 기능 목록을 준비합니다.)	

■ 게임 준비

이 게임은 별도로 정해진 그림은 없습니다. 커다란 전지나 종이의 흰 여백에서 시작합니다. 각 게임 참가자들에게 각각 2가지 색의 접착 노트와 사인펜을 나누어주고 시작합니다. 이 게임을 진행하는 방법은 진행자 측에서 미리 말도 안 되는 기능 목록을 준비해두는 것과 게임 참가자들이 말도 안 되는 기능을 만드는 방법 두 가지가 있습니다. 이 책의 예시는 후자의 방법을 사용했습니다.

■ 게임 진행

• 게임 방법 ①. 진행자가 미리 준비하기

게임을 위한 미팅 시간이 있기 전에 진행자는 미리 기능 목록을 준비합니다. 말도 안 되는 기능과 정상적인 기능을 적절한 비율로 준비합니다. 3:7 정도의 비율이 적절할 것입니다. 정상적인 기능을 적기 위해서 개발팀의 도움이 필요할 수도 있습니다. 말도 안 되는 기능을 적는 일은 생각보다 창의력이 필요합니다.

그 후에 고객과의 게임을 진행하게 됩니다. 각 팀에 2~4명 정도로 적당히 팀을 나누고 미리 작성한 기능이 붙여진 종이를 제공합니다. 그리고 미리 사용한 접착 노트와는 다른 색의 접착 노트를 나누어 줍니다.

고객에게서 3가지 반응을 기대할 수 있습니다.

- **삭제** : 쓸모없거나 아예 말이 안 되는 기능은 버리게 됩니다. 화면 밖으로 치워도 되고 휴지통을 그려서 거기에 넣어달라고 할 수도 있습니다.
- **수용** : 현실적으로 적용할 수 있고 쓸 만하다고 생각하는 기능을 그대로 둡니다.
- **변경** : 말은 안 되지만 마음에 들고 좀 더 현실 가능하게 바꿀 여지가 있는 아이디어라면 그 위에 변경된 아이디어를 적어달라고 합니다.

모든 아이디어에 대한 검토가 끝났다면 조별로 서로의 아이디어들을 공유하고 토론하는 시간을 갖습니다.

• 게임 방법 ②. 게임 참가자들이 만들기

전자의 방법이 참가자들의 시간을 아껴 줄 수 있다는 장점이 있지만, 게임 참가자들이 내놓는 기발한 상상력을 볼 수 없습니다. 두 번째 방법은 게임 참가자들에게 직접 기능 목록을 작성하도록 하는 것입니다. 스스로 말도 안 되는 기능을 작성하기 위해 창의력을 최대한 끌어내려고 하는 과정에서 자유로운 상상의 즐거움을 느끼고, 게임에 더 즐겁게 참여할 수 있을 것이고, 또한 진행자 측에서 나오는 창의력에 한정되지 않고 더 많은 사람의 창의력으로부터 도움을 얻을 수 있을 것입니다.

일단 2~4명씩 팀을 짜고 각각 접착 노트를 나누어 줍니다. 그리고 목적으로 한 SW에 들어가길 원하는 기능을 작성하도록 합니다. 정상적인 기능과 말도 안 되는 기능을 적당한 개수가 되도록 해달라고 요청합니다. 생각나는 기능을 모두 적고 종이에 붙였다면, 그 후에 각 팀의 종이를 교환합니다. 교환해 받은 종이를 검토합니다. 종이의 각 요구사항은 버리거나, 받아들이거나 현실적인 기능으로 수정될 수 있습니다. 이때에 수정된 기능을 구분할 수 있도록 다른 색의 접착 노트를 사용합니다.

■ 결과 정리

각 기능에 대한 검토가 끝났다면 상대 팀에서 어떤 식으로 기능을 수정했는지 살펴보고 어떠한 기능을 받아들이고 버렸는지 살펴보고 토론하는 시간을 가집니다.

말도 안 되는 기능으로 진짜 요구사항 찾기

앞서 말한 것과 같이 이 게임은 게임 참가자들이 직접 말도 안 되는 기능을 작성하는 후자의 방법으로 진행되었습니다. 각 팀에 커다란 종이와 노란색 접착 노트, 사인펜을 각각 나누어 주고 게임에 관해서 설명을 했습니다. '말도 안 되는 기능'을 적는 일은 평소에 사용하는 창의력 이상을 필요로 하는 하는 일이기 때문에 부담을 줄이기 위한 간단한 예시를 들어줍니다. 그 후에 검토하는 과정에서의 세 가지 반응에 관해서 설명합니다. 너무 말이 안 돼서 받아들일 수 없거나 필요없는 기능이라고 판단되면 '버린다', 필요한 기능이고 현실적인 기능이라면 '받아들인다', 현실적이진 않지만 필요하거나 마음에 드는 기능이라면 '현실적인 기능으로 수정한다'

게임 시작 후 20분 동안은 각 팀에서 기능 목록을 작성합니다. 정상적인 기능과 말도 안 되는 기능을 함께 적습니다. 이 예시에서는 대부분 아이디어가 말도 안 되는 기능에 기울어져서 도출되었습니다. 게임 설명을 할 때 말도 안 되는 기능에만 너무 초점을 맞추어 설명했기 때문입니다. 정상적인 기능과 말도 안 되는 기능의 균형을 유지 할 수 있도록 게임 진행을 돕도록 합니다.

'수강신청'이라는 학교 앱에 빠지지 않는 정상적인 기능이 적혔고, '자취방 정보'라는 현실적이면서도 필요하다고 생각되는 정상적인 기능들이 적혔습니다. '위치추적(친구 찾기, 학교 안 지도)', '긴급 신고 기능', '최신 영화 관람', '수업 중에 CGV 영화 예매를', '오늘의 운세', '인터넷 뱅킹', '뒷 담화 게시판'과 같은 기술적으로는 가능하지만, 학교 앱의 기능으로는 조금 황당할 수도 있는 기능들도 적혔습니다.

또한 '향수 내기 기능', '기숙사를 코업 레지던스로 업그레이드', "학교 구매', '체육대회를 앱으로 하자', '헬스케어', '리모컨 서비스', '홀로그램 영상 UI', '감정타는 어플', '학교 앱 많이 사용하면 장학금 제공', '대출(대신 출석) 기능', '좀비 런 등 행사 모집', '코디 기능(과목, 날씨 정보 등)', '전당포 기능', '학교 내의 특이장소 찍어서 공유', '코 고는 기능', '우산 변신 기능', '프로젝터 기능', '사이키 기능', '보강현실을 이용한 전투 게임', '차량 매매', '잘나가는 연예인 정보 보이기', '무제한 음악 청취기능', '자폭 기능' 등과 같은 현실적인 문제나 기술적인 문제에 의해 필터링이 되어야 했던 기능들도 가감 없이 적혔습니다.

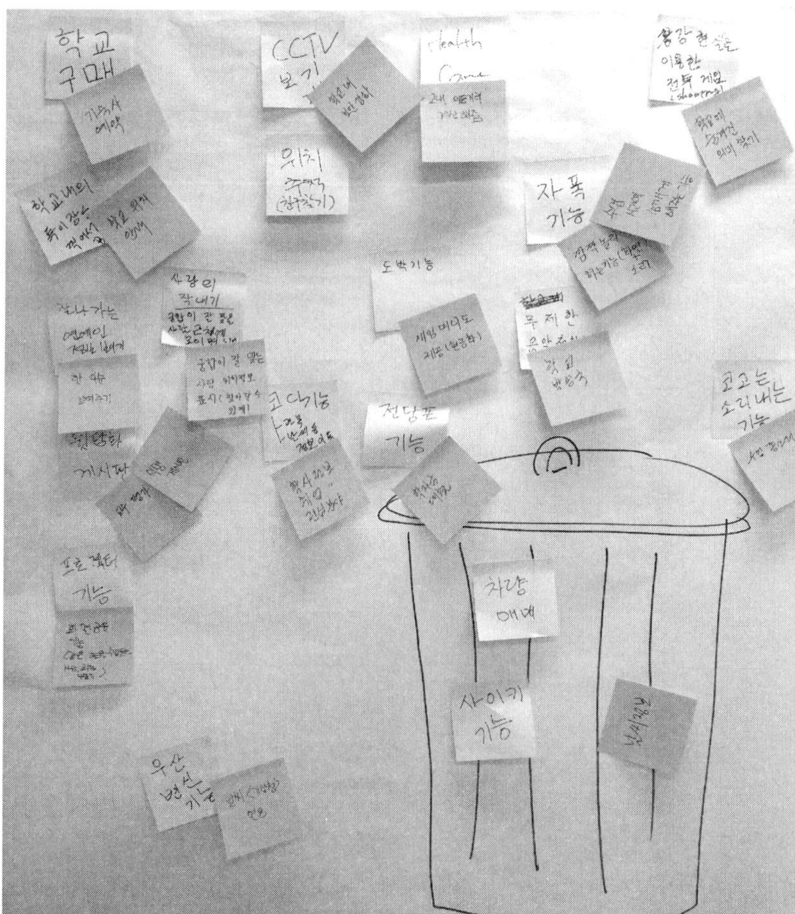

이제 각 팀에서 작성한 기능 목록을 서로 다른 팀과 교환을 합니다. 그리고 상대편이 작성한 기능 목록들을 살펴봅니다. 이 과정에서 게임 참가자들은 상대편은 얼마나 황당하고 재미있는 기능을 생각해 내었을까 하는 기대와 은근한 경쟁심을 느끼게 되고 게임에 더 집중할 수 있는 원동력이 되어 줍니다. 또 상대편이 적은 말도 안 되는 기능을 버리지 않고 최대한 현실적인 아이디어들로 바꾸려고 노력합니다. 그것을 통해서 많은 양의 현실적으로 가능하면서도 참신한 아이디어들이 나오게 됩니다.

위의 목록에서 나열된 말도 안 되는 기능을 어떤 식으로 변경할 수 있을지 생각해보세요. 참가자들은 빨간색 접착 노트에 수정된 기능사항들을 적어서 본래의 기능 위에 붙였습니다. 최대한 쓰레기통으로 가는 일 없이 모든 기능을 현실적으로 바꿔보려고 노력했습니다. 이러한 '기능을 수정한다'는 것은 단순히 말도 안 되는 기능을 현실에서 구현 가능하게 하는 것 뿐만 아니라, 말도 안 되는 기능이 제공하는 아이디어나 키워드에서 확산된 아이디어를 사용하는 것이기도 합니다.

검토 과정을 진행하면서 참가자들은 자연스럽게 비슷한 아이디어들끼리 묶어내는 그룹화를 하거나 삭제해내는 과정을 거쳤습니다. '논문 대필'과 '과제 대신해주는 기능'을 하나의 그룹으로 만들고 '교과 지원 기능(team 만들기, 관련 자료)'이라는 기능으로 수정하였습니다. 학생의 학업에 많은 도움이 될 거 같지만, 기존의 학교 앱에 흔히 있지 않은 참신한 아이디어로 재변신했습니다.

기존의 '프로젝터 기능'으로부터 '같은 수업 듣는 사람끼리 화면을 공유할 수 있도록 '화면 공유'아이디어가 제시되었습니다. 또한, '사랑의 작대기'라는 기능에는 '궁합이 잘 맞는 사람 위치정보 표시'라는 다른 아이디어와 융합된 새로운 아이디어가 붙었습니다. 그 밖에 '우산 변신 기능'은 '날씨〈기상청〉 연결'이 되었고 'Health Care'는 '학교 내 Fitness Center 관련 정보', '교내 이동 거리 계산'이라는 기능이 되었습니다. '자폭 기능'은 '수업 시간에 잠 깨게 해주는 기능', '깜짝 놀라게 하는 기능(화면+소리)'라는 재미있는 기능이 되었습니다. '코 고는 소리 내는 기능'이라는 재미있는 기능은 '수업 종소리'라는 적합한 기능으로 수정되었습니다.

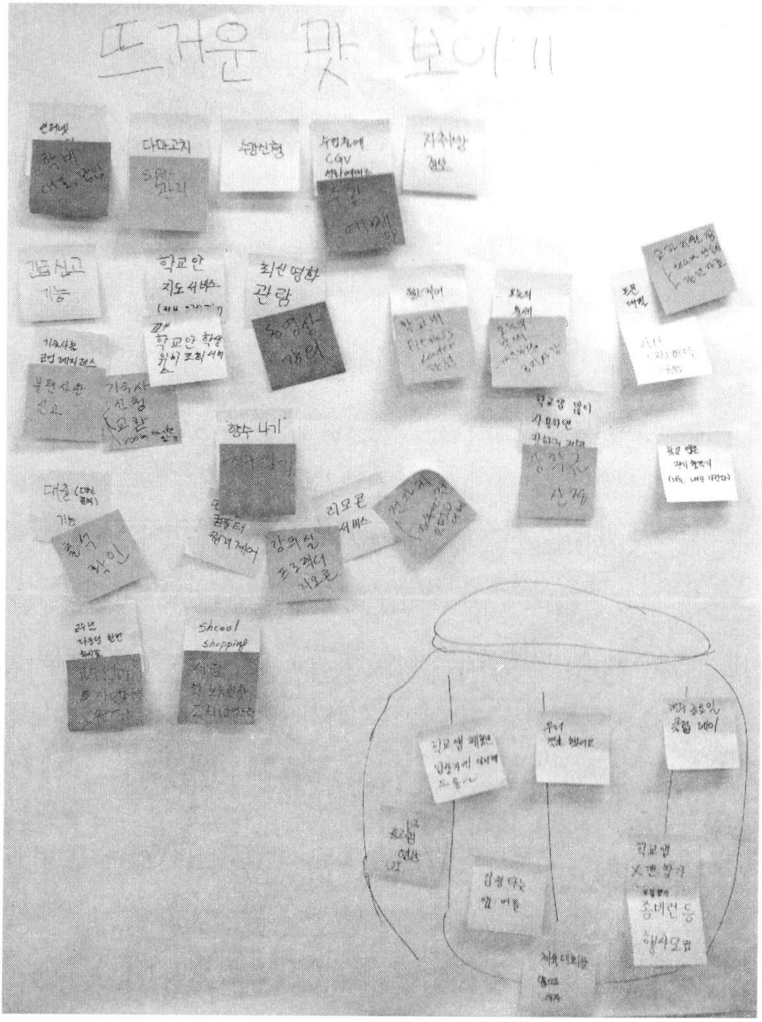

'기숙사를 코업 레지던스로 업그레이드'라는 기능은 그 아이디어가 제시하는 키워드로부터 '불편 사항 신고', '기숙사 신청'이라는 현실적인 기능으로 제시하게 되었습니다. '인터넷 뱅킹'이라는 기능은 '학비 대출, 납부' 같은 학교 앱에 적합한 기능으로 변경되었습니다. '연구실 컴퓨터 원격 제어'라는 기존의 기능은 '강의 프로젝터 리모컨 기능'이 되었고, '리모컨 서비스'는 '전자키(RFID)' 기능으로 수정되었습니다.

뜨거운 맛		변경된 아이디어
학교 구매		기숙사 예약
학교내의 특이장소 찍어서 공유		캠퍼스 안내
잘 나가는 연예인 정보		핫 이슈 보여주기
뒷담화 게시판		교수 평가/익명 게시판
프로젝터 기능		화면 공유(같은 수업을 듣는 학생 및 교수 단말기)
CCTV 보기		학교 내 보안 강화
도박 기능		게임 머니 제공
전당포 기능		학자금 대출
사랑의 작대기		궁합이 잘 맞는 사람 위치 표시
우산 변신 기능		날씨 정보
헬스 케어		교내 이동거리 계산, 교내 fitness center 관련 서비스
증강현실을 이용한 전투 게임		학교에 숨겨진 의미 찾기
자폭 기능		수업 시간에 잠 깨워주는 기능/깜짝 놀라게 하는 기능
무제한 음악 청취		학교 방송국
코고는 소리 내기		수업 종소리
다마고치		스펙 관리
대출(대리 출석) 기능		출석 확인
향 내기		친구 찾기
리모컨 기능		강의실 전자키 기능
최신 영화 관람		동영상 강의
기숙사를 코업 레지던스로 업그레이드		불편사항 신고/기숙사 신청

삭제된 기능

차량 예매, 사이키 기능, 날씨 정보, 우리 결혼했어요, 매주 금요일 클럽 데이, 학교 앱 체험단 입상자에 아이패드를 제공, 홀로그램 영상 UI, 감정타는 앱 어플, 체육대회를 앱으로, 학교앱 X맨 찾기, 좀비런 등 행사모집

tip

- 게임을 진행하는 방식에 2가지 방식을 제시합니다. 게임 참가자의 시간을 절약하고 싶다면 개발팀 내에서 기능 목록을 제시하는 방법을 사용합니다.
- 2번째 방법은 상대편이 제시하는 기능을 최대한 버리지 않고 현실적인 기능들로 바꾸려는 노력이 참신하고 혁신적인 아이디어를 만들어냅니다.
- 게임이 끝난 후에 도출된 아이디어를 정제하는 과정을 고민해봅시다.

이 게임은 아이디어를 많이, 그리고 기존에 생각해내지 못했던 혁신적인 아이디어를 생각해내는 것에 초점이 맞추어져 있습니다. 그래서 도출된 아이디어들을 정제하거나 진짜 어떠한 아이디어를 시스템에 적용할지, 혹은 우선순위를 어떻게 정하고 정리를 해야 할지에 대한 부분은 포함하지 않습니다. 게임이 끝난 이후에 팀별 회의를 통해서 어떠한 아이디어를 진짜 적용할지에 대한 토론과정을 가지거나, 개발팀에서 별도로 아이디어를 정제하는 과정을 가져야 할 것입니다. 혹은 이후에 소개되는 '요구사항 우선순위화' 과정의 게임을 이용해서 정리하는 시간을 갖는 것이 좋습니다.

3 최고의 악몽

1) 어떤 게임일까요?

주최측의 준비가 필요한 정도
□ 많은 준비가 필요
☑ 약간의 준비가 필요
□ 거의 필요 없음

참가자의 준비가 필요한 정도
□ 많은 준비가 필요
□ 약간의 준비가 필요
☑ 거의 필요 없음

활용할 수 있는 게임 단계
□ 우선순위 및 정제
☑ 요구사항 도출
□ 이해관계자 식별
□ 비전 확인하기

적합한 대상
☑ 솔루션-신규 시장
☑ 솔루션-버전 업
☑ SI-신규 사업
☑ SI-유지보수

참가자(SI)
☑ 발주회사의 고객
☑ 발주회사(팀원)
□ 수주회사(팀원)

참가자(솔루션)
☑ 사용고객의 고객
☑ 솔루션 사용고객
□ 개발사(팀)

2) 이 상황만은 절대 안 돼!

프로젝트를 진행하다 보면 발표 준비를 하게 될 때가 많은데요. 밤새워서 만든 발표 자료가 혹시나 잘못될까 봐 이중, 삼중으로 백업 본을 만들어가면서 작업을 하곤 합니다. 만약 발표하는 중에 시청각 자료가 제대로 나오지 않는다면 어떨까요? 발표자에게는 최고의 악몽 중 하나가 될 것입니다. 정기적으로 기술, 오락, 디자인에 관련된 강연회를 개최하는 유명한 비영리 재단인 TED(Technology, Entertainment, Design)의 강연 중에 실제로 발표자의 최고의 악몽이 실현된 일이 있었습니다. 태양 에너지 관련 기업의 기업가가 강연을 위해 3분의 시간을 할당받고 강연을 시작했습니다. 1분 정도 강연을 하던 강연자는 자신의 회사에서 개발한 솔루션을 소개하기 위해 비디오를 플레이시키려고 하는데 계속 로딩 표시만 뜰 뿐 비디오가 플레이 되질 않습니다. 당황한 강연자는 로딩 표시를 쳐다만 볼 뿐 한동안 말을 잇지 못하는 일이 있었습니다.

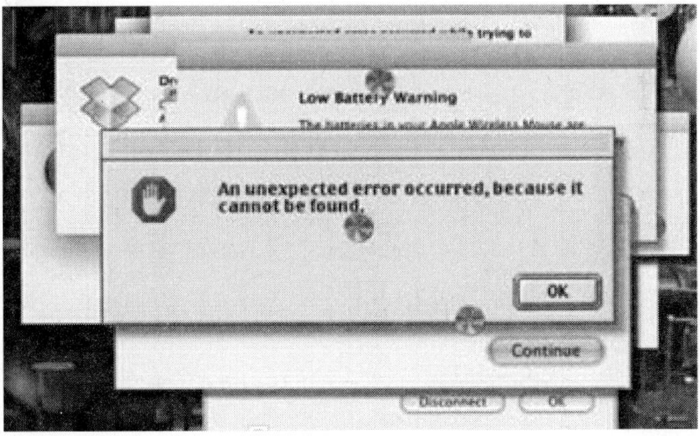

이제 무슨 일이 벌어질까요? 임기응변이 능한 강연자라면 비디오 없이 어떻게든 강연을 마무리 지을 수 있을 것입니다. 하지만 많은 사람들 앞에서 강연하는 사람들은 긴장하기 마련이고, 이런 돌발 상황에 능숙히 대처하기란 어렵습니다. 남은 시간을 당황 속에서 허비하게 될 가능성이 높죠.

TED는 이러한 '강연자의 최고의 악몽'을 미리 계산해두었습니다. 갑자기 청중들 무리 속에서 로딩 마크와 같은 무지개색 우산이 올라오더니 빙글빙글 돌아가기 시작합니다. 곧이어 화면 속의 로딩 마크가 화면을 가득 채우고 역시 같은 무지개색의 공이 무대로 튀어나오고, 같은 색의 화려한 옷과 가발을 입은 사람들이 무대 위로 올라와서 흥겨운 노래와 함께 춤을 추기 시작합니다. 강연자에게 할당된 3분의 시간이 모두 흐르고 나자 음악이 꺼지고 사람들이 퇴장합니다. 강연자는 다른 강연자와 마찬가지로 '네, 대단히 감사합니다.'라는 인사말과 함께 퇴장했습니다.(TED http://www.ted.com/)

TED는 발표자의 최고의 악몽을 찾아냈기 때문에 그것에 대비하기 위한 퍼포먼스를 준비할 수 있었을 것입니다. 이러한 퍼포먼스 덕분에 청중들은 남은 시간 동안 웃을 수 있었고 강연자는 준비되지 않은 돌발 상황에 시간을 끌어야 하는 불상사를 피할 수 있었습니다. 최고의 악몽은 이처럼 사용자나 고객에게 일어날 수 있는 좋지 않은 상황을 미리 찾아보고 대비하기 위한 게임으로 브레인스토밍을 통해 다양한 의견을 모으고 자유롭게 그림을 그리게 함으로써 상황을 자세히 상상해보도록 유도합니다. 다만 이 게임은 피해야 하는 상황을 찾도록 도와줄 뿐 피하는 방법을 찾지는 않습니다. 최고의 악몽을 통해 도출된 결과를 목록을 정리하여 이후 혁신 생성기나 양파 수프 게임을 진행하면서 '고객의 문제점'에 활용할 수 있습니다. 또, 이 최고의 악몽은 다른 게임들과 달리 직접 기능 목록을 도출하지 않지만, 다른 게임으로 도출해내기 힘든 시스템에서 중요하게 요구되는 품질 속성을 찾아내는데 좀 더 적합한 게임입니다.

3) 게임하기

뭐가 필요할까?	
주최측	참가자
커다란 종이나 플립차트 그림을 그릴 수 있는 여러 가지 색의 색연필이나 사인펜 게임분위기를 조성해줄 수 있는 아이템들 (스티커, 말풍선 이미지 등)	기존 제품에 대한 사전 조사

■ 게임 준비

즐거운 게임 분위기를 조성하기 위해서 게임을 시작하기 전에 다양한 준비물을 고려해봅니다. 그림을 그릴 수 있는 다양한 색의 색연필과 사인펜을 기본으로 다양한 스티커 등을 준비해서 그림을 꾸밀 수 있도록 한다면 좀 더 부담 없이 게임을 즐길 수 있을 것입니다. 팀별로 커다란 종이나 플립차트와 색연필 및 준비한 준비물들을 나누어 주고 게임에 관해서 설명합니다. 최고의 악몽은 게임의 이름이 직관적이고 실생활에서 자주 사용되는 용어이기 때문에 참가자들은 쉽게 게임을 이해할 것입니다.

■ 게임 진행

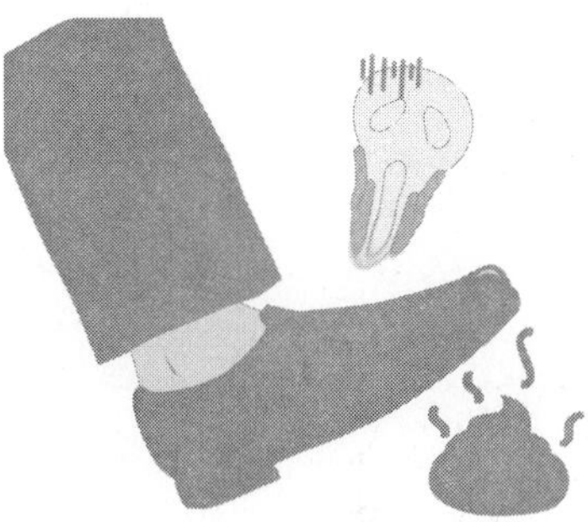

최고의 악몽은 특별한 양식 없이 자유롭게 그림을 그리도록 하는 게임입니다. 참가자가 그림을 그리는 것에 자신이 없다면 부담스러워 할지도 모르기 때문에 부담 없이 그림을 그릴 수 있도록 분위기를 조성하도록 합니다. 다양한 스티커나 이미지 등을 준비하여 꾸미는 식으로 할 수 있도록 한다든가, 게임 방법에 관해서 설명하면서 예시로 최대한 못 그린 그림을 보여주는 것도 방법이 될 수 있습니다.

■ 결과 정리

각 팀에서 그린 그림을 돌아가면서 발표하고 서로의 의견을 공유하는 시간을 갖습니다. 각 팀이 사용자 계층별로 나뉘어 있었다면 각 사용자 계층에서는 어떠한 상황을 반드시 피해야 한다고 했는지 각 목록을 정리합니다. 각 상황을 피해가기 위해서는 어떻게 해야 하는지, 만약 피할 수 없거나 예상치 못하게 그러한 상황에 마주하게 된다면 어떻게 해결해야 할지 생각해봅니다. 이후 요구사항 도출을 위한 다른 게임을 진행할 수 있는 여유가 있다면, 정리된 목록을 혁신 생성기나 양파 수프 게임을 진행하면서 활용할 수 있습니다.

학교 앱 개발자의 최고의 악몽은 무엇일까?

게임에 참가하게 되는 사용자 계층에 따라서 그 결과가 매우 판이하게 나타날 수 있는 게임이므로 이해관계자 확인하기 게임을 통해서 사용자 계층을 찾고 다양한 사용자 계층이 참여할 수 있도록 합니다. 이 예시활동에서는 학교 앱의 최종 사용자가 될 학생들이 참여하였습니다. 12색 색연필과 사인펜과 종이만 나누어 주었는데, 다행히도 이 참가자들은 그림 그리기에 꽤 소질을 보였고, 즐겁게 그림을 그려나가는 모습을 보여주었습니다.

결과로 나온 최악의 상황을 나타낸 그림은 위의 그림과 같은데 하나의 상황에 대해 관계된 이해관계자들의 상황을 주위에 그렸습니다. 다양한 사용자 계층이 게임에 참여하게 된다면 각자가 자신의 상황에 해당하는 최악의 상황을 그리는 것으로 게임의 결과를 충분히 끌어낼 수 있겠지만, 이 예시활동에 참여한 게임 참가자들은 앱을 기획하거나 개발하는 입장에서 앱과 관련된 최악의 상황을 모두 찾아내려고 했습니다.

그려진 그림의 중간에는 뭉크의 '절규'를 흉내 내 절망스러운 상황을 표현하고 있습니다. 말풍선 안에 "외부 침입인가? DB 서버가 죽었다!", "으악…. 그 와중에 정전!!! 최악이다."라고 대사가 적혀 있습니다. 이 그림은 개발자의 최고의 악몽을 표현한 것으로 DB 서버의 상태가 불안정한 상태에 대한 개발자의 절망스러운 상황을 그렸습니다. '절규' 그림 옆으로 학생으로 보이는 듯한 사람이 컴퓨터 앞에서 화를 내고 있는 모습이 있습니다. 말풍선 안에 "수강 신청을 해야 하는데 홈페이지가 연결이 안 되네. 단순한 마비 같진 않고 그냥 서버 오류가 뜨면 어쩌자는 거야?"라고 화를 내고 있습니다. 그리고 모니터 화면에 '알 수 없는 오류가 발생했습니다.'라고 문구가 뜬 것도 그려져 있습니다. 그 아래에는 모바일 역시 먹통이라는 그림을 볼 수가 있습니다. 수강 신청 기간에 DB 서버가 불안정한 상황에 적절하고 신속한 대응이나 오류에 대한 공지가 이루어지지 않는 상황에 대한 학생들의 불만을 그리고 있습니다.

또한, '절규'의 모습을 한 개발자 그림 오른쪽에는 험악한 인상의 남자가 있습니다. "학교 앱을 폭발시키고 싶군. 왜 자꾸 꺼져." 라고 하면서 개발자를 비난하는 사용자로 학교 앱이 안정적으로 작동하지 않는 상황에서 개발자를 비난하는 모습을 그리고 있습니다. 그리고 그 위로는 시설 관리과나 전산 관리팀 관계자들이 화를 내면서 "정전 복구 언제 돼요? 수강 신청일인 거 몰라요?"라고 개발자를 닦달하는 모습을 표현한 그림이 있습니다.

이 게임의 결과로 얻어낸 학교 앱 개발자의 최고의 악몽은 DB 서버가 다운되거나 여러 이유로 인해 안정적으로 앱을 사용할 수 없을 때 사용자들이나 학교 이해관계자들의 불편함이 개발자의 책임으로 이어지는 상황이라는 것을 알 수 있습니다. 또한, 이 게임 참가자들이 생각한 학교 앱이 가장 우선시해야 하는 품질속성은 안정성이라는 것을 짐작할 수 있습니다. 이러한 학교 앱 개발자 최고의 악몽에 대비하기 위한 해결책은 DB 서버 관리를 통한 안정화 방법을 마련하거나 예기치 못한 돌발 상황이 발생했을 때 신속하고 적절하고 대응함으로써 사용자의 불편함을 최소화할 수 있도록 하는 것입니다. 또한, 이 그림에서처럼 '수강 신청일'과 같은 전산 시스템을 사용하는 업무 중 중요한 업무이면서도 시간에 민감한 사안일 경우에는 다른 방법을 통해 업무를 이어갈 수 있도록 차선책을 준비하는 방법도 생각해 볼 수 있을 것입니다.

tip

- 최고의 악몽은 피해야 하는 상황을 찾을 수 있도록 도와줄 뿐 그에 대한 해결책을 찾지는 않습니다. 이후, 혁신 생성기나 양파 수프를 진행하면서 해결책을 찾을 수 있습니다.
- 직접적으로 요구 기능 목록을 도출하지는 않지만 다른 게임에서는 얻어내기 힘든 중요 품질속성을 찾아낼 수 있습니다.
- 게임이 끝난 후에 사용자 계층별로 생각하는 최악의 상황을 정리하고 그 상황을 피해갈 방법이나 해결하는 방법을 찾아내도록 합니다.

4 혁신 생성기

1) 어떤 게임일까요?

- ☐ 많은 준비가 필요
- ☐ 약간의 준비가 필요
- ☑ 거의 필요 없음

주최측의 준비가 필요한 정도

- ☐ 많은 준비가 필요
- ☐ 약간의 준비가 필요
- ☑ 거의 필요 없음

참가자의 준비가 필요한 정도

- ☐ 우선순위 및 정제
- ☑ 요구사항 도출
- ☐ 이해관계자 식별
- ☐ 비전 확인하기

활용할 수 있는 게임 단계

- ☑ 솔루션-신규 시장
- ☐ 솔루션-버전 업
- ☑ SI-신규 사업
- ☐ SI-유지보수

적합한 대상

- ☐ 발주회사의 고객
- ☑ 발주회사(팀원)
- ☑ 수주회사(팀원)

참가자(SI)

- ☐ 사용고객의 고객
- ☑ 솔루션 사용고객
- ☑ 개발사(팀)

참가자(솔루션)

2) 고객의 문제를 찾아서 해결해줄 수 있는 방법?!

고객이 당신에게 SW를 제작해달라고 요청을 한다면 당신은 어떤 SW를 만들어 주어야 할까요?

고객의 요구사항을 찾기 위한 핵심 중 하나는 고객의 문제점을 파악하는 것입니다. 만약 고객의 요구사항을 있는 그대로 받아들이기만 할 뿐, 고객의 문제점을 이해하지 못한다면 진짜 고객이 원하는 요구를 구현해내지 못할 수도 있습니다. 예를 들어 메신저 SW를 만들 때 고객이 업무상 보안에 민감한 자료를 다룬다면 메신저를 통해서 주고받는 내용이나 파일이 외부로 빠져나가지 못하도록 하는 기능이 필요할 것입니다. 고객이 그 부분을 집어서 말해준다면 다행이지만 그렇지 못할 때도 있습니다. 그 때에 그냥 평범한 메신저 SW를 만들어준다면 보안상의 문제로 결국엔 그 메신저를 사용하지 말라는 회사 방침이 생길지도 모릅니다.

고객이 가진 문제점을 어떻게 해결해 줄 수 있을 것인가를 고민하는 과정을 통해 고객의 진짜 요구사항을 찾는 것이 이 게임의 목적입니다. 또한, 도출된 해결방안을 통해서 고객이 받게 될 시스템의 또 다른 가치를 제시할 수 있을 것입니다.

이 게임은 개발하고자 하는 SW의 목적이 명확하고 SW를 사용하거나 SW를 통해서 이익을 얻게 되는 고객층이 명확할 때 적합한 게임입니다. 솔루션 시장에서는 고객층이 명확하지 않기 때문에 신규 제품을 개발할 때보다 기존의 제품으로부터 고객의 문제점을 찾아 개선하고자 할 때 좀 더 적합합니다. SW개발팀에서는 자신의 솔루션을 사용할 고객의 문제점을 생각해 볼 수 있고, 만들어진 SW를 사용하는 입장의 회사나 팀 역시 자신들 고객의 문제점을 생각함으로써 고객의 진짜 요구가 무엇인지 고민할 수 있는 계기가 될 것입니다.

SI 시장의 SW 역시 자신의 시스템을 이용할 고객의 진짜 요구를 찾기 위해서 이 게임을 사용할 수 있을 것입니다. 고객의 진짜 문제를 찾기 위해서 고객과 함께 게임을 진행한다면 더 좋은 결과를 기대할 수 있을 것입니다.

3) 게임하기

뭐가 필요할까?	
주최측	참가자
커다란 종이나 화이트 보드, 차트를 그릴 색연필이나 사인펜, 3가지 색의 접착 노트, 참가자 수 만큼의 한가지 색 사인펜, 아이디어간 연결을 그리기 위한 색연필	

■ 게임 준비

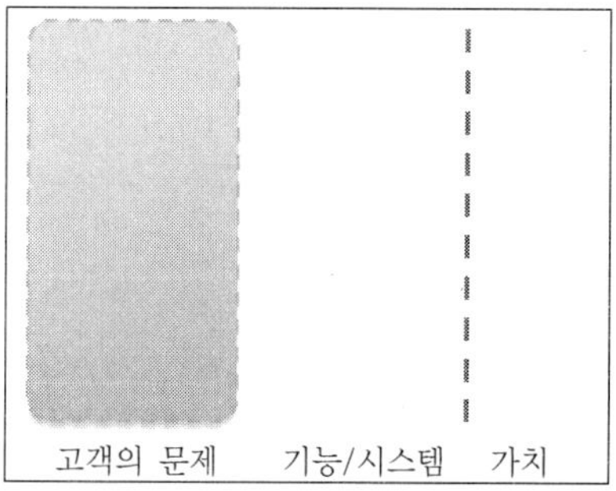

게임 참가자들에게 접착 노트와 사인펜들을 나누어주고, 커다란 화이트 보드나 종이에 3개의 칸을 나누어 그립니다. 그리고 각 칸에 아래와 같은 라벨을 씁니다.

- 고객의 문제(고객이 가진 문제)
- 기능 / 시스템
- 가치

■ 게임 진행

칸마다 15~20분 동안 채우게 되며 왼쪽부터 오른쪽으로 차례대로 채워나갑니다. 각 칸에 붙이게 되는 접착노트는 각각 다른 색을 사용합니다.

처음 칸 **고객의 문제**에는 개발하고자 하는 SW와 관련해서 고객의 문제점을 적어나갑니다. 비즈니스 SW라면 업무와 관련된 문제점을 적게 될 것입니다. 솔루션의 다음 버전 SW를 대상으로 한다면 현재 SW를 사용하고 있는 고객들이 가지는 문제점들을 적습니다. SW가 가지고 있는 자체의 문제점과 고객 환경과 관련된 문제점 모두 포함해서 적습니다.

두 번째 **기능/ 시스템** 칸에는 첫 번째 칸에 적힌 문제들을 해결해 줄 수 있는 기능이나 아이디어들을 적습니다. 모든 아이디어가 적혀졌다면 세 번째 칸 **가치**에 제시한 기능이나 아이디어들이 가지는 가치들을 적습니다. 처음에 적힌 문제들을 해결해 줄 수 있는 것 외에도 좀 더 많은 가치가 발견될 수도 있습니다.

기본적으로 차례대로 진행하게 되지만 게임을 진행하다 보면 두 번째 칸과 세 번째 칸을 채워나가는 과정에서 첫 번째 칸에 들어갈 아이디어가 떠오르기도 합니다.

■ 결과 정리

도출된 고객들의 문제를 적은 접착 노트와 그 문제를 해결하는 방법을 적은 접착 노트, 그리고 가치를 적은 접착 노트를 서로 해당하는 것끼리 색연필로 묶어줍니다. 여러 색의 색연필이 있다면 각각 서로 다른 것들끼리 다른 색으로 표현할 수 있을 것입니다. 선으로 연결해서 표현하면 이제 무엇이 해결되었는지 확인할 수 있을 것입니다. 그것을 해결한 아이디어의 가치를 확인하고 다른 가치들이 있는지 토론해봅니다. 제시된 가치가 의미가 있는 것인지 생각해보고 개발될만한 근거가 되는지 확인합니다. 만약 이후에 우선 순위화 게임을 하게 된다면 이때에 나온 아이디어와 가치를 함께 적도록 합니다.

그리고 해결되지 않은 문제점들이 있다면 해결방안이 있는지 다시 한 번 생각해봅니다.

고객의 문제를 찾아 해결하는 방법을 통한 고객의 요구찾기

각 칸이 지니는 의미에 관해서 설명하고 '가치'가 고객의 요구를 어떻게 해결했는지에 대해서 제시하는 점에 초점을 맞추도록 합니다. 또한, 이 게임은 개발팀이나 수주팀, 발주팀에서 자신들의 고객이 가지고 있을 문제점들을 예상하면서 게임을 시작해야 하는 것을 강조합니다.

처음은 고객의 문제점을 찾아서 노란색 접착 노트에 써서 붙이도록 했습니다. 원래의 순서라면 문제를 찾고 그것을 해결하기 위한 시스템을 결정하는 것이 순서인데 이 예시에서는 학교 앱을 개발한다는 이미 정해진 시스템에 대해서 게임을 진행하는 것이기 때문에 고객이 어떠한 문제점 때문에 이 앱을 개발하기를 원했을지에 대해서 초점을 맞춰달라고 요청했습니다.

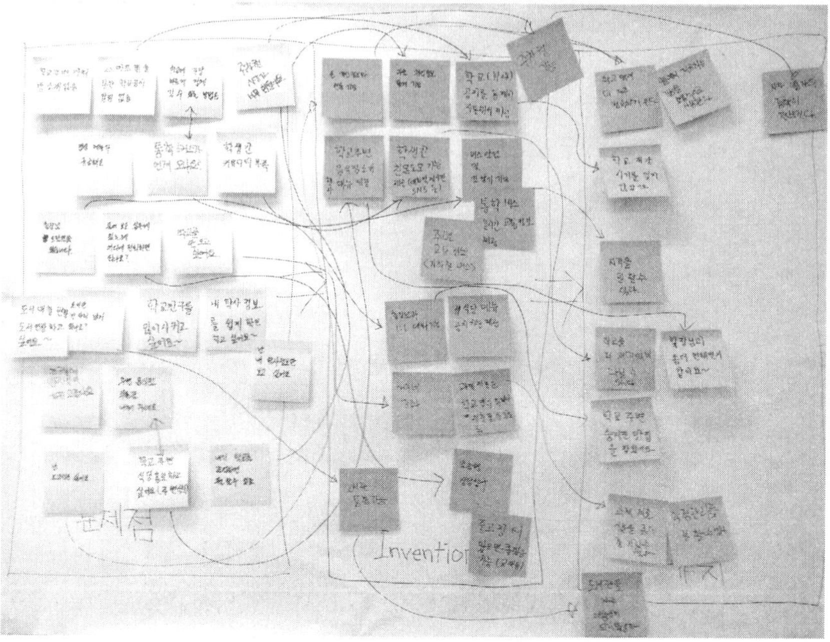

도출된 문제점들은 '학교 주변 자취방 소개 없음', '스마트 폰을 통한 학교 공지 알림 없음', '학교에서 가장 빠르게 집에 가는 방법은', '주차권 사기가 너무 힘들어요', '점심 메뉴가 궁금해요', '통학버스가 언제 오나요?', '학생 간 커뮤니티 부족', '총장님 드릴 말씀 있습니다', '물어보고 싶은 게 있는데 어디에 전화하면 되나요?', '학교를 안 오고 싶어요', '도서 대출현황, 도서 연장하고 싶어요', '도서관 빈 자리 남아 있나요?', '학교 친구를 많이 사귀고 싶어요~', '내 학사 정보를 쉽게 확인하고 싶어요~', '난 내 학사정보만 보고 싶어요', '연구실에 인터넷이 자꾸 고장 나요', '주변 음식점 쿠폰 좀 나눠 주세요', '난 로그인은 싫어요', '학교 주변 식당 홍보하고 싶어요', '내가 학교를 졸업하면 뭘 할 수 있죠?' 의 아이디어들이 나왔습니다.

사실 이미 기존에 접하고 있는 앱이 있다면 지금의 예시처럼 문제점이 도출되는 방식은 조금 다를 수 있습니다. 기존에 잘 이용하는 기능을 먼저 떠올리고 그 기능을 어떠할 때 쓸까를 생각하면서 문제점을 도출하게 됩니다.

새로운 문제점을 도출하여 혁신을 꾀하기는 힘들겠지만, 시스템의 숨겨진 가치를 찾는 데 도움을 줄 수도, 그렇게 계속해서 문제점을 도출해가는 협업 과정에서 전혀 새로운 아이디어가 도출되기도 하므로 새로운 문제점이 도출되지 않는다고 해서 게임 방식에 억지로 손을 댈 필요는 없습니다.

노란색 접착 메모의 양이 어느 정도 채워졌다면 두 번째 칸인 '기능/시스템' 칸을 다른 색의 접착 메모로 채워갑니다. 일단 적힌 문제점 중에 하나를 골라서 그것을 해결해줄 수 있는 기능, 혹은 '~한 시스템'이라고 적고 두 번째 칸에 붙인 후 해당 문제점과 연결선을 그었습니다. 어떠한 기능이 어떠한 문제점을 해결해준다는 것을 직관적으로 보여주기 위해서입니다. 연결선을 긋는 활동 없이 그냥 접착 메모를 붙이게 했을 때보다 더 활발하게 아이디어들이 나오는 것을 확인할 수 있었습니다.

또한, 자연스럽게 같은 칸의 아이디어들끼리 비슷한 아이디어라면 양방향 화살표로 연결하면서 그룹화를 하는 모습을 볼 수 있었습니다. 나온 아이디어들은 '로그인이 싫어요.'라는 문제점을 해결해주기 위해 '폰 개인정보와 연동 기능'이라는 기능을 제시하였고 '물어보고 싶은 게 있는데 어디에 전화하면 되나요?'라는 문제점에 대해서 '맞춤형 상담창구'라는 해결책을 제시하였습니다. 그 외에도 '과별 취업정보 통계 기능', '학교(학과) 공지를 홈페이지를 통해서 제공', '주차권 기능', '학교 주변 음식점 소개 메뉴 제공', '학생 간 친목 도모 기능 제공', '버스 알림 및 길 찾기 기능', '통학 버스 실시간 교통정보 제공', '주변 교통 정보', '총장님과 1:1 대화 기능', '식당 메뉴 공지 기능 제공', '사이버 강좌', '과제 제출을 학교 앱을 통해서 제출할 수 있도록', '도서관 통합기능', '맞춤형 상담 창구', '중고장터 기능(교재 등)'이라는 아이디어들이 나왔습니다.

기능을 도출하는 과정을 해나가면서 도표가 점점 많은 색의 선으로 채워지고 구분이 어려워지자 이렇게 나온 아이디어들을 정제화하는 방법에 대해서 질문을 하기도 했습니다.(도출된 요구사항을 우선 순위화 하거나 정제하는 과정에 대해서 이 책의 후반에서 다룹니다.) 같은 색으로 계속해서 연결된 선들은 활동하는 중에 아이디어를 도출하기 위해서는 도움이 되었지만, 결과를 보기에 썩 좋은 형태는 아니었습니다. 너무 복잡하고 꼬여있었기 때문입니다. 선을 그리기 전에 그룹화를 하고 그룹별로 다른 선을 사용했더라면 좀 더 직관적으로 결과를 확인할 수 있었을 것입니다.

세 번째 칸인 '가치'에 대한 아이디어를 적기 시작했습니다. 폰 정보와 연동이 돼서 별도로 로그인하지 않는다면 '학교 앱에 더 자주 접속하게 된다.' 그리고 '앱에서 제공하는 기능을 효율적으로 사용한다.' 라는 장점을 제시하였습니다. 그 외에도 '자차 이용자의 통학이 편해진다', '학교 개강 시기를 잊지 않았어요', '지각을 덜 할 수 있다', '학교를 더 재미있게 다닐 수 있다', '학장님과 좀 더 친해진 거 같아요~', '학교 주변 숨겨진 맛집을 찾았어요', '과제 제출 기한을 좀 더 잘 지킬 수 있다', '학점관리를 잘 할 수 있다', '도서관을 자주 애용하게 되지 않을까?'라는 장점 및 가치가 도출되었습니다.

tip

- 고객층이 명확할 때 적합한 게임입니다.
- 솔루션 개발을 대상으로 할 때에는 기존 시스템의 버전 업을 위해 현재 시스템의 문제점과 고객의 환경과 관련된 문제점 모두를 대상으로 합니다.
- 각 칸의 접착 노트 간의 관계를 선으로 연결해주면서 표현해주는 것이 지저분해 보일지라도 활동 중에 아이디어를 도출하는 과정을 도와줍니다.
- 결과에 대해서 선을 연결할 때 그룹별로 다른 색을 사용한다면 좀 더 시각적인 도움을 얻을 수 있을 것입니다.
- 이후에 우선 순위화 게임을 진행한다면 각 기능 및 아이디어 목록을 정리하고 가치를 함께 적어둡니다. 우선 순위화 게임을 진행할 때 도움이 됩니다.

5 양파 수프

1) 어떤 게임일까요?

주최측의 준비가 필요한 정도	참가자의 준비가 필요한 정도	활용할 수 있는 게임 단계
		☐ 우선순위 및 정제
☐ 많은 준비가 필요	☐ 많은 준비가 필요	☑ 요구사항 도출
☐ 약간의 준비가 필요	☐ 약간의 준비가 필요	☐ 이해관계자 식별
☑ 거의 필요 없음	☑ 거의 필요 없음	☐ 비전 확인하기

적합한 대상	참가자(SI)	참가자(솔루션)
☐ 솔루션-신규 시장		
☑ 솔루션-버전 업	☐ 발주회사의 고객	☐ 사용고객의 고객
☐ SI-신규 사업	☐ 발주회사(팀원)	☐ 솔루션 사용고객
☑ SI-유지보수	☑ 수주회사(팀원)	☑ 개발사(팀)

2) 지난 버전을 향상시켜서 혁신을!

본래 이 게임은 Diana Larsen가 소개한 원들과 수프(Circles and Soup, http://www.futureworksconsulting.com/blog/2010/07/26/circles-and-soup/)를 기반으로 하였습니다. 원들과 수프는 프로젝트 관리를 돕기 위해 브레인스토밍을 지원하는 도구입니다. 과거의 활동을 분석하고 그중에서도 팀의 능력 안에서 통제 가능한 요소들을 알아봄으로써 이후의 프로젝트에 좀 더 나은 계획을 만드는 데 사용되고 있습니다. 지난 프로젝트의 문제점을 찾아내었을 때 그것을 개선하기 위해서 '누군가는 해야만 하는 일'이 있다면 그중에서도 "당신이 할 수 있는 일"을 찾아서 미래의 더 나은 모습을 위해서 필요한 활동들을 정리하도록 하는 활동입니다.

이 원들과 수프 게임을 SW개발 과정 중 요구사항을 도출해내기 활동에 이용해보았습니다. 동심원 4개가 그려져 있는 차트의 모습이 양파의 단면을 그린 것과 비슷해서 이름을 양파 수프라고 정해보았습니다. 이 양파 수프 게임은 무작정 새로운 아이디어를 만들어내는 것이 아니라 기존에 존재하는 시스템이나 제품의 개선사항을 찾아서 새로운 기능이나 서비스를 제시하는 형태입니다.

혁신 생성기와 비슷한 면이 있는데, 혁신 생성기는 고객이 지닌 문제점을 해결해주는 방법을 찾기 위한 활동이라면 양파수프는 기존에 존재하는 시스템의 개선을 위한 활동입니다. 또한, 기존 제품에 대한 개선점을 찾고 이를 해결하기 위해 기능적이거나 기술적인 방법을 제시해야 할 수 있기 때문에 고객과의 협업보다는 개발팀 내에서 이루어지는 회의에 적합할 것입니다.

3) 게임하기

뭐가 필요할까?	
주최측	참가자
커다란 종이나 화이트 보드, 차트를 그릴 색연필이나 사인펜(여러가지 색), 접착 노트, 참가자 수 만큼의 한가지 색 사인펜	기존 제품에 대한 사전 연구가 필요(단순히 사용자 입장에서의 만족도가 아니라 개발하는 입장에서의 치밀한 검토가 필요)

■ 게임 준비

각 참가자에게 접착 노트와 사인펜을 나누어 주고 포스터나 화이트 보드에 그림과 같은 차트를 그리도록 합니다. 차트는 '전체 모습 확인하기'나 '이해관계자 양파 도표' 게임과 거의 동일합니다.

■ 게임 진행

3개의 동심원을 그리되 각각의 원안에 접착 노트를 붙일 수 있을 만한 충분한 공간을 두도록 합니다. 각 원에 다음과 같은 이름을 적습니다.

- 가장 안쪽 원 : '조정(Controls)' - 개선이 필요한 것들
- 중간 원 : '영향들(Influences)' - 조정의 개선들을 해결하는 방법들
- 바깥 원 : '수프(The Soup)' - 개선을 통해서 나타나는 장점 및 가치들

브레인스토밍을 통해서 10~20분 동안 가장 안쪽 원을 채워 나갑니다. 기능적인 요소뿐만 아니라 비기능적 요소 등 다양한 측면에서 다룰 수 있도록 합니다. 개선점이 너무 많이 나온다면 우선순위를 정해서 한 번의 회의에서 다룰 수 있는 개수로 나누어 진행합니다. 우선순위를 정할 때는 '긴급성'이나, '중요도'나 '개발 용이성' 등 특정한 기준을 정하는 것이 좋습니다.

가장 안쪽 원인 개선점에 대해서 모두 도출이 되었다면 두 번째 원을 채우기 위해 10분 정도의 시간을 할애합니다. 효과적인 개선을 위해 취할 수 있는 행동들을 적으면서 진짜로 개선이 필요한 사항인지 다시 한 번 검토해봅니다. 만약 우선순위가 높지 않다고 결론이 난다면 그 아이디어를 다음 회의를 위해 미뤄둘 수도 있습니다.

두 번째 원도 다 채워졌다면, 이제까지 나온 각 2개의 원에 대한 결과를 정리하는 기분으로 '수프'를 채웁니다. 각 아이디어가 어떠한 효과가 있고 어떠한 가치가 있는지, 어떠한 혁신을 불러올 수 있을지 자유롭게 적어봅니다.

■ 결과 정리

가장 바깥 원까지 채워졌다면 이제 제품이 어떠한 형태로 변화했는지 상상해봅니다. 처음에 개발하고자 했던 제품의 목적과 다른 형태로 나아가는 '영향'이나 '가치'가 없는지 찾아봅니다.

■ 원들과 수프(Circles and Soup) 게임 방법

SW개발 프로젝트 관리의 개선을 위해서.

양파 수프 게임의 근본이 되는 '원들과 수프' 게임은 프로젝트의 효율적인 관리를 위해서 이용할 수 있는 게임입니다. 진행되어 온 프로젝트를 평가하고 무엇을 개선해야 할지 숙고할 기회를 제공합니다. 부정적인 자가 평가 활동은 종종 감정적이고 비생산적인 상황에 부닥치게 됩니다. 이 게임이 제공하는 시각적인 조직화와 팀 활동은 비난과 절망은 피하고 더 나은 미래 모습으로의 개선을 위해 필요한 아이디어들을 얻을 수 있도록 합니다.

팀이 관리할 수 있는 것들을 시각적으로 확인하고, 영향력들을 확인함으로써 다양한 상황에서 어떻게 반응하고 해결해야 하는지를 알아낼 수 있습니다. 게임의 형태는 위에서 소개한 양파 수프 게임과 동일하며, 각 동심원의 특징은 다음과 같습니다.

- 가장 안쪽 원 : '팀 관리(Team Controls)' – 팀이 직접 조정할 수 있는 것들.
- 중간 원 : '영향들(Team Influences)' – 개선하기 위해서 취해야 하는 설득력 있는 행동들.
- 바깥 원 : '수프(The Soup)' – 적응해야 하는 작업환경. (안쪽의 2개의 원인 '수프(soup)'에 떠다니고 있는 장벽들에 대해 반응하는 방법을 알게 해주는 아이디어들이 될 것입니다.)

참가자들에게 각각의 원에 해당하는 아이디어들을 접착 노트에 써 달라고 요청하고 그것이 끝났다면, 해당 원안에 붙이도록 합니다. 그 후에 팀 별로, 각각의 아이디어들이 프로젝트를 향상하기 위해 어떻게 사용될 수 있는지 얘기해봅니다. 잠재적인 계획들을 좀 더 개발하기 위해서 팀원으로 하여금 더 확장된 아이디어를 생각할 수 있도록 장려합니다.

중립적인 조력자는 너무 감정적인 활동이 되는 것을 중재시키도록 해

야 합니다. 프로젝트의 감정적인 측면을 평가하는 활동은 민감한 사안이 될 수 있지만, 반드시 필요한 활동입니다. 사람을 비난하거나 일어날 수도 있는 일을 기대하는 것들을 의논하는 것을 피하도록 합니다. 이러한 자세는 부정적인 환경을 만들어내고 개선을 위한 활동을 방해하는 요소가 될 것입니다. 재미있고 즐거운 분위기를 유지하면서 사람들이 편안하게 생각들을 공유할 수 있도록 합니다.

지금의 학교 앱 무엇을 어떻게 개선할까?

양파 수프를 진행하기 위해서 게임 참가자들은 기존의 학교 앱을 구동시켰습니다. 각자 한 손에는 스마트폰을 들고 한 손에 사인펜을 들고 문제점들을 적어가기 시작했습니다. 기존 시스템의 개선점을 적는 **조정** 칸에는 UI 편의성(항상 Home으로 돌아가야 한다), 지속적인 업데이트(식단 정보, 학교

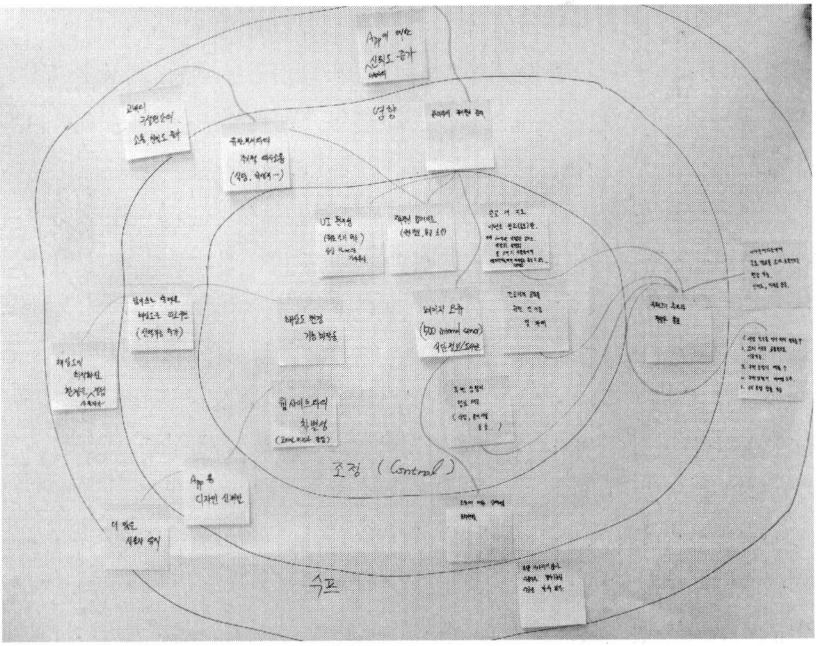

소식), 학교 내 중요 이벤트 광고(홍보)란 (ex. 100주년 기념관 콘서트, 박람회, 설명회 및 교내외 행사들), 해상도 변경 기능 미 작동, 웹 사이트와의 차별성(모바일 버전과 같음), 주변 상점의 정보 제공(식당, 놀이 시설 등), 전공 서적 공유를 위한 책 나눔 및 판매, 페이지 오류(500 internal server)라는 사항들이 적혔습니다.

조정 칸에서 제시한 문제점들을 개선하는 방법들을 적은 영향 칸에는 관리자의 주기적인 관리, 관련 부서와의 주기적인 의사소통(식당, 학생부 등), 많이 쓰는 폰 해상도를 따로 구현(선택기능 추가), App용 디자인 신개발, 오류에 대한 처리라는 아이디어가 붙었습니다. 서로 관련된 아이디어들끼리 연결해준 선을 통해서 카테고리 추가와 적절한 홍보라는 아이디어는 세 개나 되는 개선점들을 해결해주는 것을 확인할 수 있습니다. 사실 이 아이디어는 너무 큰 범위로 서술된 거 같습니다. 특정 메뉴를 추가해야 한다고 하는 거 같지만, 그 메뉴가 무엇인지를 알려주지 않고 있습니다. 요구사항 도출 활동은 비전 확인하기 활동보다 좀 더 자세한 서술과 세밀한 기능 요구 목록이 필요합니다.

수프 칸에는 '관리자의 주기적인 관리'라는 영향에 대해 App에 대한 사용자의 신뢰도 증가, '관련 부서와의 주기적인 의사소통(식당, 학생부 등)'에 대해 교내외 구성원 간의 소통, 친밀도 증가, '많이 쓰는 폰 해상도를 따로 구현(선택기능 추가)'에 대해서 해상도에 최적화된 환경을 사용자가 경험, 'App용 디자인 신개발'에 대해서 더 많은 사용자 유치라는 가치가 있었습니다. 하나의 아이디어로 세 개의 문제점을 해결하는 '카테고리 추가와 적절한 홍보라는 영향'이라는 아이디어에 대한 가치는 '이해관계자들에게 주요 정보를 효과적으로 전달 가능, 인지도 상승, 해당 정보를 얻기 위해 접속률이 올라갈 것이다, 교외 시설을 효율적으로 이용할 수 있다, 주변 상점의 매출이 올라갈 것이다, 주변 상점의 마케팅 효과, 수익 모델 창출 가능'이라는 아이디어가 있었습니다.

그림의 전체적인 모습을 봤을 때 개선점에 비해서 해야 할 행동들의 수가 더 적습니다. 이는 약간의 노력으로도 지금보다 훨씬 나은 모습의 시스템을 기대할 수 있다는 것을 의미할 것입니다. 만약 반대로 첫 번째 칸의 접착 노트들 보다 두 번째 노트들이 많다면 개선을 위해서 훨씬 많은 노력이 있어야 한다는 것을 알 수 있을 것입니다.

tip

- 혁신생성기는 고객의 문제점을 해결하는 방법을 찾는 활동이라면 양파 수프는 기존 시스템의 개선을 위한 게임입니다.
- 너무 큰 범위의 서술을 하지 않도록 합니다. 개선점에 대해 막연하게 적으면 그 이후의 방법이나 가치 또한 명확하지 않게 됩니다. 요구사항 도출 활동은 비전 확인하기 활동보다 세밀한 기능 목록이 있어야 합니다.
- 아이디어를 붙이고 서로 관계되는 것들끼리 선으로 표시해 줌으로써 하나의 행동으로 몇 개의 문제점들을 개선할 수 있는지 확인할 수 있고, 반대로 하나의 문제점을 해결하는데 얼마나 많은 노력이 필요로 하는지도 확인할 수 있습니다.

13 게임8: 관찰을 통해 도출하기

1 그림자 놀이

1) 어떤 게임일까요?

주최측의 준비가 필요한 정도	참가자의 준비가 필요한 정도	활용할 수 있는 게임 단계
		☐ 우선순위 및 정제
☐ 많은 준비가 필요	☐ 많은 준비가 필요	☑ 요구사항 도출
☑ 약간의 준비가 필요	☐ 약간의 준비가 필요	☐ 이해관계자 식별
☐ 거의 필요 없음	☑ 거의 필요 없음	☐ 비전 확인하기

적합한 대상	참가자(SI)	참가자(솔루션)
☑ 솔루션-신규 시장		
☑ 솔루션-버전 업	☑ 발주회사의 고객	☑ 사용고객의 고객
☑ SI-신규 사업	☑ 발주회사(팀원)	☑ 솔루션 사용고객
☑ SI-유지보수	☑ 수주회사(팀원)	☑ 개발사(팀)

2) 고객의 요구, 직접 눈으로 보고 알아보자!

요구사항 도출하기 게임 중 앞으로 소개할 두 가지의 게임은 동일한 이름으로 사용되지는 않지만, 실제로 많이 사용되고 있는 방법입니다. 이제까지

와는 다르게 브레인스토밍이 아니라 '관찰'의 형태로 이루어지는 에스노그라피(Ethnography)방법의 범주에 들어간다고 할 수 있습니다. 요구사항을 알아내고자 하는 개발팀이 그림자가 되고 고객이 관찰 대상이 되어 게임에 참여하게 되는 형태로 진행됩니다. 그림자놀이와 견습공 두 게임 모두 기본적으로 관찰을 통해 요구사항을 도출하는데 두 게임의 차이라면 견습공은 고객의 활동에 적극적으로 참여하여 자신들의 제품을 직접 사용해보는 반면 그림자놀이는 고객의 일상적인 행동을 관찰하기 위해 최대한 영향을 끼치지 않으려 한다는 점입니다.

그림자놀이와 비슷한 실례로 P&G사의 사례를 들 수 있습니다. P&G는 특이하게도 직원이 소비자들과 일정 기간 같이 생활하도록 하는 'Living it' 제도를 운용하는데 고객의 집에 직접 찾아가 생활 방식을 관찰하고 쇼핑도 함께 다니며 제품에 대한 의견을 나눈다고 합니다. 지난 2004년에 멕시코 가정을 관찰한 결과 멕시코인들이 경제 사정으로 옷을 여러 벌 구매하지 못하기 때문에 세탁을 중요시하지만 동시에 실제로 세탁 시 소모되는 물을 많이 아까워한다는 사실을 발견하게 됩니다. 이에 P&G는 세탁 시 여러 번 헹구지 않아도 되어서 불필요한 물의 사용을 최소화한 섬유 유연제를 출시하게 되고 큰 성공을 거뒀다고 합니다.

위에서 언급한 사례는 마케팅 기법으로 사용한 사례지만 실제로 SW분야에서도 업무 분석을 위해서 사용하고 있습니다. 기존에 존재하는 시스템을 사용하는 모습을 관찰하고, 그것을 사용하는 방식이나 개선점을 알기 위해서 사용하기도 하고 새로운 시스템을 개발하기 위해서 반드시 알아야 할 비즈니스 모델을 분석하기 위해 사용하기에도 적합한 활동입니다. 인터뷰나 설문조사만으로 세세한 업무들을 알 수는 없는데 그런 세세한 부분을 무시한다면 고객이 만족할 만한 결과를 낼 수 없기 때문입니다. 그림자놀이를 통해서 고객이 미처 알려주지 못하는 부분에서의 요구사항까지 도출해낼 수 있을 것입니다. 또, 새로운 시스템을 위한 활동이라면 이후 결과물로서

'시스템 문맥도'와 같은 결과물을 그려낼 수 있을 것입니다. 상황에 따라 도출되는 요구사항이 구체적일 수 있기 때문에 요구사항 도출하기에서 다루고 있지만 실제로는 요구사항 분석을 위한 활동 전반에 걸쳐 지속해서 활용될 수 있는 게임입니다.

3) 게임하기

뭐가 필요할까?
메모장과 필기구, 사진기, 녹음기,

■ 게임 준비

그림자 역할을 하기에 적합한 사람을 팀 내에서 찾아서 활동 목적 및 방법, 그들의 역할을 이해시킵니다. 한두 시간의 미팅 시간에 모든 활동이 끝나는 이전까지의 게임과는 다르게 이 활동은 며칠간 여유를 두고 꾸준히 관찰해야 할 것이므로 그에 맞는 일정을 잡아야 합니다. 또한, 있는 듯 없는 그림자처럼 행동해야 하는 그림자라고 해도 관찰 대상이 되는 고객들과 미리 약속을 잡는 단계도 잊지 않도록 합니다.

■ 게임 진행

사용자가 개발할 시스템과 관련된 업무 활동을 하는 동안 그림자가 되어서 사용자를 관찰합니다. 관찰하는 행위 자체가 사용자로 하여금 평소와 다른 행동을 하게끔 할 여지가 있음을 유의하도록 합니다. 만약 새로운 시스템을 개발하기 위해서 사용자의 업무를 관찰하는 활동이라면 전체적인 업무의 흐름이나 다른 부처 간의 상호작용하는 관계를 이해하기 위해 노력하고 비즈니스 모델을 알아낼 수 있어야 합니다. 기존에 있는 시스템의 버전 업을 위한 활동이라면 관련 업무 관찰뿐만 아니라 해당 시스템을 사용하는 모습 또한 자세히 관찰되어야 할 것입니다.

가끔 "무엇을 하세요?" 혹은 "무슨 생각을 하세요?"와 같은 질문을 하고 기록합니다. 작업 환경을 기록하기 위해 업무에 방해가 가지 않는 정도에서 사진을 찍어둡니다.

보통은 한 명의 사용자를 한 명의 그림자가 관찰하는 게 일반적이지만, 한 명의 그림자가 두 명 이상의 사용자를 관찰하고 그들 사이의 차이점을 통해서 요구사항을 도출하는 방법도 있습니다.

■ 결과 정리

고객의 비즈니스 모델을 이해하기 위해서 업무 흐름을 관찰하였다면 이를 정리할 수 있는 문서를 작성합니다. 특별히 정해진 양식이 없다면 비전 확인하기 파트에서 다루고 있는 '시스템 문맥도'의 형태로 작성할 수 있습니다.

그림자가 여러 명이었다면 그들의 조사 결과를 하나로 정리하는 시간을 가집니다. 스프레드시트에 결과를 구분할 수 있는 속성을 추가하여 정리합니다. 관찰 목적이 되는 SW에 따라서 속성은 바뀔 수도 있습니다.

이노베이션 게임에서 제시하는 속성은 다음 3가지가 있습니다.

- **새로운 정도** : 제품 사용 방식이 의도하지 않았거나 새로운 정도
- **성능 격차** : 의도한 성능과 실제 성능 차이 격차. 클수록 문제도 심각하다.
- **새 기회 정도** : 고객 문제를 해결할 새로운 기회가 되는 정도.

학생 앱을 사용하는 학생의 그림자가 되어 보자

이전의 게임은 한두 시간의 정해진 시간 동안 진행되는 활동이었기 때문에 게임 시작하기 전에 십여 분 동안 게임 방법에 대해서 설명을 해주고 게임을 진행하는 방식으로 진행되었었지만, 이 그림자놀이를 진행하기 위해서는 일주일 전에 미리 게임 방법에 관해서 설명을 하고 다음 모임 시간에 결과에 대해서 공유하는 시간을 갖는 방식으로 진행하였습니다. 이 예시 활동을 진행하는 게임 참가자들이 학생들인 동시에 대상이 되는 학교 어플의 사용자이기도 했기 때문에 한 팀에서 사용자 역할을 할 사람과 그림자 역할을 할 사람을 나누어서 그림자가 사용자를 관찰하는 식으로 게임이 진행되었습니다. 2명의 그림자가 각각 한 명의 사용자와 두 명의 사용자를 관찰하도록 하였습니다.

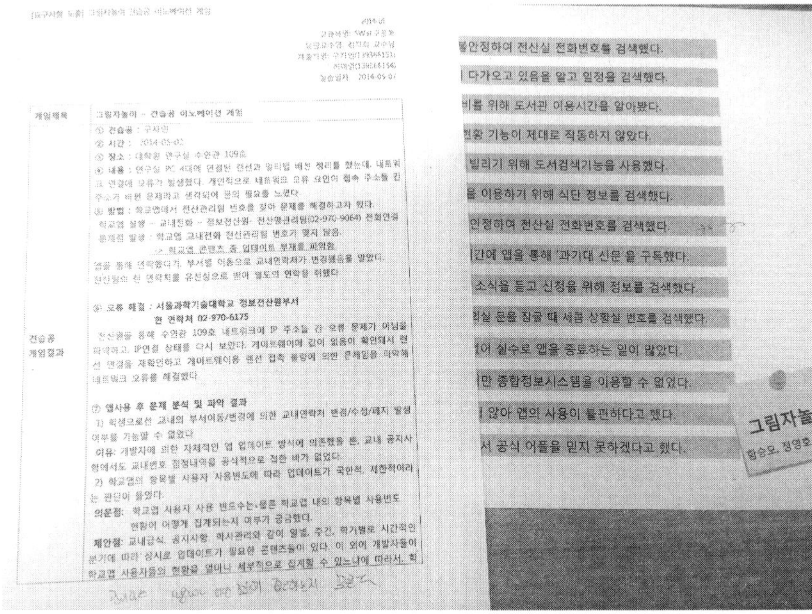

관찰결과를 기록해오는 부분에 대해서 별도로 포맷을 정해주지 않았기 때문에 참가자들 각자가 나름의 형태로 관찰결과를 정리해왔습니다. 한 팀은 관찰 결과를 한 문장씩 짤막하게 정리를 했고, 이 관찰 결과를 통해서 요구사항 도출의 결과를 끌어내기 위해서 엑셀 시트에 따로 결과를 정리하였습니다.

그림자놀이 결과

관찰 내용	도출된 상위 기능 요구사항	사용 빈도	개선사항
인터넷 연결이 불안정하여 전산실 전화번호를 검색했다.	학내 전화 번호	높음	교내 전화번호에 정보에 대한 이용률이 생각보다 높다 좀 더 접근성을 고려해 봐야 한다.
학교 축제 기간이 다가오고 있음을 알고 일정을 검색했다.	학사 일정	보통	
고객이 시험 준비를 위해 도서관 이용시간을 알아봤다.	도서관 이용 시간	낮음	

관찰 내용	도출된 상위 기능 요구사항	사용 빈도	개선사항
도서관 좌석 현황 기능이 제대로 작동하지 않았다.	도서관 열람실 좌석 현황	높음	구현되지 않는 기능을 우선적으로 구현하도록 한다.
도서관에서 책을 빌리기 위해 도서 검색 기능을 사용했다.	도서관 도서 검색	보통	
고객은 학생 식당을 이용하기 위해 식단 정보를 검색했다.	식단 정보	높음	
고객은 강의실 이동시간에 앱을 통해 '과기대 신문'을 구독했다.	과기대 신문 열람	낮음	
고객은 교내 건강 검진 소식을 듣고 신청을 위해 정보를 검색했다.	공지사항	높음	
고객은 컨설팅 수업 후 강의실 문을 잠글 때 세콤 상황실 번호를 검색했다.	학내전화번호/ 강의실원격 잠금	보통	강의가 끝난 후 강의실 문을 잠글 수 있도록 앱으로 신청을 하여 세콤 상황실에 알려줄 수 있는 기능이 있다면 편할 것이다.
'뒤로 가기' 버튼이 없어 실수로 앱을 종료하는 일이 많았다.	뒤로가기 버튼	높음	뒤로 가기 버튼을 만들어야 한다.
고객은 로그인을 했지만 종합정보 시스템을 이용할 수 없었다.	종합정보 시스템	높음	기능 구현을 해야 한다.
해상도가 변경되지 않아 앱의 사용이 불편하다고 했다.	개인 설정	보통	사용자의 디바이스 해상도에 맞게 조절할 수 있도록 하는 기능이 필요하다.
화면이 깨져 나와서 공식 어플을 믿지 못하겠다고 했다.	개인 설정	보통	

학교 앱의 특성상 사용할 수 있는 목적이 한정되어 있기 때문에 '새로운 정도'라는 속성은 없앴고 관찰 내용으로부터 얻어낸 문제점을 해결해 줄 수 있는 '기능 요구사항' 란 과 현재 시스템에서 고쳐야 하는 '개선 사항'이라는 속성을 넣고, 관찰한 사용자가 얼마나 많이 사용했는지를 기록하는 '사용

빈도'라는 속성을 넣었습니다.

다른 팀은 하나의 상황에 대한 관찰 내용과 관찰 중의 질문 내용에 대해서 기록을 한 결과를 정리했습니다. 실습실에 네트워크 오류가 발생하자 사용자는 학교 앱을 실행해 해당 부서의 연락처로 통화시도를 한 상황에 대해서 관찰한 내용을 중점적으로 기록하였습니다. 상황을 관찰하던 그림자는 상황에 대해서 몇 가지 질문을 던졌습니다. 왜 PC가 아닌 스마트 폰 앱으로 전화번호를 찾는 것이냐고 물었고, 현재 PC에서 인터넷이 되지 않고, 만약 인터넷이 된다 하더라도 PC로 찾는 것보다 더 빠르고 간편하게 찾을 수 있어서라고 대답합니다. 학교 앱의 잘못 등록된 전화번호 때문에 연결에 실패했고 전산원으로 연락을 취해서 전화번호를 받아서 다시 통화 연결을 하는 모습을 보고, '학교 앱에 잘못 표기된 정보를 접했을 때 어떤 생각이 드나요?'라고 질문을 던집니다. 또, 계속해서 이어지는 질문에 사용자는 학교 앱 자체의 업데이트가 주기적으로 필요하다는 요구사항을 제시하는 것을 확인할 수 있습니다. 이러한 후속 질문(Follow-up)을 이어감으로써 요구사항에 대해서 좀 더 상세화된 결과를 얻을 수 있을 것입니다. 관찰의 결과로써, '학교 앱이 다른 앱들과 비교하면 사용 횟수가 빈번하지는 않았지만 주로 정보 이용 목적으로 자주 사용되고는 했다. PC로 학교 홈페이지에 접속하는 것과 비교해 보았을 때, 학교 앱은 사용자들이 자주 쓰는 기능만 모아놓거나 항상 같은 곳에 배치되어 있어 정보를 찾는 데 유용하고 신속해 보였다.' 라는 결과를 도출해내었습니다.

또한, 한 명의 그림자가 두 명의 사용자를 관찰했을 때 각자 차이점이 있었는지 질문하자 두 명의 사용자 중 한 명의 재학생이었고 한 명은 이번에 새로 입학한 신입생이었기 때문에 신입생이 재학생보다 사용빈도가 높았다고 말했습니다. 이러한 차이점을 통해서 학교 앱이 일반적인 정보를 습득하기에는 유용하지만 지속적으로 이용할 만한 기능을 가지고 있지는 않다는 점을 알 수 있었습니다.

이 예시 활동에서는 학교 앱 개발을 위한 요구사항 도출을 위해서 단순히 기존에 있는 학교 앱을 학생이 사용하는 모습을 관찰하였지만, 실제로는 업무와 관련된 전체적인 활동들을 관찰해야 할 것입니다. 예를 들어 콜 센터

전산 시스템을 개발한다면 전화가 왔을 때 어떻게 반응을 하고 어떤 순서로 업무가 처리되는지를 알아야 시스템에 대한 요구사항을 알아낼 수 있을 것입니다. 학교 앱 또한 기존에 있는 학교 앱을 사용하는 모습을 관찰하는 것은 물론이고, 학교에 가는 모습부터 강의를 듣고 집에 돌아가는 모습까지 모두 관찰해야 학생이 학교 앱을 통해서 얻고자 하는 요구사항이 무엇인지를 얻을 수 있습니다.

① **그림자** : 허미영

② **시간** : 2014-05-02

③ **장소** : 대학원 연구실 수연관 109호

④ **관찰내용** : 견습공 역할을 맡은 구자민 학생이 학교앱을 사용하는 모습을 지켜보았다. 실습실에 네트워크 오류가 발생하자 학교앱을 실행해 해당 부서의 연락처로 통화시도를 했다. 처음 통화시도는 학교앱의 잘못된 정보로 인해 통화 실패했고, 다시 전산원으로 연락을 취해 전화번호를 받아 통화연결한 모습을 지켜보았다.

⑤ **질문내용**

1. 학교앱으로 무엇을 하고 있나요?
   →관련 부서 전화번호가 필요해 학교앱에서 전화번호 목록을 찾고 있어요.
2. PC에서 전화번호를 찾지 않고 학교앱에서 전화번호를 찾는 이유가 무엇인가요?
   →현재 PC에서 인터넷이 되지 않고 만약 인터넷이 된다하더라도 PC에서 정보를 찾는 것보다 더 빠르고 간편하게 학교앱에서 정보를 찾을 것이란 생각이 들기 때문입니다.
3. 학교앱에 잘못 표기된 정보에 접했을 때 어떤 생각이 드나요?
   →학교앱에 표시되어 있는 정보는 당연히 정확할 것이라 생각하는데 정보가 실제와 다르니 조금 혼란스럽습니다. 다른 곳에 잘못 전화했다가 사용자가 알아서 정보를 찾아야하니 두 번일

한 생각도 드네요.

4. 이런 경우에는 어떻게 대처하는 것이 좋은 방법이라 생각하시나요?
   →학교앱 자체의 업데이트가 주기적으로 필요하다고 생각합니다. 개발자들은 사용현황 조사를 하는 것이 좋겠고 사용자들도 잘못된 정보를 공개적으로 피드백할 수 있는 공간이 필요하다고 생각합니다. 현재는 개발자에게만 오류 보고를 하게 되어 있어서 사용자나 개발자에게 같은 상황이 반복될 수 있을 것 같습니다.
5. 지금 상황 외에도 어떤 목적으로 학교앱을 주로 사용하시나요?
   →평소 공지사항을 확인하거나 개인정보를 입력해야하는 화면-종합정보시스템-을 이용하기 위해 자주 접속합니다. 오늘과 같이 학교 전화번호나 학내 지도와 같은 학교 정보를 수집할 때도 이용합니다.

⑥ **관찰결과** : 학교앱이 다른 어플들에 비해 사용횟수가 빈번하지는 않았지만, 주로 정보 이용 목적으로 자주 사용되고는 했다. PC로 학교 홈페이지에 접속하는 것과 비교해 보았을 때, 학교앱은 사용자들이 자주 쓰는 기능만 모아놓거나 항상 같은 곳에 비치되어 있어 정보를 찾는데 유용하고 신속해보였다.

이 그림자 게임은 다른 게임에 비해서 시간이 오래 걸린다는 단점이 있지만, 객관적인 입장에서 실제 사용자들의 기분을 볼 수 있고 상황에 맞게 인터뷰를 할 수 있다는 장점이 있습니다.

tip

- 다른 게임에 비해서 시간이 오래 걸린다는 장점이 있지만, 상황에 맞게 인터뷰를 할 수 있다는 장점이 있기 때문에 요구사항을 상세화하거나 현실화하는 데 도움이 됩니다.
- 여러 명을 관찰하고 차이점을 분석함으로써 요구사항을 도출하는 데 도

움을 얻을 수도 있습니다.

• 대상이 되는 시스템을 사용하는 모습만을 관찰하는 것이 아니라 관련된 업무 전체를 관찰해야 요구사항을 도출할 수 있습니다.

2 견습공

1) 어떤 게임일까요?

주최측의 준비가 필요한 정도	참가자의 준비가 필요한 정도	활용할 수 있는 게임 단계
		□ 우선순위 및 정제
□ 많은 준비가 필요	□ 많은 준비가 필요	☑ 요구사항 도출
☑ 약간의 준비가 필요	☑ 약간의 준비가 필요	□ 이해관계자 식별
□ 거의 필요 없음	□ 거의 필요 없음	□ 비전 확인하기

적합한 대상	참가자(SI)	참가자(솔루션)
☑ 솔루션-신규 시장		
□ 솔루션-버전 업	□ 발주회사의 고객	□ 사용고객의 고객
☑ SI-신규 사업	☑ 발주회사(팀원)	☑ 솔루션 사용고객
□ SI-유지보수	☑ 수주회사(팀원)	☑ 개발사(팀)

2) 백문이 불여일견. 직접 사용해보면 알겠지?

미국 CBS에서 편성해서 우리나라의 MBC에서 2010년부터 2014년 3월까지 방영되었던 '언더커버 보스'라는 프로그램을 들어본 적 있으신가요? 굴지의 대기업 회장이 직접 말단 사원으로 위장 취업을 하면서 겪는 좌충우돌을 그린 프로그램인데요. 직접 일을 하고 사원들과 부딪히면서 사원들의 고충을 이해하고 힘들게 일하는 사람들에게 희망을 주는 내용의 예능 프로그램이

있었습니다.

비록 위장하지도 않고, 사원들이 아닌 고객이 대상이기는 하지만 직접 경험함으로써 이해한다는 것은 같은 맥락일 것입니다. 앞에서 이미 언급한 것처럼 견습공은 그림자놀이처럼 브레인스토밍이 아닌 관찰의 형태로 이루어집니다. 견습공과 그림자놀이의 차이는 관찰의 형태가 아니라 좀 더 적극적으로 제품을 사용해본다는 점에 있습니다. 개발팀 스스로 자신들이 만든 제품을 실제 현장에서 직접 사용해봄으로써 문제점을 찾기도 하고 고객의 입장이 되어 전혀 새로운 아이디어를 생각해 볼 기회가 됩니다.

3) 게임하기

뭐가 필요할까?
메모장과 필기구, 사진기

■ 게임 준비

게임을 준비하는 과정은 그림자놀이와 거의 동일합니다. 견습공 역할을 하기에 적합한 사람을 팀 내에서 찾아서 활동 목적 및 방법, 그들의 역할을 이해시킵니다. 며칠간 여유를 두고 꾸준히 관찰해야 할 것이므로 그에 맞는 일정을 잡아야 합니다. 그림자놀이보다 고객의 적극적인 참여가 좀 더 필요한 활동입니다. 고객과의 일정을 조율하면서 고객이 이 활동의 목적을 이해할 수 있도록 합니다.

■ 게임 진행

견습공은 고객과 가까이에 위치하면서 고객이 하는 일을 관찰하고 직접 따라 업무를 수행해봅니다. 어떠한 업무인지 어떠한 상황인지 좀 더 적극적으로 물어보고 배울 수 있도록 합니다. 시간대를 바꿔가며 고객 업무를 수행하면 좀 더 효과적입니다. 업무를 따라서 수행하면서 느낀 결과(관찰 내용이나, 새로이 알게 된 점)를 계속해서 기록합니다.

■ 결과 정리

견습공이 끝난 이후에 모든 참가자는 기록장을 들고 모여서 회의를 합니다. 모든 내용을 스프레드시트에 한 행에 하나씩 기록합니다. 기록된 각각의 결과로부터 의미 있는 결과를 만들어내기 위해 속성을 기록합니다. 이노베이션 게임에서는 다음과 같은 속성을 제시하고 있습니다.

- **성능 격차** : 의도한 성능과 실제 성능 차이 격차. 클수록 문제도 심각하다.
- **새 기회 정도** : 고객 문제를 해결할 새로운 기회가 되는 정도.
- **제품은 괜찮지만...** : 전체 솔루션 중 다른 부분에 문제가 존재하는 정도. 교육 자료나 시스템 구성 등과 같은 문제를 놓치지 않는다.
- **솔루션** : 문제 해결책을 제시하는 관찰 내용이 있기 마련이다. 그래도 괜찮다. 그러면 그렇다고 표시한다.

우리 학교 애플리케이션에 대해서 배워보자.

예시활동의 대상이 되는 학교 앱은 단순히 버튼을 눌러서 정보를 열람하는 단순한 구조의 스마트폰 애플리케이션이기 때문에 사실 견습공을 해보기에 썩 적합한 대상은 아닙니다. 게다가 이전의 게임을 반복적으로 진행해오면서 게임 참가자들이 이미 학교 앱을 모두 속속들이 잘 사용하고 있기 때문에 '견습'의 의미가 제대로 드러나진 않았지만, 학생들이 견습공이라는 게임을 진행해보고 어떠한 점을 느꼈는지를 알 수 있었습니다.

한 명의 사용자를 정하고 그 사용자에게 한 명의 견습공을 배치해서 총 두 팀이 기존에 있는 학교 애플리케이션을 대상으로 하여 견습공을 진행해보았고 일주일 후에 결과를 각각 발표하도록 하였습니다. 결과는 대부분 그림자놀이와 비슷하게 나왔습니다. 시스템에 아직 구현되지 않은 기능들이나 UI 상의 불편함을 토로하였고 개선되어야 한다는 의견들이 있었습니다. 각 팀에서 진행된 의견을 모아서 엑셀에 정리하고 속성을 추가하여 결과를 정리해보았습니다.

견습공 실험 결과

관찰 및 사용 결과	대중교통 기능을 통해 붕어방에 도착하는 버스 시간에 맞춰 연구실에서 나올 수 있었다.
	교내전화 기능을 이용해 다쳤을 때나, 문이 안열리거나, 인터넷이 안될 때 전화할 수 있다는 기능이 있어 이를 사용해 문제를 해결할 수 있었다.
	시간표를 확인하고 싶었지만, 대학원생은 지원하지 않는 것을 확인할 수 있었다.
	도서관 좌석정보를 확인하고 싶었지만, 계속된 로딩화면으로 인해 제대로된 확인을 할 수 없었다.
	모바일 학생증 기능을 사용하여 QR코드를 바로 사용할 수 있어 학교사이트를 통해 모바일 학생증을 발급받을 필요가 없었다.
	대학신문보기를 통해 기사를 읽을 수 있었지만, 간혹 기사가 일부만 출력될 때가 있다.
	식단 정보기능을 통해 점심시간 식단을 확인할 수 있어 점심을 선택하는데 도움이 되었다.
	종합정보시스템 기능을 사용하여 수강신청조회를 시도하였지만 별도의 로그인 기능이 없어 조회가 불가능하였다.
	특정 기능을 실행하고 이전 상태로 돌아가기 위해서는 좌측상단의 홈버튼을 이용해야만 한다.
	도서관 기능을 사용하여 도서 대출현황을 확인하려 했지만 로그인을 시도하면 웹페이지를 표시할 수 없다고 나왔다.
시사점	다른 게임들과 비교하여 견습공은 실제로 대상을 사용해보기에 어떤 사항이 긍정적인지 또는 어떤 개선을 요구하는지 파악하는 것에 좀 더 쉽고 명확하게 파악할 수 있는 것으로 생각된다.

견습공 결과

관찰 내용	도출된 상위 기능 요구사항	개선사항	새 기회 정도
대중교통 기능을 통해 붕어방에 도착하는 버스 시간에 맞춰 연구실에서 나올 수 있었다.	교내 대중교통	대중교통 정보에 대한 이용률이 다른 기능에 비해 높다. 좀 더 편리하게 접근할 수 있는 메뉴 구조 변경이 필요하다.	(개선)사용자들이 좀더 편하게 이용 –이용률상

관찰 내용	도출된 상위 기능 요구사항	개선사항	새 기회 정도
교내전화기능을 이용해 다쳤을 때나, 문이 안열리거나, 인터넷이 안될 때 전화할 수 있는 기능이 있어 이를 사용해 문제를 해결할 수 있었다.	학내 전화번호		(유지)
시간표를 확인하고 싶었지만, 대학원생은 지원하지 않는 것을 확인할 수 있었다.	개인 시간표 조회	서비스가 학부생에 한해서만 제공되고 있다. 사용자 계층에 대한 파악이 필요하다.	(개선) 새로운 사용자를 끌어오기 위해 필요
도서관 좌석정보를 확인하고 싶었지만, 계속된 로딩화면으로 인해 제대로된 확인을 할 수 없었다.	도서관 열람실 좌석 현황	앱의 안정화가 필요 / 구현되지 않은 기능에 대한 공지나 신속한 업데이트 필요	(개선) 새롭지 않지만 매우 필요.
모바일 학생증 기능을 사용하여 QR코드를 바로 사용할 수 있어 학교사이트를 통해 모바일 학생증을 발급받을 필요가 없었다.	모바일 학생증 기능		(유지)
대학신문보기를 통해 기사를 읽을 수 있었지만, 간혹 기사가 일부만 출력될 때가 있다.	과기대 신문 열람	신문 뷰어(UI) 수정	(개선)새롭지 않지만 필요. -이용률하
식단 정보기능을 통해 점심시간 식단을 확인할 수 있어 점심을 선택하는데 도움이 되었다.	식단 정보		(유지)
종합정보시스템 기능을 사용하여 수강신청조회를 시도하였지만 별도의 로그인 기능이 없어 조회가 불가능하였다.	종합정보 시스템	애플리케이션의 전체적인 구조 확인	(개선) 새롭지 않지만 매우 필요.

관찰 내용	도출된 상위 기능 요구사항	개선사항	새 기회 정도
특정 기능을 실행하고 이전 상태로 돌아가기 위해서는 좌측상단의 홈 버튼을 이용해야만 한다.	뒤로가기 버튼	사용자의 기본적인 이용 편이성을 고려한 UI 고려	(개선) 새롭지 않지만 필요.
도서관 기능을 사용하여 도서 대출현황을 확인하려 했지만 로그인을 시도하면 웹페이지를 표시할 수 없다고 나왔다.		로그인 오류 / 페이지 오류에 대한 전체적인 개선이 필요하다.	(개선) 새롭지 않지만 매우 필요.
공지사항을 통해 각종 컨퍼런스와 초청강의 일정을 편하게 확인하고 강의를 들을 수 있었다.	공지사항	기능 구현을 해야 한다.	(개선) 새롭지 않지만 매우 필요.

원래 이노베이션 게임에서 제시한 속성 중에 성능 격차는 기존의 시스템을 만들었던 개발팀이어야만 알 수 있는 부분이기 때문에 생략하였고, 제품은 괜찮지만… 대신에 개선사항이라는 속성을 바꾸었습니다. 솔루션 대신에 도출된 상위기능 요구사항과 새 기회 정도 속성을 이용해서 관찰을 통한 결과를 도출할 수 있도록 하였습니다. 새 기회 정도는 기본적으로 '개선'과 '유지'를 기록하고 '개선'이라면 전혀 새롭게 추가되거나 개선되는 부분인지 혹은 이용률이 어느 정도인지를 기록하도록 하였습니다.

견습공을 통해서 도출된 대부분의 내용 중 전체적으로 아직 구현되지 않은 기능이 많다는 의견이 있었고, 구조가 개선되어야 한다는 의견들이 있었습니다. 뒤로 가기가 되지 않는다는 의견은 치명적이지는 않지만, 사용자 입장에서는 굉장히 불편함을 느끼는 부분일 것이기 때문에 새롭지 않아도 개선이 필요하다고 기록하였습니다. 또한, 종합정보시스템 기능을 사용하기 위해 로그인을 해야 하지만 로그인 기능이 없어서 조회가 안 된다는 것은 아예 기능을 사용할 수 없는 치명적인 부분이기 때문에 시급하게 개선이 이루어져야 할 것입니다. 대학신문보기 기능에서 기사가 일부만 출력되는 부분은 개선되어야 하지만 이용률이 높지 않기 때문에 시급하지는 않을 것입니다. 또 대중 교통기능을 사용자들이 꽤 편하게 이용하고 있는데 이 기능을 좀 더 쉽게 접근할 수 있도록 개선하는 부분에서는 꼭 필요한 개선 사항은 아니더라도 사용자에게 좀 더 편한 사용성을 제공할 수 있는 '새 기회 정도'가 될 것이고 이용률이 비교적 높으므로 이용률이 낮은 기능보다는 먼저 구현이 되는 것이 좋을 것입니다.

견습공은 개발자가 직접 시스템을 사용해보고 사용자 입장을 직접 경험해보기 때문에 좀 더 개발자 입장에서의 결론을 끌어낼 수가 있습니다.

tip

- 그림자놀이와 비슷하게 시간이 오래 걸린다는 단점이 있습니다.
- 단순히 관찰만 하는 그림자놀이에 비해 좀 더 적극적으로 고객의 업무를 수행해본다는 차이가 있습니다.

14 게임9: 합성법을 이용하여 도출하기

1 시나리오 기반 스토리보드

1) 어떤 게임일까요?

주최측의 준비가 필요한 정도	참가자의 준비가 필요한 정도	활용할 수 있는 게임 단계
☐ 많은 준비가 필요	☐ 많은 준비가 필요	☐ 우선순위 및 정제
☑ 약간의 준비가 필요	☐ 약간의 준비가 필요	☑ 요구사항 도출
☐ 거의 필요 없음	☑ 거의 필요 없음	☐ 이해관계자 식별
		☐ 비전 확인하기

적합한 대상	참가자(SI)	참가자(솔루션)
☑ 솔루션-신규 시장	☑ 발주회사의 고객	☐ 사용고객의 고객
☑ 솔루션-버전 업	☑ 발주회사(팀원)	☑ 솔루션 사용고객
☑ SI-신규 사업	☑ 수주회사(팀원)	☑ 개발사(팀)
☑ SI-유지보수		

2) 어떤 모습을 가지게 될까?

개인 홈페이지나 블로그를 운영할 할 때에는 콘텐츠도 중요하지만, 시각적인 디자인이나 구조가 중요한 비중을 차지합니다. 그래서 컴퓨터 상에서 바로 홈페이지를 만들기 전에, 종이 위에 그림을 그리면서 시작하는 경우가 많습니다. "메뉴는 오른쪽에 배치하고 그 위로 방명록 버튼을 놓고, 이 아래에 검색 바를 링크 시켜야지."라고 생각하면서 화면을 그려나갑니다. 직접 코드를 짜는 것에 비해 훨씬 간편하고 수정하기도 쉽기 때문입니다. 완성된 화면이 마음에 안 들면 그냥 종이를 찢어내고 다음 장에 다시 그리기만 하면 됩니다. 시나리오 기반 스토리보드 게임은 이처럼 그림 위에 그림을 그리면서 만들게 될 시스템의 모습을 잡아가는 활동입니다. 본래는 영상물 제작할 때 사용하는 기법에서 유래되었는데 SW 분야에서는 UI 및 UX 디자인을 위해서 많이 사용하고 있는 방법이기도 합니다.

영상물을 제작할 때 전체적인 이야기 흐름을 보여주기 위해서 흔히 사용하는 기법 중에 '**스토리보드**'라는 방법이 있는데 이것은 영상의 흐름을 설명하기 위한 스토리나 구성요소, 촬영 정보, 동선 등의 제작 시 필요한 정보들이 미리 약속된 기호들에 의해 중요한 장면별로 간단히 스케치하는 일종의 문서를 말합니다. 이 스토리보드에는 영상 촬영 및 편집 시에 필요한 전체적인 정보가 담겨 있기 때문에 촬영 및 편집을 하는 데에 일종의 가이드라인이 되어 좀 더 효율적으로 일할 수

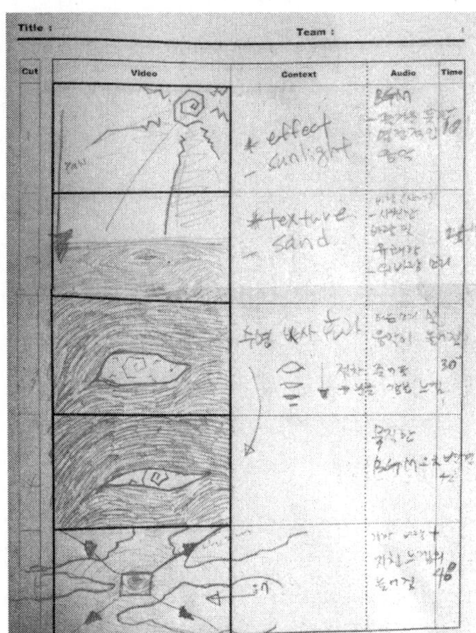

애니메이션 분야에서 사용되는 스토리 보드 예시

– 계명대학교 애니메이션 전공 장 혜정 –

있게 도와줍니다.

'시나리오'란 각본 또는 극본이라고 불리기도 하는데 연극, 영화, 방송 프로그램을 만들고자 사전에 작성하는 글로서, 건축으로 치면 설계도, 음악에서는 악보와 같은 특징을 가지는 문서라고 할 수 있습니다. SW 요구사항을 얻기 위한 시나리오 작성에는 다음과 같은 정보를 포함합니다.

- 사용자가 서비스를 어떻게 사용할 것인가.
- 사용자가 서비스를 사용하기 전에 어떤 정보를 알고 있는가.
- 사용자의 '다음 행동'에 대한 명시.

시나리오 기반 스토리보드 게임은 이러한 스토리보드의 형태를 참고하여 사용자들이 시스템을 이용하는 상황을 생각하고 순서대로 따라가면서 시스템 화면을 그려가면서 사용자의 요구사항을 찾아가는 게임입니다. 이 게임을 통해 만들어지는 결과물은 UI 화면이 그려지게 되므로 정보공학 방법론 개발 프로세스에 따른 산출물 중 '화면 정의서'와 비슷한 형태를 띠게 됩니다. 게임을 하는 중에 바로바로 시스템의 모양을 확인할 수 있기 때문에 개발팀과 사용자 및 고객들이 함께 게임에 참여하였을 때 요구사항 도출을 위한 원활한 대화의 장을 만들 수 있을 것입니다.

대상이 되는 시스템의 기능들이 화면 밖으로 보이지 않는 부분이 많거나 사용자와 상호작용하는 부분이 많지 않다면 이 게임을 이용하기에 적합하지 않을 수 있습니다. 웹 홈페이지처럼 사용자와 직접 상호작용하는 기능들이 많으며 사용자의 편리성에 민감한 시스템을 대상으로 할 때 가장 적합할 것입니다.

3) 게임하기

뭐가 필요할까?	
주최측	참가자
플립차트, 사인펜, 접착 테이프, (버튼 등 화면 구성 아이콘 그림, 굵은 색실) 넉넉한 시간과 넓은 공간	

화면 정의서

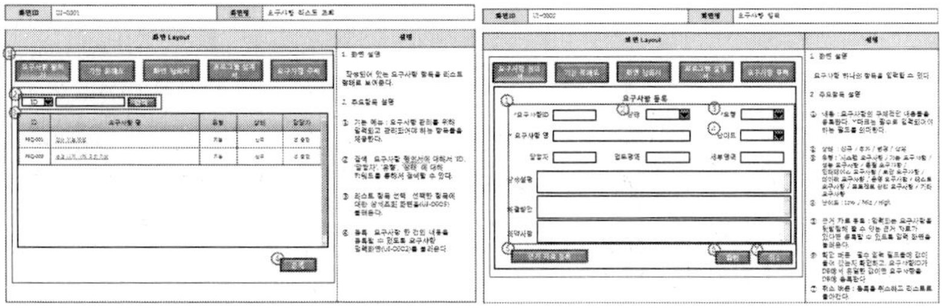

정보공학 방법론에서 분석 과정의 산출물로 일반적으로 각 화면에 ID와 화면명을 부여하여 관리하며 화면을 구성하는 컴포넌트나 구성들의 레이아웃을 보여줍니다. 각 컴포넌트의 작동이나 상호작용에 관해서 설명을 기재합니다.

UI 작성 툴

온/오프라인으로 제공되는 다양한 UI 작성 툴을 이용하면 제공되는 이미지 컴포넌트나 편집 기능을 이용해 수월하게 화면을 그려볼 수 있습니다.

http://pencil.evolus.vn/

https://balsamiq.com/

http://www.foreui.com/

http://www.designervista.com/

https://www.fluidui.com/(아이폰 UI)

■ 게임 준비

여러 화면을 그릴 수 있어야 하므로 전지보다는 플립 차트를 준비하는 것이 좋습니다. 플립 차트란 전지 크기의 종이가 여러 장 묶여 있는데 한 장씩 떼어내어 사용할 수 있는 것으로 대형 문구사 등에서 쉽게 구매할 수 있습니다. 홈 버튼이나 뒤로 가기 버튼 등 여러 화면에서 자주 사용되는 이미지나 버튼 같은 것은 붙여서 쓸 수 있도록 미리 그림을 준비하면 즐거운 게임을 진행하는 데 도움이 됩니다.

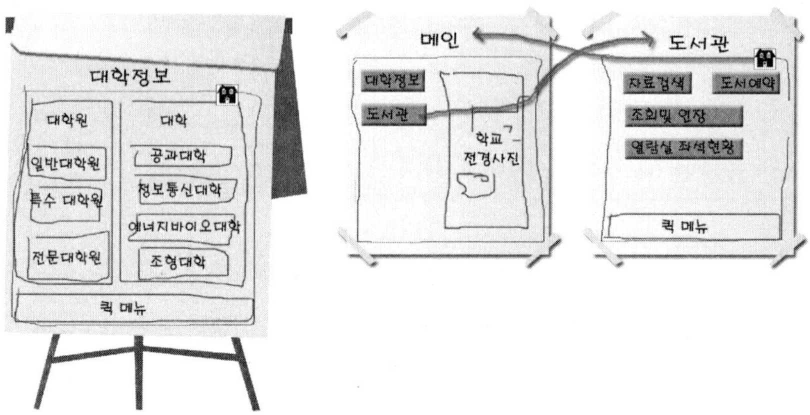

■ 게임 진행

사용자가 시스템을 접할 때 제일 처음 보게 되는 화면을 플립 차트 위에 그립니다. 보통의 경우에 '메인'이라는 이름을 가지는 화면이 될 것입니다. 첫 번째 화면이 완성되면 그 장을 뜯어내어 벽에 붙입니다. 다음 장에 메인 화면을 통해서 사용자가 접근할 수 있는 다른 화면이나 반응들을 차례대로 그립니다. 집 내부 인테리어를 하거나 전시관의 전시품을 배치할 때 동선을 고려하듯이 사용자들의 사용 방식을 상상하며 따라가는 것이 좋습니다. '메인' 화면에 나타나는 메뉴나 버튼 중 사용자들이 가장 일반적으로 선택할 법한 행동을 선택하여 그 행동에 대해 시스템이 반응하게 될 행동을 그립니다. 다음 장이 완성되면 그 장 역시 떼어내어 벽에 붙이고 다음 화면이나 반응에 대해서 그림을 그립니다. 화면의 이동을 표시하기 위해서 그려진 화면의 버튼이나 메뉴와 각각의 반응을 그린 장을 색실을 붙여서 표시할 수 있습니다. 생각할 수 있는 모든 상황에 대해서 반복합니다.

■ 결과 정리

벽에 붙은 모든 화면을 한눈에 정리하기 위해서 시스템의 구조를 트리구조로 정리합니다.

어떤 화면들을 보여줄까?

모든 화면을 그려야 하는 시나리오 기반 스토리보드 게임을 진행하기 위해서는 넉넉한 시간이 필요하며 모든 화면을 벽에 붙이기 위해서 넓은 공간이 필요합니다. 본 예시 활동에서는 모든 화면을 그리기에 적절한 준비가 되어 있지 않았기 때문에 하나의 화면이나 반응을 하나의 접착 노트로 대체하였습니다. 접착 노트에 글자로 화면 이름을 적고 그 화면으로부터 이어지는 화면이나 시스템의 반응을 접착 노트에 적고 트리 구조로 붙여 학교 애플리케이션의 전체적인 구조를 볼 수 있도록 하였습니다.

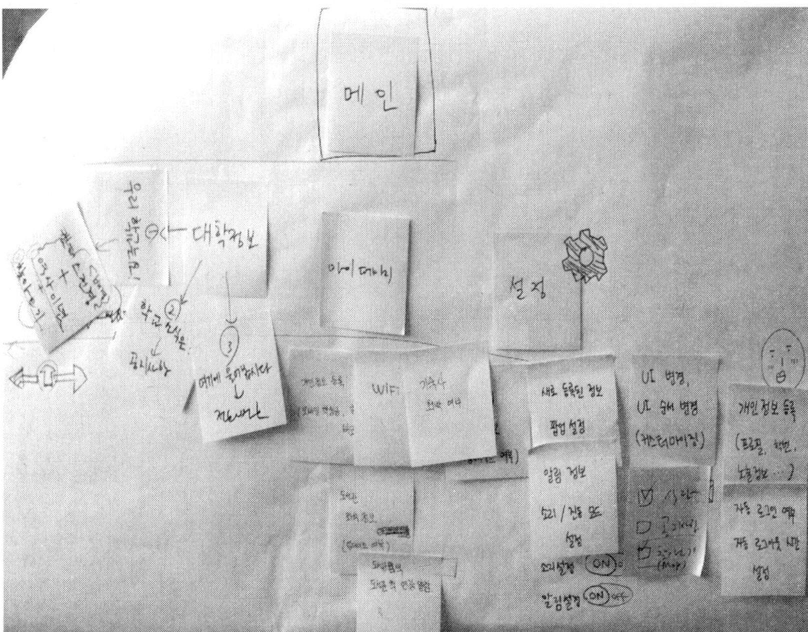

게임 참가자들은 학교 애플리케이션을 시작하였을 때 가장 먼저 볼 수 있는 화면인 메인 화면을 가장 위에 붙이고 시작하였습니다. 메인에서 시작하여 갈 수 있는 화면은 대학정보, 마이 페이지, 설정 3개가 있습니다. 사용자가 대학정보를 선택한다면 학교에 대해 설명을 하는 페이지인 '우리 학교는 요!', 학교 공지사항을 보여주는 '학교 소식은?', 교내 전화번호 목록을 보여주는 '여기에 물어봅시다' 하위 메뉴를 볼 수 있습니다. 그중에서도 '우리 학교는요!' 하위 메뉴를 선택한다면 '캠퍼스 전경', '역사이념', '찾아오기' 하위 메뉴를 다시 확인할 수 있을 것입니다. '대학 정보'에서 이어질 수 있는 모든 화면은 표시가 된 거 같습니다. 이제 다시 메인으로 돌아옵니다.

이번엔 마이 페이지를 선택합니다. 마이 페이지는 학번과 비밀번호를 입력하여 로그인한 후에 이용할 수 있는 서비스들이 모여 있습니다. '기숙사 외박 여부', '개인정보 등록', 'Wi-Fi', '도서관 좌석 정보', '도서관 검색', '도서관 책 연장 알람'이라는 하위 메뉴가 있습니다. 또, 설정의 하위 메뉴는 '새로 등록된 정보 팝업 설정', '알림 정보(소리/진동 모드 설정)', 'UI 변경(커스터마이징)', '개인정보 등록(프로필, 학번, 노출 정보 등)', '자동 로그인 여부, 자동 로그아웃 시간 설정'으로 이루어져 있습니다.

마이 페이지의 각 서비스에 접근하기 위해서는 로그인이 필수지만 여기에는 '로그인'을 위한 화면이 빠져 있는 것을 볼 수 있습니다. 최종 사용자들과 게임을 진행하게 되면 기능 요구 사항적인 면에 집중하기 때문에 시스템과 사용자 간의 상호작용하는 부분을 간과하기 쉽습니다. 이후에 개발팀 내 회의를 진행하거나 검토하는 과정에서 로그인 화면처럼 빠진 화면이나 '개인정보 등록'처럼 중복되는 부분들은 보완하게 될 것입니다.

완성된 형태를 보았을 때 위의 사진으로 볼 수 있는 것처럼 크게 3단계의 레벨로 애플리케이션이 구성되는 것을 볼 수 있습니다. 가장 상위에 메인이 있고 메인 아래에 대학 정보, 마이 페이지, 설정이 있고 그 아래로 각각의 하위 메뉴가 위치합니다. 게임을 진행하면서 시각적 요소를 첨가하기 위해서 아이콘을 그리거나 간단한 버튼, 화면 예시 등을 그린 것을 볼 수 있습니다. 또한, 각 메뉴에 포함되는 하위 메뉴의 구분을 쉽게 하려고 상위 메뉴별로 다른 색의 사인펜을 사용하였습니다.

이 사진이 시나리오 기반 스토리보드 게임의 완전한 결과물은 아닙니다. 위에서 설명한 것과 같이 각각의 화면에 대한 그림이 그려지게 됩니다. 비록 이 예시활동에서는 그러한 결과를 그리지 못했지만, 이 예시 활동의 결과로 전체적인 구조를 확인할 수 있었습니다. 이것을 이용해서 각각의 화면을 그리는데 훨씬 수월하게 그릴 수 있을 것입니다.

tip

- 사용자가 시스템을 사용하면서 대면하게 되는 화면을 그려가면서 요구사항을 찾는 활동입니다.
- 웹 홈페이지 같이 사용자들의 학습 용이성이나 사용 편이성에 중점을 두는 시스템을 대상으로 할 때 좀 더 적합합니다.

PART 05

우선순위결정

15 토끼 둘 잡으려다가 하나도 못 잡는다

이솝 우화 중에 아버지와 아들이 당나귀를 팔기 위해 시장에 가는 이야기가 나옵니다. 처음에는 당나귀를 그냥 끌고 가는데, 사람들이 편하게 당나귀를 타고 가지 않는 바보라고 놀리는 소리를 듣고 아들을 태우죠. 이를 보고 노인들이 어른을 공경하지 않는다는 타박을 하니 이번에는 아버지만 당나귀를 타고 갑니다. 아버지가 당나귀를 타고 아들은 힘들게 걷는 것을 보고 동네 아주머니들이 아버지를 비난하자 결국 아버지와 아들이 같이 당나귀를 탑니다. 이를 본 동물애호가들은 불쌍한 동물을 학대한다며 장에 가서 당나귀를 팔기 전에 당나귀가 죽을지도 모른다고 지적합니다. 결국, 아버지와 아들이 당나귀를 짊어지고 다리를 건너다가 당나귀가 버둥거리는 바람에 당나귀를 물에 빠뜨려 버립니다. 만일 당신이 이야기 속의 아버지와 아들이었다면 어떤 결정을 내릴 건가요?

1 우선순위를 왜 정해야 하는가

1) 고객이 원하는 것이 다 필요한 것은 아니다

우리는 프로젝트를 수행하면서 많은 이해관계자와 일을 하게 됩니다. 그러나 그 이해관계자들은 당나귀를 팔러 가는 아버지와 아들에 나오는 노인, 동네 아주머니, 동물애호가들처럼 그들의 입장과 역할에 따라 프로젝트에서 어떤 결과물이 중요한지에 대한 의견이 다를 겁니다. 예를 들어 개발될 소프트웨어를 사용할 사용자의 경우 자신이 사용할 기능이 다른 사용자를 위한 기능보다 중요하다고 주장하겠죠. 그러나 일반적으로 주어진 시간과 예산보다 이 사용자들이 원하는 기능과 품질 요구는 많기 마련이므로 프로젝트 관리자는 제약에 따라 일부 기능을 제외하거나 다음 버전으로 연기하여야 합니다.(Joachim, 1997) 이때 비즈니스 목적에 맞게 우선순위를 정하지 못한다면 판매할 당나귀를 장터에 가기 전에 잃어버린 아버지와 아들처럼 프로젝트를 실패하게 될 겁니다.

그럼에도 불구하고 우선순위를 결정하기 위하여 여러 제품챔피언을 소집하여 우선순위를 결정하다 보면 각 제품챔피언은 본인들이 대표하는 이해관계자 그룹이 지지하는 기능들을 모두 '높음' 이상으로 지정하여 결국 구현되지 않거나 다음 버전으로 미룰 수 있는 기능이 남지 않게 될 수도 있습니다. 조직의 문화에 따라서는 어떤 요구사항이 낮은 우선순위를 가지고 있다고 말하는 것이 정치적으로 용납되지 않기도 합니다.(위거스, 2003) 저도 지금까지 우선순위를 결정하는 게임을 진행해 보면 직접적인 이해관계가 없음에도 불구하고 요구사항 대부분에 높은 우선순위를 주는 경향을 보였습니다. 하지만 실제로 소프트웨어 기능들이 얼마나 자주 사용되었는지를 분석한 연구에 의하면 약 삼 분의 일 정도의 기능만 자주 사용될 뿐 많은 기능은 전혀 사용되지 않았거나(45%) 사용되더라도 가끔만 사용된다(19%)고 합니다.(Frank, 2001) 그러므로 고객과 사용자가 실제로 필요한 기능 요구사항만 구현할 수 있도록 우선순위를 결정하면 구현시간도 단축하고, 소프트웨어 품질도 향상되며, 개발 비용도 절감할 수 있을 겁니다.

2) 누가 어떻게 우선순위를 결정해야 하는가

그렇다면 누가 어떻게 요구사항의 우선순위를 결정할까요? 우스개 중에 부장님이 본인이 밥을 사겠다고 부하 직원들과 중국집에 가서 마음대로 고르라고 이야기한 다음에 본인은 자장면을 먹겠다고 하니 부하 직원들도 모두 자장면을 먹었다는 이야기가 있습니다. 우선순위 회의를 할 때에도 회의 참가자 중 강력한 권한을 가진 사람이 결정하면 다른 사람들이 따를 수밖에 없는 경우도 많은 데 이를 '위협 우선순위 설정'이라고 하여 피해야 하는 우선순위 결정방법 중 하나로 꼽습니다. 또한, 회의의 분위기를 좌우하거나 큰 목소리로 자신의 의견을 반복하여 결정을 좌우하는 사람에 의해 우선순위가 결정되는 것을 '데시벨 우선순위 설정'이라고 하는 데, 위협 우선순위 설정과 데시벨 우선순위 설정은 우선순위를 왜곡시키는 중요한 요인이 됩니다.(위거스, 2003)

VS

우선순위 결정 작업에 대한 저의 이미지는 구성원들끼리 정치 싸움을 한다거나 힘겨루기를 하는 것이라기보다는 남사당패가 보여주는 줄타기 공연에 가깝습니다. 한쪽 손에는 비즈니스 혜택을 들고, 다른 쪽 손에는 그것을 구현할 때에 요구되는 비용을 들고, 혜택과 비용 사이의 균형을 찾는 것이 소프트웨어 프로젝트의 우선순위 결정이라고 생각합니다. 예를 들어 소프트웨어 아키텍처 관점에서 생각한다면 소프트웨어 아키텍처에 따라 구현을 하되, 앞으로 제품이 진화할 것을 대비하며, 그 둘에 대한 비용에 대하여 균형을 찾는 것이죠. 불행하게도 우선순위를 결정할 때에는 다양한 관점을 고려해야 하며 어떤 점을 더 고려할지는 프로젝트의 성질에 따라 달라지기 때문에 모든 프로젝트에 적용할 수 있는 우선순위 결정방법은 없습니다. 또한, 서로의 관점 및 특성이 독립적이지 않기 때문에 서로 합의되는 경우도 많지만 상충할 경우도 많아서 서로의 관점에서 받아들일 수 있는 절충점을 찾는 것이 중요합니다. 이를 위해서 모든 이해관계자가 동의할 수 있는 기준들을 찾게 됩니다.

우선순위를 결정하는 작업은 소프트웨어 생명주기의 모든 단계에서 진행됩니다. 즉, 단계별로 서로 다른 우선순위와 정보를 가지고 반복적으로 진행하게 되는데, 우선순위를 결정하는 기법은 크게 양적인 방법과 협상을 통한 방법으로 나뉩니다. 양적 방법은 각 요구사항의 서로 다른 특성에 따라 값을 지정하는 정량적 방법으로 서로 다른 의사결정 방법에 따라 도출한 값을 통합하여 의사결정을 빠르게 할 수 있다는 장점이 있습니다. 반대로 협상을 통한 방법들은 서로 다른 이해관계자들 사이에 합의를 통해 요구사항의 우선순위를 결정하는 것으로 분석이 문맥상에서 이뤄져야 하고 각 변수가 강한 상호연관관계를 가질 때 사용됩니다.

2 직접 우선순위 정하기

1) 가장 쉬운 우선순위 결정 방법

만약 여러분께 우선순위를 정하라면 어떻게 할 것 같나요? 가장 단순한 방법은 요구사항을 우선순위에 따라 상 · 중 · 하로 분류하는 것입니다. 일반적으로 다양한 이해관계자가 같이 참여하는 도중 의견 충돌이 발생해도 어떻게 해결할지를 미리 결정하지 않습니다. 이 방법은 저렴하고 사용하기 편하며 상식에 접근한다는 면에서 장점이 있지만, 대부분의 경우 결과가 너무 대략적인 데다가, 참여자에 따라 결과가 달라진다는 문제가 있습니다. 이처럼 특별한 기준 없이 우선순위를 '상', '중', '하'로 분류할 경우 일반적으로 85%의 요구사항을 '상'으로 인식하고, 15%를 '중', 5%만이 '하'로 우선순위가 배정되어 이 결과를 이용한 의사결정에 유연성이 떨어지는 단점이 있습니다. 또한, 낮은 우선순위는 포기되게 되어 더욱 요구사항에 낮은 우선순위를 할당하는 것을 피하게 됩니다.

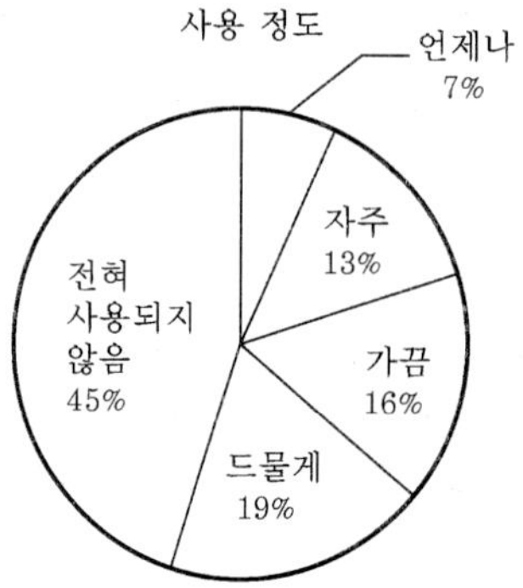

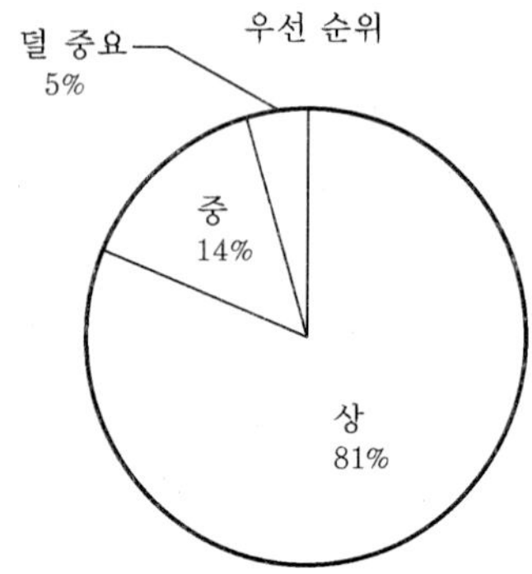

2) MoSCoW: 최고 우선순위는 60% 이하로

이 문제를 해결하기 위하여 MoSCoW라는 기법을 사용합니다. MoSCoW는 러시아의 수도가 아니라 'Must have', 'Should have', 'Could have', 'Would have'의 앞글자를 따서 만들 말입니다. Must-have는 성공하기 위해서 반드시 구현되어야 하는 요구사항을 의미하며, Should-have는 가능한 포함 되어야 하는 요구사항을 의미합니다. 이 요구사항은 우선순위가 높기는 하지만 다른 방법으로 충족될 수도 있습니다. Could-have는 필수적이지 않지만 희망하는 것으로 시간과 자원이 허용되는 경우 포함하며, Would-have는 특정 배포 시점에 구현되지 않아도 되지만 추후 고려되어야 하는 요구사항을 의미합니다.

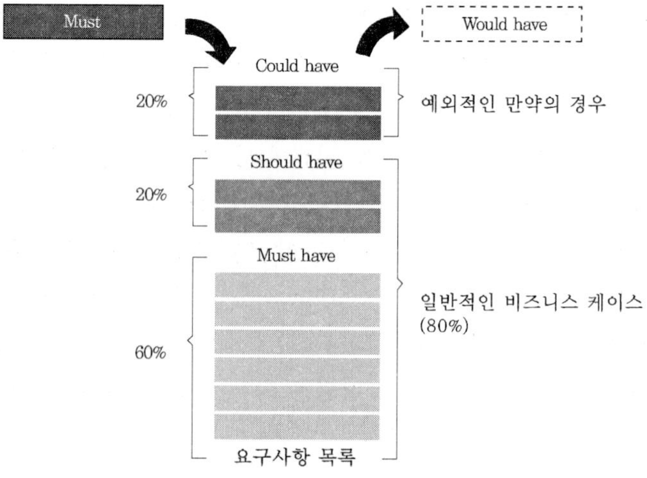

전체 요구사항 중에 Must-have, Should-have, Could-have는 각 60%, 20%, 20%가 되도록 유지하며 만일 이 상태에서 Must-have에 해당하는 요구사항을 추가하고자 하면 Must-have에 있는 요구사항을 Should-have 등으로 이동시켜 비율을 유지합니다. Must-have와 should-have는 일반적인 비즈니스 케이스를 포함하며 예외적인 상황에 대해 대응하는 요구사항은 Could-have에 집어넣습니다.

3 간접적으로 우선순위 정하기

그러나 우리말에 '남의 염병이 내 고뿔만 못하다'라는 말이 있는 것처럼 각 이해관계자는 자신의 요구사항이 가장 중요하다고 생각되기 쉽습니다. 즉, MoSCoW 방법을 사용할 때 어떤 Must have를 뺄 것인지에 대하여 이해관계자들이 합의를 도출하기가 쉽지 않을 수 있죠. 그럴 때는 객관적으로 결정하기 위하여 각 요구사항에 직접 우선순위를 지정하지 않고 우선순위에 영향을 미치는 요소 여러 개를 간접적으로 정량화한 후 그 값들의 조합으로 우선순위를 결정하기도 합니다. 그러면 어떤 기준들이 요구사항의 우선순위를 높이게 될까요? 일반적으로 중요성, 불이익, 성공 가능성은 요구사항의 우선순위를 결정할 때 우선순위가 높아지는 요소입니다.(이재진 외, 2013) 그래서 우선순위를 정할 때는 이 중에서 하나 혹은 여러 개의 요소를 선택하여 정량화한 후 간접적으로 우선순위를 결정할 경우 좀 더 객관적이고 종합적인 판단을 내릴 수 있습니다. 이런 다면적 평가기준을 사용하여 우선순위를 결정하기 위해 우선순위 매트릭스(Prioritization Matrix) (Gullena), SQFD(Software Quality Function Deployment) (Haag 외, 1996), AHP(Analytic Hierarchy Process) (Saaty, 2003), Wiegers의 FPM(Features Priority Framework) (Wiegers 1999) 방법론, 가치기반 우선순위 (VOP: Value-Oriented Prioritization) (Azar) 등을 사용합니다.

1) 무엇이 우선순위를 결정하는가

일반적으로 다음과 같은 우선순위 요소가 있는 요구사항을 선택합니다.

- **중요성**: 일반적으로 시스템 관점에서 중요한 요구사항의 우선순위가 높습니다. 즉, 긴급하게 구현되어야 하거나 제품 구조나 전략적인 면에서 중요한 기능인 경우, 비즈니스 가치가 높거나, 조직에 부과된 규제나 정책과 관련된 요구사항이 중요합니다. 비즈니스 가치는 비용편익분석(Cost-benefit Analysis)을 통해서 결정하는 게 일반적인데 최소 요구사항이 이미 충족된 상태에서 추가적인 요구사항을 선택할 때 주로 활용합니다. 경우에 따라서는 요구사항 자체는 가치가 낮으나 우선순위가 높은 다른 요구사항과 구조적으로 연계되어 있을 경우도 중요성이 증가합니다.
- **불이익**: 요구사항을 구현했을 때 얻을 수 있는 혜택관점에서 바라보는 중요성 평가와 반대로 요구사항이 채워지지 않을 경우에 발생할 수 있는 불이익을 평가하여 요구사항 우선순위를 결정하기도 합니다. 즉, 불이익 요소를 알아보기 위하여 그 기능을 제공하지 않을 때, 타제품과의 경쟁에서 불리하지 않은지, 법률이나 산업표준, 다른 계약을 위반하는 것은 아닌지, 사용자가 필수적으로 요구하는 기능인지, 향후 기능을 추가하는 데 어려움을 주는 것은 아닌지 등 누락 시 문제를 발생시키지는 않는지에 대한 검토를 합니다. 그렇지만 일반적으로 불이익의 크기는 중요성 정도와 일치하지는 않습니다.
- **성공 가능성**: 진행할 것인지 여부에 대하여 합의가 부족하고 성공할지 확신이 들지 않는 프로젝트에 대하여 지원 획득을 위한 동력을 얻기 위해서는 성공 가능성이 높은 요구사항이 높은 우선순위를 가질 수 있습니다.

반대로 우선순위를 낮추는 요소로는 어떤 것들이 있을까요?

- **불안정(Volatility)**: 요구사항이 자주 변하는 경우는 주요 위험 요소가 됩니다. 실제로 프로젝트 실패의 주요 요인 중 하나로 요구사항의 잦은 변경을 꼽는 사람도 많습니다. 요구사항의 불안성은 위험 요소 중 하나로 처리되는 경우도 있지만 분리하여 처리하기도 합니다.
- **비용**: 구현비용은 일반적으로 개발 조직에 의해 평가되는데, 기능점수,

요구사항의 복잡도, 재사용 가능한 코드가 존재하는지 여부, 테스트의 양, 요구하는 문서 등에 의해 좌우됩니다. 최종적으로 비용은 맨먼스(Man-Month)로 표현되는 경우가 많습니다.

- **시간**: 요구사항을 구현하기 위해 요구되는 시간을 의미하여 병렬적으로 개발할 수 있는지, 개발을 위한 지원 기반이 존재하는지, 추가적인 훈련이 필요한지 등에 따라 결정됩니다. 그 외에 산업표준을 따라야 하는지 혹은 얼마나 구현하기 어려운지 등이 포함됩니다. 특히 새로운 개발 프로세스나 도구에 대한 시범 프로젝트를 수행할 때에는 구현하기 어려워지며, 이 경우 일부 요구사항에 대하여 먼저 수행하여 훈련하는 편이 낫습니다.
- **비즈니스 또는 기술적 위험**: 요구사항을 구현할 때 위험성이 발생할 경우 우선순위가 낮아집니다.

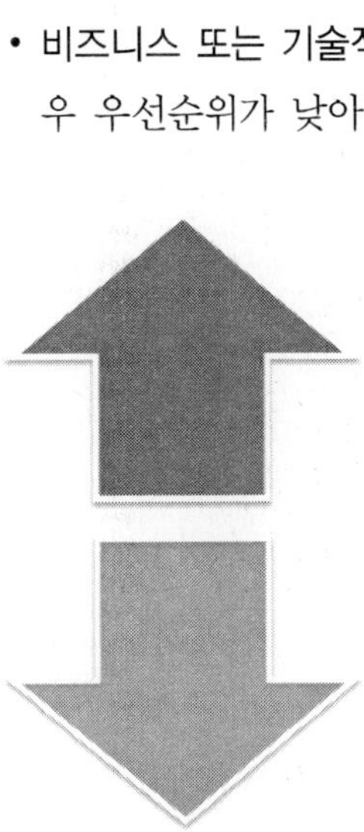

우선순위를 높이는 요소

- 중요성: 있으면 얼마나 이익일까
- 불이익: 없으면 얼마나 손해일까
- 성공 가능성: 구현 가능한가

우선순위를 낮추는 요소

- 불안정: 요구사항이 자주 변할까
- 비용: 얼마나 많은 비용이 필요할까
- 시간: 얼마나 많은 시간이 소요될까
- 비즈니스 및 기술적 위험: 중간에 예상치 못한 상황이 발생할 수 있을까

2) 우선순위 매트릭스: 가치와 비용의 균형

먼저 우선순위 매트릭스에 대해 살펴보죠. 우선순위를 정할 때, 프로젝트의 특성을 고려하여 우선순위에 가장 영향을 많이 미치는 중요 요소를 두 가지 선택합니다. 그리고 각 요소를 개별적으로 평가합니다. 예를 들어 어떤 프로젝트에서 요구사항의 우선순위를 결정할 때에 가장 중요하게 고려

하는 것이 그 요구사항을 구현할 때 요구되는 비용과 요구사항이 구현된 후에 얻을 수 있는 이익이라고 가정합시다. 그러면 발주자 입장에서는 각 요구사항이 구현되었을 때 얻을 수 있는 가치를 산정합니다. 그리고 수주자 입장에서는 각 요구사항을 구현하는 데 필요한 비용을 예측합니다. 그리고 그 두 개의 결과를 기반으로 그림과 같은 매트릭스에 요구사항을 배치합니다. 그러면 대략 요구사항에 대한 우선순위가 가시화되는 거죠. 아래 그림에서는 요구사항의 우선순위를 '1. 당장 해야 하는 것', '2. 해야 할 일', '3. 우선순위는 낮지만, 시간과 예산이 충분하면 해도 좋음', '4. 하면 안 되는 일'로 분류하였습니다.

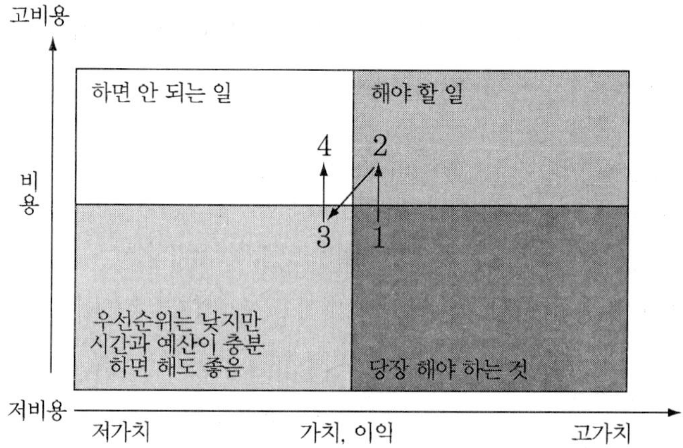

3) SQFD: 요구사항의 중요성이 당신의 할 일을 결정합니다

1960년대 일본에서 제조업 분야를 위해 개발된 QFD(Quality Function Deployment)는 품질의 집이라고도 불리는데, 고객의 요구사항과 설계변수의 상관관계를 행렬로 만들어 고객 요구를 만족시킬 수 있는 가장 바람직한 방법을 찾도록 도와줍니다. SQFD는 1984년 소프트웨어 분야에 적용하기 위해 기존의 QFD를 변형한 것으로 그림과 같이 고객 만족을 기준으로 요구사항의 우선순위를 결정하는 데 활용됩니다.

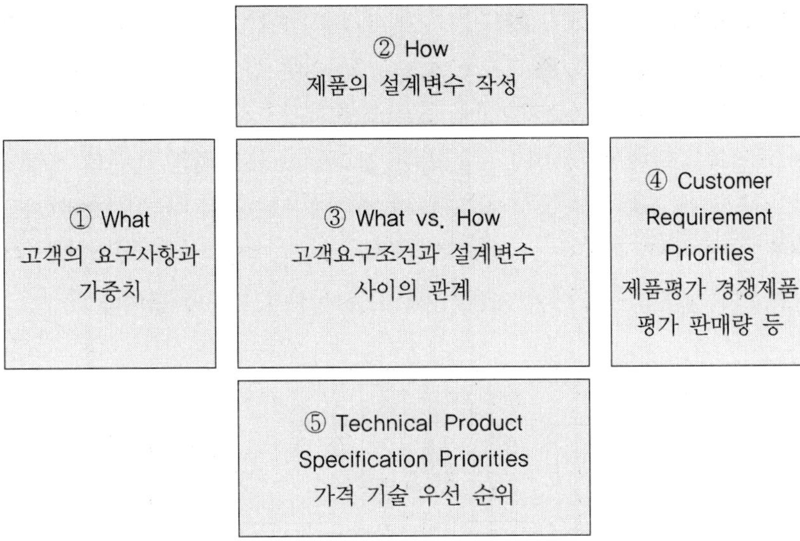

그러면 e-store의 예를 들어 SQFD를 어떻게 작성하는지를 자세히 설명하겠습니다.(Gullena) e-store를 사용하는 고객에게서 도출한 9개의 요구사항과 그 가중치를 그림과 같이 왼쪽의 ① 부분에 나열합니다. 그리고 이런 요구사항을 만족시키는 구현 요소를 찾아 위쪽 ② 부분에 열거합니다. 다음은 구현요소들이 고객의 요구사항을 만족시키는 데 중요한 정도를 가운데 ③의 교차하는 지점에 표기합니다. 예를 들어 ②의 단순한 디자인은 ①의 쉬운 메뉴, 낮은 화면 복잡도, 제품 분류의 쉬운 나열이라는 고객 요구사항을 만족하는 구현요소라고 볼 수 있으므로 ③에서 단순한 디자인의 열과 해당 요구사항의 행이 교차하는 지점에 ●를 표기합니다. 그리고 단순한 디자인을 할 경우 e-store에 접근하는 속도가 빨라질 가능성이 있으므로 교차지점에 ○를 표기합니다. 다른 요구사항은 관계가 깊지 않으므로 아무런 표기도 하지 않습니다. 이와 같은 방식으로 ③의 각 셀을 채웁니다. 그리고 여러분의 제품과 경쟁할 제품을 선정하고 그 경쟁제품들이 얼마나 고객의 요구사항을 잘 만족하는지를 오른쪽 ④에 점수를 매깁니다. 예를 들어 Hepsiburada라는 사이트는 낮은 화면 복잡도라는 요구사항을 100% 만족하며 제품 분류의 쉬운 나열이라는 요구사항도 아마존보다 좋은 점수를 받았습니다. 마지막으로 아래쪽 ③에 표기 ●, ○, △에 따라 ⑤의 각 열에 구현요소별로 중요도를 결정합니다. 즉 ●, ○, △에 3, 2, 1이라는 점수를 준다면 단순한 디자인은 쉬운 메뉴의 가중치 10.94, 낮은 화면 복잡도의 9.13, 제품 분류의 쉬운 나열의 4.51에 ●의 점수 3을 곱한 값과 e-store로 빠른 접근의 가중치 15.14에 ○의 점수 2를 곱한 값을 더해 104.02가 됩니다. 이런 식으로 모든 구현요소의 값을 구하면 그 합은 612.17이 되므로 단순한 디자인이라는 구현요소의 상대적 중요도는 104.02*100/612.17이므로 17.0이 됩니다.

고객 요구사항	가중치	쉬운 제품 선택	용이한 제품차이 비교	단순한 디자인	좋은 e-store 및 조직	제품의 확대 및 회전	색과 배경색	광고 없음	애니메이션 효과	자세한 제품 소개	빠른 서버	Amazon	Hepsiburada
쉬운 메뉴	10.94			●	○		△	△			△		
낮은 화면 복잡도	9.13			●	●		●						100
제품 분류의 쉬운 나열	4.51			●								50	75
쉬운 제품 선택	13.23	●			○					●	△		50
가격 차이에 따른 제품 나열	8.00	○	●		○								75
빠르고 쉬운 제품 비교	8.81				○					●	●	75	50
빠른 검색 엔진	3.12							△			●	100	75
E-store로 빠른 접근	15.14			○				●			●	75	75
제품의 멋진 외관	9.96				△	●						100	100
		9.1	3.9	17.0	19.5	4.9	6.3	9.7	1.6	10.8	17.2		

이와 같은 방식으로 SQFD는 개별 요구사항의 중요도에서 프로젝트 내에서 해야 하는 일의 상대적 중요도를 결정할 수 있습니다. SQFD는 하나의 테이블로 보기 위하여 비교할 요구사항이 30개 이하일 때 적합합니다. 또한, 우선순위를 결정하는 데 많은 노력이 필요하므로 요구사항이 변경되었을 때 우선순위를 조정하는 데 빠른 전환이 어려울 수 있습니다.

4) FPM: 비용대비 가장 가치 있는 일을 우선적으로

Wieger는 고객이 소프트웨어 기능의 우선순위를 결정하기 위해서는 특정 요구사항이 고객이 얻을 수 있는 긍정적인 가치와 그 요구사항을 구현할 때 생길 수 있는 부정적인 면을 같이 고려해야 한다는 가정에서 FPM을 제안했습니다. 즉 FPM에서의 우선순위 프로세스는 아래 그림과 같이 총 가치를 측정하기 위하여 중요성과 불이익을 평가하고, 부정적인 면은 비용과 비즈니스 혹은 기술적 위험을 정량화하는 순으로 계산합니다.

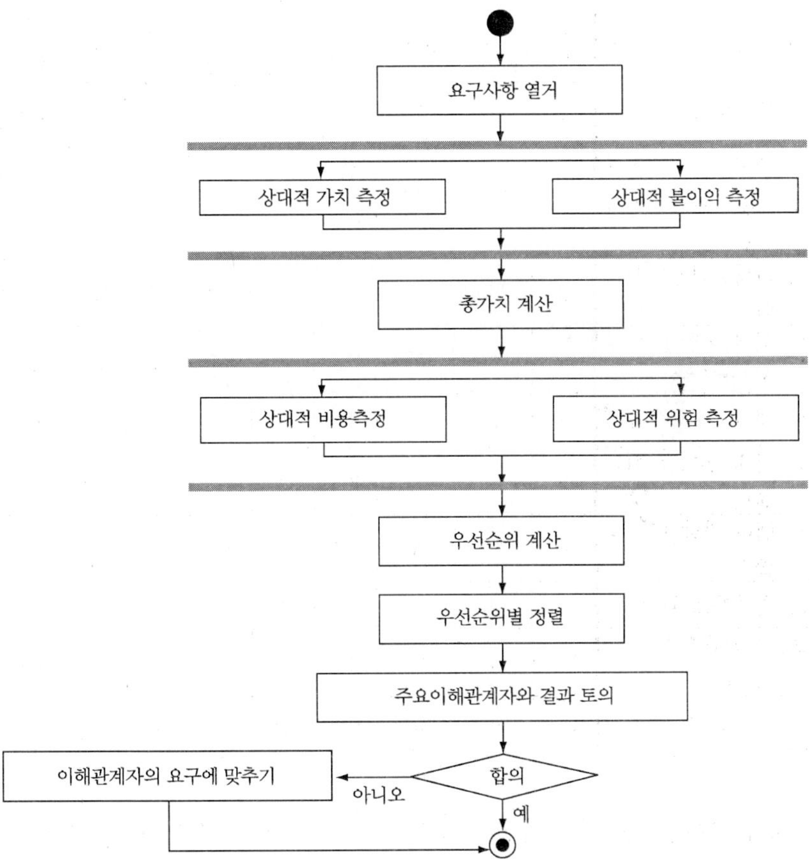

아직 이해가 안 된다고요? 그럼 예를 들어 FPM으로 어떻게 우선순위를 결정하는지를 화학물질 추적 시스템을 활용하여 설명하도록 하겠습니다.(Lacey)

먼저 표의 왼쪽에 우선순위를 알고자 하는 요구사항들을 세로로 한 줄에 하나씩 나열합니다. 각 요구사항은 같은 추상화 수준을 가져야 정확한 우선순위를 파악할 수 있습니다. 예를 들어 학생을 위한 학교 앱을 만든다고 할 때 '개설된 강의 확인'과 '입학 관련 기능'이라는 요구사항을 비교한다면 '수강신청 기능'이 중요한 기능임에도 불구하고 '입학 관련 기능'이 너무 추상적이고 더 많은 업무를 포함하여 우선순위가 왜곡될 수 있습니다.

상대적 가중치	2	1			1		0.5		
요구사항	상대 가치	상대 불이익	총가치	가치 비중	상대 비용	비용 비율	상대 위기	위기 비율	우선 순위
1. 주문상태확인	5	3	13	8.4	2	4.8	1	3.0	1.3
2. 재고 보고서 생성	9	7	25	16.2	5	11.9	3	9.1	1.0
3. 특정화학물질 연혁 참조	5	5	15	9.7	3	7.1	2	6.1	1.0
4. 화학안전데이터 출력	2	1	5	3.2	1	2.4	1	3.0	0.8
5. 위험 화학물질 목록 관리	4	9	17	11.0	4	9.5	4	12.1	0.7
6. 대기 요청 수정	4	3	11	7.1	3	7.1	2	6.1	0.7
7. 개별 실험실 제고 출력	6	2	14	9.1	4	9.5	3	9.1	0.6
8. 벤터 카탈로그 출력	9	8	26	16.9	7	16.7	8	24.2	0.6
9. 훈련자로 확인	3	4	10	6.5	4	9.5	2	6.1	0.5
10. 화학구조식 가져오기	7	4	18	11.7	9	21.4	7	21.2	0.4
합 계	54	46	154	100	42	100	33	100	--

다음 칸에는 기능이 제공할 상대적 혜택을 1~9의 범위로 평가합니다. 혜택의 숫자가 클수록 유용한 혜택이라는 의미입니다. 혜택의 크기는 경제성 분석이나 시력 2.0과 같은 게임 등 다양한 방법론을 사용하여 측정합니다. 그리고 그 기능이 포함되지 않을 때 발생할 수 있는 상대적 불이익을 상대

적 혜택과 유사하게 1~9의 범위로 평가합니다. 숫자가 클수록 그 요구사항이 없으면 곤란하다는 뜻입니다. 요구사항은 상대적 이익과 상대적 불이익이 클수록 구현을 할 때 요구사항을 구현할 가치가 높을 겁니다. 하지만 비즈니스 혜택과 상대적 불이익 중 어떤 면이 중요한지는 프로젝트의 특성에 따라 달라질 수 있습니다. 그러므로 각 요구사항별로 상대적 가치와 상대적 불이익에 각각의 가중치를 곱하여 합하여 계산합니다. 혜택과 불이익은 같은 가중치를 가지는 경우가 일반적이지만 프로젝트에 따라 달라질 수 있습니다. 본 예제에서는 혜택이 불이익에 비해 2배의 가중치를 가지기 때문에 상대가치에 가중치를 1로 불이익에 1을 부여하여 총 가치를 계산했습니다. 예를 들어 첫 번째 요구사항인 '1. 주문 상태 확인'의 상대적 가치는 5이고 구현되지 않을 때 상대적 불이익이이므로 3이므로 총 가치는 5(상대적 혜택) × 2(상대적 가치의 가중치) + 3(상대적 불이익) × 1(상대적 불이익의 가중치)로 13이 됩니다. 모든 요구사항의 총 가치의 합은 154이므로 첫 번째 요구사항의 가치비중은 13×100 / 154로 8.4%입니다.

다음은 요구사항을 구현할 때의 단점을 고려합니다. 먼저 각 요구사항의 상대비용을 1~9로 예측합니다. 비용은 기능 복잡도 등의 기능 점수, 재사용할 가능성, 필요한 테스트 및 문서의 양 등에 영향을 받습니다. 첫 번째 요구사항의 상대비용은 2이고, 모든 요구사항을 구현하는 데 필요한 상대비용의 합은 42이므로 첫 번째 요구사항은 전체 비용의 4.8%를 차지합니다. 또한, 요구사항을 구현할 때 발생할 수 있는 위기의 상대 크기도 1~9로 표현하는 데 쉽게 구현 가능한 기능일수록 점수가 작습니다. 즉, 9등급 정도 되는 요구사항은 그 요구사항을 구현할 전문 인력이 없다든지, 요구사항이 너무 모호하여 요구사항 변경이 발생할 가능성이 높은 항목이므로 구현 타당성을 심각하게 검토해야 합니다. 첫 번째 요구사항의 상대 위기 단계는 1로 중간에 예상치 못한 위기상황이 발생하지 않고 매우 쉽게 프로그래밍할 수 있다고 예상되는 요구사항입니다. 그리고 본 예제에서 모든 상대위기를 합하면 33이기 때문에 이 요구사항이 전체 위험에 이바지하는 정도는 3.0%라고 할 수 있습니다. 그리고 본 예제에서는 상대적 위기가 상대 비용보다 절반의 중요성이 있다 가정하였으므로 상대비용의 가중치는 1, 상대위기의 가중치는 0.5하라고 적습니다. 이런 가중치는 총 가치를 계산할 때처럼 프로젝트의 특성에 의해 결정됩니다. 예를 들어 우선순위 평가 모형에서 위험을 전혀 고려하지 않는다면 가중치는 0이 될 수도 있습니다.

모든 예측값을 입력하면 다음의 공식을 적용하여 요구사항에 대한 우선순위를 계산하고 내림차순으로 기능의 목록을 정렬합니다.

$$\frac{\text{가치비중}(\%)}{\text{비용비율}(\%) \times \text{비용가중치} + \text{위기비율}(\%) \times \text{위기가중치}}$$

이 공식을 이용하여 첫 번째 요구사항의 우선순위를 계산하면 1.3이 되어 모든 요구사항 중 가장 큰 수로 우선순위가 가장 높습니다. 이처럼 FPM은 상대적 측정이 가능하고 다양한 변수를 고려할 수 있으며 결과가 의미가 있고 다루기 편하다는 장점이 있습니다. 그러나 주관적인 정보를 사용할 수 없고, 결과가 가치, 비용, 위험 등 측정하는 능력에 종속되며 기능 간의 종속관계를 표현할 수 없다는 문제가 있습니다. 본 책에서는 FPM 외에도 직관적으로 실행하기 위한 게임들을 제안합니다. 하지만 이 게임들의 대부분도 분석이 문맥상에서 이뤄져야 하고 각 변수가 강한 상호연관관계를 가질 때에는 정량적인 방법을 사용하기보다는 서로 다른 이해관계자들 사이에 합의를 통해 요구사항의 우선순위를 결정하는 것이 더 효과적일 수 있습니다.

4 그 외의 우선순위 정하는 방법

1) 카노모델: 고객에게 가장 매력적인 요구사항 찾기

카노 모델(Kano model)은 1980년대에 일본의 카노 노리아키(狩野紀昭)가 상품을 기획할 때에 요구사항과 소비자의 만족도에 대한 관계를 설명하기 위해 제시한 모형입니다. 우리의 코가 냄새에 익숙해지면 그 냄새를 맡지 못하고 동일한 냄새가 난다는 사실을 알기 위해서는 더 큰 자극이 필요하다는 것에서 착안하여 만든 소비자 만족 모형입니다. 즉, 소비자들은 이미 존재하는 요구사항에 대해서는 당연하다고 느끼고 그 정도의 기능을 제공하는 것에 대한 만족감을 느끼지 못하는 '한계효용의 법칙'을 따릅니다. 카노 모형은 요구사항이 만족될 때 다음과 같이 다섯 가지 방식으로 품질을 느낍니다.

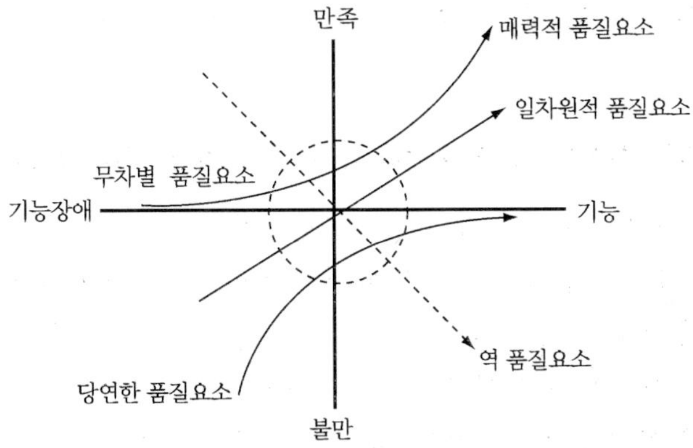

- **매력적 품질요소**(Attractive Quality Element): 요구사항이 충족되면 만족을 주기는 하지만 충족이 안 되더라도 크게 불만족 없는 품질요소를 말합니다. 고객이 미처 기대하지 못했던 것 혹은 기대를 초과하는 만족을 주는 품질요소가 될 수 있습니다. 이런 요소가 있으면 고객이 감동을 할 수는 있지만, 예산과 기간이 정해져 있는 시스템 통합 프로젝트에서는 굉장히 낮은 우선순위를 갖게 될 겁니다.
- **일차원적 품질요소**(One-Dimensional Quality Element): 요구사항이 충족되는 만큼 고객이 만족하는 품질인식요소로 MoSCoW의 Should Have에 해당할 겁니다.
- **당연한 품질요소**(Must-Be Quality Element): 요구사항이 충족된다고 고객의 만족도가 올라가지는 않지만, 이 요구사항이 구현되지 않으면 불만을 느끼는 품질요소로 MoSCoW의 Must_Have 항목과 유사합니다.
- **무차별 품질요소**(Indifferent Quality Element): 요구사항이 충족되거나 충족되지 않거나 고객들의 만족도에 영향을 미치지 않는 요구사항들로 개발자들이 만드는 금접시 (Gold Plating)가 여기에 해당할 가능성이 높습니다.

- 역 품질요소(Reverse Quality Element): 이 요구사항이 충족되면 고객들의 만족도가 떨어지는 품질요소로 구현되지 말아야 합니다.

하지만 시스템을 직접 사용하는 사용자가 최종 고객이 아닌 발주자와 수주자가 있는 프로젝트에서는 이 카노 모형이 적합하지 않다는 지적도 있습니다.

2) 시간-자원 상자: 시간과 자원의 한계를 고려한 작업 고르기

요구사항의 우선순위가 결정되면 확정된 자원 내에서 어떤 요구사항을 구현할지 결정하기 위하여 시간 상자(Timeboxing) 혹은 예산 편성(Budgeting) 방식을 사용합니다. 이 방식은 주어진 예산 내에 최대 만족을 얻도록 요구사항을 선정하는 배낭 문제(Knapsack Problem)와 유사합니다. 그러나 배낭 문제의 경우 문제의 규모가 커질수록 제일 좋은 조합을 찾기가 매우 어려워서 이 방법으로 요구사항의 조합을 찾을 때는 최상의 조합이 아니라 적당히 좋은 조합을 찾는 것을 목표로 합니다. 예를 들어 시간 상자 방식의 모두 넣기 전략을 사용한다고 가정해 보죠. 그럼 도출된 모든 요구사항을 다 구현한다고 가정하고 일정을 작성합니다. 그러면 아마도 이때의 프로젝트 일정은 우리가 지켜야 할 마감일을 넘길 겁니다. 그러면 마감일 안에 끝낼 수 있게 요구사항을 하나씩 제거해 가며 일정을 재조정합니다. 시간-자원 상자를 사용할 때 적용할 수 있는 전략은 다음과 같이 모두 넣기, 모두 빼기, 선택적으로가 있습니다.

- 모두 넣기(All-in): 처음에 모든 요구사항을 다 넣고 할당된 기간이나 비용조건을 만족하도록 요구사항을 하나씩 제거하는 방식입니다.
- 모두 빼기(All-out): 처음에 시간 혹은 자원 상자를 비우고 할당된 기간이나 비용을 초과하지 않도록 요구사항을 하나씩 추가하는 방식입니다.
- 선택적으로(Selective): 처음에 비어있는 상자에 요구사항을 추가한다는 면에서 모두 빼기와 같지만 모두 빼기와 달리 이미 들어있는 요구사항도 필요에 따라 뺄 수 있다는 면에서 모두 빼기와는 다릅니다.

3) 집단지성: 다수의 소비자 등 비전문가가 우선순위 결정

그 외에 특이한 우선순위 기법으로는 집단지성을 활용하는 방법이 있습니다. 지금은 서비스하지 않지만, 예전에 LEGO에서는 요구사항 전문가의 참여 없이 디자인 바이 미(DESIGNbyME)라는 제도를 이용하여 사용자의 요구사항을 분석하는 방법을 개발하였습니다. 디자인 바이 미에서는 고객들이 좋아하는 제품을 직접 설계할 수 있도록 디지털 디자이너(Digital Designer)라는 CAD 시스템을 제공합니다. 고객들은 디지털 디자이너를 이용하여 설계한 제품을 구성하는 레고 조각을 구매할 수 있습니다. 또한, 본인이 만든 제품을 LEGO의 갤러리에 등록하면 다른 고객도 그 제품을 구매할 수 있게 됩니다. 이를 통해 고객이 제품의 설계자도 되고 제품의 우선순위도 구매신청 현황을 통해 고객들에 의해 결정됩니다.

4) 정리하기: 우선순위 결정방법

개발될 시스템이나 이해관계자들의 특성에 따라 우선순위 결정방법은 달라질 수 있지만 어떤 방법을 사용하던 다음과 같은 점을 고려하여 방법을 선택하시길 바랍니다.(Moisiadis, 2002)

- 우선순위를 결정할 때 편견을 가지거나 불순한 의도를 가진 이해관계자가 우선순위에 영향을 미칠 위험을 피해야 합니다.

• 중요한 요구사항이 누락될 위험을 최소화하여야 합니다.
• 다양한 관점에서 얻은 정보를 사용할 수 있어야 합니다.
• 요구사항에 우선순위를 정할 때 비기능적인 이슈와 비즈니스 목적이 같이 고려되어야 합니다.
• 시스템이 적합한 사양을 가지게 요구사항을 진화시킬 수 있도록 지원해야 합니다.
• 이론적 근거에 의해 우선순위가 생성되어야 하며 그 결과는 유효성을 검증할 수 있어야 합니다.
• 추후 요구사항이 변경되었을 때에 우선순위를 처리할 방법이 필요합니다.
• 다양한 추상화 수준에 대처할 수 있어야 합니다.

요약

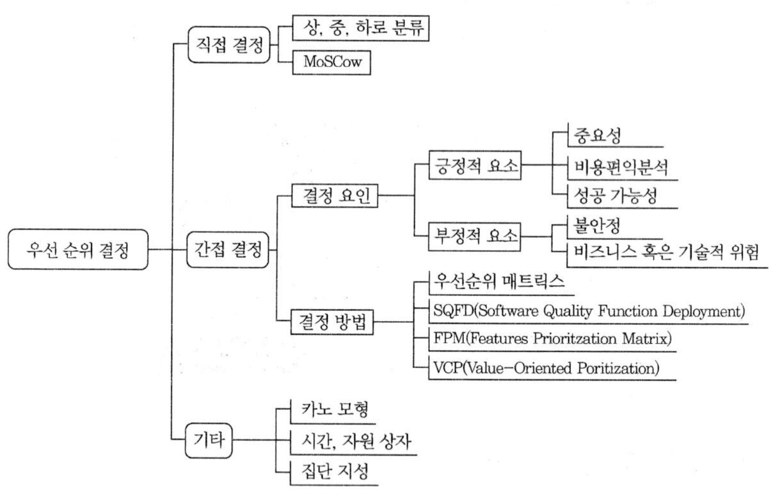

16 게임10: 우선순위화 하기

1 제품 가지치기

1) 어떤 게임일까요?

주최측의 준비가 필요한 정도	참가자의 준비가 필요한 정도	활용할 수 있는 게임 단계
☐ 많은 준비가 필요	☐ 많은 준비가 필요	☑ 우선순위 및 정제
☑ 약간의 준비가 필요	☐ 약간의 준비가 필요	☐ 요구사항 도출
☐ 거의 필요 없음	☑ 거의 필요 없음	☐ 이해관계자 식별
		☐ 비전 확인하기

적합한 대상	참가자(SI)	참가자(솔루션)
☐ 솔루션-신규 시장	☑ 발주회사의 고객	☑ 사용고객의 고객
☑ 솔루션-버전 업	☑ 발주회사(팀원)	☑ 솔루션 사용고객
☐ SI-신규 사업	☑ 수주회사(팀원)	☑ 개발사(팀)
☑ SI-유지보수		

2) 나무를 다듬듯이 제품을 다듬자!!

비전을 확인하기 위한 게임 중에 스피드 보트 게임에서는 제품을 보트에 비유하여서 보트를 빠르게 달리게 하려는 방법을 모색하였다면 이 제품 가지치기 게임은 제품을 나무에 비유하여 진행합니다. 윈도의 파일 관리 체계가 트리 구조로 이루어져 있다는 것을 생각해본다면 SW에 꽤 적합한 구조일 것 같습니다.

SW나 시스템을 만들 때 모든 기능을 모두 완벽하게 완성해서 출시할 수 있다면 좋겠지만, 현실적으로는 불가능한 이야기입니다. 그래서 SW의 개발을 시작하기 전에 모든 기능이 실제로 모두 필요한지를 가늠하고, 어떤 기능을 먼저 개발할 것인지를 결정해야 할 것입니다. 제품 가지치기 게임은 기존에 존재하는 기능들로 나무를 만들고 좀 더 목적에 부합하는 나무로 만들기 위해서 필요없는 나뭇가지나 나뭇잎들을 잘라냅니다. 또한, 새로운 나뭇잎들이 나뭇가지 바깥에 돋아나듯이 기존에 있는 나뭇잎들 밖으로 새로운 기능들을 추가하여 다음에 개발되어야 할 모듈이나 기능을 단계적으로 보여줍니다. 또한, 제품의 뿌리를 그려봄으로써 간단하게나마 외부 환경 및 지원체계를 알아보고 좀 더 튼튼한 뿌리체계를 가진 제품을 만들 수 있도록 도와줍니다.

차트에 그려진 나무 모양은 팀 구성원들로 하여금 능동적인 브레인스토밍을 장려하고 제품의 전체적인 모습을 보게 함으로써 필요 없는 기능을 잘라낼 수 있도록 도움을 줍니다. 또한, 어떤 나무를 만들어갈지에 대해서 고민하는 과정을 통해서 팀 구성원들 사이에 같은 비전을 공유할 수 있도록 합니다.

3) 게임하기

뭐가 필요할까?	
주최측	참가자
사전에 작성된 기능 목록들이나 기존에 존재하는 시스템의 기능 목록들 커다란 종이, 나무 그림, 나뭇잎 모양 접착 노트, 스티커, 차트를 그릴 색연필이나 사인펜(여러가지 색), 참가자 수 만큼의 한가지 색 사인펜	대상 제품 비전에 대한 재 확인

■ 게임 준비

게임을 시작하기 전에 기존의 시스템을 분석한 결과를 나뭇잎 접착 노트 위에 하나씩 적어 준비합니다. 기존의 시스템을 분석하기 위해 비전 확인하기의 자랑하기나 시스템 문맥도, 스피드보트 등을 이용할 수 있습니다. 그리고 아무것도 적히지 않은 빈 나뭇잎 접착 노트를 준비하고 게임 참가자들에게 마커 펜과 함께 나누어 줍니다. 그리고 참가자들이 대상 제품의 목적에 대해서 다시 한 번 확인할 수 있는 시간을 갖습니다.

이제 어떤 나무를 만들고 싶은지 토론해봅니다. 풍성한 과실이 열리는 과실수가 될 수도 있을 것이고, 시원한 그늘을 제공하는 플라타너스일 수도 있습니다. 혹은 사계절 내내 푸른 사철나무일 수도 있습니다. 과실 혹은 그늘, 푸름은 제품의 각 어떤 의미일지도 의논해봅니다.

■ 게임 진행

게임을 시작하기 위해서, 커다란 전지 위에 나무를 그립니다. 오른쪽에 보이는 것처럼 일반적인 나무 형태도 좋고 제품의 특성에 맞게 생각해둔 나무가 있다면 그 나무를 따라서 그립니다. 게임을 진행하기 전에 참가자들이 참고할 수 있도록 여러 형태의 나무 그림을 준비하셔도 좋습니다.

나무에는 아래와 같은 항목이 포함됩니다.

- 현재 있는 기능 : 나무의 안쪽 가지에 현재 시스템의 상위 레벨 기능을 적고 각 가지 아래로 미리 준비해둔 나뭇잎을 해당하는 가지에 붙입니다.
- 추가할 기능 : 앞으로 개발할 기능을 나무의 현재 있는 기능 밖으로 붙입니다. 우선순위를 고려하여 먼저 개발되어야 할 것은 안쪽에 장기적으로 고려할 기능은 바깥으로 붙입니다. 특별히 중요하다고 생각하는

기능에 스티커를 붙여서 표시합니다.

- **외부 환경 및 지원 체계** : 나무의 뿌리에 해당하는 부분으로 제품과 관련하여 기능적인 부분이 아니라 비즈니스적 지원체계나 외부 환경 및 관련 시스템을 적을 수 있습니다. 뿌리는 나무에 영양분을 제공하며, 나무가 서 있을 수 있도록 지탱해주는 역할을 합니다. 그것처럼 도움이 되어 줄 수 있는 협력업체나 외부 시스템이 될 수 있고, 제품이 좀 더 좋은 형태를 유지하기 위해서 비즈니스적으로 제공되어야 하는 체계가 될 수도 있습니다. 전체모습 확인하기 게임의 4번째 원과 비슷한 내용이 포함될 수 있습니다.

나뭇잎을 붙여서 나무를 완성해가면서 나무가 완성되어가는 모습을 방해하는 기능이 있다면 과감히 가지치기하면서 필요없는 기능들을 정리합니다.

■ 결과 정리

어떤 기능들이 잘려나갔는지, 왜 잘렸는지를 확인합니다. 새로 추가된 기능들을 확인하고 가장 먼저 개발해야 하는 것들을 정리합니다. 장기적으로 고려해야 할 기능들을 확인합니다. 외부 환경 및 지원체계를 확인하고 비즈니스적으로 어떠한 도움을 구할 수 있는지 확인합니다.

완성된 나무가 목적에 부합하는 형태를 갖췄는지 확인합니다.

없어도 되는 가지는 잘라내!

나뭇잎은 인터넷에서 그림을 그려서 출력해도 좋고, 시중에 나오는 접착 노트 중에 나뭇잎 모양으로 판매되는 것을 이용해도 좋습니다. 게임을 진행하기 전에 미리 기존에 있는 학교 앱의 기능을 나뭇잎에 적어서 준비해두었습니다.

게임 참가자들은 제일 먼저 커다란 포스터 위에 기본적인 나무 형태를 그렸습니다. 그리고 가지 옆에 미리 준비해온 **현재 있는 기능 나뭇잎**을 붙였습니다. 미리 준비된 나뭇잎에는 상위레벨 메뉴가 함께 준비되어 있었는데 나뭇잎을 재배치하는 과정에서 하위 메뉴가 되기도 하였습니다. 나뭇가지에 상위레벨 기능을 적는 대신에 나뭇잎에 적고 비슷한 종류의 기능을 서로 가까이에 배치하여 붙임으로서 자연스레 그룹화를 하였고, 그룹화 된 나뭇잎 중에서 그 그룹을 대표할 수 있는 나뭇잎을 강조 표시하여 상위레벨 메뉴임을 표시하였습니다. 또 대표할 수 있는 기능이 없는 경우에 별도로 그 이름을 적어 넣었습니다. 상위 레벨 메뉴는 총 4개로 '대학 정보 / 설정 / 내 정보 / 도서관'이었습니다. 이후 앱을 개발하기 시작할 때에는 나무가 보여주는 구조로 개선되어 만들어질 것입니다.

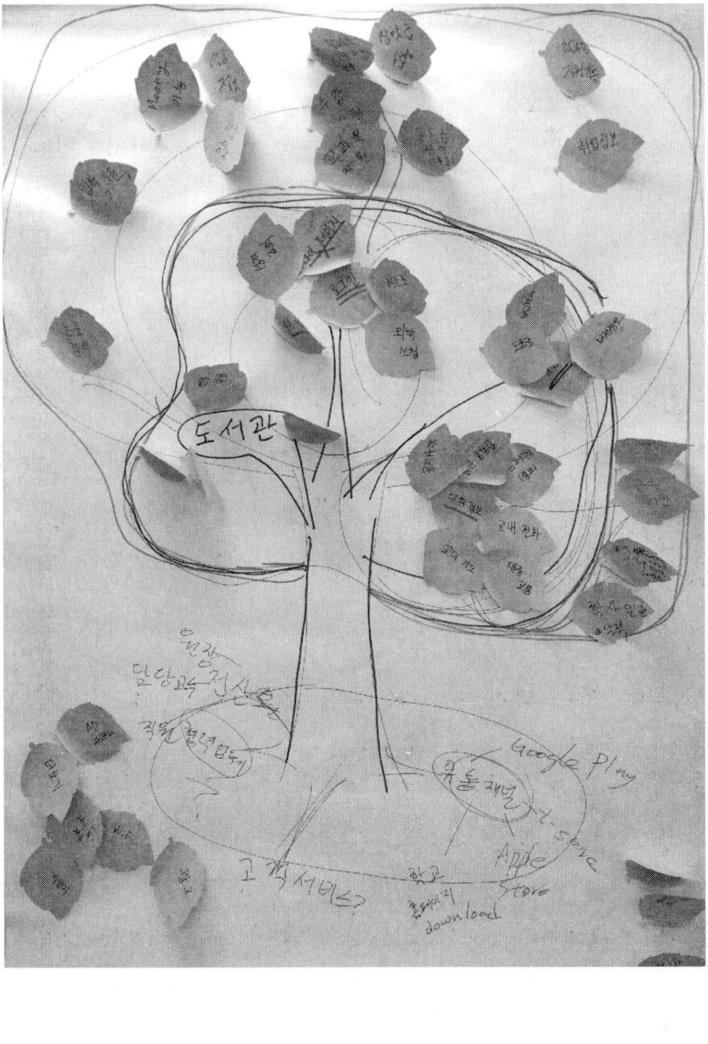

현재 있는 기능 나뭇잎을 모두 나무 위에 붙인 후에는 추가할 기능을 추가하기 시작하면서 잘라내야 할 기능들을 가지치기하였습니다. 가지치기는 시스템의 목적과 부합하지 않는 기능들을 잘라냅니다. 이 과정을 위해서 게임 참가자들은 시스템의 비전을 다시 한 번 공유하고 확인하는 시간을 가집니다. 가지치기 된 기능은 '광고문의 / 더 보기 / WiFi / 제안&제휴 / 로고&UI / 교육 이념 / 업데이트 내역'이었고 가지치기 된 이후에도 나무에 남아서 이후에도 계속 사용되길 바라는 기능들은 아래처럼 정리되었습니다.

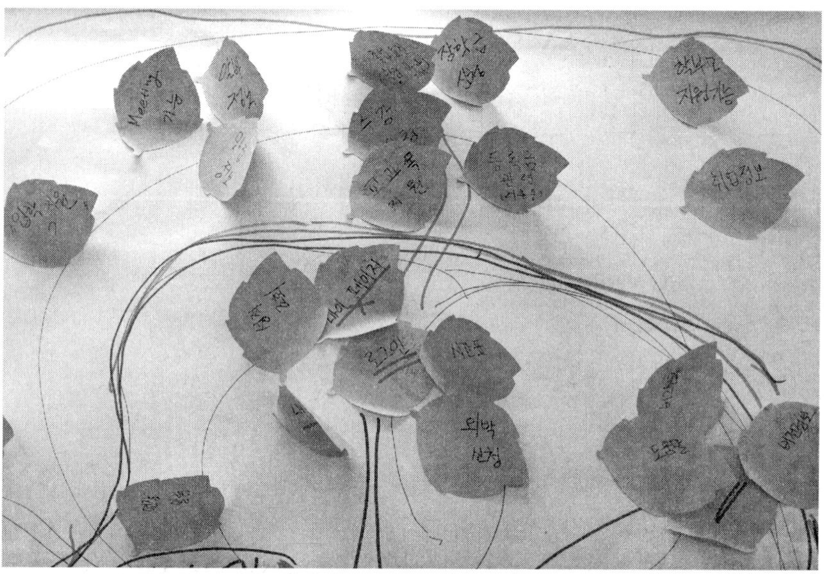

- 대학정보 메뉴 아래에 '공지사항 / 열린 총장실 / 홈페이지(링크) / 교내 전화 / 교내 지도 / 대중교통'.
- 설정 메뉴 아래에 '버그 신고 / 도움말/ 버전 정보',
- 내 정보 메뉴 아래에 '성적 조회 / 마이 페이지 / 로그인 / 시간표 / 외박 신청',
- 도서관 메뉴 아래에 '연장 알람 / 좌석조회 /도서 검색 / 대출 현황'

이후 추가해야 할 기능은 각 메뉴별로 다음과 같이 정리 되었습니다.

- **대학 정보** 메뉴 아래에 '식당 정보 / 근무 시간 / 교내 편의 시설(양호실, 우체국, 이발소) / 학사 일정 달력'
- **내 정보** 메뉴 아래에 '교과목 지원 / 등록금 관련(대출 등) / 수강 신청 / 졸업 요건(학점, to-do list), 장학금 신청'
- **도서관** 메뉴 아래에 '논문 검색'

또한, 어느 메뉴에도 속하지 않지만 새로 추가되길 원하는 기능에 '취업 정보 / 맛집 정보 / 미팅 기능 / 입학 지원 / 알바 정보 / 학부모 지원'

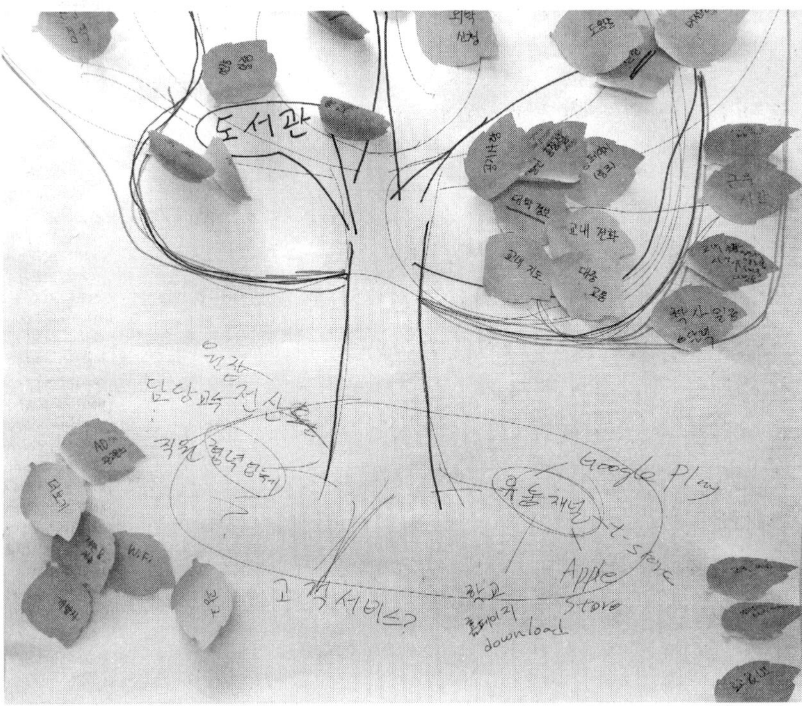

이 중에서도 '등록금 관리 / 교과목 지원 / 수강 신청 / 근무 시간 / 식당 정보 / 교내 편의 시설(양호실, 우체국, 이발소) / 학사 일정 달력'은 비교적

나무 안쪽으로 돋아난 나뭇잎이라서 우선으로 개발되기를 원하는 것을 확인할 수 있습니다.

한 가지 색의 나뭇잎 접착 노트로 진행하니 우선 개발 부분과 향후 개발 부분을 한눈에 구분하기가 어려웠습니다. 3가지의 다른 색을 준비하여 '현재 있는 기능', '우선 개발', '향후 개발' 3가지로 나누어서 작성하면 도움이 될 것입니다.

제품이 좀 더 튼튼한 나무처럼 자랄 수 있도록 도와주는 뿌리 같은, **외부 환경 및 지원 체계**는 '학교 홈페이지 / 유통 채널(구글 플레이, 티 스토어, 애플 스토어), 교내 전산원, 고객 서비스, 담당 직원'과 같은 외부 시스템 및 관련 이해관계자들이 적혔습니다. 이 부분은 이전의 게임을 해오면서 비전 확인하기나 이해관계자 확인하기에서 좀 더 자세히 다뤘던 부분들을 큰 범위에서 적는 것과 같습니다. 뿌리가 주는 정보를 통해서 앱을 개발하면서 소통해야 하는 외부 환경을 확인할 수 있었습니다.

tip

- 추가된 기능들에 대해서 좀 더 세밀한 우선 순위화가 필요하다면 이후에 소개되는 시력 2.0과 같은 게임을 이용할 수 있습니다.
- 기존의 기능과 조만간 추가되거나, 장기적으로 고려할 추가기능을 구분하기 위해서 여러 가지 색의 나뭇잎을 이용하도록 하면 좀 더 시각적인 도움을 얻을 수 있을 것입니다. 혹은 하위레벨 기능별로 다른 색의 나뭇잎을 이용할 수도 있습니다.
- 뿌리의 내용은 이전까지 했던 비전 확인하기나 이해관계자 확인하기 게임을 통해 얻은 결과를 큰 관점에서 확인하는 단계입니다.

2 시력 2.0

1) 어떤 게임일까요?

주최측의 준비가 필요한 정도	참가자의 준비가 필요한 정도	활용할 수 있는 게임 단계
		☑ 우선순위 및 정제
☐ 많은 준비가 필요	☐ 많은 준비가 필요	☐ 요구사항 도출
☑약간의 준비가 필요	☐ 약간의 준비가 필요	☐ 이해관계자 식별
☐ 거의 필요 없음	☑ 거의 필요 없음	☐ 비전 확인하기

적합한 대상	참가자(SI)	참가자(솔루션)
☑ 솔루션-신규 시장		
☑ 솔루션-버전 업	☑ 발주회사의 고객	☑ 사용고객의 고객
☑ SI-신규 사업	☑ 발주회사(팀원)	☑ 솔루션 사용고객
☑ SI-유지보수	☑ 수주회사(팀원)	☑ 개발사(팀)

2) 안경 도수를 결정하는 것처럼 우선 순위화하기!

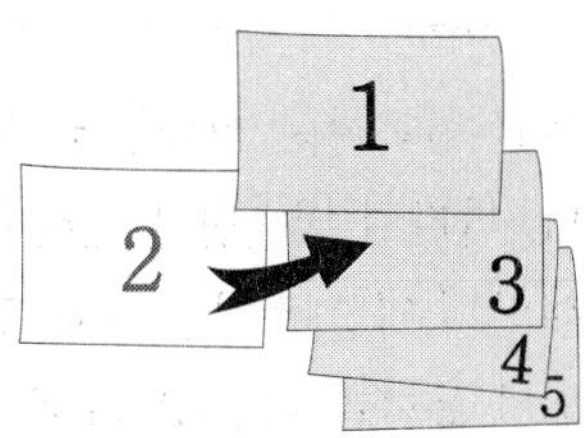

이전의 '비전 찾기'나 '요구사항 도출하기'의 과정의 게임들은 보통 현실 가능성을 무시하고 참신하고 혁신적인 아이디어를 자유롭게 찾는 데 초점을 맞추고 있었습니다. 이제, 이전의 게임들을 통해서 도출된 요구사항들을 가지고 진짜 개발을 하게 될 텐데요. 이제부터는 진짜 현실 세계로 돌아와야 합니다. 현실 세계에서는 항상 제한된 자원의 한계가 존재합니다. 게다가, 생각나는 기능을 무조건 다 집어넣는다고 해서 사용자들이 마냥 좋아할 거 같지는 않습니다. 복잡한 시스템은 사용 편이성을 저하하기 때문입니다. 예전 TV CF에 이러한 카피가 있었습니다. "완벽한 디자인이란 더할 것이 없는 게 아니라 뺄 것이 없는 것이다." 꼭 필요한 기능만으로 만들어진 SW는 가볍고 사용하기 편하면서도 필요한 기능들이 알뜰히 들어있어서 사용자의 만족도를 충족시켜 줄 것입니다. 그러한 목적 때문에 '우선 순위화'하는 과정이 필요합니다.

시력 검사를 위해 안과나 안경원을 찾아가면 시력 검사표를 앞에 두고 한쪽 눈을 가리라고 합니다. 그리고 검사원은 기다란 막대기로 한 지점을 가리키고 보이느냐고 묻습니다. 안 보이면 더 낮은 시력으로 가고 보인다면 더 높은 시력의 문자를 묻습니다. 그리고 다시 반복합니다. 그렇게 딱 맞는 시력을 찾아냅니다.

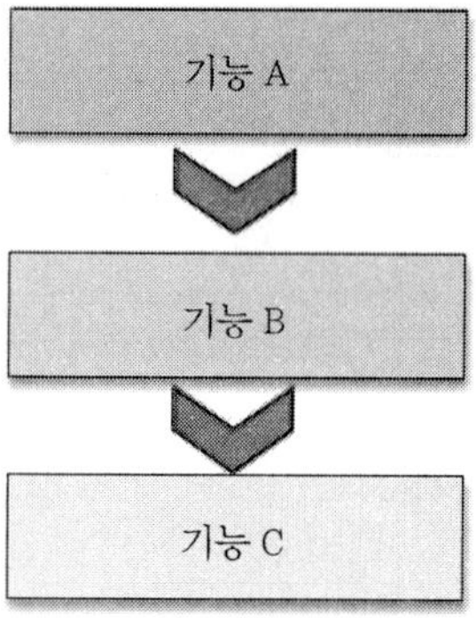

이 시력 2.0 게임은 시력 검사를 하듯이 우선순위를 매기게 됩니다. 다른 게임에 비해서 간단하게 고객들이 느끼는 필요성만을 기준으로 진행될 수 있습니다. 직접 고객들과 진행하기에 부담이 없을 정도로 간단하고 쉽게 진행할 수 있습니다. 각 기능을 서로 비교하여 좀 더 높은 우선순위의 기능을 위로 올리고 낮은 우선순위의 기능을 아래로 내리는 것을 반복하는 형태인데, 최종적으로 일렬로 정렬된 모습으로 나오게 됩니다. 따라서 비슷한 우선순위를 가졌다고 생각하는 것과 비교를 하여 우선순위의 우위를 정하는 형태로 A가 B보다 우선순위가 높고, B가 C보다 우선순위가 높다면 A가 C보다 우선순위가 높은 것은 비교하지 않아도 알 수 있는 명확한 사실이기 때문에 이에 대해서 일일이 확인하지 않아도 직관적으로 확인할 수 있게 됩니다. 또한, 개발을 하기 위한 우선순위를 정하기 위해 게임을 진행한 후에 별도의 결과 정리를 위한 과정 필요 없이 그대로 결과를 이용할 수 있다는 장점이 있습니다.

3) 게임하기

뭐가 필요할까?	
주최측	참가자
요구사항이 적힌 접착 노트 화이트 보드나 커다란 종이 (모두가 볼 수 있도록 벽에 걸린 형태)	미리 만들고자 하는 제품의 목적을 이해할 필요가 있음. 허용되는 자원이 어느 정도인지 이해할 필요가 있음.

■ 게임 준비

게임을 진행하기 전에 개발 팀 내 회의를 하거나 이전의 '요구사항 도출' 과정을 통해서 기능 목록을 미리 준비합니다. 하나의 접착 노트에 하나의 기능을 적고 뒤에는 그 기능을 설명해 줄 수 있는 문구를 적습니다. 목적이나 장점, 가치에 대해서 적습니다. 그리고 팀 내에서 게임 진행자를 한 명 뽑습니다.

■ 게임 진행

게임 진행자는 준비된 기능 접착 노트 중에 하나를 들어서 참가자 모두에게 기능을 읽어주고 기능에 대해 설명을 하고 모두가 볼 수 있게 벽이나 포스터 위에 붙입니다.

두 번째 기능 접착 노트를 들어서 마찬가지로 모두에게 설명하고 첫 번째 기능의 위에 붙일지, 아래에 붙일지 물어봅니다. 기본적으로 우선순위가 더 높은 것을 위쪽에 붙입니다. 두 번째 기능의 자리가 정해졌다면 계속 반복을 합니다.

게임을 진행하다 보면 같은 우선순위에 놓자고 제안하는 경우가 있을 것입니다. 다른 기능을 같은 우선순위에 두는 것은 활동의 의미를 흐려지게 할 수 있습니다. 최대한 우선순위에 차이를 두도록 다시 한 번 질문합니다. "이 기능은 이것보다 우선순위가 높습니까?" 다만, 같은 기능이라고 판단되는 기능은 같은 위치에 두거나 하나로 합칠 수 있습니다.

■ 결과 정리

어떤 기능이 가장 높은 우선순위를 가졌는지 확인이 되었나요? 일렬로 정렬된 기능 중에 반드시 구현되어야 하는 기능은 어디까지인지 확인해 봅니다. 삭제될 기능이 어디서부터인지 확인해봅니다. 왜 그런 결과가 나왔습니까? 우선 구현되어야 할 기능들이 모두 구현된다면 원하던 SW의 모습에 부합할지 토론해보세요.

이 기능은 도수가 얼마?

이전의 혁신 생성기, 뜨거운 맛보이기, 나의 하루 등 요구사항 도출 게임을 통해 도출된 아이디어들을 모아서 미리 요구사항 목록을 준비해두었습니다. 각각 하나씩 하나의 접착 노트에 기능 명을 적고 뒷장에 기능에 대한 설명을 적었습니다. 3명이 한 팀을 이루어서 게임을 진행하였고 한 명의 진행자를 두어서 진행자가 기능에 관해서 설명할 수 있도록 설명하였습니다. 벽에 커다란 전지를 붙이고 접착 노트를 붙여서 모든 게임 참가자가 확인할 수 있도록 합니다.

미리 준비한 기능 목록은 다음과 같이 총 19개의 기능을 준비하였고 이후에 소개되는 기능 구매, 짝 비교에서도 동일한 기능 목록을 사용하여 각각 어떤 결과가 나오는지 확인할 수 있게 하였습니다.

맛집 추천 / 교내 문의처 정보 열람 / 모바일 학생증 / 소개팅 기능 / 도서관 잔여석 검색 / 실시간 공지사항 확인 / App 개인별 설정 기능 / 수강 신청 / 성적 조회 / 강의를 앱으로 볼 수 있게 / 공 강의실 정보 /

교내 행사 공유(축제, 취업, 세미나 등) / (식당) 식단 정보 / 교내외 일간, 주간, 월간 정보 / (기숙사) 입사 신청 / (기숙사) 외박계 신청 / 중고장터 / 학내 쿠폰 / (교내 주변) 대중 교통 정보

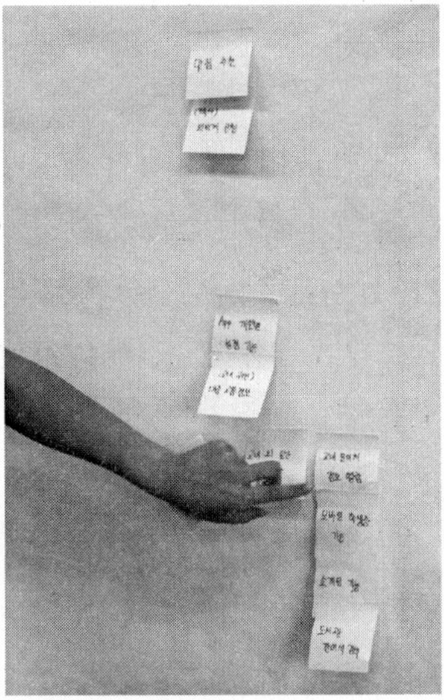

우선순위를 결정하는 활동은 한정된 자원 안에서 필요한 기능만을 추려내기 위한 것으로 목적이 무엇인지를 명확히 할 필요가 있습니다. 예를 들어 '학교 신입생을 위한 학교 앱'이라고 한다면 무엇보다 교내 주변 대중교통 정보의 우선순위가 가장 높을 것입니다. 본 예시 활동의 게임 참가자들은 이전의 비전 확인하기 활동을 통해서 '소개팅에 특화된 학교 앱'이라는 목적을 정했기 때문에 소개팅 기능이나 커뮤니티적인 기능에 우선순위를 비교적 높게 책정하였습니다.

팀 내 게임 진행자는 'App 개인별 설정 기능'을 전지의 중간쯤에 붙였고 '(교내 주변) 대중교통 정보'를 손에 들고 이 전의 기능인 'App 개인별 설정 기능'과 비교하여 어느쪽이 더 우선순위가 높은지 묻습니다. 원래의 게임 방법은 우선순위가 높은 쪽이 위로 올라가도록 하였지만, 기능의 수에 비해서 공간이 작아서 S자 형태로 붙이기 위해서 오른쪽 아래가 가장 우선순위가 높습니다.

참가자들은 '(교내 주변) 대중교통 정보'의 우선순위를 더 높게 평가하였고 'App 개인별 설정 기능'의 아래쪽에 붙었습니다. '맛집 추천'이라는 기능을 들었는데 아무래도 그다지 우선순위가 높을 것 같지 않습니다. 이미 붙여진 접착 노트와 한참 떨어진 위에 붙입니다. '(기숙사) 외박계 신청'은 기능을 사용하는 사용자가 전체 학생이 대상이 아니므로 우선순위가 떨어진다고 평가하였고 맛집 추천보다는 높을 것 같습니다. '맛집 추천' 바로 아래

에 붙었습니다. "'도서관 잔여석 검색'은 꼭 들어갔으면 하는 기능 중에 하나예요." 이제껏 붙었던 접착 노트와 비교하면 많이 아래쪽으로 붙습니다. 그 위로 '소개팅 기능 / 모바일 학생증 기능 / 교내 문의처 정보 열람' 기능들이 차례로 붙었습니다. 이제 진행자는 '교내외 일간, 주간, 월간 정보'라는 기능을 꺼내서 비교합니다. "'교내 문의처 정보 열람'하고 비교해서 어느 쪽이 우선순위가 높을까요?", "'교내 문의처 정보 열람'보다는 덜 중요한 기능인 거 같아요." 이제 '교내외 일간, 주간, 월간 정보'는 '교내 문의처 정보 열람'의 위쪽에 자리를 잡습니다. 이제 우리는 '도서관 잔여석 검색' 기능에 교내외 일간, 주간, 월간 정보'보다 우선순위를 두고 있다는 것을 한눈에 확인할 수 있습니다.

그래서 최종적으로 나온 우선 순위화 순으로 정렬된 모습은 아래 사진과 같습니다. 가장 오른쪽 아래의 '실시간 공지사항 확인'이 우선순위가 가장 높으며 위로 올라갈수록 낮아집니다. 그렇게 쭉 이어지다가 가장 왼쪽 위인 '맛집 추천'이 우선순위가 가장 낮습니다. 그래서 정리된 우선순위는 다음과 같습니다.

1. 실시간 공지사항 확인 2. 교내 행사 공유(축제, 취업, 세미나 등) 3. (식당) 식단 정보 4. 도서관 잔여석 검색 5. 소개팅 기능 6. 모바일 학생증 기능 7. 교내 문의처 정보 열람 8. 교내외 일간, 주간, 월간 정보 열람 9. 강의를 앱으로 볼 수 있게 10. 공 강의실 정보 11. (교내 주변) 대중 교통 정보 12. 성적 조회 13. 수강 신청 14. App 개인별 설정 기능 15. 중고 장터 16. (기숙사) 외박계 신청 17. (기숙사) 입사 신청 18. 학내 쿠폰 19. 맛집 추천

이렇게 우선순위가 결정되었는데 여기서 끝일까요?

이렇게 끝이 난다면 우리는 어디서 어디까지 개발을 해야 할지 범위를 정할 수 없을 겁니다. 저 중에는 분명히 구현되지 않아도 되는 기능도 있을 것이고 이번 릴리즈에 포함되지 않아도 되는 기능이 있을 것이기 때문입니

다. 이제, 한정된 자원 내에서 반드시 포함되어야 하는 기능은 어디까지인지를 물어봅니다. 시력 2.0의 좋은 점은 어느 기능까지가 포함되어야 하는지를 선택한다면 그보다 상위의 기능은 반드시 포함되는 것을 자연스럽게 확인할 수 있다는 점입니다. 그래서 포함되어야 할 기능을 하나씩 선택해줄 필요가 없습니다. 게임 참가자들은 '교내 문의처 정보 열람'을 반드시 포함되기를 원하는 기능이라고 답했습니다. 그 다음으로, 차후 확장 범위로 어디까지의 기능을 포함하기를 원하느냐고 물었고 참가자들은 '수강 신청'까지라고 대답했습니다. 이 게임에서 활용하지는 않았지만 15장의 시간-자원 상자로 활용하면 시간과 예산에 맞는 범위를 구할 수 있습니다.

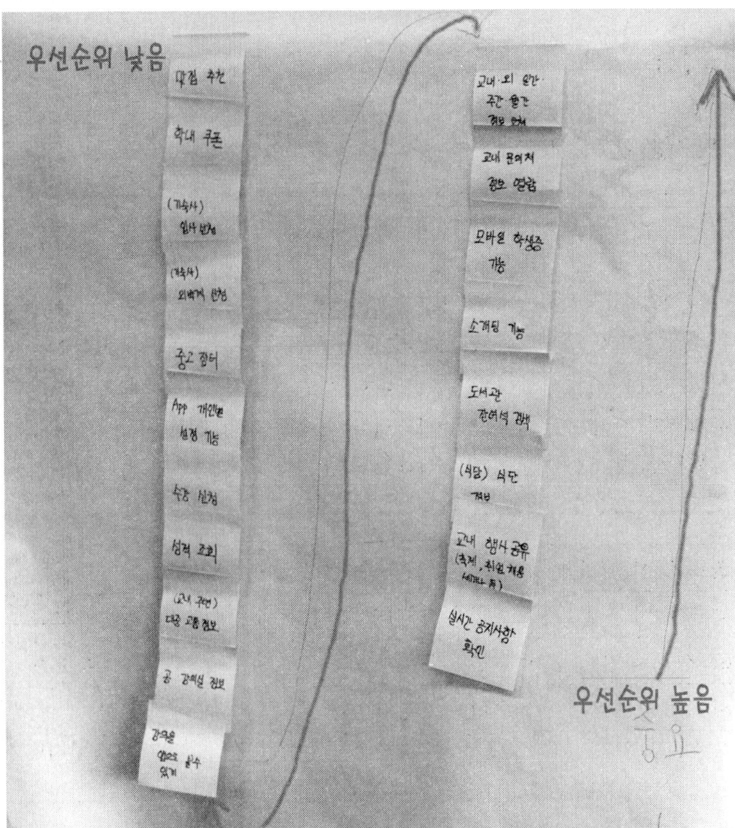

tip

- 게임이 단순하고 직관적이기 때문에 직접 사용자들과 활동하기 적합합니다.
- 다른 기능을 같은 위치에 두지 않도록 유의합니다. 다만, 하나의 기능으로 합쳐질 수 있는 2개 이상의 접착 노트가 있다면 같은 위치에 두거나 하나의 기능으로 합칠 수 있습니다.
- 일렬로 정렬되기 때문에 모든 아이디어를 각각 하나씩 모두 비교할 필요는 없습니다.
- 우선순위 결과가 나왔다면 필요 없는 기능과 차후의 확장범위를 위한 기능을 나누어서 개발 범위를 정합니다.

3 기능 구매

1) 어떤 게임일까요?

주최측의 준비가 필요한 정도
☑ 많은 준비가 필요
☐ 약간의 준비가 필요
☐ 거의 필요 없음

참가자의 준비가 필요한 정도
☐ 많은 준비가 필요
☐ 약간의 준비가 필요
☑ 거의 필요 없음

활용할 수 있는 게임 단계
☑ 우선순위 및 정제
☐ 요구사항 도출
☐ 이해관계자 식별
☐ 비전 확인하기

적합한 대상
☑ 솔루션-신규 시장
☑ 솔루션-버전 업
☑ SI-신규 사업
☑ SI-유지보수

참가자(SI)
☑발주회사의 고객
☑ 발주회사(팀원)
☑ 수주회사(팀원)

참가자(솔루션)
☑ 사용고객의 고객
☑ 솔루션 사용고객
☑ 개발사(팀)

2) 얇은 지갑! 무엇을 살 건가요?!

우리는 사회활동을 하면서 기본적으로 항상 매매 활동을 합니다. 필요한 물건을 사기 위해 돈을 내고 물건을 구매합니다. 만약 가지고 싶은 물건인데 그 가격이 너무 높다면 그것이 **정말 필요한** 물건이 맞는지 다시 한 번 생각하게 될 것입니다. 높은 가격에도 불구하고 그 물건을 산다면 그것은 정말로 필요한 물건이거나 갖고 싶은 것일 겁니다.

기능 구매 게임은 말 그대로 물건을 사는 것처럼 돈을 주고 기능을 구매하는 활동을 통해서 고객의 요구사항을 확인하는 게임입니다. 돈을 주고 매매 활동을 하는 친숙하면서도 현실적인 활동을 통해 고객에게 제한된 자원을 인지시키고 필요한 기능이 무엇인지를 선택하게 합니다. 다른 게임처럼 막연히 꼭 필요한 것만을 선택하라고 하는 것이 아니라 실제로 돈(가짜 종이 돈)을 가지고 SW의 기능을 구매하게 되기 때문에 직관적이며 좀 더 현실적인 선택을 할 수 있습니다. 단순히 고객이 사들인 기능이 제품에 포함되는 것이 아니라, 기능을 구매하고 협상하는 과정들을 관찰함으로써 고객들의 요구사항을 파악하게 됩니다. 이러한 활동은 인터뷰보다 정확한 결과를 기대할 수 있을 것입니다.

3) 게임하기

뭐가 필요할까?	
주최측	**참가자**
요구사항명과 설명을 적은 목록(요구사항이 적힌 접착 노트) 시장을 열 수 있는 공간 현금(가짜 현금) 구매 기능 목록 대장	미리 만들고자 하는 제품의 목표를 이해할 필요가 있음.

■ 게임 준비

기능 구매는 주최 측이 준비해야 하는 양이 매우 많은 게임 중의 하나입니다. 게임을 진행하기 전에 개발팀 내 회의를 하거나 이전의 '요구사항도

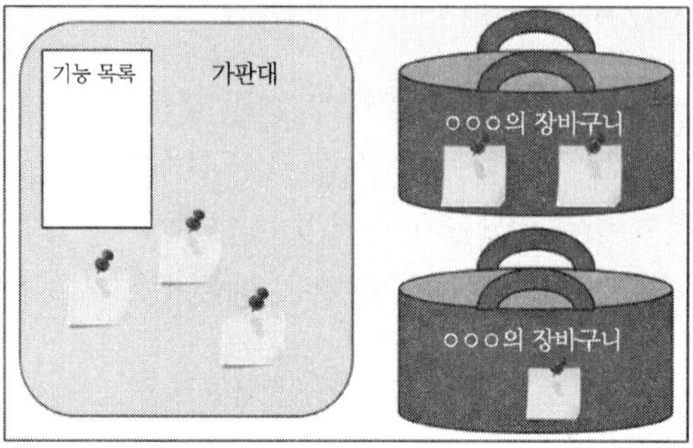

출' 과정을 통해서 기능 목록을 미리 작성합니다. 요구사항 명과 각각의 설명을 적은 목록을 준비하고 각 요구사항을 적은 접착 노트를 사람 수만큼 만들어야 하는데 참가자 수가 많다면 만들지 않아도 됩니다. 물건을 샀다는 것을 표시하기 위한 접착 노트인데 구매 기능 목록 대장만으로 관리할 수 있습니다.

기능 목록에는 기능과 함께 **기능의 가격을 책정**하여 적어둡니다. 이를 위해서 게임에서 사용하게 될 통화의 최소 금액을 정하고 **돈**을 준비합니다. 시중에 판매되는 '부루 마블' 같은 보드 게임에 포함된 게임용 돈을 사용할 수도 있고, 실제 현찰을 사용하거나 돈 모양 그림을 프린트해서 사용할 수도 있습니다. 기능에 가격을 책정하는 방법 중 가장 일반적인 방법은 맨-먼스(Man-Month)에 기반하여 작성하는 것입니다. 하지만 몇 가지 기능의 가격에 예외를 두어서 게임 참가자들의 반응을 유도해볼 수도 있습니다.

게임을 시작하기 전에 팀 내에서 **판매자를 선정**합니다. 그리고 참가자들에게 준비된 돈을 나누어 줍니다. 각 참가자에게 배부할 적절한 금액을 정하기 위해서 실제로 게임 참가자들과 게임을 진행하기 전에 주최 측 팀 내에서 자체적으로 **모의 게임을 실행**합니다.

그림을 그릴 필요는 없지만 좀 더 활기찬 분위기를 형성하기 위해서 '가판대'와 각 참가자들의 '장바구니'를 그립니다. 이제 가판대에는 판매할 기능들이 올라갑니다. 판매되는 기능을 한눈에 볼 수 있도록 기능 명과 설명이 적힌 '기능 목록'을 가판대 한 쪽에 붙이고 기능을 적은 접착 노트 셋트를 가판대 위에 붙입니다.

■ 게임 진행

참가자들은 자신이 가진 금액 내에서 원하는 기능을 구매합니다. 매매 활동을 하면서 여러 가지 상황이 발생할 수 있습니다. 사려고 하는 기능이 너무 비쌀 수도 있고 모든 기능을 구매하고 돈이 남지만 더는 사고 싶은 기능이 없을 수도 있습니다. 그래서 참가자들은 여러 가지 경제 활동을 할 수 있습니다. 기능을 구매하고 싶은데 가지고 있는 돈으로 사기에는 가격이 너무 높다면 다른 팀원과 협상하여 기능을 구매 하는 것과 같은 실제 경제활동과 비슷한 활동들을 할 수 있습니다. 중요한 것은 참가자들이 **게임 중에 구매한 기능이 반드시 제품에 들어가는 것은 아니라는** 것입니다. 따라서 게임 진행자나 관찰자들은 참가자들의 이러한 반응들을 유심히 관찰할 필요가 있습니다.

〈기능 구매〉 판매기록!

	기능 명	가격	구매 고객 명
기능 1			
기능 2			
기능 3			
기능 4			
기능 5			
기능 6			
기능 7			
기능 8			
기능 9			
기능 10			
기능 11			
기능 12			
기능 13			
기능 14			
기능 15			
기능 16			
기능 17			
기능 18			

판매자는 고객에게 기능을 팔고 판매할 기능을 관리하고 판매 기록을 관리합니다. 기능 목록에서 기능을 설명하고 고객이 구매한 기능에 해당하는 접착 노트를 고객의 장바구니로 옮겨줍니다. 또, 미리 준비된 '기능 판매 기록 대장'을 관리합니다. 판매자는 특정 기능을 구매하라고 고객을 권장하거나 부추겨서는 안 됩니다.

■ 결과 정리

각 사용자가 어떤 기능을 구매했는지 확인합니다. 누구도 구매하지 않은 기능은 개발 시에 포함되지 않을 가능성이 높을 것입니다. 또 게임 진행 중에 기능에 대한 고객들의 반응을 정리합니다. 사고 싶지만, 가격이 너무 높아서 사지 못했던 기능이나 비싸지만, 무리를 하거나 다른 참가자와 협상을 해서라도 사려고 했던 기능이 있는지 확인합니다. 혹은 돈이 남았지만 더는 기능을 구매하지 않으려는 고객이 있다면 이유를 물어봅니다. 장바구니에 담긴 기능만으로 충분히 원하는 SW가 완성될 수 있는 상황인지 물어봅니다.

이 게임을 통해서 고객이 가장 원하지 않을 기능이 무엇인지 확실히 확인할 수 있을 것이고 기능에 대한 참가자의 반응을 통해서 우선순위를 대략이나마 정할 수도 있을 것입니다. 좀 더 확실한 개발 범위를 정하기 위해서 'MoSCoW 분석' 방법을 이용할 수 있습니다.

학교 앱을 만들기 위해 장바구니를 채워보자!

기능 구매는 준비 과정이 매우 번거로운 게임 중의 하나입니다. 먼저, 시력 2.0게임과 마찬가지로 이전의 혁신 생성기, 뜨거운 맛보이기, 나의 하루 등 요구사항 도출 게임을 통해 도출된 아이디어들을 모아서 미리 요구사항 목록을 준비해두었습니다. 미리 준비한 기능 목록은 다음과 같이 총 19개의 기능을 준비하고 설명과 각 가격을 적었습니다.

각 기능의 가격을 책정하는 일은 기본적으로 맨-먼스(Man-Month)를 기본으로 하지만 몇 가지 예외를 두었습니다. 이제까지 요구사항 도출 활동을 하면서 중요하게 거론되었던 몇 가지 기능에 대해서 가격을 좀 더 높이거나 낮추거나, 턱없이 비싸게 책정을 해보았습니다.

기능 명	가격	기능 명	가격
도서관 잔여석 검색	180	App 개인별 설정 기능	50
(식당) 식단 정보	30	모바일 학생증	40
실시간 공지사항 확인	40	(교내 주변) 대중 교통 정보	20
성적 조회	60	맛집 추천	100
수강 신청	120	소개팅 기능	20
교내 행사 공유(축제, 취업, 세미나 등)	40	공 강의실 정보	40
교내외 일간, 주간, 월간 정보	40	강의를 앱으로 볼 수 있게	20
교내 문의처 정보 열람	50	학내 쿠폰	40
(기숙사) 외박계 신청	20	중고 장터	20
(기숙사) 입사 신청	40		

교내 문의처 정보 열람 같은 경우에는 단순히 정보를 나열하기만 하면 되는 기능이지만 이 전의 활동을 통해서 생각보다 사용성이 높은 기능이었기 때문에 조금 더 가격을 높여서 책정해보았습니다. 또, 학교 앱을 거론하면서 가장 기본적으로 거론되는 기능인 '수강 신청'은 좀 더 극단적으로 높은 가격을 책정해보았습니다. 본 활동에서는 한 팀에 3명으로 이루어져 있고 한 명이 판매자이므로 기능을 적은 접착 노트를 2세트를 준비하였습니다. 그리고 판매 기록 관리 장부와 현금 그림을 뽑아서 준비하였습니다. 최소 통화 단위는 10원으로 정했고 100원짜리와 함께 2종류의 통화를 준비하였습니다. 100원짜리 4장과 10원짜리 16장을 준비했습니다.

모의 활동을 위해 게임 참가자가 아닌 임의의 사람에게 200원을 주고 다음 기능 목록을 구매해보도록 하였습니다. 일단 모의 활동을 통해서 잔돈(10원 화폐)이 필요한 상황이 생기지 않는지, 참가자의 반응을 끌어내기에 적당한 가격이 책정되어 있는지, 나누어준 돈이 너무 적지는 않은지 확인해보았습니다.

이제 게임에 대해서 간략히 설명하고 팀 내에서 판매자를 한 명 선택할 수 있도록 하였습니다. 각 참가자에게 200원씩 돈을 나누어주고 판매자에게는 기능 판매 목록 대장과 기능이 적힌 목록, 접착 노트를 나누어줍니다. 그리고 커다란 종이 위에 간략히 가판대와 각 참가자의 장바구니를 그리도록 하였습니다. 판매자는 종이의 한쪽에 그려진 가판대 위에 기능 목록을 붙여놓고 판매를 시작합니다.

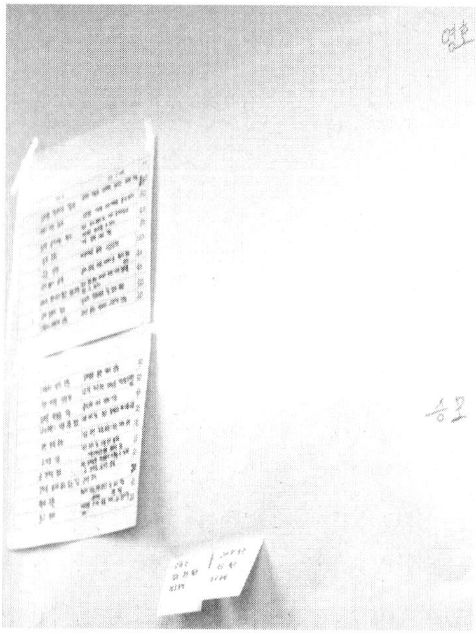

게임 참가자는 각자의 손에 들린 돈을 확인하고 각 기능의 가격을 고려하며 하나씩 기능을 구매하여 자신의 장바구니로 가져오기 시작하였습니다. 두 명의 참가자는 같은 기능 목록 내에서 기능을 선택하였지만, 극명히 대조적인 구매 모습을 보여주었습니다. 참가자 한 명은 사고 싶은 기능이 있는데 돈이 부족하여 고민하는 모습을 보여주었고, 한 명은 꼭 필요하다고 생각되는 기능을 고르고 나니 돈이 남았는데 더는 살 것이 없어서 무엇을 더 사야 하나, 말아야 하나 고민하는 모습을 보여주었습니다. 돈이 부족한 참가자에게 무슨 기능을 사고 싶으냐고 물었을 때 참가자는 '도서관 잔여석 검색'을 갖고 싶은데 너무 비싸다고 대답을 하였습니다. 도서관 잔여석 검색은 이전의 요구사항 도출에서 항상 거론되었던 기능으로 참가자의 반응을 보려고 일부러 높은 가격인 180을 책정한 기능이었습니다. 총 200씩을 나누어주었기 때문에 이 기능을 사게

되면 참가자는 앞으로 20짜리 기능 하나밖에 더 살 수 없을 것입니다. 그때에 참가자가 어떻게 반응하느냐에 따라서 우선순위를 결정할 수 있을 것으로 생각했습니다.

우선순위를 진행하는 게임 참가자들은 이전의 게임들에서 최대한 많이, 다양한 아이디어를 내려고 했던 모습과 사뭇 다른 모습을 보여줍니다. 다양한 기능이 있지만, 굳이 홈페이지에서도 제공되는 기능을 모바일에서도 중복 서비스 할 필요성을 느껴지는 않는다며 모바일 애플리케이션은 애플리케이션만의 특성화된 기능만 가지고 있는 것이 좋을 것이라고 하면서 냉정하게 비전에 부합하는 기능만을 선택하는 모습을 보여주었습니다.

돈이 부족하다고 응답한 참가자 역시 많은 기능보다는 필요한 기능만으로 선택하기를 원했고 '도서관 잔여석 검색 기능'을 포함하여 총 3가지의 기능만 있으면 된다고 생각하는데 돈이 부족하여서, 도서관 잔여석 검색 기능을 포기하고 다른 기능을 구매하였습니다. 그래서, 180이 너무 비싸다면 어느 정도의 가격이면 구매할 거 같으냐고 물었고 참가자는 80 정도의 가격이면 적절할 거 같다고 대답하였습니다.

그 참가자는 '실시간 공지사항 확인 / (식당) 식단 정보 / 교내 행사 공유 / 교내외 일간, 주간, 월간 정보 / 교내 문의처 정보 열람' 기능을 구매하였고 이렇게 가진 돈을 모두 소진하였지만, 소개팅 기능을 구매하고 싶어 하였는데 돈이 부족하여 고민하던 차에, 필요한 모든 기능을 구매하고도 돈이 남아 고민하고 있던 다른 참가자로부터 돈 20을 빌려서 소개팅 기능을 구매하였습니다.

이 참가자는 구매한 기능 중에서 소개팅 기능에 대한 우선순위를 가장 낮게 책정하고 있다는 것을 알 수 있습니다. 또한, 장바구니에 들어가지는 않지만 '도서관 잔여석 검색 기능'에 대한 우선순위가 구매한 기능과 비슷한 우선순위를 가지고 있을 것이라고 알 수 있습니다. 그래서 이후에 개발할 기능 목록을 추리게 된다면 반드시 '도서관 잔여석 검색 기능'도 포함하여야 할 것입니다. 돈이 남은 참가자는 총 4개의 기능을 구매하고 40이 남아서 옆의 사람에게 20을 빌려 주었습니다. 그는 '(식당) 식단 정보' / 교내 문의처 정보 열람 / 교내외 일간, 주간, 월간 정보 요청 / 모바일 학생증 기능을 구매하였습니다.

결과적으로 두 사람의 기능 구매 활동을 통해서 짐작할 수 있는 우선순위 높은 기능 목록은 다음과 같습니다.

'(식당) 식단 정보 / 교내외 일간, 주간, 월간 정보 / 교내 문의처 정보 열람'은 두 사람 모두 선택한 기능으로 우선순위가 가장 높은 그룹이라고 생각할 수 있습니다.

'실시간 공지사항 확인 / 교내 행사 공유 / 도서관 잔여석 검색 / 모바일 학생증 기능'은 한 사람이 구매하였거나 사기를 원했던 기능입니다. 마지막으로 '소개팅 기능'은 구매한 것 중에서 가장 우선순위가 낮을 것이라고 판단된 기능입니다.

이 게임은 동시에 진행된 다른 게임에 비해서 빨리 끝났기 때문에 남는 시간에 다른 활동과 비교를 해보기로 하였습니다. 같은 기능 목록에 대해서 같은 게임 참가자가 MoSCoW 방법으로 우선순위를 정하도록 하였습니다.

- 반드시 구현되어야 하는 Must have에 포함되는 기능은 '(식당) 식단 정보 / 교내외 일간, 주간, 월간 정보 / 교내 문의처 정보 열람 / 실시간 공지사항 확인 / 교내 행사 공유 / 도서관 잔여석 검색'
- 가능한 포함되어야 하는 Should have에는 '수강 신청 / 소개팅 기능 / 모바일 학생증 기능 / 성적 조회'
- 필수적이지는 않지만 구현되기를 원하는 Could have : '(교내 주변) 대중교통 정보 / App 개인별 설정 기능 / 학내 쿠폰 / 중고 장터'

- 추후 구현되고 싶은 Would have : '맛집 추천 / (기숙사) 외박계 신청 / 공 강의실 정보 / 강의를 앱으로 볼 수 있게 / (기숙사) 입사 신청'

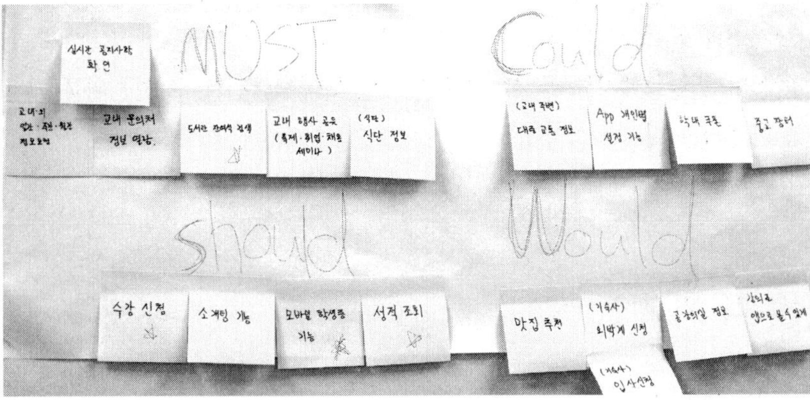

두 가지 결과를 비교했을 때 Must와 Should에 대해서 상당히 동일한 결과를 보여주고 있다는 것을 알 수 있습니다. 두 사람 모두 구매했던 기능, 혹은 사고 싶지만, 돈이 부족하여 아쉬움을 표했던 기능들은 반드시 구현되어야 하는 Must에 포함되었고 하나씩만 구매가 되었던 기능들은 Should에 포함되었습니다. 기능 구매에서는 사지 않기로 한 기능들에 대해서는 우선순위를 줄 수가 없으므로 구현되지 않아도 되는 기능들에 대한 우선순위가 필요한 상황이라면 시력 2.0이나 이 활동에서처럼 MoSCoW를 진행하여 확인해야 합니다.

tip

- 게임을 설명할 때 게임에서 구매한 기능이 반드시 제품에 들어가는 것이 아니라는 것을 주지시켜줍니다.
- 참가자 중 그 누구도 구매하지 않아서 남겨진 기능들은 우선순위가 낮을 것이며, 개발 시에 포함되지 않을 가능성이 높은 기능이라는 것을 확인할 수 있습니다.

• 매매 활동 중에 일어나는 고객들의 반응을 통해서 높은 우선순위를 확인할 수 있을 것입니다.
• 더 이상 구매하지 않는 고객이 있다면 이유를 물어봅니다.
• 모든 매매 활동이 끝났다면 장바구니에 들어간 기능들로 고객이 원하는 최종상태의 SW가 만들어질 수 있는지 물어봅니다.
• 기능구매 활동에서는 구매하지 않는 기능들에 대해서는 우선순위를 매길 수가 없습니다.

4 짝 비교

1) 어떤 게임일까요?

주최측의 준비가 필요한 정도	참가자의 준비가 필요한 정도	활용할 수 있는 게임 단계
		☑ 우선순위 및 정제
□ 많은 준비가 필요	□ 많은 준비가 필요	□ 요구사항 도출
☑ 약간의 준비가 필요	□ 약간의 준비가 필요	□ 이해관계자 식별
□ 거의 필요 없음	☑ 거의 필요 없음	□ 비전 확인하기

적합한 대상	참가자(SI)	참가자(솔루션)
☑ 솔루션-신규 시장		
☑ 솔루션-버전 업	☑ 발주회사의 고객	☑ 사용고객의 고객
☑ SI-신규 사업	☑ 발주회사(팀원)	☑ 솔루션 사용고객
☑ SI-유지보수	☑ 수주회사(팀원)	☑ 개발사(팀)

2) 비교를 통한 정량적 우선 순위화!

이 전에 소개된 우선 순위화 게임들, 시력 2.0이나 기능구매, 가지치기는 게임 참가자들의 직관에 기대어 진행됩니다. 'A보다는 B가 더 중요해.' 혹은 '더 시급히 개발되었으면 해.' 라고 하는 등의 근거로 우선 순위화를 결정합니다. 그에 비해 지금부터 소개할 짝 비교는 정량적으로 값을 매기고 그에 따라 우선 순위화를 결정합니다.

짝 비교의 방법은 각각의 요구사항을 짝을 지어 비교한 후 9점 척도로 가치를 비교합니다. 상대평가를 통해 가치가 매겨진 요구사항 내에서 큰 가치가 있는 요구사항을 비교적 쉽고 빠르게 구할 수 있다는 장점이 있습니다. SW 분야뿐만 아니라 다른 분야에서도 데이터의 상대 가치를 결정하거나 측정하기 위해서 사용되곤 하는데 보통은 팀으로 활동하기보다는 개인이 특정 기준에 대한 상대 가치를 매기는 방법입니다. 하지만 이 책에서는 브레인스토밍 방식을 이용할 것을 제안합니다. 요구사항의 우선순위에 대한 기준은 여러 가지가 될 수 있고 이해관계자마다 관점이 다를 수 있기 때문입니다. 팀 활동을 통해 여러 관점에서 가치를 생각하고 토론해보는 시간을 가지며 결정된 우선순위에 대해서 관계자가 모두 공유할 수 있도록 하기 위해서입니다.

비교할 요구사항에 대해서 짝을 지어 하나하나 모두 비교를 해야 하므로 많은 양의 우선순위에는 적절하지 않다는 단점이 있습니다. 가지치기를 통해서 어느 정도 기능이 걸러진 후에 '조만간 추가할 기능'과 '장기적으로 고려할 기능'에 대해서 각각 따로 짝 비교를 진행한다면 좀 더 세밀한 우선 순위화를 할 수 있습니다.

사람들의 커리어 향상을 위한 여러 방법을 소개하는 마인드 툴(Http://www.mindtools.com) 사이트에 짝 비교에 대한 간단한 설명과 컴퓨터로 간단하게 짝 비교를 할 수 있도록 PDF 양식을 제공하고 있습니다. 다운로드 주소는 다음과 같습니다.

http://www.mindtools.com/pages/article/worksheets/PairedComparisonDownload.htm

3) 게임하기

뭐가 필요할까?	
주최측	참가자
(게임 중에 이용하려는 툴에 따라 달라집니다.) 요구사항을 적은 접착 노트나 요구사항을 적어 놓은 표, 커다란 종이(모두가 볼 수 있도록 벽에 걸린 형태), 혹은 노트북, 사인펜	제품의 우선시 되는 가치나 기준으로 하는 가치에 대해서 숙지

■ 게임 준비

게임을 진행하기 전에 개발 팀 내 회의를 하거나 이전의 '요구사항 도출' 과정을 통해서 기능 목록을 미리 작성합니다. 또한, 그 수가 너무 많다면 걸러내는 과정을 거쳐서 많아도 20개의 요구사항을 넘기지 않도록 합니다.

이전의 다른 게임들처럼 커다란 전지 위에 표를 그려서 게임을 진행하도록 할 수도 있고, 미리 n×n (n : 요구사항 개수) 표를 그리고 요구사항을 기재한 종이를 준비해둘 수도 있습니다. 혹은 노트북을 준비해서 위에서 소개한 툴을 사용하거나 엑셀을 이용하는 것도 방법이 될 수 있습니다. 게임 진행 시간에 많은 수의 요구사항을 손으로 다 적는 것은 생각보다 많은 시간을 할애하게 될 수도 있습니다.

■ 게임 진행

커다란 종이 위에 표를 그립니다. 미리 준비한 요구사항의 개수가 n개라면 n×n의 표를 그립니다. 그리고 가로와 세로에 각각 요구사항을 동일한 순서로 적습니다.(미리 표를 준비한다면 이 과정을 생략할 수 있습니다.)

1	동일
3	약간 더 가치 있음
5	중간 가치
7	핵심 가치
9	극한의 가치

이제 왼쪽 열에 적힌 요구사항과

상단 행에 적힌 요구사항을 비교하여 비교 가치를 9점 척도로 표시합니다. 가치를 매기기 전에 팀 내 동일한 가치 기준을 가질 수 있도록 합니다. 시급성이나 구현 편이성, 사용자의 요구 정도 등 여러 가지가 있을 수 있습니다. 혹은 시급성과 구현 편이성 모두를 고려한 가치를 매길 수도 있습니다. 9점 척도의 기준은 위에 보이는 표와 같습니다. 왼쪽의 요구사항 1과 상단의 요구사항 2가 동일하다면 1을, 극단적으로 비교되는 높은 가치를 가졌다면 9를 매깁니다. 만약 더 낮은 가치를 가진다면 역수로 표현될 것입니다. 위의 표에서 보이는 대각선 아래 검은 부분은 대각선 위에 작성한 가치의 역수의 가치를 가지게 되는데 작성하지 않더라도 상대 가치를 알 수 있기 때문에 생략할 수 있습니다.

	요구사항1	요구사항2	요구사항3	요구사항4
요구사항1		7	1	3
요구사항2			5	9
요구사항3				5
요구사항4				

결과 정리

모든 요구사항에 대한 짝 비교가 끝났다면 결과 정리를 위해 엑셀에 정리하여 비교 가치가 높은 순으로 정렬합니다. 정렬된 모습이 참가자들이 생각하던 기준에 부합하는지 점검합니다.

앱의 기능 중 사용량의 비중을 숫자로 비교해 보자

이 예시활동에서 짝 비교를 하기 위해 준비한 것은 커다란 전지 하나와 사인펜 그리고 각 요구사항을 하나씩 적은 접착 노트였습니다. 준비한 요구사항 목록은 시력 2.0에서 사용한 것과 동일한 목록이었습니다. 게임 참가자들은 일단 전지를 벽에 붙이고 접착 노트를 일렬로 전지에 붙였습니다. 그리고 상단에 똑같은 요구사항을 적어야 하는데 일일이 적는 것이 너무 힘들어서 번호로 대체하였습니다.

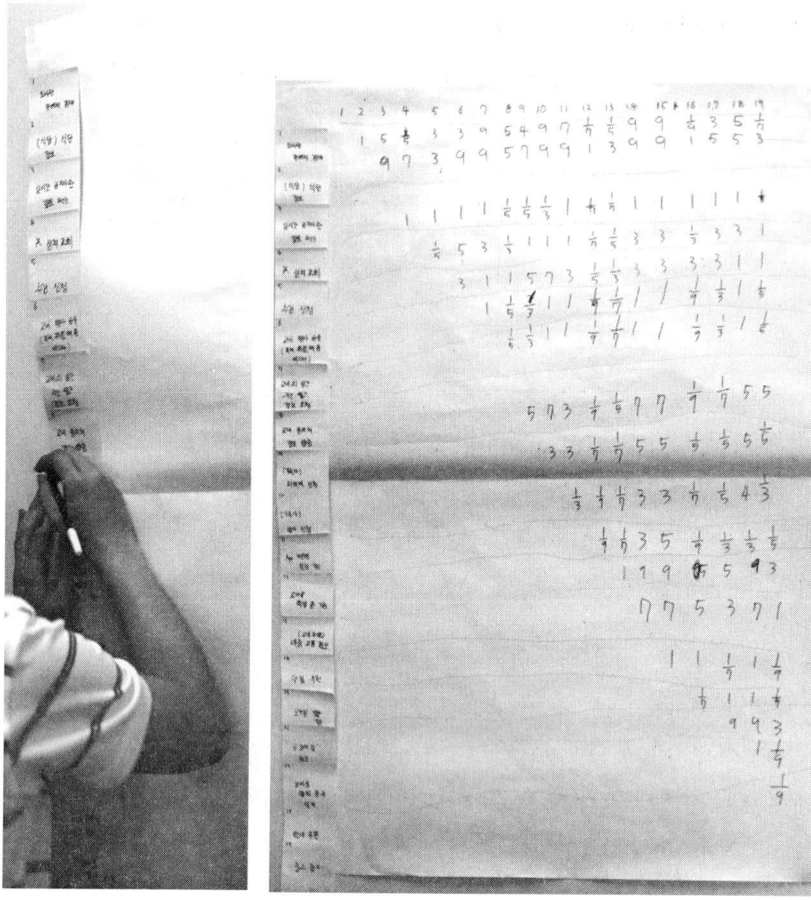

각 번호는 다음과 같습니다.

요구사항 목록

1. 도서관 잔여석 검색
2. (식당) 식단 정보
3. 실시간 공지사항 확인
4. 성적 조회

5. 수강 신청
6. 교내 행사 공유
7. 교내외 일간, 주간, 월간 정보
8. 교내 문의처 정보 알람
9. (기숙사) 외박계 신청
10. (기숙사) 입사 신청
11. App 개인별 설정 기능
12. 모바일 학생증 기능
13. (교내 주변) 대중 교통 정보
14. 맛집 추천
15. 소개팅 기능
16. 공강의실 정보
17. 강의를 앱으로 볼 수 있게
18. 학내 쿠폰
19. 중고 장터

게임 참가자들은 비교 기준을 사용자(학생)들이 기능을 사용하는 비중으로 하였습니다. 대상이 되는 애플리케이션의 목적이 사용률이 높은 학교 앱을 만드는 것이기 때문입니다. 제일 먼저 왼쪽의 요구사항 1(도서관 잔여석 검색)과 다른 요구사항들을 비교하여 값을 매기기 시작하였습니다. 요구사항 1이 끝나면 요구사항 2((식당) 식단 정보)와 다른 요구사항들을 비교하는 것을 반복하였습니다. 이때에 요구사항 1과 요구사항 2는 이미 짝 비교가 끝난 상황이기 때문에 다시 요구사항 1과의 비교는 필요 없음을 알 수 있습니다. 그런 작업을 반복하여 19개의 요구사항에 대한 짝 비교를 하였습니다. 아래는 짝 비교가 끝난 결과를 엑셀로 정리한 모습입니다.

	1. 도서관 잔여석 검색	2. (식당) 식단 정보	3. 실시간 공지사항 확인	4. 성적 조회	5. 수강 신청	6. 교내 행사 공유	7. 교내외 일간,주간,월간 정보	8. 교내 문의처 정보 알람	9. (기숙사) 외박계 신청	10. (기숙사) 입사 신청	11. App 개인별 설정 기능	12. 모바일 학생증 기능	13. (교내 주변) 대중교통정보	14. 맛집 추천	15. 소개팅 기능	16. 공강 의실 정보	17. 강의를 앱으로 볼 수 있게	18. 학내 쿠폰	19. 중고 장터
1.도서관잔여석 검색		1	5	1/5	3	3	9	5	4	9	7	1/7	1/5	9	9	1/9	3	5	1/7
2.(식당) 식단정보			9	7	3	9	9	5	7	9	9	1	3	9	9	1	5	5	3
3.시간공지 사항확인				1	1	1	1	1/5	1/5	1/3	1	1/7	1/7	1	1	1	1	1	1/5
4.성적 조회					1/5	5	3	1/3	1	1	1	1/7	1/5	3	3	1/3	3	3	1
5.수강 신청						3	1	1	5	7	3	1/5	1/3	3	3	3	3	1	1
6.교내행사 공유							1	1/5	1/3	1	1	1/9	1/7	1	1	1/9	1/3	1	1/5
7.교내외일간, 주간, 월간정보								1/5	1/3	1	1	1/9	1/7	1	1	1/9	1/3	1	1/5
8.교내 문의처 정보알람									5	7	3	1/9	1/5	7	7	1/9	1/7	5	5
9.(기숙사) 외박계 신청										3	3	1/7	1/7	5	5	1/5	1/5	5	1/5
10.(기숙사) 입사신청											1/3	1/9	1/7	3	3	1/7	1/5	4	1/3
11.App 개인별 설정기능												1/9	1/7	3	5	1/9	1/3	1/3	1/5
12.모바일 학생증 기능													1	9	9	5	5	9	3
13.(교내주변)대중 교통정보														7	7	5	3	7	1
14.맛집 추천															1	1	1/7	1	1/9
15.소개팅 기능																1/7	1	1	1/9
16.공강의 실정보																	9	9	3
17.강의를 앱으로 볼수 있게																		1	1/9
18.학내 쿠폰																			1/9
19.중고 장터																			

이후 이 결과값을 좀 더 직관적으로 알 수 있게 하려고 대각선 아랫부분의 값을 엑셀을 이용해서 역수의 값으로 채워 넣었습니다. 일단 왼쪽의 요구사항 1과 상단의 요구사항 1이 만나는 지점부터 대각선으로 1의 값을 채워 넣습니다. 같은 요구사항이기 때문에 동일한 값을 가집니다. 그 아래로 값을 넣는데 대각선 상단에 넣은 값의 역수를 넣게 됩니다. 예를 들어 아래의 다음 그림에서 ①로 표시된 7은 왼쪽의 요구사항 2의 가치가 상단의 요구사항 4보다 7만큼의 우위 가치를 가진다는 의미입니다. 이 의미는 반대로 말하면 요구사항 4는 요구사항 2보다 1/7만큼의 가치를 가진다는 의미입니다. 그래서 왼쪽의 요구사항 4와 상단의 요구사항 2가 만나는 ②는 '1/①'로 계산됩니다. 이렇게 이미 값을 매긴 대각선 상단의 값에 대한 역수로 계산

하여 대각선 아래를 모두 채웁니다.

	1. 도서관 잔여석 검색	2. (식당) 식당 정보	3. 실시간 공지사항 확인	4. 성적 조회	5. 수강 신청	6. 교내 행사 공유	7. 교내외 일간, 주간, 월간 정보
1. 도서관 잔여석 검색	1	1	5	1/5	3	3	9
2. (식당) 식당 정보	1	1	9	① 7	8	9	9
3. 실시간 공지사항 확인	1/5	1/9	1	1	1	1	1
4. 성적 조회	5	② 1/7	1	1	1/5	5	3
5. 수강 신청	1/3	1/3	1	5	1	3	1
6. 교내 행사 공유	1/3	1/9	1	1/5	1/3	1	1
7. 교내외 일간, 주간, 월간 정보	1/9	1/9	1	1/3	1	1	1
8. 교내 문의처 정보 알람	1/5	1/5	5	3	1	5	5
9. (기숙사) 외박계 신청	1/4	1/7	5	1	1/5	3	3
10. (기숙사) 입사 신청	1/3	1/9	3	1	1/7	1	1

이제 어떤 요구사항이 가장 큰 가치를 가지는지 한눈에 보이나요? 분수로 표시된 가치가 열위 가치라면 분수없이 정수로만 표시된 요구사항이 무조건 높은 우선순위를 가지게 될 것임을 예상할 수 있습니다. 요구사항 2번((식당) 식단 정보)과 12번(모바일 학생증 기능)이 정수로만 이루어져 있다는 걸 확인할 수 있습니다. 또한 13번((교내 주변) 대중교통 정보)은 요구사항 2번과의 비교에서만 상대적 가치가 떨어질 뿐 모두 정수로 표시되고 있습니다. 또 요구사항 12번과 13번은 동일한 가치를 가지고 있다고 확인됩니다.

1	74.80
2	107.00
3	12.53
4	32.35
5	42.20
6	10.41
7	10.99
8	59.97
9	35.68
10	19.33
11	18.49
12	121.00
13	92.33
14	9.41
15	9.27
16	91.84
17	38.96
18	12.77
19	76.20

좀 더 정량적 비교를 위해서 각 요구사항별로 합계를 내었습니다. 분명 위에서 언급한 요구사항 2번, 12번, 13번이 다른 요구사항에 비해 높은 합계 값을 가지는 것을 확인할 수 있으며 그중에서 12번이 가장 큰 값을 가집니다. 그다음이 2번, 13번 순입니다. 이렇게 합계 값을 이용하여 요구사항을 정렬하

면 다음과 같습니다.

12. 모바일 학생증 기능 (121.00)
2. (식당) 식단 정보 (107.00)
13. (교내 주변) 대중 교통 정보 (92.33)
16. 공 강의실 정보 (91.84)
19. 중고 장터 (76.20)
1. 도서관 잔여석 검색 (74.80)
8. 교내 문의처 정보 알람 (59.97)
5. 수강 신청 (42.20)
17. 강의를 앱으로 볼 수 있게 (38.96)
9. (기숙사) 외박계 신청 (35.68)
4. 성적 조회 (32.35)
10. (기숙사) 입사 신청 (19.33)
11. App 개인별 설정 기능 (18.49)
18. 학내 쿠폰 (12.77)
3. 실시간 공지사항 확인 (12.53)
6. 교내 행사 공유 (10.41)
7. 교내외 일간, 주간, 월간 정보 (10.99)
14. 맛집 추천 (9.41)
15. 소개팅 기능 (9.27)

tip

- 많은 양의 요구사항에 대해서는 적합하지 않습니다.
- 제품 가지치기를 통해 어느 정도 걸러낸 후 각 영역에 대해서 짝 비교를 진행하는 것이 좋습니다.
- 시력 2.0처럼 직관에 의존하여 줄을 세우는 것이 아니라 짝을 지어 비교하고 비교 가치를 수치로 환산하여 정량적 우선순위를 가능하게 합니다.

참‖고‖문‖헌

1) A. Sajid, A. Nayyar, A. Mohsin,(2010). 'Modern trends towards requirement elicitation'. *Proceeding NSEC '10 Proceedings of the 2010 National Software Engineering Conference Article No. 9.*

2) Alok K. Chakrabarty,(1974). 'The Role of Champion in Product Innovation'. *California Management Review, vol.17/ no.2, pp.58-62.*

3) B. Boehm,(1986) 'A Spiral Model of Software Development and Enhancement'. *ACM SIGSOFT Software Engineering Notes, vol.11/ no.4, pp.14-24.*

4) B. Boehm, (1987). 'Industrial Metrics Top 10 List'. *IEEE Software, vol.4/ no.5, pp.84-85.*

5) F. Moisiadis,(2001). 'Prioritising Use Cases and Scenarios'. *IEEE 2001.*

6) F. Moisiadis,(2002). 'The Fundamentals of Prioritising Requirements', Systems Engineering, Test & Evaluation Conference, Sydney, Australia.

7) J. Karlsson, K. Ryan,(1997). 'A Cost-Value Approach for Prioritizing Requirements'. *IEEE Software, pp. 67-74.*

8) J. G. Adair,(1984). 'The Hawthorne effect: A reconsideration of the methodological artifact'. *Journal of applied psychology, vol.69/no.2, pp.334-345.*

9) Jim Azar, K. Randy, Smith, David Cordes, 'Value-Oriented Prioritization: A Framework for Providing Visibility and Decision Support in the Requirements Engineering Process'. *TECHNICAL REPORT DEPARTMENT OF COMPUTER SCIENCE UNIVERSITY OF ALABAMA.*

10) Materials Advisory Board,(1996). 'Report on the Ad-hoc Committee on Principles of Research-Engineerig Interactions'. *(Washington, D.C.: National Academy of Engineering.)*

11) N. A. M. Maiden, G. Rugg,(1996). 'ACRE: Selecting Methods for Requirements Acquisition'. *Software Engineering Journal, vol.11/no.3, pp.183-192.*

12) S. Viller, Sommerville,(1999). 'Social analysis in the requirements engineering process: from ethnography to method'. *IEEE International Symposium on Requirements Engineering. pp.6-13.*

13) S. Reinhard, T. Manfred, G. Verena,(2003). 'Paper Prototyping - What is it good for? A Comparison of Paper- and Computer-based Low-fidelity Prototyping'. *Proceeding in CHI EA'03. pp.778-779.*

14) Zhang. Z,(2007). 'Effective Requirements Development-A Comparison of Requirements Elicitation techniques'. *Tampere, Finland, INSPIRE, pp. 225-240.*

15) S. Haag, M.K. Raja, L.L. Schkade,(1996). 'Quality function deployment usage in software development.' *Communications of the ACM, vol.39/ no.1, pp. 41-49.*

16) T. L. Thomas, (2003). 'Decision-making with the AHP: Why is the principal eigenvector necessary'. *European journal of operational research, vol.145/ no.1, pp. 85-91.*

17) Arthur B. VanGundy, (2004) 「101 Activities For Teaching Creativity And Problem Solving」. *JohnWiley & SonsInc.*

18) Capers Jones,(1997). 「Applied Software Measurement」. *NY, McGraw-Hill*

19) D. Leffingwell, D. Widrig,(2003). 「Managing Software Requirements - A User Case Approach, 2nd」. *Addison-Wesley.*

20) Ellen Gottesdiener.(2002). 「Requirements by Collaboration: Workshops for Defining Needs」. *Addison-Wesley Professional.*

21) H. Luke, (2006), 「Innovation Games: Creating Breakthrough Products Through Collaborative Play」. *Addison-Wesley Professional.*

22) John S. Oakland,(1989). 「Total Quality Management」. *Nichols Pub.*

23) Moore, Geoffrey A.,(1991). 「Crossing the Chasm: Marketing and Selling High-Tech Products to Mainstream Customers」. *NY, Harper Business*

24) M. W. Gerald,(1997) 「Quality Software Management: Anticipating Change」. *Dorset House.*

25) P. C. Kevin, T. C. Shawn,(2011). 「Brainsteering: A Better Approach to Breakthrough Ideas」. *HarperBusiness.*

26) Philip Kotler, Kevin Keller, (2011). 「Marketing Management (14th Edition)」. *Prentice Hall.*

27) R. Suzanne, C.R. James,(2012). 「Mastering the Requirements Process: Getting Requirements Right」. *Addison Wesley.*

28) R. Suzanne, C. R. James, (2006). 「Mastering the Requirements Process(2nd)」. *Addison-Wesley Professional.*

29) M. ELIZABETH C. HULL저, 서창석 역, (2005). 『Requirements Engineering』. *시스템체제공학원*

30) 그린바움 저, 토마스 저, 이광숙 역, (2001). 『포커스그룹 리서치』. 박영률출판사

31) 마이크 콘 저, 심우곤 역, (2006). 『고객 중심의 요구사항 기법 사용자 스토리』(원제: User Stories Applied - For Agile Software Development;). 인사이트

32) 브라이언 스탠필드 저, 이영석 역, (2014). 『컨센서스 워크숍 퍼실리테이션』(원제: Workshop Book: From Individual Creativity to Group Action). ORP Pres

33) 에단 라지엘 저, 이승주 역.(1999). 『맥킨지는 일하는 방식이 다르다』. 김영사

34) 이재진, 김혁.(2013). 『국제공인 비즈니스 분석가 CBAP, CCBA 시험대비서』. 지식과 감성.

35) 이건창, (2003). 『최신 경영정보시스템』. 무역경영사.

36) 알렉산더 오스터왈더, 예스 피그누어 저, 유효상 역, (2011). 『비즈니스 모델의 탄생』(원제: ‘Business model generation’). 타임비즈.

37) 조엘 스폴스키 저, 박재호 역, (2005). 『조엘 온 소프트웨어』. 에이콘출판.

38) 칼 위거스 저, 오세영 역, (2003). 『성공적인 프로젝트 수행을 위한 소프트웨어 요구사항 2』. 정보문화사.

■ Web 참조

－Wikipedia 참고

• 이시카와 다이어그램 : http://en.wikipedia.org/wiki/Ishikawa_diagram
• 스토리보드 : http://ko.wikipedia.org/wiki/%EC%8A%A4%ED%86%A0%EB%A6%AC%EB%B3%B4%EB%93%9C
• 시나리오 : http://ko.wikipedia.org/wiki/%EC%8B%9C%EB%82%98%EB%A6%AC%EC%98%A4

－Slide share 참고

• ‘스토리텔링을 통한 모바일 서비스 시나리오 작성’ : http://www.slideshare.net/KyungeunKim/110321-7340295

- TED 참고

- 'Robertson-Crowdsourcing Solar Colin', TED2012 Mar, 2012

- 기타 웹 참고

- Aishwarya Chandra Gullena, 'Obtaining High Customer Satisfaction through Software Quality Function Deployment Approach'[Web log post] Retrieved fromhttp://www.share-pdf.com/2014/1/31/1e7e52c0196e4c8b81c884ee57100364/SQFD%20for%20architecture%20-%20version%201.0.htm
- Alan Cooper,(2008). "The origin of personas", [Web log post] Retrieved from http://www.cooper.com/journal/2003/08/the_origin_of_personas.html
- B. Mary, (2004, Aug 16). 'Budgetary Black Holes'[Web log post]. Retrieved from http://www.computerworld.com/article/2565571/it-project-management/budgetary-black-holes.html
- B. Adriana, 'Beyond Gathering, Eliciting and Trawling for Requirements' [Web log post]. Retrieved from http://www.bridging-the-gap.com/beyond-gathering-eliciting-and-trawling-for-requirements
- 'businessballs tree swing pictures' [Web log post]. Retrieved from http://www.businessballs.com/businessballs_treeswing_pictures.htm
- Jeff Atwood, 'Gold Plating'. Coding Horror. 2004, http://blog.codinghorror.com/gold-plating/
- K. E. Wiegers, (1999). 'First Things First: Prioritizing Requirements'. [Web log post] Retrieved from http://www.processimpact.com/articles/prioritizing.html
- Laura Brandenburg, '53 Tips For Discovering All the Requirements'. [Web log post] Retrieved from http://www.bridging-the-gap.com/53-tips-discover-all-the-requirements/
- Mitch Lacey,(2012). 'Prioritization'. [Web log post] Retrieved from http://msdn.microsoft.com/en-us/library/hh765981.aspx
- N. C. Robert, (2005, Sep 2). 'Why Software Fails'[Web log post]. Retrieved from http://spectrum.ieee.org/computing/software/why-software-fails
- International Center for Studies in Creativity, http://creativity.buffalostate.edu/
- IBM CLM(Collaborative Lifecycle Management) 도움말, [Web log post] Retrieved from

http://pic.dhe.ibm.com/infocenter/clmhelp/v4r0m2/index.jsp?topic=%2Fcom.ibm.rational.rrm.help.doc

- 'Trying to find the time to de-stress is making me stressed!'[Web log post] Retrieved from http://equilibriumsolutions.co.za/?page_id=302
- Wiegers, Karl E.,(2002). 'Success criteria breed success', IBM developerWorks ®, [Web log post] Retrieved from http://www.ibm.com/developerworks/rational/library/2950.html
- (2010). '제품 및 서비스 진화시키는 소비자의 힘'. 조선 라이프 신문. [Web log post] Retrieved from http://newsplus.chosun.com/site/data/html_dir/2010/04/25/2010042501332.html
- Scott Sehlhors,(2007). 'How To Visualize Stakeholder Analysis', [Web log post] Retrieved from http://tynerblain.com/blog/2007/03/13/visualize-stakeholder-analysis/
- D. A. Cook,(2002). 'Verification & Validation of Requirements' [Web file]. Retrieved from http://www.sstc-online.org/Proceedings/2002/SpkrPDFS/ThrTracs/p961.pdf
- The Standish Group.(1995). 'The Standish Group Report' [Web file]. Retrieved from https://www4.in.tum.de/lehre/vorlesungen/vse/WS2004/1995_Standish_Chaos.pdf

김 자 희

KAIST에서 전산학으로 학사와 석사를 받고 동 대학에서 산업공학으로 박사를 받았다. 비엔나 대학과 서울대학교의 연구원을 거쳐 현재 서울과학기술대학교 IT정책전문대학원에서 교수로 재직 중이며, 소프트웨어 공학과 반도체 장비 스케줄 등과 관련된 연구를 하고 있다.

jahee@seoultech.ac.kr

정 소 라

한국해양대학교에서 컴퓨터 공학과 기계시스템 공학을 복수 전공으로 학사 학위를 받았다. NIPA에서 주관하는 고용 계약형 석사 과정으로 서울과학기술대학교 SW분석·설계학과에서 공부 중이며 2013년에 미국의 국제 창의 연구센터에서 '창의적 리더쉽과 창의적 문제 해결' 코스를 수료하였다.

jsrst@seoultech.ac.kr

게임으로 즐기는

소프트웨어 이야기

: 요구사항을 중심으로

초판 인쇄 / 2015년 1월 15일
초판 발행 / 2015년 1월 20일

지은이 / 김자희·정소라
펴낸이 / 오판근
펴낸곳 / 교우사
출판등록 / 1994년 3월 24일 제6-0256호
주소 / 서울특별시 동대문구 약령시로 8 교우빌딩 2층
전화 / 02)925-2861(대표), 02)925-2825(편집부), 969-5762(홈쇼핑)
팩스 / 02)925-2860
kyowoo@kyowoo.co.kr
http://www.kyowoo.co.kr

ISBN 979-11-251-0064-5 (13000)

값 **20,000**원